交叉融合的魅力
跨学科文集

孙章 编著

The Charm of
Interdisciplinary Integration

Interdisciplinary Collected Works

Sun Zhang

同济大学出版社
TONGJI UNIVERSITY PRESS
·上海·

图书在版编目（CIP）数据

交叉融合的魅力：跨学科文集 / 孙章编著 . —— 上海：同济大学出版社，2023.12
ISBN 978-7-5765-0956-4

Ⅰ . ①交　Ⅱ . ①孙　Ⅲ . ①交通运输发展－中国－文集　Ⅳ . ① F512.3-53

中国国家版本馆 CIP 数据核字 (2023) 第 203160 号

交叉融合的魅力：跨学科文集
孙章　编著

责任编辑　张　翠
责任校对　徐春莲
装帧设计　张　微　李　丽

出版发行　同济大学出版社　www.tongjipress.com.cn
　　　　　（地址：上海市四平路1239号　邮编：200092　电话：021-65985622）
经　　销　全国新华书店
印　　刷　启东市人民印刷有限公司
开　　本　710mm×1000mm　1/16
印　　张　30.5
字　　数　610 000
版　　次　2023 年 12 月第 1 版
印　　次　2023 年 12 月第 1 次印刷
书　　号　ISBN 978-7-5765-0956-4
定　　价　138.00

本书若有印装质量问题，请向本社发行部调换
版权所有　侵权必究

序 言

傅志寰　中国工程院院士

孙章教授是我国著名学者，长期从事交通运输规划与管理学科的科研和教学工作，曾主持多项国家级研究课题，著作颇丰。孙章教授是我多年的朋友，能为他的新书《交叉融合的魅力：跨学科文集》作序，颇感荣幸。这本文集收录110多篇文章，涉及诸多领域，包括模糊集合论、科学学、教育学、管理学、干线铁路、城市轨道交通。显然，这是孙章教授长期学术耕耘的结晶。

我与孙章教授相识三十多年，他对新鲜事物的敏感，对复杂问题的洞察，对发展大局的把握，对疑难概念的深入浅出的表达，令我十分钦佩。孙章教授出众的才华源自扎实的基础功底、渊博的知识和丰富的阅历。他年轻时研究过应用力学、模糊数学，后来跨界转攻"科学学""管理学"，做过大学教授、副校长，并兼任许多社会职务，活跃在教育战线和交通领域。

从本书书名可以看出，"交叉融合"和"跨学科"两个关键词是本文集的点睛之笔。多年来孙章教授一再呼吁和倡导培养跨学科人才。近年我读了不少名人传记，其中知识交叉融合的重要性在一些科学家的身上得到了验证。"控制论"创始人诺伯特·维纳（Norbert Wiener）就是典型的例子。他先后涉足数学、哲学、物理学和工程学，后又转向生物学，成为科学巨人。他创立的控制论是以数学为纽带，把自动调节、通信工程、计算技术以及生物神经生理学和病理学联系起来而形成的学科。维纳常称自己是数学家，正是其数学才华加上博学使他成为"控制论"的鼻祖。"控制论"的问世告诉人们，一些看来不相关的学科却有很多共性联系。同样，科学大师钱学森在《论系统工程》中也告诫我们，各种工程（学科）都不是孤立存在的，科学道理是相通的。

现代工程都是多学科高度集成的结果，例如，铁路工程涉及土木、机电、通信等知识；钢铁工程融合了物理、化学、冶金等原理。近年来随着新技术的涌现，物体的互联、数字的渗透、人工智能的兴起，生产活动跨界的链接已经成为不可阻挡的潮流。在这一潮流中，每个物体都可看作物联网生态系统中的一个"质点"。如果就"质点"论"质点"，不与所在的生态系统联系起来，其结果就是"只见树木，不见森林"，致使人的视野受到约束。

孙章教授多年前就指出目前我国高等教育分科过细，忽视了自然界和社会各要素之间的普遍联系，致使毕业生不适应社会需要。早在他担任苏州铁道师范学院领导职务时，就提出了"文理交融"的办学理念。

孙章教授匠心独运地将跨学科人才比喻为具有"图钉型"知识结构的人才，他们不但精通本专业，也熟悉邻近专业，对距离较远的相关学科也有所了解。相对于"大头针"型知识结构，他认为"图钉"型知识结构有金属圆片作后盾，可以把作用力集中到钉尖上，利于纵向深入。他的观点已经得到广泛认同。一名国内著名企业家深有体会地说，"全才"是从"专才"中成长起来的，而没有"专才"的"全才"很难具有技术突破的能力。

孙章教授的文集虽然涉猎面很宽，但他本人毕竟具有铁路基因——他毕业于唐山铁道学院，长期在铁路院校任教任职，是铁路改革发展的推动者。每逢关键时刻，都能表明自己的观点。1986年他发表《铁路大包干的由来及其在实践和理论上的重要意义》一文，被铁道部指定为铁路改革的必读文件。进入21世纪后，他又陆续发表了《中国迎来高铁时代》《中国高铁技术创新之路》等文章，主持编写了"中国高铁丛书"。与此同时，他还热心于我国城市轨道交通的发展，主持创办了全国第一个城市轨道交通学院及《城市轨道交通研究》杂志，主编出版了"城市轨道交通系列丛书"。孙章教授还热衷于撰写科普文章，有的被收入中学语文课本。

孙章教授从教已六十余年，桃李满天下。如今念念不忘师生之情的学生们主动为耄耋之年的恩师张罗出版学术专集，不言而喻，这是最暖心的礼物，我也为之动容。确信这本新书只是孙章教授学术活动的阶段总结，而不是终结。

"老骥伏枥，志在千里。"殷切期望耳聪目明的孙章教授笔耕不止。

2023 年 9 月 17 日

自　序

学科交叉的力量

陈毅市长说："我在将军面前讲怎样写诗，在诗人面前讲怎么打仗。"

我在青少年时代听到了陈毅市长的这句话，此话令我心往神驰，成了我选择人生道路的方向盘，终身难忘。

我在钱锺书的母校——苏州市桃坞中学读书时开始学习写诗。高中毕业那一年，1957年第3期北京《文艺学习》杂志刊登了我创作的两首诗，使我大受鼓舞；同年，武汉长江大桥通车，天堑变通途的宏伟工程，又使我年轻的心激动不已。我决定填志愿报考桥梁专业，业余学习写诗。

1957年9月，在唐山铁道学院（现西南交通大学）的新生开学典礼上，桥梁专家、老校长茅以升指着我们桥梁专业的新生说："我喜欢造桥，欢迎你们到唐山来学造桥。我想知道你们想过没有：什么是桥？请你们只用几个字来回答。"坐在台下的新生们面面相觑，都不吭声，于是和蔼的老校长自问自答："桥就是——空中的路。"

桥梁专家用诗一般的语言揭示桥梁的科学本质，多么富有创造力和联想能力！这句话如雷贯耳，坚定了我造桥、写诗两不误的决心。

1962年大学毕业后分配到上海铁道学院从教。在教学之余，我继续写诗。怕别人说我"不务正业"，在《新民晚报》刊登诗作时我用了笔名"安丁"。

"安丁"源自苏联的两位当代作家：安东诺夫和格拉宁，前者是桥梁工程师兼作家，后者是科学家兼小说家（其代表作是长篇小说《探索者》）。

取两人姓的头和尾，就成了"安宁"。由于"安宁"里有两顶"帽子"，比较烦琐，还有偷图安逸之嫌，因而简化成了"安丁"。

"安丁"还有另一层意思。汉字中的"丁"字，象征了图钉型的知识结构。图钉有宽大坚硬的金属圆片做后盾，在上面使劲一按，"应力集中"——力量都集中到了钉尖上，就能纵向深入；而"丁"字的一横则代表了知识面的广度。在纵向深入的指导下横向开拓，在横向扩展的基础上纵向深入，二者相辅相成、纵横驰骋。正如陈毅将军在《新四军军歌》中所写："扬子江头淮河之滨，任我们纵横的驰骋。"

图钉型的知识结构最具竞争力。

知识结构不仅受当代人关注，它还有个"否定之否定"的发展过程。在古代科学阶段，学者们的知识面很宽，但深度不够，如苏格拉底、柏拉图、亚里士多德的知识结构，很像水面的浮萍，面广根浅；到近代科学阶段，学科越来越多、越分越细，学者们普遍具有"大头针"型的知识结构，很有深度，但宽度不够，又由于割断了自然界和社会各要素之间的普遍联系，这样的学者甚至会成为"无知的超级专家"，知识的边界不能越雷池半步；当代人则更向往图钉型知识结构，即"精通本专业、熟悉邻近专业、对距离比较远的相关学科的基础知识也有所了解"的知识结构。

诺贝尔说过："各种科学内在之间是相互联系的。为了解决某一学科的问题应该借助于其他有关学科的知识。"

"北大的学生什么都懂，除了本专业。"这虽是一句调侃的话，但说明了北大具有学科交叉的综合优势。

我在苏州铁道师范学院当领导时，根据我的建议，教学楼的大墙上写了八个大字："文理交融，教学相长。"

我在美国当访问学者时，发现美国的大学特别重视创造力开发和交叉学科建设，很多大学开设了"创造力开发"课程，不少大学都设有"交叉学科"系。

2022年，同济大学基础和交叉学科的建设得到了加强。为了优化学科专业布局，制定了"优势工科、厚重理科、特色医科、精品文科、前沿交叉"的规划，并筹设"区域国别学"一级交叉学科。全校已有127个跨学科师生团队围绕智能、海洋、土木、环境、交通五个交叉专题获得资助，并以"学科交叉与交叉学科建设"为题向教育部作了专题汇报。2023年，同济大学将建立校级学科交叉中心，并力争获批教育部学科交叉中心。

在我的青年时代，人才的生长点，根植于"社会需要""自己喜欢"和"我能干好"这三个集合的相交之处。也就是说，要想使别人或自己成才，务必在这三个集合的交集上做文章。如果在纸上画三个互相靠近的圆，那么，交集就是在中心附近的那块由圆曲线构成的三角地。

在我读大学二年级时，根据工科院校加强基础研究的方针，我服从国家需要，从"桥梁隧道系"的桥梁专业转到了"数理力学系"的应用力学专业，从桥57-1班转到了力57班。

在我大学毕业离校时，唐山铁道学院院长助理、应用数理力学系副主任杨耀乾教授对我说："你要记住，一名称职的大学老师，任何时候都要接触三门课程：正在教的、将要教的和自己正在学的。"我参加工作后，把恩师的嘱托作为座右铭，在做好教学工作的同时努力学习新知，不断进取。

20世纪80年代，改革开放之初，上海兴起了新学科热。时任上海铁道学院党委书记的顾稀同志找我谈话（说来也巧，在我的唐山铁道学院毕业证书上盖的就是顾稀院长的大印），要把我从力学教研室调出，加入建设新学科的团队。顾稀同志说："对旧理论的质疑，应该建立在数理逻辑的基础之上，这样创建的新学科才能立得住、站得稳。"此后，我便跟随楼世博、金晓龙、李鸿祥、胡谋老师学习模糊数学、图论和多值逻辑，跟随冯之浚、张念椿老师学习科学学和管理学。在为研究生开课的同时，这两个学科团队合作编写了《图论及其应用》《模糊数学》《科学学》三本著作，第一本由人民邮电出版社于 1982 年出版，1983 年 6 月荣获"1982 年度全国优秀科技图书"二等奖；后两本著作在 1983 年由科学出版社同时出版，《模糊数学》一书当年曾在莱比锡国际书展上展出，《科学学》一书在 1987 年被中国台北《中国时报》读者评为"台湾读者注目的大陆十本书"之一。

1992 年，时任苏州铁道师范学院副院长的我，受铁道部委派，作为访问学者去美国学习考察。在参观了美国的城市地铁和干线铁路后，我感到美国的交通运输业既有强项又有短板——地铁、货运铁路、高速公路和航空是其强项，而客运铁路则是短板；结合中国国情，我国应该取其长补其短，加快发展城市地铁和铁路客运（特别是高铁）。

1993 年回国后，我向铁道部领导汇报我出国学习考察的心得。韩杼滨部长说，他很赞同加快发展城市地铁和积极推进京沪高铁的规划建设（不久之后，我在国家科委参加了京沪高铁第一份可行性研究报告的鉴定工作，鉴定组组长是时任国务院发展研究中心名誉主任的马洪同志）。傅志寰副部长也是鉴定组成员，事后他还当面向时任中宣部部长的丁关根同志提出申请，要求给予国内地铁领域的第一本正式期刊《城市轨道交通研究》一个刊号。在刊号获批后，经几年筹备，1998 年年初《城市轨道交通研究》在上海铁道大学正式创刊，时任铁道部党组书记、部长的傅志寰同志为创刊号撰写了"发刊词"。与此同时，上海铁道大学还成立了国内首个城市轨道交通学院，编写了国内第一套"城市轨道交通系列丛书"，由中国铁道出版社出版发行。

2000 年，同济大学与上海铁道大学合并，组建新同济大学。在同济大学铁道与城市轨道交通研究院、交通运输工程学院老师的大力支持下，2018 年编写出版了"中国高铁丛书"（这套丛书在 2023 年 4 月 24 日荣获第八届中华优秀出版物奖）。上述地铁和高铁两套丛书，虽都由我担任主编，但完全是各专业老师智慧的结晶。

在我耄耋之年，《城市轨道交通研究》杂志社蒲琪社长提出建议，希望我把过去发表过的论文和其他相关文章结集出版，此动议得到了同济大学出版社的大力支持，对此我十分感谢。我想借此机会，回顾一下我的心路历程和在人生道路上留下的轨迹，这对青年学子可能会有所启迪；同时借此对我的合作伙伴和支持者表示衷心的感谢。

按照我关注学科的时间先后，本书分为六个部分，涉及模糊集合论、科学学、教育、管理、铁路、城市轨道交通六个领域；在六大板块之内则不一定按时间先后排序，也可能按题材的不同聚类编排。

2023 年 7 月

目 录

序　言　傅志寰 ··· 3

自　序　学科交叉的力量 ··· 7

第 1 编　模糊集合 ··· 19

模糊数学 ··· 21
模糊数学 ··· 27
模糊集合 ··· 29
数学三部曲 ··· 38
模糊决策方法 ··· 41
名可名，非常名 ·· 50
从儿童优惠票联想到模糊集合论 ······································ 53

第 2 编　世界正走向高科技时代 ······························ 57

科学家的内心 ··· 58
自然科学与社会科学的汇流 ·· 61
所谓层次 ··· 66
第二代边缘科学与两栖科学家 ··· 72
普赖斯《小科学，大科学》一书对我们的启示 ················ 75
知识产业和知识性商品 ··· 79
世界正走向高科技时代：人类的全新视野 ······················· 81
形象思维也能求真 ·· 83

发现、发明、发展
　　——创新三部曲 ·················· 86
科学学构建社会进步模型 ·················· 89
科学的诗意
　　——《解析彩虹》译后 ·················· 93
定义的魅力 ·················· 97
科普的魅力 ·················· 101
工程思维与创新思维 ·················· 104
科技与文化理应相得益彰
　　——从经典京剧电影《借东风》的修复放映谈起 ·················· 106
科学学研究呼唤跨学科人才 ·················· 110
生活中的同中求异 ·················· 112

第 3 编　教育功能的再认识 ·················· 117

教育功能的再认识 ·················· 118
提倡研究"教育美学" ·················· 125
新科技革命与创造力开发 ·················· 128
贺恩师杨耀乾教授九十华诞 ·················· 133
幸福感的三维思考 ·················· 135
我的入党故事
　　——与同济青年学子交流 ·················· 138
追思科学家兼教育家杨福家 ·················· 142

第 4 编　管理学百年回眸 ·················· 147

领导者的创造力 ·················· 148
管理的创新与创新的管理 ·················· 160

管理学百年回眸	171
从科学管理、管理科学到管理文化	182
城市轨道交通的运营安全管理	192
铁路站段拆分与管理跨度理论	196

第5编 中国迎来高铁时代 … 199

沿新亚欧大陆桥铁路编组站、保税区和国际集装箱场的系统分析	200
构筑"长三角"城际轨道交通网	214
中国迎来高铁时代	222
卅载铁路缘	225
高速铁路纵横谈	227
高铁建设的国际环境与成都轨道交通产业	236
高铁，助推中国迈进小康社会	238
中国高铁列车亮相美国纽约时报广场的意义	242
从高铁先进技术的追赶者到引领者	
——中国高铁技术的创新之路	244
中国高铁技术创新之路	253
"复兴号"开启中国铁路新时代	258
高速铁路与城际铁路的交集	263
创新实践造就有理想、有学问、有才干的实干家	265
高铁智能化	
——中国铁路又出发	267
沪通铁路的示范意义	270
从中欧班列和高速铁路看流通效率	272
《区域全面经济伙伴关系协定》呼唤泛亚铁路与海铁联运	276
在历史交汇点上看中国高铁	279
京张铁路三部曲：中国轨道交通技术进步与产业振兴的缩影	282
全国高铁快递物流网刍议	285

第 6 编　智慧地铁：智慧城市的大动脉　　289

上海与东京的城市客运交通比较研究　　290
城市轨道交通的系统结构及其优化　　296
跨江靠海建大都市
　　——汉城经验对上海城市发展战略的意义　　305
如何根治大城市的交通堵塞　　308
建设好浦东国际航空港的地面交通网　　312
加快发展以轨道交通为骨干的城市公共交通　　317
城市发展与城市轨道交通　　322
城市交通可持续发展评价指标体系的研究　　326
城市轨道交通百年回眸　　335
长江三角洲城际轨道交通网络规划　　345
区域性轨道交通网的规划与评价　　355
地区性城际轨道交通网展望　　362
城际轨道交通与城市发展　　365
提倡和培育先进的交通文化　　372
城郊轨交：一张更发达的网　　374
城市轨道交通市郊线的功能及技术特征　　379
轨道交通网的层次结构　　388
城市交通治堵纵横谈　　396
办刊 20 年述怀　　404
大城市小汽车功能的再认识　　406
努力打造快速轨道上的上海"五大新城"　　411
智慧地铁：智慧城市的大动脉　　414

附录　相关媒体报道 ... 424

领导者创造性贡献具有最高价值
　　——访孙章副教授 ... 426
沿新亚欧大陆桥建立自由经济区 ... 428
博士生导师孙章教授简介 ... 430
尽快规划"长三角"城际轨道交通网 ... 432
与官员谈学习型领导 ... 434
都市圈交通　轨道首选 ... 436
十年著一书：与官员谈学习型领导
　　——访领导学专家、同济大学教授孙章 ... 438
京沪高铁将"高速"改写中国经济空间 ... 443
缓解"买票难"　信息先公开
　　——专家认为"实名制"可先试点 ... 446
意蕴丰富的学习型人生
　　——访同济大学《城市轨道交通研究》杂志社社长孙章教授 ... 448
发展市郊铁路正当其时 ... 454
"高铁是一笔优质资产" ... 458
再论中国高铁走出去
　　——同济大学《城市轨道交通研究》杂志主编孙章接受凤凰卫视
　　　记者采访 ... 462
中国高铁崛起鲜为人知的必然逻辑
　　——访同济大学《城市轨道交通研究》主编、原上海铁道大学
　　　副校长孙章教授 ... 468
拥有核心技术是关键
　　——我国高铁发展战略和发展历程回望 ... 475
原上海铁道大学副校长孙章：自主创新才是中国高铁的底气 ... 478
"中国高铁丛书"主编孙章：智能化列车有望保证行车安全 ... 483
中国在新疆建成世界上首条环绕沙漠的铁路 ... 486

后　记 ... 487

第 1 编

模糊集合

模糊数学

原载 1979 年第 10 期《科学实验》，与楼世博（第一作者）合作

一线阳光穿云出，
愈见姣妍。
人间的万象真理，
愈求愈模糊；
——模糊中偶然见着一点光明，
真愈觉姣妍。
——周恩来《雨中岚山——日本京都》

1 模糊中见到的一点光明

大家都知道，数学的特点就是精确，"说一不二"嘛。那它怎么能跟"模糊"扯到一起去呢？要回答这个问题，得从人类思维的特点和当代计算机的弱点说起。

精确性，确是经典数学的一大特点。我们利用经典数学所取得的成就，可以将力学、热力学、电磁学的基本规律，表示为相应的微分方程式，然后用电子计算机求解。在这方面，计算机可以大显身手，又快又精确。例如，大家都熟悉的圆周率 π，用电子计算机用不了多少时候就能算到十万位小数；要是由一个人笔算，一辈子也算不了那么多。然而，这仅仅是事物的一个方面，

我们不能对计算机作出过高的评价。当我们要求电子计算机具有人脑的某些功能时，就不必再去盲目地追求事物的精确性了。

我们知道，当代机器人的智力只相当于人类 2～3 岁的水平。若要实现相当于成年人的智能机器人——就是要使机器人不仅能代替人类的体力劳动，而且要能代替人类的脑力劳动，那就必须依赖于科学技术新的突破，其中一个首要问题，就是如何将人类思维和语言建立起数学模型。

近来有人认为，若用经典数学方法来建立人工智能，就会像追求永动机或点金仙石那样徒劳无功；用我们的话来说，就好比是"缘木求鱼"。这是因为人类智慧与机器功能之间有着本质的区别：人脑善于判别与处理不精确的、非定量的模糊事物，并从中得出具有一定精度的结论。正是由于具备这种能力，才使我们能辨认了草的笔迹、理解不完整的甚至不合常规的言语；并使人们善于抽象、概括、综合和推理。即使在不确定的、多变化的情况下，人们也能作出某些决定。而在认识事物时，我们总是能自然而然地把目光集中到只与判断有关的信息上。所有这些，都使电子计算机望"人"莫及。由于存在着这样的差异，即使当代最大容量的计算机也无法用自然语言——并不是机器语言——跟人对话。

举例来说，我们如果要判别走过来的是谁，通常总是将来人的高矮、胖瘦、走路姿势等与大脑中储存的样本进行比较，从而得出足够正确的结论。这件事如让计算机来做，那就得测量对象的身高、体重、手臂摆动的角度以及鞋底对地面的压力、摩擦力、速度、加速度等数据，而且非要精确到小数点后几十位才肯罢休。这样大搞烦琐哲学，已使精确性走向反面。由人脑的判别过程可知，我们恰恰是在模糊中找见了光明。一定程度的模糊，倒使我们得出了走来的是某人这一清晰结论。这里充满了活的辩证法：精确兮，模糊所伏；模糊兮，精确所依。

2 模拟大脑功能的关键

力学、热力学、电磁学所研究的运动变化规律，若与人脑的思维活动相比，只能算是简单过程。当研究人脑这样的复杂系统时，复杂性与精确性往往是不相容的。也就是说,一个系统的复杂性增大时,我们使它精确的能力将减小。鱼与熊掌不可兼得。这一点类似收音机中灵敏度与选择性之间关系。根据这一不相容原理,我们在模拟大脑功能时,不应该片面追求精确性,绝对需要的倒是它的反面——模糊性,关键是要善于综合和处理模糊信息。

在人的思维和语言中,许多概念都是模糊的东西,例如年轻、暖和、胖、响、粉红、明亮等。有时候,清晰的东西也会产生模糊信息。譬如,男子和女子本来是有明确划分的,可是留长发、穿花衬衫的青年,却提供了模糊信息。

人们的所谓"经验",往往也是些模糊的东西。例如,要确定一炉钢水是否已炼好,除了要知道钢水温度、成分比例和冶炼时间等精确信息外,还需注意钢水颜色、沸腾情况等模糊信息。要对这样的过程进行控制,很难采用目前通行的自动控制方法,因此,往往还是由熟练工人凭借经验来操纵。

语言也有模糊性,试看一个例子。"我要吃糖"这句话的含意是明确的。然而在日常生活中我们同样能理解"我要糖""要吃糖""吃糖、吃糖",甚至"我我我要吃糖""糖糖"等模糊语句的含义,最后两句可分别看作出自口吃者和孩子之口。要是你跟当代的计算机说话,可不能这样随便。它只能接受合乎它死板规定的语句,否则,即使只少了一个字、一个标点也不行;它会像对待"糖要吃我"错误语句那样,一概加上"语法错误"等"罪名",推出机外,拒不接受。可以设想,如果你的朋友的脾气就跟当代计算机一个样,那你就很难跟他交谈。

这里顺便说一句,在模糊数学的基础上,目前已经产生了一种模糊信息接收系统。这种系统不但可以接受错别字,而且能够在识别的过程中进行改正。

3 综合、处理模拟信息的工具

那么,该怎样来综合和处理模糊信息呢?这就需要寻找一种新工具——一种处理和综合模糊信息的数学工具,它就是模糊数学。模糊数学在精确的经典数学与充满了模糊性的现实世界之间,架起了一座桥梁。通过这一媒介,模糊系统也建立起了一种合理的数学模型。

1965 年,美国学者查德(L. A. Zadeh,1921—2017 年)第一次提出了

"模糊集合"的概念，从而给模糊数学奠定了基础。这是因为数学的基本概念是集合，近代数学就建立在集合论的基础之上。不管按照什么特征或依循什么规律结合起来的事物的总体，都叫作集合。例如沙粒的集合，太阳系所有行星的集合，车厢里所有人的集合，一本书里所有字组成的集合等。在经典数学看来，一事物或者属于某集合，或者不属于某集合，二者必居其一，一切都是那样明白清晰。如果一事物属于某集合，就称它的从属程度为"1"；一事物不属于这一集合，那它的从属程度就为"0"（图1.a）。"1"和"0"，当然最为二进制的当代计算机所欢迎；所以经典集合论与当代电子计算机是息息相通的。而查德却把经典集合论的概念加以推广，他认为过去的经典数学忽略了对象的模糊性；考虑到模糊性从属程度应在"0"到"1"之间连续取值（图1.b）。也就是说，划分集合的界线应该是不明确的；在这样的界线上，一物体由属于该集合到不属于该集合的转变并不是突然的，而是渐变的（图2）。因此，这种集合的构造已不是经典意义上的集合，而是模糊集合。应该说，模糊集合是更一般的集合，它要比经典集合更加符合充满着模糊性的世界。经典集合只是模糊集合的一个特例。

由于模糊集合论的提出，使我们不但能在经典数学的框架内处理模糊集合，对事物的模糊性进行定量刻划；而且，还将建立起一种处理模糊信息的新方法，一种系统的——但不一定是定量的——新方法。所有这些，就构成了一门崭新的学科——模糊数学。

作为实例，我们来看在模糊数学中，对于某些表现模糊概念的词或词组，怎样来定量地给出它们的模型。

例如，"几个"这个词是个模糊概念，用数学语言来说就是模糊集合。这一集合处于它的讨论范围1个到10个之中（讨论范围被称为"论域"），但它的边缘是不清楚的。用模糊数学的方法就能定量地给出它的定义：

$$[几个]=0.5/3+0.8/4+1/5+1/6+0.8/7+0.5/8$$

上式右边的分式，并不表示相除，这里分母表示集合中的元素，分子表示元素属于等式左边这一集合的从属程度。等式中的加号也已不是原来的意义，在此表示各元素并列组成某集合。由上式可知：五个、六个的从属程度为1，说明用"几个"来表示五个、六个的可能性最大；而"几个"表示四个、

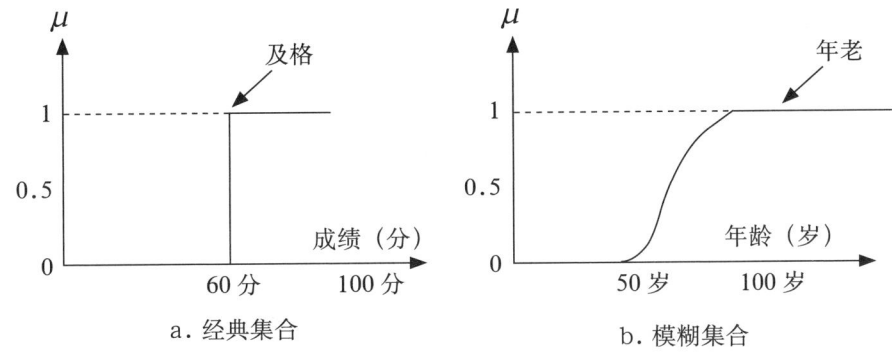

图 1 经典集合与模糊集合，μ 为从属程度

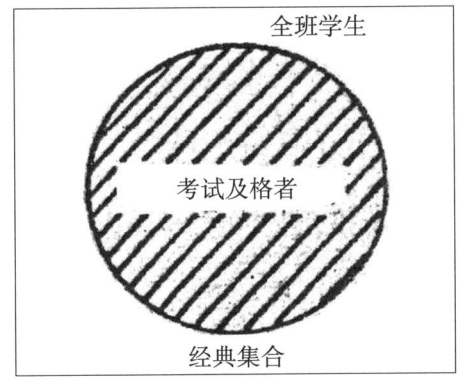 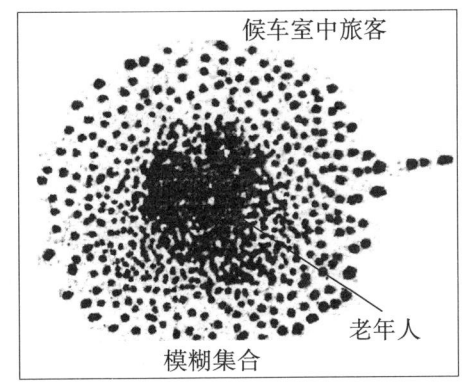

图 2 模糊集合的元素属不属于该集合是渐变的

七个的可能性是 80%；用"几个"来表示三个、八个的可能性只有 50%；汉语中通常不用"几个"来表示一个、二个或九个、十个，所以它们对"几个"的从属程度为零，可不必包括在式子中。

在模糊数学中，可以把"非常""不"一类副词看作算子，用以表示对从属程度进行某种运算。例如，"很"表示从属程度作平方运算；"不"则表示要用 1 减去原从属程度。举例来说，30 岁于"年青"这一模糊集合的从属程度为 0.7。根据上述规则，30 岁属于"很年青"这一新模糊集合的从属程度为 0.7 的平方，即 0.49。而 30 岁属于"不年青"这又一模糊集合的从属程度则为

$$1-0.7=0.3。$$

4 向接近人脑的新一代计算机迈进

以上我们只是初步介绍了模糊数学的基本概念。应该指出，模糊数学的理论体系虽远未成熟，然而由于它脱胎于应用数学，所以在应用上已初露锋芒，特别在自动控制、图像识别、聚类分析和综合评判等方面，已获得初步成功。

模糊数学的创始人查德，原来就是搞自动控制的专家。他所提出的语言综合模糊控制，要比传统的控制方法更为优越。目前，美、英、加拿大、丹麦、日本、瑞典等国已研制出一系列模糊控制器，在中等规模的实验工厂中试用，控制冶金、化工等生产过程。也有人编制了模糊程序，利用机器人自动驾驶汽车。

图像识别是 20 世纪 70 年代蓬勃发展起来的新技术。如果把书写文字、照片、图形等看成是纸面上格子或点的集合，那它们并不是普通集合，而是模糊集合；因而可以应用模糊数学的方法来处理图像识别问题。模糊图像识别应用于机器识别文字、辨认卫星照片、识别癌细胞等。

现实的分类问题，常伴随着模糊性。模糊聚类分析可用于农作物分类、人类体型分类、环境污染分类、天气预报数据分类等各个方面。

模糊数学作为一个新技术分支，十多年来虽已得到迅速发展，但目前仍处于襁褓时期。在今后的几年里，它必须继续从母体——应用科学中汲取营养，同时在理论上不断地丰富自己。可以预料，正如布尔代数是二进制计算机的先导那样，对于必将出现的更接近于人类大脑的新一代计算机和智能机器人来说，模糊数学是必不可少的工具。

模糊数学

原载 1979 年 11 月 23 日《文汇报》，1980 年第 1 期《新华月报》转载；曾被选入"初中试用课本"《语文》第 6 册（华东师范大学出版社 1981 年版）、"分类集中分阶段进行语言训练"实验课本《语文》第 4 册（华东师范大学出版社 1983 年版）

1965 年，世界上诞生了一门新的学科——模糊数学。数学的特点是精确，如今却与"模糊"攀上了亲，似乎不可思议。确实，模糊数学引起了人们的浓厚兴趣，世界各国的研究者与日俱增，正如 1975 年纪念模糊数学诞生十周年的论文集中所指出的："未来的十年，将是模糊数学大发展的十年。"

模糊数学的诞生，是科学技术发展到一定阶段的必然产物。人类应用数学工具，对世界的认识从模糊到精确，是一个飞跃。今天，精确的数学计算在许多场合必不可少。然而，当我们要求电子计算机具备人脑功能的时候，精确这个长处在一定的程度上反而成了短处。例如，我们在判别走过来的人是谁时，总是将来人的高矮、胖瘦、走路姿势等与大脑中储存的样本进行比较，从而得出相应的结论。一般说来，这是件轻而易举的事情。即使一位旧友多年不见，面貌有变，仍能依稀相认。然而要是让电子计算机来做这件事，那就复杂了。得测量来人的身高、体重、手臂摆动的角度以及鞋底对地面的正压力、摩擦力、走路速度和加速度等数据，而且非要精确到小数点后几十位才肯罢休，如果某熟人近来稍瘦了点，计算机就"翻脸不认人"了。显然，这样的"精确"，反使人糊涂。由此可见，要使计算机能模拟人脑功能，一定程度的模糊，倒是需要的。

模糊数学以客观世界的模糊性为研究对象，它的基础是模糊集合论，集合原是德国数学家康托尔（Georg Cantor，1845—1918 年）在 19 世纪末提出的概念。例如，太阳系是所有行星的集合、车厢里的旅客是所有乘客的集合、一张报纸是全部字符和图片组成的集合等。经典集合论对事物只作明确的划分。然而事实上，一个事物是否属于某集合，并非只有"是"或"非"两种回答，常有模棱两可的情况。例如，对"老年人"和"高个子"这类集合的界线就很难作明确的划分。五十岁的人，可以算老年，也可不算老年。这就是说，在现实世界中，集合的边缘往往是模糊的。在人们的思维或语言中，这种模糊的概念比比皆是，如胖、高、重、浓、响、明亮、暖和、粉红、漂亮等，都没有绝对的标准。经典数学就此无法描述，而模糊数学却能对这些模糊的集合，进行定量的分析。因此，模糊集合要比经典集合更加符合现实世界的实际状况，更带有普遍性。可以这样说，数学从模糊到精确，又发展到模糊，是螺旋式的上升，标志着我们认识世界的能力提高到了一个新的高度。

模糊数学在精确的经典数学与充满了模糊性的现实世界之间架起了一座桥架。可以预料，模糊数学必将成为电子计算机、机器人向人工智能方向发展的有力工具。目前，模糊数学在理论上正在不断完善，而它的应用已十分广泛，尤其在信息处理、系统工程、自动控制、图像识别、综合评判、聚类分析、自动机理论、生物系统等方面，已引起了科技界和有关部门的普遍重视。

模糊集合

原载 1981 年第 1 期《数学教学》

集合是德国数学家康托尔在 19 世纪末提出的概念，近代数学就建立在集合论的基础之上。1965 年，美国加州大学教授查德发表了著名论文《模糊集合》，第一次提出了"模糊集合"概念，模糊数学由此产生。

1 为什么要研究模糊集合

经典集合论中，在讨论一元素是否属于某集合时，只能有两种回答："是"或者"不是"。例如，"数学考试及格者"是一经典集合，某一学生是否属于该集合，只有两种可能：是或者不是。由于它是一个二值逻辑问题，我们就可以用"1"和"0"来加以描述：属于集合的元素取"1"，不属于集合的元素取"0"。

经典集合对我们来说并不陌生。然而，我们有没有注意到现实生活中普遍存在的另一类集合呢？

譬如，"高个子""年青人""美人"这样一些集合，如用上述方法来加以描述，就显得不够了。因为这时一个元素是否属于集合，并非只有两种可能，出现了比较复杂的情况。就拿"高个子"集合来说，身高为 1.9 米的男子当然属于该集合，那么身高为 1.7 米或 1.6 米的人呢？这里就很难"一刀切"。在经典集合中，我们曾用文氏图来表示集合；与此类似，我们可以将元素表示为平面上的点，把属于集合的元素画在圆周内，而把不属于集合的点画在圆周外。在经典集合中,这条分界线是清晰的;然而,"高个子"这类集合的边界却是模糊的——也可以说是可变的,因为一个元素在某种程度上可以看作属于该集合,也可以看作不属于该集合。因此国外有人把这类边界可变的集合,形象地叫作"变形虫"或"阿米巴型"集合。也有人把经典集合叫作硬集合,而把边界模糊的集合叫作软集合。

不仅普遍存在着边界模糊的集合,就是人类的思维,也带有模糊这一特色。例如,我们在判别走过来的人是谁时,并不需要测定来者的身高、体重、手臂摆动的角度、频率等精确数据,只要吸取模糊的信息、与大脑中储存的"样本"进行比较,就不难得出足够正确的结论。被誉为"计算机之父"的冯·诺依曼曾经指出,人脑是这样一台"计算机",它在一个相当低的准确度水平上,非常可靠地进行工作。它只可能达到二至三位十进制数字的准确度,却具有相当高水平的可靠程度。因此,人脑既类似一台数字计算机,又好像一台模拟计算机;它既能处理精确信息,又善于处理模糊信息。为了研究人工智能、探索未来电子计算机的雏形,就必须借助边界模糊的集合来建立人脑思维的数学模型。

2 什么是模糊集合

在经典集合论中,我们把具有某种特定性质的个体的全体记为 X,每个个体 x 就称为一个元素,X 的一部分称为子集。若 A 是 X 的子集,则 X 中的任何元素 x 只有两种情形:要么 x 属于 A,记作 $x \in A$;要么 x 不属于 A,记作 $x \notin A$。如果用 1 表示 x 属于 A 这一"属于的程度",那么 x 不属于 A 就可以看作是 x 属于 A 的程度为 0,于是,集合 A 可以用如下的特征函数来表示:

$$x_A(x) = \begin{cases} 1 & x \in A \\ 0 & x \notin A \end{cases}$$

这里,特征函数表示 x 属于 A 的程度。查德推广了这个经典集合的概念,使特征函数不只是取 0 和 1,而可取 0 到 1 之间的任何实数。

查德并把全集合 X 到单位区间[0,1]的映射定义为模糊集合。令 X 为某一全集合 $X = \{x\}$,X 上的模糊集 A 是由从属函数 μ_A 给定的,μ_A 使对于每一个 $x \in X$,在区间上有一实数与之对应。

数$\mu_A(x)$称为 x 关于模糊集 A 的从属程度，$\mu_A(x)$的值越接近于 1，x 对 A 的从属程度越高。在经典集合论中，特征函数只取两个值{0,1}，而从属函数的值域推广到了连续值[0，1]，所以从属函数是特征函数的推广（图1）。

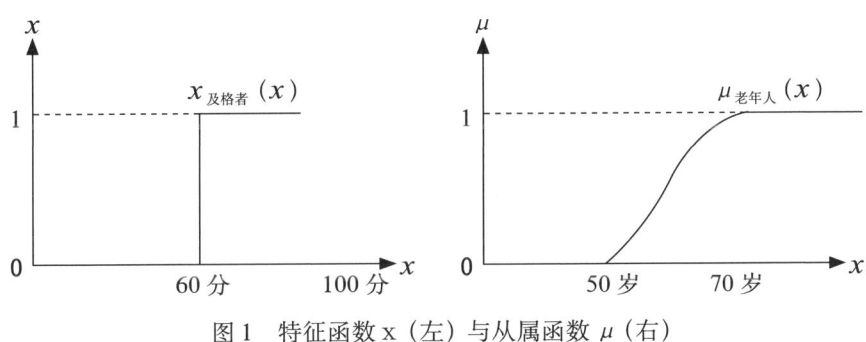

图 1　特征函数 x（左）与从属函数 μ（右）

在 X 为离散集的情况下，也可以用序偶集来描述模糊集 A：

$$A = \{[x, \mu_A(x)]\}$$

例如，汉语词语"几个"就是一个离散模糊集，该模糊集合可以表为序偶的集合：

"几个" = $\{(1,0),(2,0),(3,0.5),(4,0.8),(5,1),(6,1),(7,0.8),(8,0.5),(9,0)(10,0)\}$

在经典集合中，说元素属于或不属于某集合是个二值逻辑问题。对于模糊集合，由于从属函数值可在 0 与 1 之间连续取值，所以模糊集合对应于无限多值逻辑。

应该说明的是，从属函数这一概念，是表明各元素属于某集合的程度，并不是该元素属于那个集合的概率。概率与事件出现的偶然性有关，也就是说，概率所研究的是可能发生的结果的全貌，而究竟谁发生这样的事则是随机的；可是，从属函数不带随机性。

如何确定从属函数，这是个困难的问题，常常带有主观性。我们往往根据经验或某个权威的意见，作出适当的规定。

试考察"高个子"这一模糊集合 A，其从属函数μ_A能这样选取（成人身长单位为厘米）：

$$\mu_A(x) = \begin{cases} 0.01, & x \leq 140 \\ 0.20, & 140 < x \leq 150 \\ 0.50, & 150 < x \leq 160 \\ 0.80, & 160 < x \leq 170 \\ 0.90, & 170 < x \leq 180 \\ 1, & x > 180 \end{cases}$$

还应指明,这里的"模糊"仅代表一种思想方法,它并不意味着不正确或者稀里糊涂。

3 模糊集合的基本运算

对于经典集合的基本运算,如并、交、补、包含关系等,我们都是熟悉的;对于模糊集合的基本运算,还需另作定义。

由于模糊集合的特征是它的从属函数,所以,从属函数全部相同的两模糊集合定义为相等。即对于所有元素 x 若有

$$\mu_A(x) = \mu_B(x)$$

则

$$A = B。$$

定义从属函数为 $[1-\mu_A(x)]$ 的模糊集合为 A 的补集合,记作 $\bar{A}$。也即

$$\mu_{\bar{A}}(x) = 1 - \mu_A(x)。$$

例如,A 代表模糊集合"高个子",$\bar{A}$ 就表示"非高个子"。对于身高为 178 厘米的 x_1 来说,

$$u_A(x_1) = 0.9$$
$$u_{\bar{A}}(x_1) = 1 - 0.9 = 0.1$$

A 为经典集合时,记作 $\underline{A}$。若 $\mu_A(x) = 1$,则有 $\mu_{\bar{A}}(x) = 0$;若 $\mu_A(x) = 0$,则 $\mu_{\bar{A}}(x) = 1$。所以模糊补集合的概念与经典补集合是相通的。

对于所有 x,若有

$$\mu_A(x) = 0$$

则定义集合 A 为空集合，记为 ϕ。反之，若对所有 x 有
$$\mu_A(x) = 1$$
这时集合 A 就是全集合，记为 X。空集合与全集合互为补集合。

对于全部元素 x，若有
$$\mu_A(x) \leqslant \mu_B(x)$$
则称模糊集合 B 包含模糊集合 A，表为
$$A \subset B$$
这时 A 为 B 的模糊子集。

例如，模糊集合 B 表示"高个子"，A 若代表"极高的人"，那么，A 就是 B 的模糊子集。

模糊集合 A 和 B 的并集合记作
$$A \cup B$$
它的从属函数定义为
$$\mu_{A \cup B}(x) = \max[\mu_A(x), \mu_B(x)]$$

若 A 与 B 为普通集合，按经典集合论的定义，并集合就是至少属于 A 或 B 一方的元素所组成的集合。在上述模糊集合并运算的定义中，如若从属函数为非 0 即 1，那么，就成了普通集合的并运算。普通集合只是模糊集合的一个特例。

如有一个五人的集合
$$S = \{x_1, x_2, x_3, x_4, x_5\}$$
试考察"高个子"集合 A 和"胖子"集合 B。若 A 和 B 的从属函数分别为：

$$\begin{cases} \mu_A(x_1) = 0.6 \\ \mu_A(x_2) = 0.5 \\ \mu_A(x_3) = 1 \\ \mu_A(x_4) = 0.4 \\ \mu_A(x_5) = 0.3 \end{cases} \begin{cases} \mu_B(x_1) = 0.5 \\ \mu_B(x_2) = 0.6 \\ \mu_B(x_3) = 0.3 \\ \mu_B(x_4) = 0.4 \\ \mu_B(x_5) = 0.7 \end{cases}$$

这时并集合 $A \cup B$ 就表示"或高或胖的人"所组合的模糊集合。其从属函数为

$$\begin{cases} \mu_{A\cup B}(x_1) = 0.6 \\ \mu_{A\cup B}(x_2) = 0.6 \\ \mu_{A\cup B}(x_3) = 1 \\ \mu_{A\cup B}(x_4) = 0.4 \\ \mu_{A\cup B}(x_5) = 0.7 \end{cases}$$

由于

$$\mu_A(x) \leqslant \max[\mu_A(x), \mu_B(x)]$$
$$\mu_B(x) \leqslant \max[\mu_A(x), \mu_B(x)]$$

又根据模糊集合中对于包含的定义，所以有

$$A \subset A \cup B$$
$$B \subset A \cup B$$

即 A 和 B 都被包含在它们的并集合中。

模糊集合 A 和 B 的交集合记作

$$A \cap B$$

它的从属函数定义为

$$\mu_{A\cap B}(x) = \min[\mu_A(x), \mu_B(x)]$$

如对于刚才的五人集合，可有

$$\begin{cases} \mu_{A\cap B}(x_1) = 0.5 \\ \mu_{A\cap B}(x_2) = 0.5 \\ \mu_{A\cap B}(x_3) = 0.3 \\ \mu_{A\cap B}(x_4) = 0.4 \\ \mu_{A\cap B}(x_5) = 0.3 \end{cases}$$

这里，交集合 $A \cap B$ 表示"又高又胖的人"组成的模糊集合。

对于交集合，由于

$$\mu_A(x) \geqslant \min[\mu_A(x), \mu_B(x)]$$
$$\mu_B(x) \geqslant \min[\mu_A(x), \mu_B(x)]$$

所以

$$A \supset A \cap B$$
$$B \supset A \cap B。$$

在全集合 X 中，各元素的 $\mu_A(x)$、$\mu_B(x)$、$\mu_{A\cup B}(x)$ 以及 $\mu_{A\cap B}(x)$，分别如图 2、图 3、图 4 所示。

模糊集合关于并、交、补运算的定义，不仅与经典集合的同类运算相通，而且也具有相应的现实模型。例如在统一招收研究生时，考了英语和日语两门外语。如有考生英语 90 分、日语 60 分，这时，要是有的导师只要求考生掌握一门外语，就可以以 90 分代表该生的外语能力（取大）；如果有的导师要求掌握两门外语，那就只能以 60 分来代表该生的外语水平（取小）了。

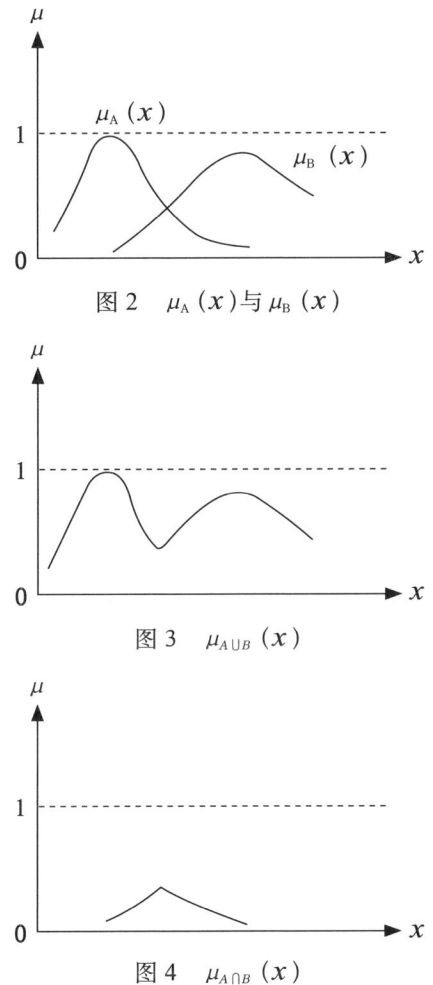

图 2　$\mu_A(x)$ 与 $\mu_B(x)$

图 3　$\mu_{A\cup B}(x)$

图 4　$\mu_{A\cap B}(x)$

在经典集合中成立的不少性质，对模糊集合的并集合、交集合往往仍然适用。但必须加以证明。

首先证明德·摩根定律 ($\overline{A \cup B} = \overline{A} \cap \overline{B}$) 对于模糊集合仍然适用。因为
$$\mu_{\overline{A \cup B}}(x) = 1 - \mu_{A \cup B}(x)$$
$$= 1 - \max\left[\mu_A(x), \mu_B(x)\right]$$
$$\mu_{\overline{A} \cap \overline{B}}(x) = \min\left[\mu_{\overline{A}}(x), \mu_{\overline{B}}(x)\right]$$
$$= \min\left\{\left[1 - \mu_A(x), 1 - \mu_B(x)\right]\right\}$$

为证明上两式相等，要分为两种情况：

(i) 在 $\mu_A(x) > \mu_B(x)$ 时，分别代入以上两式，可得
$$\mu_{\overline{A \cup B}}(x) = 1 - \mu_A(x)$$
$$\mu_{\overline{A} \cap \overline{B}}(x) = 1 - \mu_A(x);$$

(ii) 在 $\mu_A(x) \leq \mu_B(x)$ 时可得
$$\mu_{\overline{A \cup B}}(x) = 1 - \mu_B(x)$$
$$\mu_{\overline{A} \cap \overline{B}}(x) = 1 - \mu_B(x)$$

综合而得
$$\mu_{\overline{A \cup B}}(x) = \mu_{\overline{A} \cap \overline{B}}(x)$$

根据模糊集合相等的定义，于是
$$\overline{A \cup B} = \overline{A} \cap \overline{B} \quad (\text{证毕})$$

作为练习，读者可自行证明德·摩根定律的另一形式
$$\overline{A \cap B} = \overline{A} \cup \overline{B}$$

对模糊集合也成立。

接着再来证明，对模糊集合分配律也成立。

设 A、B、C 均为模糊集合，需要证明
$$C \cup (A \cap B) = (C \cup A) \cap (C \cup B)。$$

由定义可知
$$\mu_{C \cup (A \cap B)}(x) = \max\left[\mu_C(x), \mu_{A \cap B}(x)\right]$$
$$= \max\left\{\mu_C(x), \min\left[\mu_A(x), \mu_B(x)\right]\right\}$$
$$\mu_{(C \cup A) \cap (C \cup B)}(x) = \min\left[\mu_{C \cup A}(x), \mu_{C \cup B}(x)\right]$$
$$= \min\left\{\max\left[\mu_C(x), \mu_A(x)\right], \max\left[\mu_C(x), \mu_B(x)\right]\right\}$$

这里，为证明上两式相等，需要研究江$\mu_A(x)$、$\mu_B(x)$、$\mu_C(x)$的大小关系的所有情况。在每种情况下，上述两从属函数的结果可列表如下：

条件	$\mu_{C\cup(A\cap B)}(x)$	$\mu_{(C\cup A)\cap(C\cup B)}(x)$
$\mu_A(x)>\mu_B(x)>\mu_C(x)$	$\mu_B(x)$	$\mu_B(x)$
$\mu_B(x)>\mu_A(x)>\mu_C(x)$	$\mu_A(x)$	$\mu_A(x)$
$\mu_C(x)>\mu_A(x)>\mu_B(x)$	$\mu_C(x)$	$\mu_C(x)$
$\mu_C(x)>\mu_B(x)>\mu_A(x)$	$\mu_C(x)$	$\mu_C(x)$
$\mu_A(x)>\mu_C(x)>\mu_B(x)$	$\mu_C(x)$	$\mu_C(x)$
$\mu_B(x)>\mu_C(x)>\mu_A(x)$	$\mu_C(x)$	$\mu_C(x)$

在以上不等关系中，虽然没有列入等号，但如果加上等号，两从属函数仍然相等。因此

$$C\cup(A\cap B)=(C\cup A)\cap(C\cup B) \quad (\text{证毕})$$

由模糊集合运算的定义可直接推知，交换律与结合律对模糊集合也仍然有效。即

$$\begin{cases} A\cup B=B\cup A \\ A\cap B=B\cap A \end{cases} (\text{交换律})$$

$$\begin{cases} A\cup(B\cup C)=(A\cup B)\cup C \\ A\cap(B\cap C)=(A\cap B)\cap C \end{cases} (\text{结合律})$$

同样，由定义可知

$$A\cup A=A,\quad A\cap A=A,\quad \overline{(\overline{A})}=A$$

以上的讨论说明，经典集合中有关并集合、交集合、补集合的许多性质，在模糊集合中被原封不动地保存了下来。然而并非全都如此。例如，在经典集合中有

$$A\cap \overline{A}=\phi$$
$$A\cup \overline{A}=X$$

但在模糊集合中就未必成立。（请读者思考：这是为什么？）

数学三部曲

原载 1982 年 2 月 15 日《文汇报》，获上海市第二届（1980—1984）科普作品二等奖

乐曲可以用数字谱写。从这一意义上说，数学也是美学。5 世纪的数学家普洛克拉斯因此说："哪里有数，哪里就有美。"伽利略甚至说：整个宇宙这部伟大著作都是用数学语言写成的；科学家的任务就是要去发现大自然的合理次序与和谐。数学在向越来越广泛的范围渗透过程中，经历了三个不同的发展阶段。

1 从精确到随机

精确性，是经典数学的一大特点，因此经典数学也叫作精确数学。经典数学将力学、热力学、电磁学、气象学的基本规律，一一表示为相应的微分方程式，然后求解。精确数学一个最成功的例子，便是根据万有引力定律推算出行星环绕太阳运行的轨道，甚至还预测到了海王星和冥王星。这一杰出成就，一度使人们以为一切自然现象都可以用微分方程来描述。

然而，现实世界要复杂得多。数学分析和微分方程并不能解决一切。例如在研究气体性质时，由于气体分子不仅数目众多，而且以高速运动，还不断因碰撞而改变方向，这么多未知量的微分方程，是无法求解的。实际上也无须这样做，因为我们所关心的只是大量分子运动的总和——如温度、压强等。在这类现象中，人们把某一时刻、某个分子所处的不确定状态叫作"随机的"。

随机现象，也即不确定现象。还有另一种形式，有时个体的数目并不多，但重复的次数很多。拿投掷骰子为例，每次掷出几点是随机的，但如果掷上成千上万次，就会发现，掷出某一点数（例如六点）的次数，差不多占总投掷次数的六分之一。由此可见，在纷乱的大量偶然现象背后，往往隐藏着必然的规律。探索这些规律，利用这些规律来为人类服务，正是随机数学的任务。

2 偶然中有必然

随机数学主要包括概率论、随机过程理论和数理统计。唐诗云："山僧不解数甲子，一叶落知天下秋。"数理统计的中心任务，就是从分析子样所遵循的规律入手，来推测母体所遵循的规律。

《笑林》中记载了一个人舀汤尝咸淡的故事，虽然汤里的盐加了又加，但由于此人一再尝原先舀在勺里的汤，结果得出了错误的结论："这些盐不咸。"这就是不懂得抽样的缘故。究竟如何从母体抽取子样，子样的大小怎样最为相宜，又如何从子样的性质来推测母体的特性，这些都是数理统计应予解决的问题。数理统计是一门年轻而又引人入胜的学科。它在生物学、物理学、工程学、社会学、人口学等方面的应用与日俱增。有人认为，没有三十个以上的数据，就不可能作出一项科学的决策。对机械计算机作出了杰出贡献的英国数学家巴贝奇，运用统计方法得出，对一封信的收检、盖戳和投递，所花的费用要比运送它的费用多得多，为此他建议不论寄地远近，在一个国家内邮资一律相同。这种简化邮局业务的办法为全世界所采用。

人类学会了用数学来处理两类现象：必然现象和偶然现象。数学分析、微分方程等精确数学用来研究必然现象；而随机数学则是研究大量偶然现象的工具。随着电子计算机的广泛使用以及对人工智能的研究，人们又注意到了第三种现象——模糊现象。

3 模糊中见光明

"潭州城廓在何处，东边一片青模糊。"在现实生活中，特别是在人的思维中，存在着许多模糊现象，如"胖子""高个子""老年人""美人"等概念的边界就是模糊的。

控制论的创始人维纳在谈到人胜过任何最完善的机器时说，人具有"运用界线不明确的概念的能力"。例如，当我们拿起一只杯子时，并不需要精确地计算，只要根据视觉和触觉，经几次反馈和调整，就能以恰如其分的力量握住杯子。既不会用力过猛将杯子夹碎，也不会因用力太小而使杯子落地。要是让机器人来完成这一动作就要困难得多，因为它只能接受精确的信息。

为了综合和处理模糊信息，探索人脑精确与模糊的对立统一关系，1965年，美国学者查德提出了"模糊集合"这一新概念，模糊数学由此产生。十多年来，模糊数学理论上正在不断究善，应用日益广泛，它必将成为探索新一代电子计算机和智能机器人的有力工具。

精确数学—随机数学—模糊数学，这就是迄今为止的数学发展史。从横的方面看，精确数学主要应用在自然科学领域；随机数学开始向社会科学渗透；而模糊数学则将成为思维科学中的数学工具。这样纵横捭阖，合奏出一支壮美的立体声交响乐。

模糊决策方法

原载 1986 年第 6 期《科学学与科学技术管理》，与张念椿、冯之浚合作

在社会生活中，无论团体或个人，常常要对大大小小的问题进行种种决策。企业管理人员的失策，会使企业亏损甚至垮台；教练的失策，将导致比赛的败北。

许多决策，其目标、约束以及所采取的行动等，往往是在不能精确预定的条件下进行的。为了定量地处理这些不精确量，常常要用到概率论、决策论、控制论和信息论等工具。由于物理原因所引起的不确定性，应用概率论等传统方法，在某种程度上已能得到较好的处理；然而，在社会、经营管理等所谓"软"系统中，由于人们的主观性所引起的不确定性，用传统的方法就无法加以处理。所以需要应用模糊集合理论，来讨论具有模糊目标和模糊约束的模糊决策问题。

1 模糊集合

1965 年，美国加州大学教授查德发表了著名论文《模糊集合》，第一次提出了"模糊集合"概念，它是经典集合的拓广。

所谓经典集合，就是指具有某种特定性质的事物的全体。构成集合的每一"个体"就称为一个"元素"。一元素是否属于某集合，只有两种可能："是"或"不是"，是个二值逻辑问题。可用"1"和"0"加以描述：属于集合的

元素取"1",不属于集合的元素取"0"。

如果某一个元素是否属于某种集合,并非只有两种可能,这就出现了比较复杂的情况。例如,判断一个人是"高个子"或是"非高个子",身高1.9米的男子当然属于"高个子"集合,那么身高1.7米或1.6米的人呢?这里就很难"一刀切"。这类集合的边界是模糊的,故曰"模糊集合"。

通常把经典集合记为X,它的元素则用x表示。若A是X的一部份,称A为X的子集,则X中的任何元素x只有两种情形:要么x属于A,记作$x \in A$;要么x不属于A,记作$x \notin A$。如果用1表示x属于A,用0表示x不属于A,于是,集合A可以用如下的特征函数来表示:

$$X_A(x) = \begin{cases} 1 & x \in A \\ 0 & x \notin A \end{cases}$$

特征函数$x_A(x)$表示x属于A的程度。查德推广了这个概念,把全集合X在单位区间〔0,1〕的映射,定义为模糊集合。X上的模糊子集A是由从属函数$\mu_A:(x) \to$〔0,1〕给定的,μ_A使对于每一个$x \in X$,在区间上都有一实数与之对应。

从属函数表示各元素属于某个集合的程度,但不是该元素属于那个集合的概率,不带随机性。$\mu_A(x)$的值越接近于1,x对A的从属程度越高。由于从属函数值可以在〔0,1〕之间连续取值,所以模糊集合对应于无限多值逻辑。

如何确定从属函数,是个困难的问题,常常带有主观性,根据经验或某个权威的意见,作出适当的规定。

试考察"高个子"这一模糊集合A,其从属函数μ_A可这样选取(成人身高单位为厘米):

$$\mu_A(x) = \begin{cases} 0.01, & x \leqslant 140 \\ 0.20, & 140 < x \leqslant 150 \\ 0.50, & 150 < x \leqslant 160 \\ 0.80, & 160 < x \leqslant 170 \\ 0.90, & 170 < x \leqslant 180 \\ 1, & x > 180 \end{cases}$$

这个从属函数可用图 1 表示：

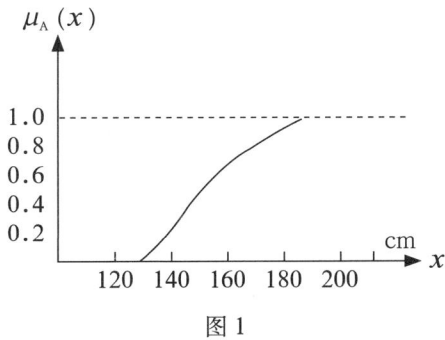

图 1

对于模糊集合的基本运算，可参照经典集合，作如下定义。

1) 模糊集合的相等

由于模糊集合的特征是它的从属函数，所以，从属函数全部相同的两模糊集合定义为相等。即对于所有元素 x，若有

$$\mu_A(x) = \mu_B(x)$$

则

$$A = B。$$

2) 模糊补集合

参照经典补集合的概念，定义从属函数 $[1-\mu_A(x)]$ 的模糊集合为 A 的补集合，记作 $\overline{A}$。

$$\mu_{\overline{A}}(x) = 1 - \mu_A(x)$$

例如，A 代表模糊集合"高个子"，$\overline{A}$ 就表示"非高个子"。对于身高为 178 厘米的 x_1 来说，

$$\mu_A(x_1) = 0.9$$
$$\mu_{\overline{A}}(x_1) = 1 - 0.9 = 0.1$$

3) 空集合、全集合与模糊子集

对于所有 x，若有 $\mu_A(x) = 0$，则定义集合 A 为空集合，记为 ϕ。反之，若对所有 x，有 $\mu_A(x) = 1$，这时集合 A 就是全集合，记为 X。空集合与全集合互为补集合。

对于全部元素 x，若有 $\mu_A(x) \leqslant \mu_B(x)$，则称模糊集合 B 包含模糊集合 A，记作：

$$A \subset B$$

这时 A 为 B 的模糊子集。

例如，模糊集合 B 表示"高个子"，A 若代表"极高的人"，那么，A 就是 B 的模糊子集。

4）并集合与交集合

并集合就是至少属于 A 或 B 一方的元素所组成的集合。交集合则是既属于 A 又属于 B 的所有元素的集合。

模糊集合 A 和 B 的并集合记作

$$A \cup B$$

它的从属函数定义为

$$\mu_{A \cup B}(x) = \max\left[\mu_A(x), \mu_B(x)\right]$$

又根据模糊集合中对于包含的定义，则有

$$A \subset A \cup B$$
$$B \subset A \cup B$$

即 A 和 B 都被包含在它们的并集合中。

模糊集合 A 和 B 的交集合记作

$$A \cap B$$

它的从属函数定义为

$$\mu_{A \cap B}(x) = \min\left[\mu_A(x), \mu_B(x)\right]$$

同样有关系式：

$$A \supset A \cap B$$
$$B \supset A \cap B。$$

在全集合 X 中，各元素的 $\mu_A(x)$、$\mu_B(x)$、$\mu_{A \cup B}(x)$ 以及 $\mu_{A \cap B}(x)$，分别如第 35 页的图 2、图 3、图 4 所示。

模糊集合关于并、交、补运算的定义，不仅与经典集合的同类运算相同，而且也具有相应的现实模型。例如在统一招收研究生时，考了英语和日语两门外语。有位考生英语 90 分、日语 60 分，这时，要是有的导师只要求考生掌握一门外语，就可以以 90 分代表该生的外语能力（取大）；如果有的导师要求掌握两门外语，那就只能以 60 分来代表该生的外语水平（取小）。

从属函数还可由其他从属函数合成得到，或者用间接方法确定。当一个概念是其他几个初始概念的复合概念、或是其他概念的修饰概念时,只要基础概念的从属函数已经确定,通过适当的运算便能求得新概念的从属函数。假如"老人"这一模糊集合的从属函数为:

$$\mu_{老人}(x) = \begin{cases} 0 & x \leqslant 50 \\ \dfrac{1}{1+\left(\dfrac{5}{x-50}\right)^2} & x > 50 \end{cases}$$

以年龄代入可计算得 $\mu_{老人}(55)=0.5$,$\mu_{老人}(60)=0.8$,说明55岁和60岁的人分别为"老年人的程度"为0.5和0.8。

如能确定修饰词"很"的附加运算为:$\mu_{很老的人}(x)=(\mu_{老人}(x))^2$,就可算得"很老的人"这一模糊集合的从属函数

$\mu_{很老的人}(60)=(\mu_{老人}(60))^2=0.8^2=0.64$ 表示60岁的人属于"很老的人"的资格为0.64。

模糊集合论是模糊理论的基础。模糊理论已在经典数学与充满了模糊性的现实世界之间架起了一座桥梁,目前已广泛应用于聚类分析、图像识别、自动控制、故障诊断、系统评价、信息检索、人工智能等领域,引起了人们普遍的注意。

2 模糊目标和模糊约束

决策时可供选择的方案叫作策略,它是一个集合。如果策略只有一个,根本没有选择的余地,也就无所谓决策。策略的个数越少,环境条件越差,选择的范围越有限。通常,在环境条件中存在着各种不确定因素,其主要来源是随机性和模糊性。因此,在现实生活中要精确地描述某一决策的目标,往往极为困难,这就提出了模糊目标的问题。例如:"把工厂办得更好""改善服务态度、让顾客满意"等,这时的评价标准多由决策者主观确定。与此相关,就应该有一个评价函数,用来测量在策略集合中选取不同的策略时,究竟在多大程度上达到了目标,以便选出最佳决策。

作为选取方案的约束条件,也有两种。一种是严格的约束,绝不允许含糊;

另一种是留有余地的、语言暧昧的模糊约束。例如在选择住房时附带要"交通方便，便于上班"等条件。在现实生活中的决策，大多具有模糊目标和模糊约束。对策略集合而言，清晰的约束条件规定了一个经典子集；而模糊的或"软"约束则对应了一个模糊子集。

最简单的决策，目标是清晰的，这时的策略集合只有能达成目标或不能达成目标两个子集，界限是清晰的，所以是经典子集。这时能达成目标的子集与能满足约束条件的子集的交集，就是最佳策略集。这种思想也能推广到模糊目标和模糊约束的决策中去。

设策略集为 $X=(x)$，能满足模糊目标的策略集为 G，满足模糊约束的策略集为 C，且 G 和 C 都是 X 的模糊子集。此时可取的理想策略为：$D = G \cap C$（图5）。

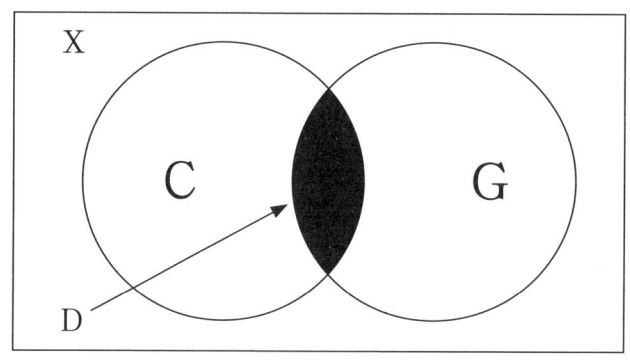

图5　D=G ∩ C

在多个目标和多种约束的情况下，若有 n 个模糊目标 G_1、G_2……G_n，以及 m 个模糊约束 C_1、C_2……C_n，那么，理想策略就是这些模糊子集的交集：

$$D = G_1 \cap G_2 \cap \cdots\cdots G_n \cap C_1 \cap C_2 \cap \cdots\cdots C_m$$

$$\mu_D = \min\left[\mu_{G_1}, \mu_{G_2}\cdots\cdots\mu_{G_n}, \mu_{C_1}, \mu_{C_2}\cdots\cdots\mu_{C_m}\right]$$

例如：在策略集 $X = \{1, 2,\cdots\cdots 10\}$ 中，模糊目标 G_1、G_2 及模糊约束 C_1、C_2 已有下表给出，就可计算这些子集的交集 $\mu_D(x)$。显然，理想策略 D 也是一个模糊集合。如何实现 D 这样模糊的命令，目前还不能完全解决，一般情况下是选择 D 中具有最大从属程度的（记住求 D 是先取小、后取大）策略为最佳策略，此例中取 $\mu_D = 0.8$，$x = 4$ 为最佳决策。

更一般地说，设 D 为理想策略，D^M 是 X 中使 $\mu_D(x)$ 为最大的点集，则 D^M 就叫最大化决策：$D^M = \left\{ x_0 \in X \mid \mu_D(x_0) \right\} = \max \mu_D(x)$。

有时最大化决策 D^M 不存在，如："既要马儿好，又要马儿不吃草"；有时也可能有多个解。

x	1	2	3	4	5	6	7	8	9	10
μ_{G_1}	0.1	0.4	0.8	1.0	0.7	0.4	0.2	0	0	0
μ_{G_2}	0.6	1.0	0.9	0.8	0.6	0.5	0.3	0	0	0
μ_{C_1}	0.6	0.9	1.0	0.8	0.7	0.5	0.3	0.2	0.1	0
μ_{C_2}	0.4	0.6	0.7	0.9	1.0	0.8	0.6	0.4	0.2	0.1
μ_D	0.1	0.4	0.7	0.8	0.6	0.4	0.2	0	0	0

决策过程中的评价函数是评价策略优劣的一种手段，模糊目标和模糊约束的从属函数 μ_G，μ_C 就给出了策略的评价函数，二者所起的作用也是相同的。我们把模糊目标和模糊约束都定义为策略集 X 上的模糊子集。

如果在某一空间内定义模糊目标和模糊约束，把模糊目标看作实行策略的结果：$T = \{y\}$ 上的模糊子集，这时就存在一个从策略到结果的映射 $f(x): X \to T$。

这里 $x \in X$，而 $f(x) \in T$。

因此，我们在考虑 x 对目标 G 的从属函数时，实际上考虑的是 $f(x)$ 对 G 的从属函数，即 $\mu_D(x) = \min \left\{ \mu_{G_1} f(x), \mu_{G_2} f(x) \cdots\cdots \mu_{G_n} f(x), \mu_{C_1} f(x), \mu_{C_2} f(x) \cdots\cdots \mu_{G_m} f(x) \right\}$。

由此可见，即使在不同空间中的模糊目标、模糊约束，也可以通过映射再定义到同一空间中。

3 多目标模糊决策

现实生活中的很多系统,目标往往不止一个,这就是所谓"多目标决策"。这时的目标也构成一个集合,各目标可能具有不同的性质,具有不等的重要性,有些目标也可能是相互矛盾的。为了从整体上处理问题的方便,我们有可能把它们换算成一个统一的尺度,来选择令人满意的策略。

在考虑各模糊目标和模糊约束不相同的重要性时,赋于它们不等的权系数 $\alpha_i(x)$ 及 $\beta_j(x)$,于是,理想策略 D 的从属函数可按下式计算:

$$\mu_D(x) = \sum_{i=1}^{n} \alpha_i(x) \mu_{G_i}(x),$$

$$\sum_{j=1}^{m} \beta_j(x) \mu_{C_j}(x)$$

式中 $\sum_{i=1}^{n} \alpha_i(x) + \sum_{j=1}^{m} \beta_j(x) = 1$。

如果考虑到决策可能有某种不良的后果,使我们不敢选择原来认为是最好的策略,从全面审定,选择原来次好的策略可能不冒更大的风险。为此,也需要对可能发生不良后果的情况进行计算。若 $x_1 \in X$,使

$$\sum_{j=1}^{P} \mu_{B_j}(x_1) \cdot \beta_j \cdot W_j = \min \sum_{j=1}^{P} \mu_{B_j} \cdot \beta_j \cdot W_j$$

式中 x_1 是单从预防不良后果方面来考虑的理想策略,共有 P 项不良后果,B_j 表示第 j 项不良后果 $(j=1,2\cdots\cdots P)$,显然它也是一个模糊子集。β_j 及 W_j 表示第 j 项的权系数和可能发生的概率。

为对效益和不良后果进行综合评价,引进综合评判系数 Q。

$$Q(x) = \lambda \sum_{i=1}^{m+n} \mu_{G_i}(x) \cdot \alpha_i - (1-\lambda) \sum_{j=1}^{P} \mu_{B_j}(x) \cdot \beta_j \cdot W_j$$

若有 $[x* \in X, 使 Q(x*) = \max Q(x)]$

则 $x*$ 即为最佳策略,式中 $\lambda \in [0,1]$,称作功效与不良后果的平衡系数,若考虑以功效为主,λ 取较大的值,若考虑以预防不良的后果为主,则 λ 取较小的值。

4 多级模糊决策

决策过程可以分为几个阶段或几个层次的，称作"多级决策"。在这种情况下，如果最初的决定失误，便会对后面的各级产生致命的影响。

设一多级决策为有限状态的确定性系统，取离散的时刻：$t = 1, 2, \cdots, N$。

在时刻 t 的状态 x_t，可取状态空间 $S = \{S_1, S_2, \cdots S_n\}$ 的某个值，输入为 u，取空间 $U = \{a_1, a_2, \cdots, a_m\}$ 的某个值，通过转换函数 f 便能确定时刻 $t+1$ 的状态 $x_{t+1} = f(x_t, u_t)$。

如果转换函数是随机性的，该系统便是概率系统；如果转换函数是模糊函数，该系统便是模糊系统。

在多级模糊决策中，模糊目标只是通过最终时刻 N 的系统状态来评价的。若最终时刻满足模糊目标的策略集为 G_N，评价目标的从属函数可表示为 $\mu_{G_N}(x_N)$。而输入 u 是通过与空间相关的模糊约束 C_t 来制约的。

假定系统从初始状态 x_0 出发，经过输入系列 $\mu_0, \mu_1, \cdots, \mu_{n-1}$ 的决策 D，其从属函数为：$\mu_D(\mu_0, \mu, \cdots, \mu_{N-1}) = \mu_{C_0}(\mu_0) \wedge \mu_{C_1}(\mu_1) \wedge \cdots \mu_{C_{N-1}}(\mu_{N-1}) \wedge \mu_{G_N}(x_N)$。

式中"$\wedge$"为中置符号，表示取小，再由转换函数 $x_t = f(x_{t-1}, u_{t-1})$ 确定最终的状态 x_N。

作为目标的最大化决定，就是要找到使从属函数 μ_D 最大的那种输入系列。如果将其中的一个表示为：$\mu_0^M, \mu_1^M, \cdots, \mu_{N-1}^M$，那么，便有 $\mu_D (\mu_0^M, \mu_1^M, \cdots, \mu_{N-1}^M) = \mu_0, \mu_1, \cdots, \mu_{N-1}, \in U \{\mu_{C_0}(\mu_0) \wedge \mu_{C_1}(\mu_1) \wedge \cdots \mu_{C_{N-1}}(\mu_{N-1}) \wedge \mu_{G_N}(x_N)\}$。

这是在把决定系统状态的函数 f，作为普通函数的情况下来处理的。如果是概率的情况，计算就要复杂一些。有一种处理多级决策的方法称为"动态规划"，本文就不作介绍了。

总之，任何模糊状态下的决策，同样是可以逐步精确和做到科学化的。

名可名，非常名

原载 2009 年第 6 期《科学》

"道可道，非常道。名可名，非常名。"

在《道德经》的开头，老子除了论述哲学的抽象之外，还提出了一个十分超前的语言学问题：语言的模糊性与局限性。当代研究语言的模糊性，是在 1965 年美国数学家查德提出模糊集合论之后。在模糊语言学中，认为各词之间往往没有绝对明确的界限，又因使用场合、使用群体的不同而有差异。现代模糊理论认为，外延不确定的概念为模糊概念。[1]

不妨以常用名词"春夏秋冬"为例。这四个季节之间的界线其实是很不清晰的，什么是"春季"？《牛津大辞典》告诉你："春季乃是冬季和夏季之间的一个季节。"那么，什么是"夏季"呢？"夏季乃是春季和秋季之间的一个季节。"循环往复查阅，仍令人费解。

气象学家为了给四季下"精确"的定义，终于创造出了"候温"的概念：即每 5 天平均气温的平均值，每 5 天为一候，全年划为 73 候。《辞海》2009 年第 6 版关于"候温"的词条有如下定义："中国气候上常用候温划分四季，连续 5 天日平均气温的平均值大于或等于 22℃，这 5 天中第一个大于或等于 22℃的日期为夏季的始日；连续 5 天日平均气温的平均值小于或等于 10℃，这 5 天中第一个小于或等于 10℃的日期为冬季的始日；介于二者之间分别为春季和秋季。"尽管按照这样的划分标准，一定会出现"秋天里的夏天""冬天里的春天"等，但这样大致的划分对农业生产具有实际意义。可见"春夏秋冬"

这种表述具有一定的模糊性、局限性。而这正是人类语言的特性，它并不妨碍人际思想交流和沟通，因为人脑胜过电脑的地方就在于擅长模糊模式识别和模糊控制。

同样道理，"东南西北"也具有模糊性。"西方七国首脑会议"中的西方七国首脑，指美、法、英、日、意、德和加拿大七国首脑。日本明明地处东方，怎么变成了西方国家？这里的"西方"并非地理概念，而属政治范畴。

与此类似，"华北"这个词也具有模糊性。从自然地理角度，它包括辽东、山东低山丘陵，华北平原及辽河下游平原，黄土高原和冀北山地等4个自然地理单元。从行政区角度，1949年我国设置华北大行政区，辖河北、山西、绥远、察哈尔、平原等省和北京、天津两市，行政委员会驻北京市。虽然，察哈尔、平原两省在1952年被撤销，绥远省和华北大行政区也于1954年分别被撤销，然而，由于是中华人民共和国成立后首批设置的行政区划，"华北"与"西北"（辖陕西、甘肃、宁夏、青海、新疆五省区及西安市）等大行政区给人们留下了挥之不去的记忆。从经济协作区角度，1961年我国设置华北经济协作区，包括河北省、山西省、内蒙古自治区和北京、天津两市，该经济协作区也于1978年被撤销。

今年教师节前夕，温家宝总理到北京市35中学听课，并同北京市部分中小学教师座谈。在座谈会上温总理正确地指出："……但是讲华北一下子我就听糊涂了，因为课本讲的既不是自然分界，又不是经济分区，也不是行政分区，华北怎么把陕西、甘肃和宁夏包括进去了？课本对中国区域划分的依据不足，无论是自然的、经济的还是历史沿革的划分都没能讲清楚，有的是错误的。"[2]

不料这段话在地理学界引起了争论，也引起了境内外媒体的关注。

有学者提出，在自然地理上通常以著名的秦岭—淮河分界线来区别北中国和南中国，也就是"华北"和"华南"。因此，整个秦岭—淮河流域以北的地区都可以列入自然地理的"华北"，也包括了中国地图出版社出版的教科书中所说的陕西、甘肃和宁夏。笔者认为，如果译成英语，"华北"可以译成"北中国"，但国人大都不会认同。

华中科技大学张良皋教授则认为：北纬30°是区分中国南北的重要地理线，东经110°是区分中国东西部地区的分界线，其交叉点在湖北省恩施市鹤峰县中营乡的龙家湾村。

我国至今并没有正式公布中国地理中心点的位置。因此在制定"西部大开发"战略时国家明文规定:"西部"包括重庆、四川、贵州、云南、西藏、陕西、甘肃、青海、宁夏、新疆、内蒙古、广西12个省、自治区、直辖市,面积685万平方千米,占全国的71.4%。这种做法非常类似于用"候温"来定义春夏秋冬,使模糊集合也有了明确的边界。

2009年10月12日《人民日报》刊登《教育大计,教师为本》一文,温家宝总理在见报当天就文章中的一个细节错误——岩石分类学中的"火山岩"应为"变质岩",亲笔给新华社总编室写更正信,并在信中向广大读者致歉。即兴讲话,不需要秘书事先起草,难免有不周密之处。对于错误,温总理既没有让他人承担,也没有请新华社代发更正启事,而是写亲笔信更正。这里我们感受到了总理严谨的科学精神和对人民负责的态度。与此同时,对于在同一篇讲话中引起争论的他对"华北"表述不清楚的批评,则只字不提。这里,我们又看到了一位锲而不舍地坚持实事求是的总理。这种学者风范,就是学习型领导的科学精神和科学态度:坚持真理,修正错误。

参考文献

1 楼世博,孙章,陈化成. 模糊数学[M]. 北京:科学出版社,1983.
2 温家宝. 教育大计,教师为本. 人民日报,2009-10-12.

从儿童优惠票联想到模糊集合论

原载 2021 年 11 月 5 日《上海科技报》

购买"儿童优惠"火车票政策将有大变化。10 月 28 日,国家铁路局发布了《铁路旅客运输规程(征求意见稿)》(以下简称《征求意见稿》),向社会公开征求意见。《征求意见稿》提出:"实行车票实名制的,年满 6 周岁且未满 14 周岁的儿童都可以购买儿童优惠票,年满 14 周岁的儿童应购买全价票。"这意味着,是否能购买"儿童优惠"火车票将由以往的"看身高"改为"按年龄"。采取以年龄作为确定儿童票优惠的法定基准,既科学也公平合理。

以往购买儿童火车票按身高划分,经常会因为一些儿童发育太早导致身高超过免票标准而引发纠纷,家长和铁路员工还会因测量孩子身高的方式、方法而发生争议。数据显示:早在 2012 年,我国 12 岁儿童平均身高已经超过 1.5 米,14 岁儿童的平均身高则已经达到或者接近 1.6 米。"按年龄"购票的新规实施,就能有效避免此类问题。

携带儿童乘车时,如何划定"可享受优惠票的儿童"(与这群儿童比较,年龄小的不必买票而年龄大的要买全票)的边界,是个令人头疼的问题。它涉及模糊集合论——因为"可享受优惠票的儿童"的边界是不清晰的。

语言中的名词,大家都再熟悉不过了,它们用来表达概念,有固定的含义(但并不一定有明确的边界)。名词在数学中有个相近的名字叫作"集合",就是"集体"的意思,它是由很多个体集合而成的。美国数学家查德发现名词(集合)有一个特点,即很多集合的边界是不清晰的。查德把边界不清晰的集合称为"模糊集合"。1965 年他公开发表了第一篇模糊数学论文《模糊子集合》(*Fuzzy Subsets*)。

查德想用经典数学的方法来表达一个模糊集合,让模糊集合能与计算机进行对话。他以"老人"这一边界不清晰的集合作为突破口进行尝试,并取得了成功。某一个人是不是属于"老年人"这个集合,查德用"从属度"μ 来表示,代表某人(其年龄为 x 岁)属于"老年人"这一模糊集合的"资格"或从属程度,在 0～1 之间取值;查德很可能是受到了概率论的启发,因为概率 p 也是在 0～1 之间取值,当然意义不同。"老年人"的从属度计算公式为:

$$\mu_{老人}(x) = \frac{1}{1+\left(\frac{5}{x-50}\right)^2}$$

式中 x 为某人的年龄,x > 50。

按照公式计算,一位 55 岁的人是"0.5 老",一位 60 岁的人是"0.8 老",而一位 70 岁的人是"0.94 老"……这样一来,模糊集合也可以用精确的数学语言与计算机进行对话了。

"可享受优惠票的儿童"也是一个模糊集合。那么,应该如何来划清其模糊边界呢?"白天"和"黑夜"的分界线在哪里,能"一刀切"下去吗?很难。恩格斯在其所著《英国工人阶级状况》中曾提到,英国劳工法中有"童工只能在白天工作"的法条,但它带有欺骗性。因为"白天"和"黑夜"的边界是模糊的,在英国北部地区,有不少地方太阳迟迟不落山,要很晚才进入"伸手不见五指"的黑夜。要使白天和夜晚分界,只能人为地用钟点将它们分别定义,才能使模糊集合清晰化。

模糊集合清晰化的范例就是划分四季的"候温法",因为它找到了分界的关键指标"候温"。"春""夏""秋""冬"无疑都是模糊集合,它们之间应该如何划分边界呢?《牛津高阶英汉双解词典》中"春季"词条的首项定义是"冬季和夏季之间的一个季节 (the season between winter and summer)"。其他 3 个季节的定义均依此类推。绕了一大圈,词典作者智慧地用循环定义避开了春夏秋冬之间如何"切割"的难题。

我国古代将 5 天称为"候","候温"即 5 天的平均气温。"候温法"是中国学者张宝堃先生结合物候现象与农业生产周期于 1934 年提出的分季方法，至今仍应用于气象业。根据"候温法"制定的中国气象行业标准《气候季节划分》规定：连续 5 天平均气温大于等于 10℃ 且小于 22℃ 的为春季，连续 5 天平均气温大于等于 22℃ 的为夏季，连续 5 天平均气温小于 22℃ 且大于等于 10℃ 的为秋季，连续 5 天平均气温小于 10℃ 的为冬季。这种分季方法可以适合各地的具体气候和农业生产的时序，其最大优点是克服了其他分季方法的共同缺点——全国各地都在同一天进入同一个季节。

使用"候温法"也会出现一些例外（小概率事件），如"秋老虎"。即在气象意义的秋季里，出现了候温大于 22℃ 的情况，也就是"秋天里的夏天"。如今有了精准的天气预报，这并不会影响人们的生产和生活。聪明的妈妈甚至每天在孩子起床时，会根据当天早晨的天气预报，要孩子们把当天的最低气温加上当天的最高气温再除以 2，计算出当天的平均气温，从而能根据"候温法"的标准确定当天实际属于什么季节，该穿冬装、夏装，还是春秋装。这就是模糊集合清晰化在日常生活中的具体应用。

科学划分边界的关键在于找到最本质的指标或参数。气候季节划分抓住了"候温"这一关键指标，其他问题都迎刃而解了。回到什么样的孩子可以买优惠票的问题，其关键指标是年龄而非身高。

在无法证明儿童实际年龄的情况下，只好用其他相关的指标（如身高）来替代。因此在新拟定的相关条款中还有一条为："未实行车票实名制的，身高达到 1.2 米且不足 1.5 米的儿童可以购买儿童优惠票；身高达到 1.5 米的儿童应当购买全价票。"对此，笔者认为，有关部门不应在此再"留尾巴"（即在某些情况下仍根据身高出售儿童票），希望在新《铁路旅客运输规程》中不要再出现这段话。因为在数字化、智能化造福人类的今天，即使在未实行车票实名制的情况下，政府有关部门给每个儿童以出生年月的证明，也不是一件十分困难的事。

回想 2009 年春运期间，为了缓解"买票难"，笔者在 2009 年 1 月 21 日的《文汇报》上发表文章，呼吁铁路客运实现"实名制"购票。当时不少人认为不可能，但事实已证明"实名制购票"行得通、办得到。今后购买儿童票一律以年龄为唯一指标，对儿童也实行实名制，不仅必须，而且可能，还正当其时。这项新举措并不限于购买火车票，也应包括购买其他运输方式的客票，甚至可以覆盖其他需要购票的场合。

第2编

世界正走向高科技时代

科学家的内心

原载 1980 年 12 月 23 日《文汇报》，与沈祖基合作

人的任何活动都有心理现象，科学家的创造发明也不例外。清末学者王国维曾在《人间词话》中，这样描述人们的创造心理活动：古今之成大事业、大学问者，必经过三种之境界。"昨夜西风凋碧树，独上高楼，望尽天涯路。"此第一境也。"衣带渐宽终不悔，为伊消得人憔悴。"此第二境也。"众里寻他千百度，蓦然回首，那人却在，灯火阑珊处。"此第三境也。

今天，我们探索科学家的心理，对于掌握科学创造的内在规律、提高科学研究的效率，是很有意义的。

1 好奇心、好胜心和好表现

科学家的好奇心，也就是一种探索和重新安排大自然的愿望。好胜心是一种自我肯定，要向自己或他人证明，自己是有能力完成这项任务的。另一种就是好表现自己。正如爱因斯坦所说，有一种人从事科学工作是因为科学工作给他们提供了施展才能的机会，他们喜好科学，正如运动员喜好表现自己的技艺一样。就自我表现这一点而言，科学家与艺术家是相通的。

未知世界对于具有好奇心的人来说，是一种精神上的挑战。只要他同时又具有好胜心，他就乐于在科学上施展才能。许多人可以在解答难题中得到乐趣，而不求什么报酬，就是为此。法国大生理学家贝尔纳说过："那些没有受过未

知事物折磨的人，不知道什么是发现的快乐。"一个人一生中只要体验过一次科学创造的欢乐，就会终生难忘。更重要的是，在日常的脑力劳动中，普通的、不是惊天动地的发明创造会不断出现，这就是科学工作者的日常兴趣所在。善于为每前进一步、每一个小小的发明而高兴，这在一个人选择科学为职业时，往往能起到举足轻重的作用。

当一个人具备了上述素质时，即使在萧瑟西风之中，也会毅然登上科学之路。

2 来无影去无踪的灵感

科学创造过程中最富有戏剧性的心理现象是灵感——叫它启示、直觉、预感也可以。自然科学家、心理学家对此都进行过广泛的研究。

著名数学家高斯，是这样描写一个求证多年的问题怎样得到解决的："终于在两天以前我成功了——像闪电一样，谜一下解开了。我自己也说不清楚是什么导线把我原先的知识与使我成功的东西连接了起来。"

然而，灵感不会自动从天而降。王国维在《文学小言》中说："未有不阅第一第二阶级（即阶段，指境界）而能遽跻第三阶级者。"法国著名的细菌学家尼科尔说得好："机遇只垂青于那些懂得怎样追求她的人。"有趣的是，灵感往往产生于紧张工作之后的稍事休憩之际，所以有人把它叫作下意识状态。有人认为，身心放松状态，是产生灵感最理想的环境。他们认为阿基米德之所以躺在浴盆里想出了著名的定理，是因为符合产生灵感的"边界条件"，而不是因为他感受到了水的浮力作用。

这种下意识的心理过程还未被充分解释，我们姑且可以这样认为，大脑虽然不在自觉地注意这个问题，然而由于"惯性"，大脑还在通过下意识活动思考着它。可以想象，在脑子里有许多概念，有的是熟悉的，有的并不熟悉。它们像分子一样在脑海里游动，时而碰撞，时而分离——突然，两个分子结合在一起，构成了牢固的化合物，于是，出现了一个崭新的概念。灵感如同闪电一样，一切都变得清晰明白。它是如此简单，甚至使你奇怪怎么先前竟然没有想到。

"山重水复疑无路，柳暗花明又一村。"美妙的灵感往往都降临于柳暗花明之间，等待着探索者的蓦然回首。

3 科学家的集团心理

现代科学研究的规模越来越大,已从个体研究发展到集体研究、国家研究甚至国际研究,人们越来越注意到科学家的集团心理。

1942年,美国动员了60万人,耗资23亿美元,搞了"曼哈顿计划",三年后造出了原子弹。领导这项浩大工程的是罗伯特·奥本海默(Julius Robert Oppenheimer,1904—1967年),当时他年仅38岁。由于曼哈顿计划的巨大成功,不仅美国,世界各国都研究起奥本海默来。人们普遍认为,奥本海默之所以能成功,不仅依靠他渊博的理论物理知识,更重要的是他谙熟科学家的集团心理,能使土木工程师、冶金学家、化学家、物理学家和军官们互相协调。奥本海默在读大学时就把"学会跟各种人相处"作为座右铭。在曼哈顿计划中,从戴白色徽章的高级科学家到戴蓝色徽章的普通工作人员,都同样尊敬他,接受他的领导。

为了研究科学心理学,美国有人曾对一百多位科学家进行了调查,要他们描写心目中最理想的研究室主任。调查的结果表明,一个好的领导人,除了本人在技术上能胜任、有创造性和想象力之外,更要懂得科学心理学;他要了解别人,还不能管得太死,要给科技人员适当的自由——一共归纳出14条之多。

"身无彩凤双飞翼,心有灵犀一点通。"科学心理学好比是内窥镜,用它来窥探科学家的内心,可以了解他们,熟悉他们,并给他们创造一些必要的条件,让他们为科研工作作出更大的贡献。

自然科学与社会科学的汇流

原载 1982 年 5 月 28 日《光明日报》，与冯之浚（第一作者）、张念椿合作

列宁在 1914 年曾经指出："从自然科学奔向社会科学的强大潮流，不仅在配第时代存在，在马克思时代也是存在的，在 20 世纪，这个潮流也同样强大，甚至可说更加强大了。"科学发展的进程，完全证实了这一具有远见卓识的结论。人们清楚地看到，在现代科学的综合化发展过程中，表现得最突出的莫过于自然科学与社会科学的汇流趋势。

1 历史的必然

由于生产力水平的限制，古代人们还不具备对事物进行详细的分解研究的条件，只能在肉眼观察的范围内，将事物作为整体进行考察研究。随着实践的深化，这种直观的整体综合研究，就被分解方法所替代了。

从哥白尼开始的近代科学，主要运用的是分解的方法。这种方法把自然界分解为各个部分，把自然界的各种事物和过程分成一定门类，逐个地加以探索。这种分析的方法，四百年来，使人们对自然的认识达到了空前的广度、深度和精度，这相对于古代科学的整体研究来说，是一大进步。

然而，科学不断地分化，使人们越来越失去了对全局的了解，各学科从不同的领域分别地、割裂地进行探索，并不能达到整体地、全面地、综合地认识世界的目的。物极必反，分化正在走向自己的反面——这是 20 世纪尤其是

20世纪40年代以来现代科学发展的特征,正如人的思维在分析之后一定需要综合那样,科学也从分化走向综合。这是合乎逻辑的发展结果。

2 汇流的形式

近几十年来,自然科学与社会科学的汇流,主要表现在如下几个方面。

第一,数学科学进入社会科学领域,致使社会科学开始具有掌握规律的量的精确性。在这一方面,经济学一马当先。1930年国际上成立了计量经济学学会。计量经济学的发展,使人们在经济现象中建立数字基础,并用数学方法把经济理论表示出来,为预测未来提供决策依据。如1974年发生的世界性经济危机,经济学家应用数学模型,至少在五年前就预示到了。1980年,诺贝尔经济奖获得者克莱因(Lawrence Robert Klein)主持的"连结计划",是世界上最大的计量模式,包含了五千个方程式。它把十三个经济合作与发展组织国家、七个经互会国家和其他发展中地区的模式"连结"起来,用以分析国际间的经济波动及其扩散,并预测国际贸易与资本动向。

其他社会科学学科也都进行了程度不同的这种探索。如美国的弗里蒙特·赖德(Fremont Ryder)和德里克·普赖斯(Derek Price)对科学史的计量研究,得出了著名的科学知识量的指数增长规律,给历史学的深入研究带来了新的启示。数学也被引进了社会学领域,产生了社会计量学。甚至在一向被认为是人类古老文明的两极——数学和语言学之间,也诞生了极为重要的新学科——数理语言学。

据K·多里奇统计,在1900—1965年间,社会科学共有62项重大进展,其中定量研究约占1/3,尤其在1930年以后,这个比例高达5/6。

第二,随着科学技术的日益社会化,自然科学的研究人员、机构、经费的不断增长已成为一种日益重要的社会现象。社会化的自然科学体系,本身已成了社会科学的研究对象。与此同时,伴随着自然科学的社会功能不断扩大,人们不正确地使用科学技术的力量,也给社会发展带来了一系列问题,例如环境污染、生态平衡失调、能源危机、人口膨胀、城市交通阻塞等,所有这些问题的解决,单靠自然科学是无能为力的。因而在环境、能源、城市建设、生态、人口等综合性学科的研究中,人们日益依赖自然科学与社会科学的协作。此外,科学技术的发展,还带来了一系列道德伦理问题,诸如试管婴儿、精子银行、器官移植、无痛死亡、遗传工程等,都需要社会学、伦理学、教育学、法学等社会科学的协助。

第三,在科学研究过程中,自然科学与社会科学的概念与方法,正在彼此吸收或互用。如罗根把热力学第二定律中的"熵"的概念引入经济学;电子学家坦纳把"阈"的概念引入感觉、知觉范畴;罗伯特·贝尔斯把统计学用于行为科学中小团体行为模式的研究。自然科学中惯用的数学方法、模拟方法、计量方法和计算机技术,在社会科学的研究中起着越来越大的作用。同样,社会科学中的一些概念,也被自然科学的许多学科所吸收。自然科学与社会科学的相互借鉴,相互渗透,正在促进整个科学领域的深入发展。

3 共通的方法

自然科学与社会科学的合流趋势,使大量综合研究的课题应运而生。自然科学或社会科学传统的研究方法,在综合研究中显得不够了,因而学者们纷纷去探索一些崭新的方法。在 20 世纪中期,出现了三门新兴学科——信息论、控制论、系统论。它们像"隧道"那样,把自然科学与社会科学两大领域贯通起来,成为自然科学与社会科学研究的共通的方法论。

信息的传递与交换,古已有之,然而对于信息的本质却一直没有明确的认识。1948 年,申农发表著名的论文《通讯的数学理论》标志着信息论的诞生。信息论是一门研究信息的度量、传递、变换、存储、处理和利用的科学。由于信息普遍存在于自然界和社会的各个领域,因而信息论的基本理论不仅渗透自然科学的各个领域,而且正在成为社会科学研究中的共同使用的概念。现代经济学在处理国民经济的统计、核算以及计划的编制等方面,借助于电子计算机进行信息处理,在定量的基础上取得了较佳的经济效果。现代管理学也十分重视对信息变换过程的研究。

控制论是关于各种系统的控制和调节的一般原理的科学。1948 年维纳发表了《控制论,或关于在动物和机器中控制和通讯的科学》一书,标志着这门学科的诞生。由于自然科学和社会科学所研究的对象大多具有控制和调节的共同规律，因而控制论被广泛地应用于许多学科领域，出现了工程控制论、生物控制论、社会控制论、智能控制论、心理控制论、教育控制论等。

系统论孕育于20世纪30年代，诞生于四五十年代，奥地利理论生物学家贝塔朗菲被认为是这门学科的倡导人。由于自然界和社会领域中普遍存在着各种系统，因此，研究各种系统的共同特点和本质的系统论，就必然向所有的科学领域进行全面的渗透。目前，系统论已应用到生物学、物理学、自然地理学、精神病学、社会学以及科学学等学科。

信息论、控制论、系统论的出现，给科学方法论的研究注入了新的内容。它表明在客观世界中除了具有数学所研究的空间形式和量的关系之外，还存在着诸如信息、功能、系统一类普遍的关系。人们在研究这些关系时，能够撇开各个过程的具体物质特性。这些学科产生了许多新的特有的概念和科学认识方法，为科学的统一、研究的综合化提供了新的可能的途径。

4 应有的对策

研究自然科学与社会科学汇流的重大意义，就在于使我们在制订经济规划、科技规划、教育规划、人才使用规划时，能顺应这股势不可当的潮流，并从中得益。

第一，要注重跨学科的综合研究。尤其是一些新兴学科，需要组织自然科学和社会科学的科技工作者协同作战。这种"立体作战"的形式，在处理和解决环境、生态、能源、城市建设、人才开发等一系列复杂而重大的社会问题时，尤为重要。

第二，要扩大专业面，扭转重理轻文、文理分家的传统观念，使学生对自然科学与社会科学这两大领域都有所涉猎。可以预料，不久将会产生更多的"两栖科学家"——他们既能在自然科学的海洋里游泳，又能在社会科学的大地上跳跃，在日后的科学发展中，将发挥重要的作用。

第三，要注意人才流动。既然自然科学与社会科学正在汇流，它们之间的鸿沟正在被填平，那么，这两大门类之间的人才交流就成为十分自然的事了。

为了加速我国四化的进程，自然科学与社会科学之间的人才流动应该受到重视，并且大可推而广之。

第四，要有意识地支持和加强出现在自然科学与社会科学结合部的新兴学科的发展。工作在经典学科方面的科学工作者，需要密切注意新兴学科的发展动向，并对此抱欢迎的态度。

第五，必须用马克思主义来指导这项研究工作。事实上，如信息论、控制论、系统论的许多观点与方法，是符合辩证唯物主义原理的，我们应当通过研究，吸收并概括其精华，从而丰富马克思主义的理论宝库。同时，对国外在研究汇流中出现的一些错误倾向，也必须扬弃。

总之，当前自然科学的发展已经渗透社会的各个领域，给社会科学的研究注入了新的因素，社会科学要在自然科学的发展面前改造自己；自然科学的命运又紧紧地依赖于社会科学的发展。它们之间的这种互相依存、相辅相成的发展特点，必须使全社会有一个充分的了解。

所谓层次

原载 1983 年第 5 期《百科知识》，与冯之浚（第一作者）、张念椿合作

"山外青山楼外楼""乱山遮晓拥千层"。世上万物，除了"一盘散沙"那样的例外，一般说来都具有层次结构。所谓"层次"，主要是指事物有序地分层。物质的层次结构可分为两大类：一类是水平层次，如森林可依次分为乔木层、灌木层、草本层和地被（苔藓）层，在不同的层次上，又有相应的动物栖息其间。这样的水平层，用一个参数就足以表征，属一维问题。另一类是圈层，如地球可依次分为大气层、地壳（平均厚度 35 千米）、地幔（35 千米以下至 2900 千米深处）和地核（2900 千米以下），圈层需要用三个参数才能加以表征，所以是三维问题。

水平层和圈层都是就空间而言的。如果以时间为坐标，物质也同样具有层次结构，"芳林新叶催陈叶，流水前波让后波"，描述的就是这种层次。因此，继往开来、新旧交替其实质也是一种层次结构，这种不仅反映相邻关系而且反映相继关系的层次结构，是一种四维问题，可用四维空间（闵可夫斯基空间）来加以描述。

物质系统主要是由于质量的不同而分为不同的层次（表 1）。由表中可知，一般说来物体的质量越大，其体积也越大。然而也有例外，如白矮星体积虽小但仍属于恒星这一层次（由于它的密度是水的 $10^4 \sim 10^7$ 倍）。因此，物质层次的划分主要是依据质量的相对大小，质量在数值上的变动就能使物质形态发生改变。

表 1　物质层次的质量和尺度

层次	质量范围（克）	尺度范围（厘米）
星　系	$10^{36} \sim 10^{45}$	$10^{20} \sim 10^{23}$
恒　星	$10^{32} \sim 10^{35}$	$10^{6} \sim 10^{14}$
行　星	$10^{24} \sim 10^{30}$	$10^{8} \sim 10^{10}$
地上物体	$10^{-15} \sim 10^{24}$	$10^{-5} \sim 10^{7}$
分　子	$10^{-22} \sim 10^{-15}$	$10^{-8} \sim 10^{-6}$
原　子	$10^{-23} \sim 10^{-21}$	$10^{-8} \sim 10^{-7}$
原核细胞	$10^{-23} \sim 10^{-21}$	$10^{-13} \sim 10^{-12}$
基本粒子	$0 \sim 10^{-23}$	$< 10^{-13}$

不同层次的物质具有不同的物质形态，性质也各不相同，而且服从不同的规律。例如，恒星这一层次的物质，一般能发生核聚变反应，能发光，而且向外幅射大量的能量；行星则不行。如果把客观世界粗略地划分为微观、宏观、宇观三个层次，那么，微观世界服从量子力学规律；宏观物体间的相互作用则服从牛顿力学规律；而宇观这一层次（包括星系、总星系）服从的是相对论力学规律。

不同层次的物质具有相对的独立性，但各层次之间又都处在普遍的相互作用和相互联系之中。它们除了各有其特殊规律之外，还遵循着一些共同的规律，如一般都遵守能量守恒与转化定律，封闭系统中的物质过程都遵守熵增加原理等。有趣的是，各物质层次还具有一些惊人的相似之处。例如，银河系、太阳系、地球、原子、细胞等都为有核结构。此外，多数物质层次还具有一种共同的运动形式——旋转。无论是卫星、行星、太阳、星系，还是原子核、电子，都有公转或自转，有的公转、自转兼而有之。

物质结构的层次是无限的。上至银河系、河外星系、总星系，迄今为止人类所观测到的范围已达 200 亿光年，哪里是总星系的核心，哪里是总星系的边缘，总星系之上还有什么层次，人们还一概茫然无知。

同样，物质的下限也是无限的。在我国古籍《庄子·天下篇》中，已提出了"一尺之棰，日取其半，万世不竭"的观点。当然，这种把可分性看成是单纯的量的分割的思想，带有朴素、自发的性质，因为对于不同层次的物质应使用不同的分割方法，不能忽视物质结构不同层次的质的区别，全然采用机械方法。例如，在分子这一层次就得采用化学方法；分子分开以后，进入原子这一层次，又得采用物理方法了。尽管如此，物质无限可分的思想是无懈可击的。现代科学已经证明，基本粒子仍然不是数学意义上的"点"，其内部仍然是有结构的。我国学者提出的"层子模型"认为，粒子由粒子组成，粒子又由粒子组成。国外有人提出了夸克模型，随着胶子的发现，基本粒子的内部结构正在日益显现。然而，在夸克、胶子以下还有哪些"更基本"的粒子呢？人们目前也毫无所知。

不仅自然界具有层次结构，在社会和思维领域各种类型的层次也比比皆是。中央、省（市）、地、县、镇是层次，部、局、处、科各级，军、师、团、营、连、排以及家庭中的祖父母、父母、子女、孙儿孙女等都是层次。工厂、农村以及企事业单位都有自己的管理层次。因此，要研究管理科学，就离不开对于层次的研究。

以研究管理科学著称的美国斯隆管理学院所提出的"安东尼结构"就是一种层次结构。安东尼结构把经营管理分为三个层次：战略规划层、战术计划层和运行管理层。参照安东尼结构，我们认为经营管理的三个层次应具有不同的功能（表2）：战略规划层主要考虑的是某项目要不要上、什么时候上；战术计划层要回答的是怎么上的问题；而运行管理层所关心的则是怎样干好的问题。与此相应，对不同层次的管理人员也应该有不同的素质要求。如果把管理才能"特征抽出"为识见、协调和技术三项（识见指的是分析判断、决策能力；协调表示处理人与人之间关系和部门之间关系的能力；而技术主要是指技术水平和解决具体问题的能力），那么，据美国学者的调查统计，各级管理人员所需才能的比例构成如表3所示。这对于我们按照不同层次的需要选择不同素质条件的干部是有参考意义的。例如，对于一个具有很好的技术素质的干部，如果把他放在一个需要大量协调关系的岗位上，或者放到经常需要决策的更高的管理层，他可能不适应，甚至完全做不好。而对于一个高级管理人员，则主要应要求他有识见素质，不能苛求他去解决具体技术项目中的问题。

表 2　经营管理层次

层次	战略规划	战术计划	运行管理
层次	最高层	中层	基层
任务	决定是否上马、什么时候上马	决定怎样上马	具体组织生产
时间幅度	3～5年	半年～2年	周、月
视野	宽广	中等	狭窄
信息来源	外部为主内部为辅	外部为辅内部为主	内部
信息特征	高度综合	中等汇总	详尽
不确定冒险程度	高	中	低

表 3　各级管理人员的素质

管理人员＼素质	识见	协调	技术
高级	47%	35%	18%
中级	31%	42%	27%
初级	18%	35%	47%

苏联学者列别捷夫还认为，现代科学知识也可以分为三个层次：经验的知识、理论的知识、方法论的知识。众所周知，中国学者认为现代科学技术也具有层次结构，它们依次是哲学、基础科学、技术科学和工程技术，越往后与生产的联系越密切。

用不着烦琐的举例，我们已能看到在自然界、社会和思维过程中，多数事物具有层次结构。那么，为什么层次结构这样普遍、这样富有活力？它究竟有着怎样的机制？

第一，层次结构能充分利用有限的空间，具有高收益低消耗的特征。如森林中的乔木层、灌木层、草本层和地被层（各层还可分为亚层），由于分层才能最充分地利用有限的日光、空气和养料。一般地说，层次结构具有较高的生产率。如果我们首先限定系统的空间和复杂性，那么，分层繁殖将能产生更多的要素；如果我们首先限定要素的数量，那么层次结构将比不分层结构以快得多的速度生产出同样数量的要素。因此，层次是一种优化的结构。有经验的农户分三层饲养淡水鱼，可以使淡水鱼产量从原来的每亩水面几十斤提高到二千余斤。拿破仑命令兵士分别用三种姿势（站、跪、卧）射击，改平面作战为立体作战，杀伤力比全体站着射击要大好几倍。

第二，层次结构容易实现优化的运行。战国时田忌赛马之所以能转败为胜，关键是孙膑在思考问题时把马分成了三个层次，从而制定出了取胜的战略。国外管理科学的优化理论认为，领导者的直接下属以 $8 \sim 9$ 个人为最佳，然后领导做领导的事，各层做各层的事。上级的领导责任是给直接下属指明目的要求，并创造必要的条件，最后考核其效果。至于如何完成这一任务，是下级发挥自己才干的天地，领导不应越俎代庖。下级成员之间的横向联系，不必事事上报，只有在不协调或产生矛盾时，才必须由上级及时协调并作出裁决。超越层次，就会造成管理功能的紊乱，使下级失去积极性、主动性；而一切问题上交，又使上级忙于应付具体事务，失去自己的指挥功能。

第三，层次结构是稳定结构。在给定体积和复杂性的条件下，具有层次结构的系统具有最大的稳定性。机械手表的结构之所以比较合理，就因为它具有明显的层次，装配手表的师傅由于能逐层装配，就具有较强的抗干扰性，他不怕顾客或电话的打扰。而装配闹钟者则不然，闹钟的所有零件要安装在同一块盖板上，一有干扰，已装配好的零件就散了，每次都得"从零开始"。智力结构的层次也要注意稳定性问题。根据国外的资料，科研人员的层次结构有一个最佳比例。例如，从事基础研究的组长级研究员、助研和实验员的比例为 $1:2 \sim 3:3 \sim 7$；应用研究的这个比例为 $1:3 \sim 5:6 \sim 15$；发展研究的这个比例为 $1:2 \sim 3:8 \sim 10$。

第四，层次结构的各个层次，只需要最少的信息传输量。由集合论可知，当一个集合的元素增加时，它的子集合的个数将以 2 的 n 次方增长（所以把这种子集合的全集称为幂集合）。因此，随着一个系统的成员的增加，而每个成员为了有效地工作，又必须详细了解其他成员分别在做什么，系统所必须传输的信息量将以指数规律增长。然而，如果把一个系统分成一个个层次，那么每个成员只需掌握同一层次内成员活动的详尽信息和其他单位的一般性的总和信息。这样一来，系统所必须传输的信息总量的增长速度只会略大于系统规模的增长速度。

第五，具有层次结构的系统，可以做到系统的复杂性与系统的规模相对无关。换言之，尽管系统的规模越来越大，但对经营管理者来说其复杂程度并不增加。例如，一个经理不管其总职责的大小，都只和几个下级、几个上级、几个平级经理紧密合作，不管他的地位如何，他所联系的人数都大致相同。而对系统的其他部分，他只须和他们保持一般的联系。因此，层次结构消除了规模和复杂性之间的联系，使大系统得以正常运转。

上述有关层次结构的几点说明，虽然是粗略的概括，但已足以说明复杂系统具有层次结构的内部机制。为了要做到高产低耗，复杂系统必须分层——这就是应该得出的结论。

"鹰击长空，鱼翔浅底"，万物活跃在有高有低的层次上，构成了生机勃勃的世界。让我们更好地运用层次原理和层次方法，为全面开创社会主义现代化建设的新局面多作贡献。

第二代边缘科学与两栖科学家

原载 1983 年第 11 期《中国青年》，与冯之浚（第一作者）合作

"日月如合璧，五星如连珠。"宇宙本是统一的整体，只是在人们对它进行研究的时候，才分成许多互相独立的学科。现代科学的学科门类已达 2400 门，基础科学有 500 个以上的主要专业。

1 分久必合

分解、分析的方法尽管能使研究深化，却忽略甚至割断了自然界一切事物之间固有的联系。就拿医生治病来说，现在医院分科越来越细，不仅分中、西医，还有内科、外科、皮肤科、神经科等。分科无疑是一种进步，然而病人毕竟是个整体，即使是局部病患，在医治的过程中，如打针、吃药等也得通过全身起作用。"头疼治头，脚痛治脚"的方法，在现代医学中已不适用。

常言道：合久必分，分久必合。科学的发展使得学科越分越细，人们的知识面越来越窄，越来越专业化。随着科学的进步，分析方法的局限性日益显露出来。现代科学需要一种新的统一的整体观念，就好像疑难杂症亟需中西医各科名医会诊一样。

回顾一下人类认识世界的历史，不难发现，古代科学是用一种总体观念

去看待世界的。亚里士多德简直无所不包、无所不通；然而，这是低水平的综合。今天的综合建立在分析的基础之上，具有较高的水平。因此，综合—分析—综合，是一种否定之否定，也是一种螺旋式的上升，它标志着人类认识世界的能力又提高到了一个新的高度。

2 边缘杂交

控制论创始人维纳认为："在科学发展上可以得到最大收获的领域，是各种已经建立起来的部门之间的被人忽视的无人区。"在这些"无人区"里产生了所谓"边缘科学"。物理化学、化学物理、生物力学、地球化学、地球物理、天体物理、地质力学等，就是在数、理、化、天、地、生的"边区"里生长出来的，它们是各门自然科学"杂交"而成的"新品种"，是沟通不同学科的桥梁，有人把它们叫作"第一代边缘科学"。

在当代科学综合化的进程中，由于科学的日益社会化、社会的日益科学化，产生了大量全局性的综合命题，这就进一步要求自然科学与社会科学合流。我们知道，自然科学与社会科学都是研究物质世界的；而物质世界的统一性、多样性与复杂性，也要求两者紧密地联系起来。

电子计算机的出现，正在对人类生活的各方面产生日益深刻的影响。它成了自然科学与社会科学之间的"蜜蜂"，它的媒介作用，促进了自然科学与社会科学的结合。

数学和语言学都是十分古老的学科，可以说是人类文明的两极。如今它们却结合起来形成了所谓"数理语言学"。人们还应用电子计算机来进行文学研究。如果把一个作家的惯用句式、常用词语及其搭配方式等，储存到电子计算机里去，就能以此来鉴别作品的真伪。英国用这一方法新发现了莎士比亚的作品。美国有人用电子计算机对《红楼梦》进行研究，竟发现后四十回与前八十回出自一人之手，引起了人们的普遍注意。计量经济学、数理语言学、控制论、信息论等新学科，都是自然科学与社会科学"远缘杂交"的产物，被称作"第二代边缘科学"。控制论、系统论、信息论又叫作"横断科学"，因为它们像"隧道"一样，使自然科学与社会科学贯通起来。

在第二代边缘科学中，一些自然科学的特定概念，日益被社会科学所吸收。如罗根把热动力学中"熵"的概念引入了经济学；电子学家坦纳把"阈值"概念引入感觉、知觉范畴，建立起心理学的新理论。1970年第十三届国际历史学家大会，把历史研究中如何应用数学方法列为重要议题。

3 两栖科学家

控制论的创始人维纳还认为："到科学地图上的这些空白地区去作适当的查勘工作，只能由这样的一群科学家来担任，他们每人都是自己领域中的专家，但是每人对他的邻近的领域都有十分正确和熟练的知识。"目前，国内外都十分注意培养学生，使其有较宽的知识面，以此来填没社会科学与自然科学之间的鸿沟。

美国加州大学（伯克利）化学学院的学生课程表中，供学生选修的文学、人文科学和社会科学的课程有62门之多，如"比较文学""音乐概论"等。哈佛大学一、二年级不分系，经过两年学习后，学生才根据自己的兴趣爱好选择学文还是学理。美国还大力发展跨学科的研究中心，提倡"百科全书"式的教育。

我国高等学校也已开始建立跨学科的教学组织，如生物医学工程系、环境科学研究所等，正在逐渐改变文理分家、理工分校、专业面过窄等不合理建制。

综合就是创造。人们赞美所谓"两栖科学家"：他们既能在自然科学的深海里游泳，又能在社会科学的大地上跳跃，在日后的科学发展中，将发挥重要的作用。

普赖斯《小科学,大科学》一书对我们的启示

原载1984年第9期《科学学与科学技术管理》,与宋剑耕(第一作者)合作

研究社会的基本方式就是在对大量纷纭的社会客观现象的观察和采集中,遵循一定的原则去粗取精、去伪存真,借助一定的方法进行分析处理,并找出其中的规律性。配第(William Petty,1623—1687年)首先把数学引进社会研究领域,但除了在经济学这个范畴内有效地借助数理统计方法,先后发展、派生出经济统计学和经济计量学之外,其他同样古老的、许多社会领域的科学研究仍囿于传统的定性分析研究水平,在方法论上几乎没有什么革命性的发展和创新,至今未能跨进各自的以定量分析为特点的所谓"精密科学"阶段。然而,与上述这些古老的社会科学诸学科比较而言尚属年轻的科学学(年轻得使许多人对其感到陌生,甚或不肯承认它的存在),却凭借其在方法论上的革新,使该学科在整个社会科学研究领域中脱颖而出。从20世纪30年代贝尔纳(John Desmond Bernal,1901—1971年)为之奠基算起,在短短的不到半个世纪的发展过程中,科学学就开始重叩"精密科学"的大门了。若问在这期间科学学研究继往开来的大师属谁?美国物理学家、科技史教授普赖斯(Derek John de Solla Price,1922—1983年)是最当之无愧的。而最能表明科学学研究在方法论上突破传统研究的代表著作,则是普赖斯的传世之作《小科学,大科学》。

在《小科学，大科学》一书中，普赖斯借助于热力学研究的方法对"科学"这种人类的社会活动进行分析。首先是对历史上的科学活动的可计量对象（诸如科学论文、科学期刊、科学发现、科学人力资源等）纵向地统计，归纳出人类科学事业发展的第一个基本规律——指数型规律：自17世纪科学革命以来，科学是以15年为倍增周期、延续3个世纪发展——从1660年到今天（指《小科学，大科学》发表的1962年），科学总量竟成百万倍地增加了。这无疑是对如今我们所说的"知识爆炸"最为完美的定量描述了。在发现了科学发展的指数型规律之后，普赖斯的研究并未到此而满足，而他对科学发展的第二个基本规律——逻辑型规律的发现，是他对科学学研究更有意义的贡献。普赖斯认为：尽管我们发现了科学全面地以大约15年这一惊人短的倍增周期稳态地呈指数型发展这一规律，但这种规律也有可能中断……世上万物都不会无止境地按一种模式发展，指数型的发展在达到某一界限时就必然放缓或停止，而决不至于达到荒唐的地步。这个意义重大的数学函数关系就是人所共知的逻辑斯蒂曲线，这就使我们认识了科学发展的第二个基本规律——科学发展的指数型规律终将成为逻辑型。普赖斯在对科学现象的纵向统计中发现了宏观的科学发展基本规律，同时，又对科学现象进行了横向的、揭示其微观结构的研究。在科学事业的评价指标体系尚未建立起来的时候，汲取经济统计学和经济计量学的营养，大胆而又巧妙地利用数理统计学的方法，得到科学总量中各分量的密度分布形式及它们之间的相互关联。其后，普赖斯又从科学的纵向发展和横向分布出发，阐明了科学发现、科学信息的结晶以及科学文献的半衰期等机制，从而提出"科学通勤"这种现代的知识交流、传递的方式。最后，他又根据科学发展的要求，提出了大科学时代科学家们所应肩负的责任，呼吁他们在内部重组科学的社会结构，在外部让科学更好地服务于人类。

可以认为，科学学这门年轻的科学之所以发展到今天这样的规模，对指导"科学"这一人类的社会活动有所助益，表现在《小科学，大科学》一书中的普赖斯科学计量理论和方法是有不容抹杀的功绩的。特别是，普赖斯所揭示的科学发展的逻辑型规律，不论在科学学的学科建设上还是在科学学的实际应用上都有其广泛的指导意义。从哲理上来讲，普赖斯博士的科学发展的逻辑型规律和恩格斯的"宇宙的运动是在有限的循环上的无限的发展"（见《自然辩证法》）这一思想是异曲同工的，它揭示了"科学"这个以时间为变量的事物在其自身特有的矛盾运动和外界环境因素的作用下，随着时间的延续而遵循着一条前期缓慢发展、前中期加速度发展、中后期减速度发展直至后期饱和发展的过程。这种所谓的"饱和发展"并不意味着事物发展的终结和消亡，而是指事物的发展达到一种系统的动态平衡。需要指出的是，科学发展的逻辑型规律绝不暗指有朝一日科学的发展将永久地停滞不前。人类社会的发展将不断供给科学发展以新的动力，科学自身的矛盾运动又确保科学之树常青；时空的无限注定了人类对于包括其自身在内的自然界和人类社会的认识是无止境的。但这一切与科学发展逻辑型规律并不构成悖论。事物的逻辑型发展只反映逻辑函数相对于时间变量的变化率由增至减趋势，而不反映逻辑函数绝对值上的由增至减趋势。需知，科学逻辑型发展的"S"形曲线不是科学总量的迭加累计曲线，科学总量在任何历史时期都代表着一种继承性的创新量，用普赖斯的话来说，就是"科学总是现代的"。

应当看到，普赖斯毕竟是在有限的生命中对科学计量学这块处女地进行了初步的开拓，播下了有限的几颗种子。我们还应当看到，在科学现象尚未有自己的评价指标体系的背景下，普赖斯仅仅是在数量统计上把握科学的发展和分布规律的。把科学计量学的建立与经济计量学的建立相比较，我们可以看到，前者是在年轻的、不很完善的科学学理论上直接飞跃到其定量分析的高级阶段的，而后者则是在古老的、较为发达的西方经济学理论基础上，经由经济统计学阶段才建立和发展起来的。有鉴于此，普赖斯博士开创的科学计量学要想得到更深入的发展，变得更符合社会的需要，尚有很多基础工作要由科学学工作者协同其他学科的人们来完成。在这些基础工作中，就我国情况而言，亟待开发的就是科学统计工作。就像经济计量学派生自经济统计学且依赖这个母体而发展一样，我们可以预言，科学计量学一定可以从科学统计中获得其得以深入广泛发展的物质基础。

当前，科学统计的基础工作，即建立科技统计指标体系，是摆在我国四个现代化建设面前的重要工作之一。没有数字、没有统计、没有计量的标准就谈不上数量分析。要使科学学在学科理论建设上（包括科学计量学在内）和科学管理上的应用更上一层楼，没有健全的科技统计指标体系是难以实现的。

因为没有健全的科技统计体制,没有体系化的科技统计指标,没有统一的术语和可比的标准,就无法拿出确切的统计数字来,当然更谈不上加工处理和分析研究了。

　　作为科学学工作者,我们感谢普赖斯把贝尔纳奠基的科学学研究事业引导向以定量研究为标志的精密科学轨道上来。我们愿意与国内外同行一道,把这项对于学科理论建设和我国四个现代化建设都十分有意义的工作深入而广泛地发展下去。这也是我国科学学工作者对尊敬的普赖斯教授最好的纪念吧!

知识产业和知识性商品

原载 1986 年 2 月 28 日《文汇报》，与徐曙合作

知识产业是美国普林斯顿大学的马哈鲁夫教授在十多年前提出的概念。知识产业不同于知识密集型产业。知识产业主要指以情报为中心的关联产业，它的主要产品是信息。而知识密集型产业主要生产物质产品。当然，其知识性价值占了附加产值的绝大部分。例如，过去飞机的价值以机体为主，每吨多少钱，根据重量就能大体估算出来。而如今的新飞机，其价值的中心内容已经转移到了控制装置和电子装置上，特别是飞机的软件，已成了决定其价值的重要因素。由此可见，即使是物质性产品也正在向知识性价值转移。

日本三菱综合研究所副总经理牧野在近作《怎样创造知识性商品》一书中说，所谓知识性商品专指"不是物的商品"。这些商品的主要形式是研究成果、软件、咨询报告、产品设计与工程设计。研究成果主要指智囊团所提供的研究情报以及学者的论文、专著等。软件不仅指计算机的使用技术，还泛指与物、机器有关的无形事项、无形技术，诸如企业管理中的知识性技法以及美国宇航局的阿波罗计划等。咨询报告是针对组织和个人的各种个别要求，进行诊断后所给出的"处方"。设计是指设计事务所所进行的建筑设计之类的知识性活动，其产品即工程设计或产品设计，可通过交易进入技术市场。上述四种成果被牧野命名为"知识性商品"。

牧野认为，从产业分类来讲，知识产业和交通、电信、流通和金融之类的第三产业不同，所以称第四产业为好。这种产业的特征是，创造生产价值的

主体不是设备而是人,他们主要凭头脑和办公桌创造财富。他们是开现代产业先河的先驱者。

牧野还认为,知识性商品具有三个特征:一是在交易时商品的内容难以具体了解,只有在成交之后才能知道其细节和内容。二是复制品的价值和真品相等。物则不然,即使拍下了某类机床的照片,这张照片决不能以机床的价格出售。然而,情报、设计之类的知识性商品,副本(拷贝)却能以和原本相同的价格出售。三是每单位重量的价值极高。发达国家的知识性商品,正从以吨为单位的商品向着以克为单位的商品转移。

世界正走向高科技时代：
人类的全新视野

原载 1998 年 1 月 9 日《文汇报》、1998 年第 2 期《世界科学》，后被 1998 年第 6 期《新华文摘》转载

在世纪之交回顾即将过去的这 100 年确是激动人心的。由于有了阿波罗飞船、有了现在的火星探测，我们人类第一次有了宇宙的眼光。从月亮上看地球这在人类历史上是第一次。以前都是人类从地球上往外看宇宙，而现在从地球外看地球，从而发现地球是一颗在不断消耗资源、能源的星球，这是 20 世纪科学赋予人类的全新的视野。

从宇宙观点反省人类行为，20 世纪前 50 年是两次世界大战，破坏自然；后 50 年为弥补战争创伤，又拼命掠夺自然资源。所以这 100 年，前 50 年犯了大错误，后 50 年又犯了大错误，反省后的结论，就是必须走可持续发展之路，这是科学技术在精神方面的收获，这一收获是巨大的。从宇宙眼光看地球，地球不过是一颗普通的星球，而我们这颗星球是靠不断消耗自身能源、资源在维持运行，意识到这一点是人类认识自己的新飞跃。

我认为 20 世纪可载入史册的重大科学成就有五项：一是遗传学，从摩尔根（Thomas Hunt Morgan，1866—1945 年）一直到克隆羊多利，二是量子力学理论的诞生，三是相对论，四是从计算机到互联网的信息化技术的兴起，五是从阿波罗到火星探测的宇宙航天科学的进展。这五大成就用一句话来概

括，就是：科学技术正高速度地向广度、深度进军。

那么 20 世纪的科技进展及其给社会带来的变化又是怎样的呢？我认为有五个"化"：第一是科技的国际化。国际化的进程还会加快，通过互联网络，包括一些大的国际合作项目。这就要求国人有拼搏精神、竞争意识，背景是强手如林的国际化竞争态势。第二是教育的大众化。信息化社会与机械化、电气化不一样，必须要会用计算机，对全员劳动者素质的要求必然带来教育的大众化、普及化。第三是产业的生态化。最近国际上刚提出一门学科叫工业生态学，主旨就是减少工业生产中的原材料消耗，通过工业流程革新达到生产、环境两相宜的目标。第四是高科技的产业化。现在发达国家的科技成果转化率是 80%，周期也在不断缩短，而我们只有 30%，差距不小。第五是科技的法制化。随着科技发展，包括克隆羊立法问题、断肢再植问题，以后可能还有断头再植问题，相关的问题对法律提出了众多亟待解决的课题。

形象思维也能求真

原载 1999 年第 2 期《科学》

有人说,逻辑思维创造真,形象思维创造美。果真如此吗?

其实,形象思维也能求真。形象思维就是用形象进行思考。人们常通过在头脑中创造出未曾见过或将来可能出现的形象进行思考,从而得出科学的结论。物理学中的惯性定律、电磁感应定律和数学中的微积分等,就是形象思维创造出的精品。

伽利略(Galileo,1564—1642 年)曾这样想:假如有人在平路上推着一辆小车,如果突然松手,小车还会继续前进一小段距离。那么,怎样才能增加这段距离呢?有很多办法,例如在转轴处涂油、把路面修平等。车轮转动越容易、路面越光滑,小车可走的距离就越长。伽利略继续想下去:假如路面绝对光滑,车轮也毫无摩擦,那么小车就不会有任何阻力,将会永远运动下去。这个结论是从形象思维得来的,实验显然永远无法完全做到。然而,它却提供了建立真正力学的线索:一个物体,假如没有外力作用,它将沿着直线永远以同样的速度运动下去。这个正确结论以后由牛顿(Isaac Newton,1643—1727 年)写成了惯性定律。

又如,法拉第(Michael Faraday,1791—1867 年)提出封闭线圈切割磁力线会产生感生电动势。磁力线纯属子虚乌有,谁也无法引一根磁力线来穿针眼。然而,感生电动势计算公式的建立,正是借助磁力线进行形象思维的结晶。法拉第的学生麦克斯韦(James Clerk Maxwell,1831—1879 年)还据此建立了电磁场的微分方程组,成为电磁场理论的重要支柱,达到了内容与形式的完美统一。

微积分也是形象思维的重大成果。在计算运动物体的瞬时速度时,须将运动物体走过的距离除以所花费的时间,距离和时间越短,结果越接近通过一点时的瞬时速度。如果距离、时间都无限接近于零,相除得到的一个常数结果,即为物体的瞬时速度。通过实验也无法完全做到这一点,但科学家在头脑中通过形象思维,找到了微积分的科学方法。列宁说得好:"有人认为只有诗人才需要幻想,这是没有理由的,这是愚蠢的偏见!甚至在数学上也需要幻想,甚至没有它,就不可能发明微积分。"总之,形象思维也能求真。

小平同志说,"让一部分人先富起来"。对这句话,经叔平先生用形象来思维,他把阿拉伯数字"1"与汉字"一"作了比较:"1"如同船在水中正常行驶,船头在前(向上),船尾在后,阻力小;而"一"如同船身横过来,船头船尾齐头并进,搞平均主义,阻力大。"让一部分人先富起来"如同前者,虽然船头船尾有一定差距,但总体而言比横着走的船要快得多。20世纪90年代初,中央决定开发、开放上海浦东新区,香港有人担心上海将来会取代香港的地位。针对这种疑虑,当时上海市的一位副市长,用生动的比喻作了回答:"要知道,当世界上只有一个民用机场时,这个机场是没有用的。"是啊,只有一个机场,飞机只能原地起飞,原地降落,就发挥不出运输的功能。经由这一比喻,自然得出香港、上海比翼齐飞的逻辑结论。可见,形象思维也具有很强的逻辑力量。

形象思维和逻辑思维密不可分,你中有我、我中有你,相辅相成、推挽前进。济慈(John Keats,1795—1821年)的诗句概括得好:

美即真,
真即美——
这便是你所知,
以及你需知的一切。

然而,形象思维未必完全可靠。杜甫有诗云:"无边落木萧萧下。"秋风飒飒,落叶如同"壮士一去兮不复返",悲秋之情油然而生。但从逻辑思维角度看,则是另一种情形。树叶到了秋天,把叶绿素、生长素和水分还给枝干,自己枯黄落下,为树根提供营养。正如青年毛泽东所认可的:壮士断腕非不爱腕,实为不断腕不足以全一身。这是何等壮美的系统论思想!

形象思维和逻辑思维都需经受实践的检验,这是形象思维和逻辑思维统一性的重要标志。邓小平同志指出:实践是检验真理的唯一标准。一位美国科学哲学家也曾打过一个比方:如果说想象力好比风筝,力求高远,那么判断力就是手中的线,使想象力保持正确的方向。达尔文说得好:"一旦某一假说被事实证明为错误时,不论我对它如何偏爱,我都要放弃它。"

丰富的想象力是创造性思维的第一特征。想象力可以使人"思接千载,视通万里"。爱因斯坦甚至说,想象力比知识更重要,因为知识是有限的,而想象力概括世上一切,推动着进步,并且是知识进化的源泉。严格地说,想象力是科学研究中的实在因素。让我们展开想象的翅膀,去努力探求真理吧。

发现、发明、发展

——创新三部曲

原载 1999 年 11 月 8 日《文汇报》，与鲁强合作

人类的文明史如同一部发现、发明、发展的三部曲：从科学发现、技术发明到经济发展，从科学革命、技术革命到产业革命。这一交响乐的主旋律就是创新。

科学发现、技术发明和经济发展是一个连续的创新过程，但在不同的阶段，有着不同的创新目的、任务和重点。研究科学是为了探索大自然和人类社会的奥秘，要回答的问题是"是什么""为什么"，科学的任务是认识世界；而开发技术的目的是改造世界，要回答的问题是"干什么""怎么干"；发展经济的目的是提高生产力，增加社会财富，要回答的问题是"怎样富""如何强"。科学以知识形态存在，而技术不仅仅以知识形态存在，还包括物质装备在内，所以技术同时以物质形态存在；经济发展以科技成果的产业化为标志，因此也以物质形态存在。科学的社会建制是科学革命，而技术的社会建制是技术革命，经济的社会建制是产业革命。

如果把科学发现、技术发明、经济发展比喻为三颗璀璨的明珠，那么，把它们贯穿起来的一条红线就是创新。值得注意的是，不同的创新阶段各有不同的侧重点，它们分别是知识创新、技术创新和管理创新。北大方正的王选院士说得好："管理不善，会使曾经领先的技术失去优势。"应该看到，

某一重大成果在它创新的上游阶段,科学技术因素起着最重要的作用;然而,到了创新的下游——产业发展阶段,特别是在市场应用阶段,组织管理上的创新则是决定性的。

"管理"者,管而理之之谓也。说到底,管理的功能就是优化配置生产要素。中国与经济发达国家相较,在管理水平上的差距比在科技水平上的差距还要大。中国要在综合国力的竞争中取胜,不仅需要提高科技创新能力,同时需要大力提高管理水平、进行管理创新,不断采取新的生产方式和管理模式,以促进高新技术成果的产业化、市场化。

日本著名企业家松下幸之助有过一个很好的比喻。他提出,现代文明社会就像一列火车,它是建立在这样一对轮子之上的:一个轮子是科学技术,一个轮子是管理,而轴就是人才。因为只有人,才是科技创新和管理创新的主体。作为创新主体的人,必须重视创造力开发。从世界范围来看,随着科技进步对经济贡献率的大幅度提高,经济发达国家对创造理论的研究得到了迅速发展。在美国,一般认为两次世界大战以后人们开始对创造力感兴趣,是因为大战中人们经过巨大努力,终于成功研制出了原子弹。于是美国麻省理工学院在1948年率先开出了"创造力开发"课程。1957年苏联又首次成功发射人造卫星,这促使美国对创造的研究更重视起来。20世纪80年代以来,美国在市场竞争中,为了击败以二次创新为特征的日本赶超型经济,通过研究发现,1901—1979年,世界上获诺贝尔奖的总人数共349名,其中美国118名,占第1位;英、德、法依次为第2、3、4位;日本只有3名,占第14位。因此美国提出了大力发展原创型经济的新战略,于是信息科学、信息技术和信息产业得到了快速发展,终于形成了持续增长的"美国新经济",使人们看到了知识经济的曙光。

根据外国学者的研究成果,结合我国的特点,我们认为,所谓创造就是指为社会提供具有社会价值的、前所未有的、新颖独特的新思想或新成果,如科学发现、技术发明、价值创新、艺术创作和理论突破等。创造型人才的特征是:有强烈的好奇心,善于学习,但不唯上不唯书、敢为天下先;有丰富的想象力,善于发散性思维,习惯于寻找多种答案,同时又善于收敛性思维,作出优化的选择。

创造型人才应建立起飞机形的能力结构。飞机必须有三个轮子作支撑,前轮好比人的学习能力，21世纪的人才首先要会学，才能做到会做、会协作、会发展；机翼下的两个轮子，一个表示人的动手能力、实践能力，另一个表示人的理论分析能力、抽象概括能力。有了这三大能力，飞机就可以停稳在停机坪上，如同人自立于人才之林。飞机要起飞还需增加三个要素：飞机的机头，象征着人的定向能力；一个机翼，标志着人的创造能力；另一个机翼，代表着人的协作能力。美国加州门洛帕克未来研究所提出："一个成功的国家，并不是人才最多的国家，而是能够协作的人才最多的国家。"善于协调，等于善于竞争；协作能力等于竞争能力。

科学学构建社会进步模型

原载 2000 年第 5 期《科学学与科学技术管理》，与宋百明合作

日本松下幸之助提出过一个著名的社会进步模型。他说，如果把现代文明社会比作一列火车，那么，它是建立在这样的轮对基础之上的：一个轮子代表科学技术，另一个轮子代表管理，而轴是教育和人才，因为人是科学和管理的主体。随着科学技术是第一生产力这一观念日益深入人心，科教兴国战略的实施以及综合国力新概念的提出，我们认为有必要构建新的社会进步模型。

科学、管理和教育在现代文明社会里，呈三足鼎立之势。依靠科技、管理和教育这三大支柱，推动两个文明建设，最后归纳为社会进步。

1 科学技术的社会功能

从这一社会进步模式可知，科学技术与管理、教育一样，具有建设物质文明和精神文明两方面的功能。然而过去人们往往忽视了科技在建设精神文明方面的功能。实际上，在科技成果转化为物质力量的同时，它还为社会提供科学思想、科学精神和科学方法，科学已成为现代精神文明的核心。由于只强调科技在建设物质文明上的功能，出现了当代高科技突飞猛进，而迷信、伪科学盛行的怪现象。如何缩小这一"剪刀差"，党和政府高度重视，采取了有力的措施，并取得一定的成效。

科学技术对增强综合国力的重要作用，也应该从物质文明和精神文明两

方面进行考察。综合国力包括经济实力、国防实力和民族凝聚力三方面要素。科学技术不仅是提高经济实力、国防实力的关键因素，而且，重大的科技成就还能提高国人的士气，增强民族凝聚力。中国"两弹一星"的成功就是一个范例。

2 管理也是生产力

管理的功能，说到底就是优化配置资源。如果没有高水平的管理，就不可能达到少投入、多产出的经济目标。因此，管理也是生产力。刘吉同志在1985年曾提出过一个生产力公式：

生产力＝（劳动者＋劳动工具＋劳动对象＋管理）× 科学技术

丁关根同志建议将公式修改为：

生产力＝（劳动者＋劳动工具＋劳动对象）× 科学技术 × 管理

理由是管理的功能是配置生产要素，如果不能优化配置资源，那么各生产要素就不能发挥其应有的作用，管理具有提高绩效的功能。

最近，随着高科技产业化和知识经济新概念的提出，吴阶平同志建议把公式发展成：

生产力＝（劳动者＋劳动工具＋劳动对象）^{高科技} × 管理

值得注意的是管理与科技、教育之间具有互动作用：一方面管理本身也是科学技术，在当前国际上公认的高科技八大领域中，就包括管理科学技术（软科学和软技术）；另一方面科学技术本身也需要管理。管理与教育的关系也类似，一方面管理者要经由教育来培养，另一方面教育事业本身也需要管理。因此，管理的发展与科技、教育的发展密切相关。

管理学中有一个重要的基本公式：

工作成绩＝能力＋激励

通过激励达到提高积极性、激发创造性的目的。所以激励方法是管理方法的核心内容。从20世纪初美国的"泰罗制"，到20世纪中叶马斯洛（Abraham H. Maslow，1908—1970年）提出的"需求层次理论"，发展到90年代职工持股的"共享经济"及"期权制度"，从中不难看出管理理论和方法发展的轨迹。

3 教育把人口负担转化为人力资源

如何提高学生的全面素质,是教育界永恒的主题。在人类进入21世纪之际,随着社会进步和教育事业的发展,很有必要对21世纪教育的特征、人才的定义以及如何提高学生的全面素质等重大课题进行深入研究。

随着经济全球化和知识经济时代的到来,21世纪需要大批复合型的、善于参与竞争和迎接挑战的新型人才。可以预言,21世纪的教育将在以下三个方面得到进一步强化:一是注重人才的全面素质,二是注重人才的个性发展,三是强调终身教育。

人才的素质一般包括思想道德素质、科学文化素质和生理心理素质。思想道德素质是人才素质的核心与标志。因此,培养学生的爱国主义、集体主义精神,帮助学生树立远大理想,使学生成为有理想、有道德、有纪律的新型人才是教育者的首要任务。要提高学生的科学文化素质,不仅要强调科学精神与人文精神的结合,而且要建立起优化的能力结构和知识结构。联合国教科文组织的专家们提出,对未来人才要加强"三基"的培养:基本态度、基本能力、基本知识。值得注意的是排列的次序:把基本态度放在首位,能力第二,最后才是知识。这里的基本态度主要是指求知欲、积极性、事业心和责任感。能力是知识转化为物质力量的中介,因此,能力重于知识。科学文化素质是人才的载体,如同一列火车的一节节车厢,用以载客或运货,以此转化为物质力量。生理心理素质是人才的基础,其重要作用如同钢轨与路基之于火车。如果没有健康的身体,一切远大理想、才能、知识都成了无源之水、无本之木。

具有鲜明个性和特色是提高人才竞争力的重要标志。对教育工作者来说,先要做到"育其所长"。有专家提出"合格加特色"的育人思路,把提高全面素质和发展个性统一起来,具有一定的可操作性。我国还有人提出"相信每一个学生都能成功"的教育理念,实现了因材施教的新跨越。

人类社会将进入信息化、知识化社会,科学技术突飞猛进,知识更新周期日益缩短,加上信息技术的巨大进步,使教育突破时间、空间限制成为可能,将形成"处处可以受教育、时时可以受教育"的新格局。在21世纪,人的社会活动都将伴随一个学习过程,教育将伴随人的一生。《面向21世纪教育振兴行动计划》进一步明确了构建我国社会化的终身教育体系的目标和时间节点。

为了实现从"应试教育"向"素质教育"的转变,很有必要对"什么是人才"进行再认识。《人民日报》曾载文指出,人才的定义已有39种之多。是否可以再提出一种定义:"在一个岗位上干得比常人出色的,就是人才。"这一定义不仅与"三百六十行,行行出状元"的古训具有兼容性,而且符合人才的广泛性、多样性和层次性。

怎样看待学历与能力的关系,这是世界各国都遇到的问题。20世纪60年代,日本盲目追求高学历,造成严重后果,促使索尼公司的创始人盛田昭夫发出了"让学历见鬼去吧"的呼声,还出版了《让学历见鬼去吧》一书。周恩来总理也曾对喧哗一时的"唯成分论"进行过批评,提出了"有成份论,不唯成份论,重在政治表现"的正确方针。学习周总理的思维方法,是否也能提出:"有学历论,不唯学历论,重在真才实绩。"之所以不说重在真才实学,是因为"学"属于知识的范畴,而"实绩"表示一个人所具备的知识已通过觉悟和能力转化为现实力量。

通过教育把人口负担转化为人力资源,把经济增长转变到依靠科技进步和提高劳动者素质的轨道上来,已成为全社会的共识。我们认为,"三足鼎立"这一社会进步模型能正确反映我国两个文明建设推动社会进步的内在机制。

科学的诗意

——《解析彩虹》译后

原载 2002 年 1 月 7 日《文汇报》，与张冠增合作

《解析彩虹》（*Unweaving the Rainbow*）是理查德·道金斯（Clinton Richard Dawkins，生于 1941 年）的近作，1998 年由英国企鹅出版社出版。之所以用"解析彩虹"作为书名，是因为英国著名诗人济慈认为牛顿破坏了彩虹的诗意，把它仅仅看作光谱的排列。道金斯在《解析彩虹》中对此作出应答："探明奥秘并不会失去诗意，相反，探明的结果更令人着迷也更加美丽。"阅读道金斯的作品，确实能不断地感受到美的震撼。

1 生存是最大奇迹

和大多数星球相比，我们的地球是幸运的，就是用最乐观的方法统计，这样的机遇也只有百万分之一。道金斯认为，我们不应该为人生的相对短暂而感到遗憾。他在书中写道："因为你会死去，所以你幸运。因为许多不会死的生命根本没有机会来到世上。"他提出，正像在宇宙发展的长河中黑暗的时间大大超过光明的时间一样，没能出生的生命要大大超过地球上活过或活着的人们。我们每个人都分别从父亲母亲那里取得了 23 条染色体，构成了独特的你、独特的我；而这 23 条染色体又是随机抽取的。可见，必须有一连串的巧合才会有你我的出生,这是多么小的概率啊!因此我们必须珍惜生命、热爱生命。

估计现在地球上共有 3000 万个物种,这个数量只不过是地球上曾经存在的物种总数的 1%。也就是说地球上曾经生存过的大约 99% 的物种已经灭绝。据道金斯在书中介绍,生物物种大灭绝的周期为 2600 万年。因为太阳有颗姊妹星名"复仇女神",太阳与它以 2600 万年的周期相互围绕着旋转。这就是说每 2600 万年"复仇女神"要通过一次由数十亿颗彗星组成的奥特星云,这就可能扰乱彗星的轨道,会把一颗或几颗彗星赶出来,从而可能冲击地球。在地球历史上,最严重的物种灭绝有两次:一次是在 2.5 亿年之前的二叠纪末,50% 的物种灭绝;另一次是在 6500 万年前的白垩纪,以恐龙为代表的 50% 的物种灭绝。

据道金斯当时估计,到 2003 年人类基因组计划完成后,可以把人类所有基因的序列装入两张光盘,送上宇宙。从今往后,人类本身即便面对又一次物种大灭绝也不会恐惧,因为在某一个遥远星体上的高度文明的生物可能会使人类复活。因此,人类的生命之河永远不会干涸。

2 解开玄妙之谜

道金斯在书中耐心地探讨:人们为什么容易上当受骗?

他认为,人类有两大天性:一是喜欢稀奇古怪的事情,二是轻信。

道金斯在书中写了一个真实的故事,对英国电视中所表演的"意念能使手表停下"这档节目进行了剖析。一个著名的特异功能者到电视台主持一档赚钱的节目:他用催眠一样忧郁的目光盯着屏幕前面的几千万双眼睛,并用一种吟诵的语调说着他的预言。他说他感到了一种奇怪地跳动着的宇宙的力量,并且与观众中的某些人发生了共鸣,只要他一发出咒语,这些人的手表就会停下来。经过一阵短暂的沉默,突然他桌上的一部电话响了,从被扩大的声音中可以听出,那个女人有些害怕,她说就在主持人发出咒语后的几秒钟,她的手表就停下来了。她还说自己有一种预感,就是不管她看不看自己的手表都觉得表会停下来,因为主持人燃烧着的目光中有什么东西在直接和她说话,她感到了"宇宙力量"的跳动。她的话还没有说完,又有一个电话打进来,说他的表也停了。第二个打电话的人说，停下来的竟是他祖父的一只老挂钟——这无疑是更令人吃惊的魔力才能使比手表游丝笨重得多的钟摆停下来。还有一个电视观众报告说，他的表在节目播放前一天就不走了，当时他正在看报，而这个著名主持人的照片就赫然刊登在上面。这样的报告更使所有电视观众佩服得五体投地。毫无疑问，谁也无法否认特异力量的存在。果真如此吗？

道金斯通过科学的计算向读者证明：发生这样的事并不是偶然的，而是有其必然性。其实，任何一只手表都有可能在某一时刻停下来。因为各种手表都有可能出故障或者需要更换电池。一年中大约有 10 万个 5 分钟，而每只表在一个特定的 5 分钟内停下来的可能性是十万分之一。应该说这是很小的概率，但电视观众有 1000 万人，即使只会有一半人带着表，也能推算出会有 50 只表将在这段时间内停下来。其实即便只有 50 只表的五分之一（10 只）停下来，也足以使纯真的观众惊讶得目瞪口呆了。

由此可见，科学的眼光可以令玄妙现出原形，使"天机"泄露。

3 科学很真也很美

道金斯在传播科学真理时充分展示了科学美，令人感受到了一种美的熏陶。他不仅是一位科学家，而且是一位成功的科学传播家。1995 年，美国微软公司为牛津大学捐赠建立了"科学的大众理解"课程，道金斯成为该课程的第一任教授，曾获英国皇家的大众科学促进奖。

科学家在进行科学传播时同样贵在创新。如果要充分展示科学中的诗意，就需要科学家进行再创造。笔者之一在读大学时曾有幸聆听过著名桥梁专家茅以升老校长为我们桥梁隧道系新生所作的报告。他的第一句话就别开生面："什么是桥？"他看我们面面相觑、不得要领，便自己作了回答："桥，就是空中的路。"这样简练生动的定义既科学又美丽，多么富有创造性！它最适合于科学的大众理解。

另一方面，在科学传播中还要防止"被歪曲的诗意"。道金斯指出："我要驳斥科学中被歪曲的诗意，本书不是要否定诗意；恰恰相反，科学本身就是富于诗意的。应该从诗歌中借鉴丰富的想象力，让充满诗意的想象与比喻激发起科学的灵感！"以上两条，也许可以称作科学传播中的基本原则。

道金斯十分重视科学的大众理解和科学传播。他在书中写道："你完全可以成为优秀的音乐鉴赏家，而并不需要学会演奏任何一种乐器。难道学习科学不是同样的道理吗？"

科学家、教师、记者、广播电视电影工作者、作家都可以成为出色的科学传播家。每当我们听到、看到精彩的体育报道时往往产生联想：什么时候我国也能出现一大批像体育传播家那样的科学传播家呢？什么时候在我国的大学里也像牛津大学那样开设"科学的大众理解"课程、聘任"科学的大众理解"教授呢？我们期待着。

定义的魅力

原载 2003 年第 5 期《科学》

所谓定义,就是对事物的本质和范围作扼要的说明。定义不仅是科学思维的结晶,闪耀着创造的光辉,而且是科学和大众之间的桥梁,是真与美的统一。

定义具有多样性。比如对于什么是科学这个问题,古今中外有各种各样的回答。1888 年达尔文在《生活信件》中指出:"科学就是整理事实,以便从中得出普遍的规律或结论。"而英国现代物理学家、诺贝尔奖得主布莱克特(Patrick Maynard Smart Blackett,1897—1974 年)却说:"所谓科学,就是通过国家出钱来满足科学家的好奇心。"上海社会科学院赵鑫珊研究员则认为:"若从哲学角度来看,科学不是别的。它实在是违反常识的一种思路,是对司空见惯的事物投以新的一瞥。"人们从各种不同的角度来刻画科学的本质,真可谓仁者见仁、智者见智。

定义也具有历史性。歌德说得好:"理论总是灰色的,而生命之树常青。"随着实践的发展,人们对事物本质的认识也会不断深化。什么是自由?在拉丁文中,自由的原意是"从被束缚中解放出来",这是古罗马斯巴达克奴隶起义时代的定义。1789 年,法国的《人和公民的权利宣言》提出:"自由是在不损害他人权利的条件下从事任何事情的权利。"斯宾诺莎(Baruch de Spinoza,1632—1677 年)认为合理的行为才是自由的,自由的程度决定于行为的合理程度。恩格斯说:"黑格尔第一个正确地叙述了自由和必然之间的关系。在他看来,自由是对必然的认识。"毛泽东在这一定义的基础上进行理论创新,把"对客观世界的改造"列为自由不可缺少的内涵。他提出:"自由是对必然的认识和对客观世界的改造。"显然,这一定义更为完整、准确,现已成为自由在哲学上的经典定义。

定义还具有艺术性,是真与美的统一。著名的美国《韦氏辞典》给桥梁下的定义是"跨越障碍的通道"。我在读大学时有幸聆听过著名桥梁专家茅以升的一次演讲,他首先问我们桥梁隧道系的学生:"什么是桥?"他看我们面面相觑、不得要领,便自己作了回答:"桥,就是空中的路。"这样的定义既科学又美丽,多么富于创意。定义简直就是科学语言中的诗!

最动人的是那些成双成对的定义。比如,什么是硬件?什么是软件?硬件是计算机系统中机械设备、电子设备、微电子设备、光电子设备的总称。它们都是一些看得见、摸得着的物理装置。相对而言,给硬件下定义比较容易。那么,什么是软件呢?软件是计算机系统中程序、文档及其使用说明的总称。如果从功能上给软件下定义,可能更容易被人接受:软件就是"能管理和运行硬件,使硬件提高效率、扩大功能的程序和方法",是"使用方面的智慧"。

什么是管理?什么是领导?管理者追求两大目标:一是把资源配置好,实现低投入、高产出;二是提高人的积极性、激发人的创造性。这是两个平行的目标、永恒的主题。因此,我们可以这样来定义管理:管理者,管而理之、管而励之也。领导者也是管理者,他们有着共同的追求;领导是高层次的管理。我们通常看书,总是按照顺序一页一页往下看,而领导这本"书"却反其道而行之,是从最后一页看起的。领导活动开始于确定最终目标。在管理学中有一个基本公式:管理绩效=目标方向 × 工作效率。领导的主要职能是制定战略规划、确定目标方向;而管理者的主要职能则是提高工作效率、维持正常的内部秩序。因此,我们不妨这样来给领导下定义:领导者,领而导之也。

定义在科学研究和社会生活中具有重要作用。定义能帮助人们把握事物的本质。而要给一个概念作出正确的定义,必须具有对该概念所反映的事物正确、深刻的认识。邓小平指出,很长时期来,我们对什么是社会主义并不完全清楚。他强调:"社会主义的本质,是解放生产力,发展生产力,消灭剥削,消除两极分化,最终达到共同富裕。""社会主义原则,第一是发展生产,第二是共同富裕。"这一定义业已成为全国人民的共识。

什么是学习型组织？学习型组织就是能熟练地获取、传播、应用、创造知识，并及时修正自己的行为，以不断适应新知识和新观念的组织。学习型企业是由立志学习一辈子的职工支撑起来的，学习、培训跟他们的日常工作紧密结合。知识已被看作 21 世纪竞争力的基础，学习型组织的产生与发展就有其必然性。了解了学习型组织的定义，就基本上掌握了学习型企业、学习型城市、学习型社会的本质特征。

定义是人们对一定认识对象的认识成果和总结。因此，了解定义是非专业人士以及社会大众进入某一知识领域的必经之路，是科学和大众之间的桥梁。

什么是首席执行官？首席执行官（chief executive officer，即 CEO）是美国在 20 世纪 60 年代公司治理结构改革时的进行制度创新，其特征是将董事会中的一部分决策权过渡到经营层手中，以降低"代理成本"。董事会下设审计委员会、执行委员会、薪酬委员会和提名委员会等专业委员会。在美国，有 75% 的公司的董事长（或者在董事会闭会期间代行董事会权力的执行委员会主席）和 CEO 是同一个人。懂得了首席执行官的定义，就会使人们对经济学中的体制创新、管理学中的激励理论产生兴趣，进一步去学习和思考。

人们运用定义的形式把在实践中达到的对事物特有属性的认识巩固下来，并用以指导进一步的实践。因此，某些定义已成为人生追求的目标和斗争的武器。比如"有中国特色的社会主义"，就已成为实现中华民族伟大复兴的光辉旗帜。

什么是人才？《人民日报》有一篇短文说，人才的定义有 29 种之多。我认为，在工作岗位上干得比一般人好、工作水平比平均水平高的人就是人才。这样的定义与古训"三百六十行，行行出状元"是兼容的。在人才问题上要坚持有学历论而又不唯学历论，重在真才实绩。之所以把"真才实学"稍加改动，是因为"学"还没有转化为现实力量，而"实绩"才是才学转化的具体表现。

什么是好人？北京大学季羡林教授曾给好人下定义，认为是"考虑别人比考虑自己多一点的人"。王选教授最近在接受北京大学的重奖时说，他要给好人降低点标准："考虑别人与考虑自己一样多的人"就是好人。崔永元在一期《实话实说》节目中，问一名因拾金不昧而被人误解（因为钱包里的钱比主人丢失时少了）的小姑娘："什么是好人？"这名中学生毫不犹豫地说："不做坏事的人就是好人。"定义和标准尽管不同，但都集中反映了人们的追求。

在中国传统文化中，定义又称"界说"，强调其边界的重要性。《马氏文通》中说："凡立言先正所用之名，以定命义之所在者，曰界说。界之云者，所以限其义之所止，使无越畔也。"以当今反对恐怖主义为例，我们反对反恐斗争扩大化，也反对对反恐斗争持双重标准，还要防止偷换概念，即所谓"挂羊头卖狗肉"。

科普的魅力

原载 2009 年第 1 期《科学》

据一项调查显示,阅读科普作品的读者中有较大一部分人群是科技工作者。乍一听颇感意外,但仔细一想,也确实在情理之中,他们应该离科普最近。

笔者在读大学时听过许多报告,50 年过去了,大多已记不起来,唯有茅以升、余光生两位先生的演讲,至今记忆犹新。为什么?科普的魅力使然。

1957 年 9 月,唐山铁道学院举行开学典礼,笔者作为桥梁隧道系的一名新生,有幸聆听老校长、桥梁专家茅以升的致词。他的讲话别开生面,首先发问:"请大家想想,什么是桥?"礼堂里鸦雀无声,稍停片刻,他自问自答:"桥,就是空中的路。"然后他讲了大学生要学会理论概括、学会创造的重要性。桥的这一定义是茅以升先生的独创,既抓住了事物的本质,又有量身定制的外延。不仅通俗易懂、言简意赅,而且用诗一样的语言描述,具有艺术感染力。

余光生曾到唐山铁道学院给大学生作报告,时任铁道部副部长。他早年毕业于上海交通大学,后在美国密西根大学研究院学习铁路运输,1930 年获硕士学位。在延安时期他担任新华社和《解放日报》社的代理社长。对于这样一位"又红又专"的铁道部长。学生们充满了期待。他的演讲果然不同凡响,一开场就吸引了听众:"人家都说铁路是物质生产部门,你赞成吗?试想景德镇的瓷器用火车运到北京,不小心打碎了几个,可见在运输过程中只会减少、不见增多,怎能说铁路是物质生产部门呢?"然后他话锋一转,"不过,我们可以换种思路。如果瓷器都堆满在景德镇的仓库里卖不出去,只能跌价,而瓷器在北京的商店里十分畅销,卖出了好价钱,这个增值就是铁路的产值。因此,铁路这种特殊产品的名称叫作'吨千米'或'人千米',意思是把几吨货物或多少人运送了多少千米。"短短几句话,把运输经济学的基本概念诠释得清清楚楚。

在美国有一种诙谐的说法,教授的讲课类似牧师布道,有三种境界:一种境界是老师讲得清楚,学生听得明白,这样的听讲是一种享受;第二种境界是老师讲得辛苦,学生听不明白,这样的听讲如同落入迷宫,学生不懂,但学生能感觉到老师自己是懂的;第三种境界最糟糕,老师讲得满头大汗,学生听得一头雾水,这样的听讲是一种折磨,学生不懂,但学生的直觉告诉自己,老师本人也没有弄懂。这个比喻带几分调侃,但告诉我们一个道理:要是自己真懂了,为什么不能创造出一种深入浅出、比喻生动的表达方法呢?科研需要创造,科普同样需要创造,科普的魅力就在于创造。

回顾笔者30年的亲历,专业也好,工作岗位也好,都变了不少,这也许正是人生的常规,但有一种爱好始终保持不变,这就是做科普。

30年前,上海铁道学院招收了全国最早一批模糊数学专业方向的研究生,笔者在教学科研的同时也作科普报告、写科普文章,有一次应邀在上海科学会堂作关于模糊数学的演讲。为了给非本专业的人士讲明白模糊数学,笔者更深入地去研究了模糊数学产生的历史必然性。精确数学研究的是必然现象,反映的是必然规律,主要应用在自然科学和工程技术领域;统计数学研究的是大量现象,反映的是统计规律,主要应用在人文社会科学和生命科学领域;模糊数学研究的是思维和语言中的模糊现象,反映的是人脑的模糊决策和模糊控制机制,主要应用在思维科学领域。后来又应约将该演讲写成介绍模糊数学的科普文章刊登在《文汇报》上。这篇文章在1981年、1983年两次被编入华东师范大学出版社出版的初中《语文》课本第六册和第四册中。一门专业性极强的学科,通过科普,其材料被列入中学语文课本,成为可以让中学生阅读的文章,笔者十分欣慰,自身也体验了科普创意的魅力。

1997年5月,上海铁道大学邀请在治疗白血病等方面取得重大成果的陈竺为学生作报告,报告引起强烈反响。笔者在听了陈竺报告后想到,当代大学生应该建立起图钉型知识结构和飞机型能力结构。

所谓"图钉型"知识结构,是美国麻省理工学院教授提出的"T字型"知识结构的改良型。但"T字型"是平面模型,"图钉型"则是三维立体模型,而且具有力学机制,意味着横向开拓的目的是为了纵向深入,解决本学科的难题;同时在纵向深入的指导下进行横向开拓。这种复合型知识结构最具创造力、竞争力:精通本专业,熟悉邻近专业,对距离比较远的相关学科的基础知识也有所了解。正如诺贝尔所说:"各种学科内在之间是有互相联系的。为了解决某一学科的问题,应该借助于其他有关学科的知识。"

所谓"飞机型"能力结构,是用飞机的六个部位分别代表当代大学生最重要的六种能力:前轮好比学习能力;左右机翼下的两个轮对,一个表示实践能力、动手能力,另一个表示抽象概括能力、理论分析能力;机头象征着定向能力;一个机翼象征着创新能力;另一个机翼代表着协作能力。有了这六种能力,就不仅能自立于人才之林,而且能展翅高飞。

这样的知识结构和能力结构的造就,都十分需要科普魅力的熏陶和锻造。

胡锦涛2008年12月15日在纪念中国科协成立50周年大会上指出,"科技工作包括创新科学技术和普及科学技术这两个相辅相成的重要方面",并强调要把科研和科普结合起来。对离科普最近的科技工作者而言,科研和科普如同鸟之双翼、车之两轮,科普工作不仅有利于提高全民科学素质、促进科技成果转化,同时能惠及科技工作者自身的科技创新。我们应同时成为科技创新的实践者、科学知识的传播者,发扬光大科普的魅力。

工程思维与创新思维

原载 2013 年第 3 期《科学》

恩格斯说过,思维着的精神是地球上最美丽的花朵。人与一般动物的区别之一,就在于人有思维。动物的大脑中只有实物,只有在人类大脑中才有抽象的符号系统,并用以进行思考。

思维是指人脑在感知和记忆的基础上,为寻找客观事物的本质和规律,或者为了解决某些问题而进行的思考过程。语言是思维的主要载体和工具,因此思维通常表现为一种不出声的语言活动,当然也包括某些非语言的心理活动。

人们按思维活动的不同目的和不同特点,将思维划分为不同的类型,包括形象思维、抽象思维、创新思维、工程思维等。创新思维结合各种思维活动而产生超越前人的思想成果,形象思维在其中起显著作用。

所谓工程思维是指按照某一特定的目标,遵循一定的规范或标准进行设计,然后生产或建设,直至最后制造出产品供应社会或建成设施投入运营。工程思维的本质是求同思维。其特点是目标明确"一切为了实施",因此强调成本、质量与安全,逻辑严密,力求规范与标准化。例如,进行机械零件或建筑结构设计时必须在强度、刚度、稳定性三方面确保机器和建筑物的安全可靠。创新思维是一种求异思维,其目标是"一切为了突破",其特点是前所未有、新颖独特、与众不同;它是质疑思维,对司空见惯的事物往往投以新的一瞥;它是跳跃式思维,初看起来似乎不合逻辑。

创新思维如同天上的风筝,天高任其飞,想象力极为丰富;而工程思维如同放风筝者手中的线，它可以保证风筝的正确航向，并能使风筝最后落地，具有可操作性，以利实施。二者之间的关系如同鸟之双翼、车之两轮，相辅相成、缺一不可。以下案例能充分说明这一论点。

1831年法拉第证实了线圈和磁铁之间的相对运动会在线圈中产生感应电流，这一观念导致了发电机的诞生。早在1820年，奥斯特（Hans Christian Oersted，1777—1851年）发现了电流的磁效应，法拉第在观看了他的著名电学实验后，在日记上写道："既然在通电导线周围可使磁针偏转，即电可以产生磁，那么，反过来，磁能不能产生电呢？"在探索大自然奥秘的好奇心的驱使下，法拉第终于发现了电磁感应定律，从而在电磁学研究领域取得了重大突破。但电磁感应定律究竟有什么用，法拉第并不十分关心。

1866年，冯·西门子（Ernst Werner von Siemens，1816—1892年）在实验室里根据电磁感应定律发明了自励直流发电机。在此基础上，爱迪生（Thomas Alva Edison，1847—1931年）在1877—1879年间研制成功当时容量最大的发电机，并于1882年利用该发电机建成了世界上第一座发电厂。从电磁感应定律的原理性突破到建成第一座可实际应用的大型发电厂，也即由创新思维的成果转化为工程思维的成果，历时达半个世纪。连接创新思维与工程思维之间的桥梁则是科学实验。在上述案例中，冯·西门子的工作功不可没。

同时必须看到，工程思维有它的适用范围，主要应用在工程技术领域，不能将其无限扩张或泛化。古人有云："形而上者谓之道，形而下者谓之器。"孔子说过："君子不器。"（《论语·为政篇》）意思是说，君子不能像器具那样只有特定的用途。而创新思维则不同，它能覆盖人类文化的所有层面：在物质文化层面有科技创新、在制度文化层面有制度创新、在思想文化层面有理论创新等。创新思维是源头、是上游、是原动力，工程思维的活力主要呈现在工程技术领域，它处在科技创新思维的末端，与创新思维无缝衔接。科技创新思维也只有通过工程思维才能转化为新装备、新产品。

科技与文化理应相得益彰

——从经典京剧电影《借东风》的修复放映谈起

原载 2019 年 11 月 22 日《上海科技报》

2019 年 11 月 12 日,上海大光明电影院放映经高清修复的彩色京剧电影《借东风》。京剧迷们奔走相告,如期待过节那样盼望着欣赏 62 年前京剧大师们的精品力作。要知道,那是多么难得的京剧大师的集体亮相!剧中除了梅兰芳大师之外,萧长华(饰蒋干)、马连良(饰诸葛亮)、谭富英(饰鲁肃)、叶盛兰(饰周瑜)、裘盛戎(饰黄盖)、袁世海(饰曹操)等名角悉数登场。为了满足广大观众也想欣赏梅大师杰作的需求,大光明电影院特安排在 11 月 26 日放映梅兰芳主演的《洛神》。这一安排可谓匠心独具,不失品牌影院的风范。

放映前,大光明电影院的工作人员为了对热爱国粹的观众表示欢迎,在银幕前举行了开奖仪式,共有 5 名幸运观众得奖。影院里洋溢着弘扬优秀传统文化的热烈气氛。然而,在放映过程中,音画不配、唱词字幕落在银幕之外等一系列出人意料的故障,使笔者大失所望、大跌眼镜。

我对《借东风》情有独钟,是有故事可讲的。

20 世纪 80 年代,在我担任上海铁道学院管理科学研究所副所长时,作为中国科协讲师团的成员,应邀到成都地质学院为地质部的后备干部讲授"领导科学"课程。我提前一天到成都做准备。过去我在讲"风险决策"这一节时，列举的大多是外国案例；而这一天我在参观成都武侯祠时突然来了灵感——诸葛亮的"借东风"不也正为后人提供了一个风险决策的精彩范例？

在次日晚上的课堂上，我把风险决策的步骤形象化地概括为"三部曲"：风险预判、制定预防性措施、制定应急性措施。诸葛亮在模拟周瑜的决策思路时想：如果孔明借不到东风，因为立过军令状，正好借机杀了他；如果诸葛亮借到了东风，也要杀他，因为在当地只会刮西北风的隆冬季节，他竟然能"借"来东南风，岂非神仙、妖怪莫属，兵不厌诈，杀了再说，以绝东吴后患。诸葛亮在作出这一风险预判的基础上，制订了预防性措施和应急性措施。预防性措施针对旱路追兵，派赵子龙驾小船到长江滩头等他；应急性措施针对水上追兵，令赵子龙射断帆船上的蓬索，因为赵子龙是百发百中的弓箭手。

然而周瑜也非等闲之辈。他预判诸葛亮借东风后，无论成败，一定会逃往长江对岸的刘备营地。为了万无一失，周瑜同样制定了预防性措施和应急性措施。他命令丁奉、徐盛二将各带一百人：丁奉从旱路去，到南屏山七星坛前，休问长短，拿住诸葛亮便行斩首，将首级来请功；如果陆上的"斩首行动"不成功，徐盛就从江上去追杀，同样要用诸葛亮的首级来请功。

众所周知，两位战略家博弈的结果是诸葛亮的预案胜出。东南风一起，诸葛亮立马与一名守坛将士换穿了外套，并令这名将士俯身低头，在诸葛亮原来的座位上继续"作法"，同时令其他将士低头闭眼，诸葛亮则迅即走下神坛，直奔江边滩头而去，致使丁奉的"特战队"扑了个空。徐盛得信后立即率领一百刀斧手从水上追杀诸葛亮。由于东南风强劲，多桅杆帆船满帆快进，眼看就要追上赵子龙的小船时，诸葛亮的应急性措施立即生效：赵子龙拉弓搭箭，把一根根蓬索射落了下来。常言道"推动帆船前进的不是有形的帆，而是无形的风"，由于发生了"能源危机"，徐盛的战船只能横在了江面上。这时，诸葛亮站到了小船船尾，大声对站在战船船头的徐盛笑道："上覆都督，好好用兵；诸葛亮暂回夏口，异日再容相见。"此行可谓诸葛亮的"潇洒走一回"。

当晚我讲完"风险决策"的这一案例，正在沾沾自喜之时，突然发生了一件意想不到的事。

由于在 20 世纪 80 年代，上海学界在领导科学、软科学、现代智囊团、科学学、模糊数学等新兴学科、交叉学科方面在全国居领先地位，当时的地质部、成都地质学院领导同意对新兴学科感兴趣的大学生们在课余旁听这些课程。讲"风险决策"这部分内容正好是在晚上，因此，我讲课的阶梯教室两侧都站满了地质学院的"旁听生"。其中有名学生告诉我，虽然明天考试，但还是想先听课再去复习应考。

当我讲完"借东风"这一案例时，一名站着旁听的同学突然举手发问："老师好，对于风险决策，您讲清楚了，我也听明白了，谢谢您！可是您讲的案例是借东风，而诸葛亮在实施空城计时并没有任何预案，对此您怎么看？"

当时我大吃一惊，因为我并没有想到过这个问题。学生的大脑转动得真快啊——今日方知教师也是个风险行业，因为有朝一日会被学生问倒。然而，着急也是一种动力，我急中生智，反问这名学生道："你读过作家徐迟写的《哥德巴赫猜想》吗？"

《哥德巴赫猜想》写的是数学家陈景润创造性攻克世界难题的故事，在当时十分流行。这名学生回答说："读过。"

"那好，"我继续说，"能不能允许我提出个诸葛亮猜想——诸葛亮的小心谨慎在历史上是出了名的。有诗为证：诸葛一生唯谨慎，吕端大事不糊涂。因此空城计只是《三国演义》作者罗贯中为了增加悬念强加给诸葛亮的。当然，这一科学假说还有待进一步证明。"

如此这般，我过了这一关。那天我特别紧张的另一个原因是，温家宝同志就在这个班上，当时他是地质部的领导，策划了这个干部培训班，由他带队而且跟班听课。

让我十分庆幸的是，"诸葛亮猜想"很快得到了证明。在完成地质部的教学任务回到上海之后不久，一天我在学校阅览室备课，休息时随手翻阅新到的一期《历史研究》杂志，想看看历史学家们在研究哪些课题。一看目录，真令我喜出望外。"诸葛亮没有用过空城计"几个大字映入眼帘，我如获至宝。仔细阅读后得知，复旦大学中国历史地理研究所谭其骧教授及其团队，研究了三国时代的军事地图，证明诸葛亮的军队不可能在阳平关或西城与司马懿的军队相遇，结论是诸葛亮的空城计子虚乌有。我把这一信息转告给成都地质学院，在同学们的努力下，当时的《四川青年》杂志转载了这篇论文，以正视听。

这段经历使我感悟到，在古典文学著作与现代管理科学之间可以架起桥梁，它们之间存有交集。

讲完故事之后，让我们回到《借东风》这部经典电影的修复和放映。科技与文化理应相得益彰：修复艺术珍品需要现代科学技术；现代科学技术由于能使优秀传统文化超越时空发扬光大而凸显其社会功能，给人民群众带来获得感、幸福感。在提倡精细化管理和通行问责、追责的当下，大光明电影院不妨将这次放映事件抓住不放，认真分析发生故障的原因：究竟是电影修复企业的技术不过关呢，还是影院放映技术不过硬，或者是由于责任心不强导致"大意失荆州"？

在11月16日举行的"庆祝上海电影制片厂成立70周年座谈会"上，奚美娟老师引用了20世纪90年代上影厂一名化妆师的话："一个好的工作习惯是点点滴滴积累起来的，守住它非常不易；但要破坏它，一天就可以了。""团结一致重细节"正是上影厂特有的工匠精神。电影制作单位需要工匠精神，电影院是电影走向群众的"最后一千米"，同样需要弘扬工匠精神。过几天即将放映经典京剧电影《洛神》，我衷心希望，大光明电影院能认真吸取教训，一扫《借东风》放映事件的阴霾，让梅兰芳的京剧舞台艺术在今天依然大放异彩，走近万千观众！

科学学研究呼唤跨学科人才

原载 2020 年《上海市科学学研究会成立 40 周年纪念文集》

我是科学学这门新兴学科的受益者。科学学把科学技术整体作为考察对象，研究科学技术的发展规律，以及科学技术与经济社会的相互作用。

记得在 20 世纪 80 年代，《文汇报》在头版头条位置刊登过一篇报道《新学科在上海兴起》，文中列举了大多诞生于上海的"领导科学""科学学""软科学""决策科学""现代智囊团""模糊数学"等新兴学科，相关学科领域内的首部著作，往往在上海出版或其作者出自上海，这是什么原因？

刚才多位老师从改革开放大环境、中央领导倡导解放思想，以及上海市领导关心支持新学科发展等方面谈得非常到位，我想从人才的能力结构、知识结构以及海派文化对社会需求和国外新事物敏感等方面谈谈我的体会。

刚才罗祖德老师提到了跨学科能力，这非常重要。科学学既然把整个科学技术作为自己的研究对象，这就要求其研究者应该具有跨学科的杂交优势。以我们熟悉的冯之浚学长为例，他在上海铁道学院读书时学的是铁道工程专业，然而他对哲学又非常感兴趣，其水平能跟专业人士一起研究问题。我觉得当时铁道学院的党委书记很有眼光，让并非中共党员的冯之浚毕业后留校任教于马列主义教研室的哲学教研组。

他的知识结构绝对是跨学科的。他不仅学习勤奋，而且善于学习，每天要记许多卡片；他既了解中国的社会需求，又能掌握国外的新知识、新动向。因此，每当关键时刻他总能厚积薄发，运用自如。

冯之浚曾主持过一个业内人士鲜知的论证会，它与如今举世闻名的中国高铁有关。21 世纪初，有关部门在规划京沪间的高速大通道时，专家们观点并不一致，主要有两派：何祚庥、严陆光、徐冠华等院士主张采用德国的高速磁浮技术，而铁道部高速办的沈之介、周翊民等专家则赞成采用类似日本新干线的高速轮轨技术。为了统一思想，有关方面决定组织一场技术论证会，让双方各抒己见，争取达成一致。问题来了，谁来主持这个论证会？最后，各方一致同意邀请时任全国人大常委、民盟中央副主席冯之浚出场。这场辩论会充分发扬民主，在双方毫无保留地陈述自己的观点后进行了研讨和辩论。最后，在场有投票权的 24 位专家进行了投票，结果是 16 票赞成采用轮轨技术，4 票反对、4 票弃权。高速轮轨胜出。这次论证会虽然没有决策权，但是给中国工程院、中国国际工程咨询公司乃至国务院的进一步论证和决策提供了重要依据。

这一场非常有影响力的论证会，既统一了思想，又没有伤及和气。冯之浚在主持会议时说，大家都十分关心国家的科学技术进步和经济社会发展，出发点都非常好，只是技术方案不同；我是上海铁道学院铁道工程专业毕业的，我觉得轮轨、磁浮技术都是先进的技术，主要看哪一个更适用于目前的中国。他长袖善舞、言辞恳切，充分发挥了他作为一名交叉学科人才的优势，因此取得了良好的主持效果。

我在美国当访问学者时，发现美国很注意培养跨学科人才，他们在大学里设有交叉学科系、交叉学科专业。日本学者也认为，有两个专业作为基础的人才最具有竞争力。

我自己也是科学学的受益者。在进入冯之浚担任所长的上海铁道学院管理科学研究所之前，我在楼世博教授担任主任的模糊数学多值逻辑研究室工作。在冯之浚、张念椿两位教授的带领下，我开始从事科学学领域的教学和研究，特别是有幸参加了《科学学基础》一书的编撰。该书在 1983 年由科学出版社出版后，1987 年在中国台北被《中国时报》通过读者投票评为"台湾读者注目的大陆十本书"之一。我被评为教授的主要成果就是这本书。在此要特别感谢已逝去的夏禹龙先生，作为该书的第一作者，他为我写了一份说明我参与写作情况的证明书。

弹指一挥间，四十年过去。科技进步、经济社会发展已不可同日而语，但不变的是，无论科学学研究，或是物联网、大数据、人工智能、生命医药等其他高新技术领域，依然呼唤着不可或缺的跨学科人才。

生活中的同中求异

原载 2023 年 2 月 3 日《上海科技报》

同中求异是一种有效的思维方法，它是在具有同一性的事物中寻找其差异性的辩证思维方法。如果能认识病毒和细菌、无性生殖和有性生殖、化合物和混合物、染料和颜料、铁和钢、彗星和流星、都市圈和城市群、发现和发明、文化和文明等概念的区别，就能推动思维向深度和广度发展，从而加深人们对自然界和社会的认识。同中求异不仅是学术研究中不可或缺的思维方法，也是在教学中培养学生创新思维的有效途径。

在人们的日常生活中，也常常会发生用"同中求异"的方法解决问题的事例。

1 交通和运输

笔者从事研究生教学的专业是交通运输规划与管理。有一次在口试中，我问一名考生："你报考的是交通运输规划与管理这一专业方向，你在学习过程中有没有思考过，交通和运输有什么区别？"这名考生显得有些惊慌失措，坦率地回答说："平时交通运输总是连着说的，例如，国家有交通运输部……"笔者又问："国家还有科学技术部，平时你想过没有，科学和技术有什么区别？"这名考生一脸愕然，低头沉思。笔者由此联想到，我们在基础教育、大学本科和研究生教育阶段似乎只重视知识的传授，而不重视科学思维方法的训练。

"交通"这个词，在我国可以说是源远流长。古籍《易泰》对交通的释义是：

"天地交而万物通也，上下交而志向同也。"1936年版《辞海》中对交通的注解可谓经典："凡减少或排除因地域隔离而发生之困难者，皆为交通。"在我国文学史上最早的一首长篇叙事诗——汉代乐府诗《孔雀东南飞》中，有"枝枝相覆盖，叶叶相交通"的诗句，而如果后半句改成"叶叶相运输"，就令人难堪了。

现代汉语对交通的理解与此一脉相承，认为交通是各种运输和邮电通信的总称，即人和物的转运输送和信息的传递交流。因此，"交通"的定义域要比"运输"宽得多。

民国时期的交通大学单独进行招生考试，有一年命题作文的试题是"写一篇议论文：为什么说地球越来越小了"。这个试题出得很有特色，很有水平，能灵敏地测试出考生的创造力和想象力。由于当时有了飞机、火车等先进的运输工具与电报、电话等近代通信手段，使得地球人能实现"天涯若比邻"。如果考生只想到了飞机、火车，漏掉了电报、电话，那么他心中向往的应该是"运输大学"而非"交通大学"。

交通和运输的计量单位也有区别，这是因为侧重点各有不同。交通量一般是指车流量或信息流量。例如，高速公路上的交通量可以用每小时通过收费口的汽车辆数表示，即"辆／小时"。交通警主要关心的是路上堵不堵，至于汽车里有没有载客或载多少客、有没有装货或装多少货，只要人和车不违反交通规则，他们对属于运输范围的指标并不十分关心。

运输量的计量单位是"人—千米"和"吨—千米"，即把多少旅客运送了多少千米，或者是把多少货物运送了多少千米。交通运输业的生产活动不改变劳动对象的属性和形态，只改变劳动对象在空间的位置。运输业的产品就是"人—千米"和"吨—千米"，它属于非物质形态，因此无法储存。

2　高铁和动车

高铁脱胎于普通铁路。在高速列车出现之前，有一句流行语"火车跑得快，全靠车头带"，大家耳熟能详。然而，在铁路进入动车时代后，这句话就不灵了。

最早的火车靠蒸汽机作为动力，一个火车头拉多少节车厢是不固定的，可以任意连挂一定数量的车厢，驱动列车前进的动力装置（蒸汽机）全部集中在一个火车头上，与动力装置分散在各节或多节车辆上，是两种不同的列车牵引技术。带电动机、能产生驱动力的车辆叫"动车"，不带电动机的车辆叫"拖车"。动车和拖车按照一定的规则组成的列车称为动车组。动车组的火车头不再称为"车头"，而是把它倒一个个儿，改称"头车"。

动车组列车也可以分为两种不同的型式，即动力集中型和动力分散型。动力集中型动车组列车中，除了首尾是动车，其余各节都是拖车。日本高铁一开始采用了动力分散型，而法国和德国的早期高铁电动车组都采用了动力集中型。但实践证明，对于时速 250 千米及以上的高速铁路，动力分散型的牵引性能要优于动力集中型。因此，法国和德国的第三代高铁列车也都采用动力分散型了。在 20 世纪 90 年代，中国铁路的主管部门在制定第一条高速铁路——京沪高铁的规划时，作出了一个富有远见的决策——中国重点发展动力分散型的高速动车组。

现在乘火车时人们常说"高铁比动车快"，其实这句话并不准确，说"G 字头列车比 D 字头列车快"倒是对的。为什么？

因为这里的"高铁"指的是"高铁列车"，而"动车"的全称是"动车组列车"。如上所述，"动车组"是个大概念，一方面，它包括动车和拖车；另一方面，它还包括高速动车组（高铁）和相对低速的动车组（地铁）。因此，问"高铁和动车有什么区别"，有点类似问"白马和马有什么区别"。

按照国际铁路联盟（UIC）的定义，高速铁路是指继有线改造后列车运营时速达 200 千米以上、新线列车运营时速达到 250 千米以上的线路。

铁路部门最初在客运列车组织上为了区分时速 200 ~ 250 千米和 300 ~ 350 千米速度等级的动车组列车类型，分别以 D 字头和 G 字头为两种速度级别给列车命名，事实上无论是 G 字头、D 字头还是 C 字头的铁路列车，还是在大城市内运行的地铁列车，都是动车组列车。

目前在中国的高速铁路、城际铁路、市域（郊）铁路及地铁上运营的列车，都是动车组列车。

3 人次和乘次

最近，新华社这样报道2023年春节假期的客运量："2023年春节假期全国共发送旅客2.26亿人次。""人次"是一个重要的社会经济指标，显示了在一定时间段内的出行人数和次数。例如上述"2.26亿人次"可以看作是1.13亿人在春节7天假期内回家探亲或外出旅游了一次（每个旅客都要乘车两次才得以往返）。

与此类似，还有一个表示客运量的单位——"乘次"。

《城市轨道交通研究》杂志曾刊登过上海申通地铁集团党委书记、董事长毕湘利的一篇论文，细心的读者会发现，文中在提到地铁客运量时，其单位用的是"乘次"而非"人次"："上海地铁的日均客流从2003年超过100万乘次到2018年超过1000万乘次只经历了15年。"那么，人次和乘次有什么区别呢？

举例来说，某乘客乘地铁上下班，需要换乘2次，即一共乘坐了3条地铁线路的列车。按照铁路的统计方法，该乘客在一天内创造了2人次（一个往返）的客流量；但如果以他换乘过的不同地铁线路的列车计，他共完成了6个乘次，即有3条地铁线路为这个乘客提供了两次（往返）服务。这就是说，如果按各条地铁线路完成的客流量总加起来，得到的客流量其单位就是"乘次"；而按照进、出车站闸机一次作为一个人次，得出的客流量其单位就是"人次"。可见，"乘次"数总是会大于"人次"数，只有在所有乘客都不换乘（人人都是乘一条线到达）的情况下，乘次数才会等于人次数。显然，就客流量作为反映经济、社会发展程度的重要指标而言，人次要比乘次更贴近实际。

生活中的"同中求异"不仅有趣，而且有用，由此可见一斑。

第3编

教育功能的再认识

教育功能的再认识

原载 1983 年第 3 期《百科知识》，后被 1983 年第 6 期《新华月报》转载，与冯之浚（第一作者）、张念椿合作

随着经济和科学技术的不断发展，教育的重要性日益被人们所认识。人们发现，国与国之间的差距，虽然表现为经济差距，但在很大程度上实际是科学技术的差距，而其基础则是教育的差距。人们已经认识到，教育事业和经济发展之间的关系正在起着不容忽视的变化。过去，教育滞后于经济，被动地受经济发展的制约和影响；现在，正如联合国教科文组织的报告中所指出的："教育在全世界的发展正倾向先于经济发展。"

今天，我们正满怀信心地向四化进军，研究和认识教育的社会功能，将有助于在全社会造成普遍重视教育工作的风气，使人们认识到这是我国现代化建设事业的最重要的基础之一。

那么，教育究竟有哪些主要的社会功能呢？

1 经济的功能

长期以来，教育被认为是一种消费性活动，这种观点源于阶级社会的初期。当时接受正规文化教育是统治阶级的特权，因此，形形色色的教育思想都把教育和生产活动分离开来，世俗的经济活动似乎无缘攀附"高雅"的教育。

这种观点，到了资本主义时代开始有了改变。1776 年，英国资产阶级古

典经济学家亚当·斯密（Adam Smith，1723—1790年）首先在《国富论》中提出："……学习的时候，固然要一笔费用，但这种费用，可以希望偿还，而争取利润。"后来，马克思（Karl Heinrich Marx，1818—1883年）的劳动价值理论，对于认识教育的经济功能，更有着深刻的意义。马克思认为，为提高工人的生产技能而提高他们的教育程度，可以导致社会劳动生产率的提高。

从20世纪20年代开始，对教育的经济功能的研究进入计量化阶段。1924年，苏联经济学家斯特鲁米林（1877—1974年）发表了《国民教育的经济意义》一文，根据苏联国家计划经济制订的大量分析表和综合表，用统计学方法，得出了"一年的学校教育比起同样时间在工厂工作平均能提高工人劳动生产率约1.6倍"的结论。1962年，他又评价了1940—1960年间苏联教育的经济效果，指出，1960年按时价计算、苏联的全部国民收入达1466亿卢布，其中依靠提高劳动者熟练程度而获得的国民收入部分占23%，即337亿卢布，而同年国民教育费用为103亿卢布，所以，1960年苏联教育的收入比支出大234亿卢布。

1980年，苏联学者科马洛夫著文指出，根据苏联的实际情况可以计算出教育水平每提高1%，社会劳动生产率就提高1.4%；意味着在发展教育上每花费1个卢布，就能产生4.13卢布的国民收入。

在西方，诺贝尔经济奖获得者美国人舒尔茨（Theodore W. Schultz，1902—1998年）的"人力资本学说"，也受到人们的广泛重视。舒尔茨计算出：教育投资的收益在劳动收入增长中的比重是70%，在国民收入增长中所起的作用是30%左右。

由上可见，教育的经济功能是客观存在的，它使人们树立起教育应积极、主动地促进经济增长的观点，认识到教育是战略性的智力投资，是生产建设投资中极其重要的一个组成部分。我们认为，当前有必要开展对教育经济学，诸如教育的经济评价指标及指标体系、定量计算的方法及模型等的研究。

2 建设精神文明的功能

学校教育在建设精神文明中的地位和作用具有不可替代性——即它的功

能是政权、法律和家庭所不能代替的。这是由于学校教育有其特殊的属性。

第一，系统性。学校教育有着多方面的系统性特征。如在整个结构上，德育、智育、体育三个方面是一个系统；在知识结构上，政治理论、科学技术、人文知识又是一个系统；在智能结构上，知识、智力、素质也是一个系统；再加上系统的政治思想工作，所有这些便组成了学校教育的多级的、多层次的完整的系统。

第二，持久性。"十年树木，百年树人。"一个人从幼儿园开始到大学毕业，需经过十七八年的学校生活，约占他整个人生的四分之一。如果把成人教育、在职业余教育也考虑在内，这个比例就更大了。

第三，适时性。17世纪捷克著名的教育家夸美纽斯（Jan Amos Komensk，1592—1670年）认为，人之所以成其为人，只是由于在最适当的年龄——即儿童时期就获得了完善的教育。"三岁之魂，百年之才"，就是强调了学校教育工作的时效性。当然，这种时效也是相对的，进入成年时期之后，教育的适时性便不像儿童时期那样明显了。

第四，科学性。"教育者必先受教育"，学校中的教育工作者一般都受过相当的训练，掌握一定的专业知识和教学方法。而且，学校的教材、实验设备和教学手段，无不随着科学技术的发展不断更新。

以上这些特点，都只有在教育的专门组织——学校中才能更圆满地体现出来。

教育在建设精神文明中的作用，必须包括文化建设和思想建设两个方面，缺少了哪一方面都是不完整、不正确的。将精神文明仅仅理解为思想品质、道德伦理或者仅仅理解为文化素养、知识技能都是不够全面的；把这两个方面割裂开来、甚至对立起来的看法更是不正确的。共产主义思想是社会主义精神文明的核心，为了用共产主义思想教育、培养下一代，除了通过专设的政治思想课程之外，还必须在各种教学中善于应用现代科学文化所取得的一切成就。只有真正理解现代科学（包括社会科学）发展的意义，并用这些科学的基本知识武装起来的人，才有可能成为一个真正的共产主义者。

总之，学校教育在建设精神文明的过程中，应该把德、智、体、美、劳诸方面在培养和造就社会主义一代新人的目标之下有机地统一起来，而这一目标正是教育在建设精神文明方面的功能的集中体现。

3 发展科学的功能

教学与科研从来是不可分割的统一体，也是世界各国历来办学的基本原则。英国剑桥大学著称于世，原因之一就是它有卡文迪许实验室；1775年，法国巴黎科学院改组为法兰西学院的一个部门，成为法国教育与科研的重要中心，使当时法国的科学技术成就跃居世界首位；德国从威廉·洪堡创立柏林大学起，就明确提出"科学研究与教学统一"是必须遵循的办学原则，而两次世界大战之后，西德恢复、重建大学的过程中，仍然保持"洪堡式"大学的传统；日本1973年各类研究人员61万人，其中在高等院校的有25万人，占40%以上；苏联自然科学研究工作者有一半在大学，社会科学研究工作者80%在高校；美国更是如此，在那里基础研究主要是在大学里进行的，1977年，美国大学科研经费占全国基础研究经费的60%。

教学促进科研，科研提高教学，相辅相成，互为因果，使教育部门成为出人才、出成果的基地。教育的科学研究功能是显而易见的。

建国33年来，我国高等院校的科研工作也作出了显著贡献。高校学科多、力量强、设备齐、潜力大，从科研人员、实验装备、图书情报、生产技术和科研水平来看，科学能力相当雄厚。只要我们充分重视科研工作，有意识地把教学与科研结合起来，就可以既提高教师和研究生的科研能力，又为教材提供丰富的养料，使学生能随时接触到新的知识。同时，又可以为实现四个现代化作出直接的贡献。

当前的问题是需要研究如何加强高校科研管理，使科研成果能尽快地向校外、向生产领域转移，使高校的科研工作更好地为经济建设服务。

4 培养干部的功能

在我国当前这样一个振兴经济的新时期，各类学校肩负着为我国社会主义四个现代化建设培养和输送干部的任务。那种认为只有通过实践才能培养党政干部的看法是不全面的。

在革命战争年代，我们的党政领导干部主要通过实践来培养，这是一种历史现象。即使在那时，我们党还是克服了种种困难，兴办了不少党政干部学校，如抗日军政大学、红军大学、马列学院、陕北公学等，培养造就了一大批党政干部。

随着科学的社会化和社会生活的科学化，随着大生产、大工程、大企业、大科学的不断涌现，现代社会已成为科学、技术、管理三者不可分离的一个整体，管理已成为一门大学问。在科学技术向社会所有细胞进行全面渗透的现代社会里，所有的发达国家都很重视通过大学来培养他们的政府官员和经济管理人才。据统计，美国现在有600所大学设有管理学院或系科，拥有大学生70万人、研究生10万人，两者合计约占全部在校大学生总数的8%。与此同时，美国管理学院越来越重视在职人员的进修班。据哈佛大学的有关统计，在近10年间提拔的11000名大公司总经理中，博士占3%～5%、硕士占18%～25%、学士占48%～49%。日本经济同友会在东京经济研究中心的协助下，1960年对229家大企业选出的董事进行了调查，调查的结果是：根据掌握经营的全面知识被选出的占37.4%，根据拥有生产技术知识被选出的占16%，根据拥有业务、判断能力选出的占8.5%，而作为股东代表资格选入的仅占9.4%。

近10年来，苏联除了利用高等院校设立的经济管理系培养经济管理干部外，在1971年和1975年先后在莫斯科和基辅建立了两所国民经济管理学院，对经济干部进行轮训。1978年又在莫斯科成立了苏联培养经济干部的最高学府——国民经济学院。除了设立全国性的经济管理学院外，各经济部门还有自己的经济学院共56所，每年约有140万名经济干部参加学习。

自党的十一届三中全会以来，我国已恢复、新建了各级党校2600多所，各类专业干部学校3100多所，同时还委托大专院校和中等专业学校举办多种形式的干部专修科、培训班、短训班。但从我国干部队伍的状况来看，现有的1800万名干部中，受过高等教育的只有320万人，仅占干部总数的17%。教育、科学水平的落后，已成为阻碍我国经济发展的一个重要因素。为此，最近中央颁发了加强领导干部学习的文件，准备筹建中央行政管理学院和中央经济管理学院，并开展关于"领导科学"的研究。

只有充分发挥教育在新时期培养干部的功能，才能源源不断地为各级领导机关输送坚持社会主义道路的、具有专业知识的合格工作人员，使各级领导部门成为高效率的决策和管理机关，使整个干部队伍在革命化、知识化、专业化、年轻化方面出现一个崭新的局面。

5 咨询的功能

由于现代社会活动的规模越来越大，越来越复杂多变，因此，各级决策部门往往要借助科学家、技术专家、经济学家、管理专家等的力量，为决策工作提供科学的依据和方法。目前，数以万计的咨询机构（或称智囊团、思想库、脑库）几乎遍及全世界，并且已经形成一种惯例：一个企业、一个地区甚至一个国家的领导，如果不通过智囊团的咨询，就不能轻易对重大问题作出决策。

近几年来，我国咨询工作有了较大的发展，据统计，截至1981年年底，已在22个省、自治区、直辖市建立了各类咨询机构98个，为许多工程项目的建设进行了技术经济论证，取得了良好效果。咨询工作大体上可以分为四类：技术咨询、工程咨询、企业管理咨询和综合战略咨询。我国的教育部门，尤其是高等院校，虽然没有挂出咨询机构的牌子，但实际上已经承担起以上四类咨询工作的任务。我们认为，我国的咨询业务需要作一番分工：技术咨询由研究所承担，工程咨询由设计院负责，企业管理咨询可请管理学会及工商联等单位指导，而高等院校可侧重搞综合战略咨询。这是因为高校有如下特点。

第一，具有人才优势。我国高校目前拥有教授5千多名、副教授2.3万名、讲师约13万名、助教4万名，其中包括我国第一流的学术权威，这是一支非常可观的力量。

第二，具有多学科的专业优势。高校学科齐全，专业林立，综合性大学更是如此，因而对一些跨学科、跨专业的综合咨询课题的研究，存在着明显的优势。

第三，具有较强的独立性和客观性。咨询机构应尽可能不依赖于决策部门，而保持独立性和客观性，这样可大大提高其知名度和信用力。综合战略咨询课题往往来自于政府部门，高校和这些部门不存在难以分割的利害关系，就更能保持研究工作的公正性和科学性。

  因而，在国外，一些综合战略咨询课题往往求助于高等院校或由高校作后盾的独立咨询机构。如美国著名的咨询机构——斯坦福国际综合研究所，原本就是斯坦福大学的一个学术研究机构，每年要接受60多个国家委托咨询，完成咨询报告1200多件，其研究课题大多是属于综合战略型的。西德有30%的咨询人员在高等学校从业。

  由上可见，当代的教育事业已不仅具有单一的培养人才的功能，而且已形成了一个功能系统，五大功能相互独立又互有联系。因而在考察和评价教育工作时，必须用系统的观点来衡量，才能促使教育工作朝现代化方向发展。

提倡研究"教育美学"

原载 1987 年第 1 期《苏州铁道师院学报》

在建设高度文明、高度民主的社会主义现代化国家的进程中,教育的社会功能日益扩大,大教育的观念开始引起全社会的关注,教师的社会地位不断提高。在这教育的春天里,我们建议教育界开展对"教育美学"的研究。

教育为社会培养人才,同时也创造了美。美好的心灵是自然界最美丽的花朵。教师是美的使者。提倡进行教育美学研究,不仅仅把美育作为"五育"之一,通过音乐、美术、舞蹈、雕塑、建筑、美化校园、旅游等课程或教学环节,来抒发美感、陶冶性情、移风易俗,而且把整个教育过程都看作是鉴赏和创造美好心灵的审美活动,即马克思称之谓"依照美的规律来造型"的活动。

教育美学是一门新兴的边缘学科,主要由教育学与美学两门课程相互渗透而成。学科的分类与人们的知识结构都具有历史性。古代科学包含在哲学之中,中国的先秦诸子,古希腊的苏格拉底、柏拉图、亚里士多德等都是"综合家"。当然,古代科学的水平并不高,带有臆测和直观的成分,所以古代的综合是低水平的综合,可称为"原始综合"。到近代科学阶段,科学由综合走向分化,人们开始用分解的方法,对自然界和社会进行分类研究,建立了众多的学科。1632 年捷克夸美纽斯所著的《大教学论》出版,该书为近代最早的系统的教育学著作;1750 年德国的鲍姆加登(Alexander Gottlieb Baumgarten,1714—1762 年)发表《美学》,这些著作使教育学和美学逐渐从哲学中分化出来,各自形成为独立的学科。由于从古代科学的原始综合发展到了分类研究,近代科学要精确、严密多了。然而必须看到，无论是自然界还是社会，都是一个统一的整体，人们之所以对它们进行分类研究，并不是基于自然界和社会的本质，仅仅是人类认识能力所限，才采取"分而治之、各个击破"的战略。事物不能绝对地分解，一味分下去就会走向反面——把和谐统一的整体搞得支离破碎。

在经历了近代科学发展以分化为主之后，科学又一次走向综合。现代科学发展的特征之一就是在高度分化基础上的高度综合，即"辩证综合"。其主要标志是边缘学科、横向科学、综合学科等交叉学科的大量出现。教育美学不仅是教育学与美学的互相渗透，而且是建立在哲学、心理学、伦理学、科学学、生态学和思维科学基础上的一门综合学科。总之，教育美学的产生，完全是顺应了现代社会和科学发展的大趋势。

教育不仅要塑造学生美的心灵，而且还要塑造美的形态、美的气质；也要帮助学生建立和谐的知识结构。教育工作说到底是一种影响人的技术和艺术。这就要求教师在教育过程中富有美感；为提高学习效率，还要求创造一个整洁、优美、安静的学习环境。所有这些都是现代化教育提出的要求，也正是教育美学所要研究的课题。

教育美学是运用美学原理来研究教育问题的学科。它研究审美心理的各方面与教育的相互关系，主要内容有：教育的宏观美学特征，教师的审美评价、审美理想和审美心理，审美原则在教育过程中的体现，教育的审美形式以及教育环境美等。

从审美意义上讲，教育既是反映，又是表现、实现。说是反映，乃是反映了审美客体即美好心灵的审美属性；说是表现，乃是表现了主体的审美评价和审美理想；说是实现，乃是指生活中的审美属性（如大公无私、献身精神、牺牲精神等）引起了教师的审美感受，在内心产生了审美体验，希望把这种审美体验传达给别人，并付诸行动，实现在自己和学生身上。当然，在阶级社会里，正如普列汉诺夫在《没有地址的信》中所说："美的理想总是富有十分明确的内容，而且完全不是绝对的，即不是无条件的内容。"教育美学的核心问题是主体的审美感情和审美理想。

客观的审美属性进入教育过程，首先要经过主体的审美感受。在审美感受中，"情"占有重要地位。感情在教育过程中是个十分活跃的因素。感情要真切。我国明代学者袁宏道说："吐之者不诚，则听之者不跃。"教育工作者要做到情真意切，只有这样，才能点燃学生心中的火种。强调审美情感在教育过程中的作用，并不会导致否认理智的作用，因为感情并不是脱离客观事物和社会实践凭空产生的，而且"只有理解了的东西才更深刻地感觉它"，审美感情往往受到理智的支配，并向理性方面深化。我院上方山分部的老师们提出，在教书育人过程中要做到五个"以"：以诚待人、以情动人、以理服人、以知识丰富人、以行为带动人。这是教育美学原理的实际应用，是十分有益的探索。

歌德说："人们常说，一棵树上很难找到两片叶子形状完全一样，一千个之中也难找到两个人在思想情感上完全协调。"因此，多样而又统一，是审美原则在教育过程中的具体体现。教育过程又是有规律的运动，这种规律性的运动就是节奏。招生开学、上课下课、考试考查、寒假暑假、毕业分配……教育工作是很有节奏旋律的。美学家朱光潜说："节奏是主观和客观的统一，也是生理和心理的统一。它是内心生活（思想和情趣）的传达媒介。"因此，节奏美要求教育工作做到：掌握规律、抓住时机、有张有弛、疏密相间。

风格美是教育美的另一个重要方面。教师应善于发现和培养自己独特的风格；学生则应努力提高自己的审美情趣，在全面打好基础的前提下发展个性特长。我国清代的姚鼐在《复鲁絜非书》中把多种类型的风格美概括为阳刚、阴柔两大类。阳刚包括豪放、粗犷、雄浑等风格，阴柔包括飘逸、含蓄、淡雅等风格。风格美看似无形，实为有形，它是通过一个人对待生活的态度、个性特征、言语行为等表现出来的。有许多人长得并不漂亮，但他们光彩照人、富有魅力，究其原因就是在他们身上有着内在的气质美和风格美，这是真正的美，和谐统一的美。

教育美的形态是丰富多彩的。让我们到教育实践中去总结教育的审美经验，揭示教育的审美规律，探讨教育的审美素质，把理论教育美学与应用教育美学紧密结合起来，为建立具有中国特色的教育美学体系而共同努力！

新科技革命与创造力开发

原载 1996 年 1 月 27 日《文汇报·论苑》

1 新科技革命的特征与趋势

当前面临的新科技革命的第一个特征就是以信息革命为主要标志。人类正在进入"计算机社会",当今计算机普及的情景与 20 世纪 20 年代"汽车社会"在经济发达国家诞生时的情形非常类似。今日计算机普及的程度和速度与当年汽车的普及相比毫不逊色。以美国为例,目前每千人的电脑拥有量已达 319 台。计算机的普及加上全球互联网络(信息高速公路)的建成,将使人类社会的生产方式与生活方式发生深刻的变革。由于计算机社会在节约资源和有效利用空间方面远远优于汽车社会,发展中国家有可能不经过汽车社会径直进入计算机社会,这一点对以世界 7% 的可耕地养活占世界 23% 人口的中国来说,尤其是一个难得的机遇。由于各行各业广泛应用计算机,计算机将向全社会渗透。与汽车社会相比,计算机社会具有开发人力资源、积极要求群众参与的卓越功能,因而有利于促进智力开发和全面提高劳动者素质。此外,由于交互式全球信息网络的畅通,必将带来关于时空域的新概念,由经典时空域发展到现代时空域。对于信息传输而言,时间将趋近于零,距离也趋近于零;就信息高速公路而言,不再存在"国界"。

新科技革命的第二个特征是生命科学的突破性进展。20 世纪科学上有两个重大理论，一是爱因斯坦的相对论，二是摩根创立的基因论。二者都在人类社会的发展中起着越来越重要的作用。自 1973 年第一个基因工程实例在美国斯坦福大学医学院诞生以来，已经历了 22 年。目前美国的基因公司已超过 1000 家，年销售额已超过 50 亿美元。以基因诊断、治疗、药物为核心的分子医学将成为下一世纪的医学。科学家们预言，依据基因工程，人可以活到 120 岁。此外，先进医疗仪器的应用将取得更大的成功，研究人脑和研究计算机结合起来，不仅能推动脑科学的进步，同时也是新型计算机的源泉之一。在下一世纪，医疗技术日趋电子网络化，随着全球互联网络的发展，诊断和医疗卫生服务将不受距离的限制。总面言之，21 世纪将是生命科学的世纪。

新科技革命的第三个特征是科学的超前性日益明显。在漫长的人类历史中，总是先有生产技术，然后才有科学理论。例如先有蒸汽机，尔后才有热力学第一、第二定律；又如先有飞机上天，然后才有空气动力学和三元流动理论。而现代科学与生产技术的关系已呈逆向发展，首先是科学上的重大突破，然后转化为生产技术。例如先有相对论、镭的发现和核物理学，而后才有原子弹和核电站；先在实验室里发现了激光，然后才有激光技术在生产中的广泛应用。新科技革命的这一特征，要求人们比以往任何时候更要重视科学实验和理论思维，大力加强创造力开发。

新科技革命的第四个特征是不同学科之间的交叉与综合。综观人类文明史，就研究科学的思维方法而论，经历了"低水平综合—分类研究—高层次综合"这样一个辨证发展过程。在古代科学阶段（公元 5 世纪以前），人们把整个自然界和社会作为考察的基本层次。古代科学虽然远不够精确和严密，然而由于把自然界与社会看作一个整体，所以能从总体上比较正确地反映客观世界。自 1543 年进入近代科学阶段后，人们开始热衷于分类研究，无论自然科学还是社会科学都越分越细，学科门类逐渐发展到了 2400 多门。分类研究使科学在精度和深度上都有了长足的进步，但其负面影响是削弱了各学科之间的有机联系。随着横向学科、边缘科学、综合学科的大量产生，当代科研方法进入了高水平综合的新阶段。从科技史看，理论思维的"综合—分类—综合"是一个否定之否定过程，是一种螺旋式上升。当代的综合是建立在精密的分类研究基础上的综合，是高水平、高层次的综合。当代的重大创造发明往往出现在交叉点上。因此,发挥不同学科之间的交叉作用,是迎接新科技革命挑战的一大对策。这就要求广大学生和科学工作者建立起图钉型的知识结构:在横向开拓的基础上纵向深入;在纵向深入的指导下横向开拓。建立起精通本专业、熟悉邻近专业、对距离较远学科的基础知识也有所了解的这样一种复合型知识结构。

新科技革命的第五个特征是科技与经济的一体化。近代重大科技成果应用周期越来越短,例如,从发明到投产照相机用了112年,蒸汽机为84年,电影为63年,电话为56年,而汽车用了27年,飞机14年,电视机12年,原子弹6年,晶体管5年,太阳能电池2年。20世纪60年代发明的激光器仅花了几个月时间就正式投产。目前发达国家的经济增长主要依靠科技进步,经济增长中技术贡献的份额一般都在60%~80%。随着新科技革命的深入发展,这一趋势会进一步加强。目前我国的经济增长中科技贡献率仅为27%。我国科技成果的商品化程度也很低,据国家专利局统计,20世纪80年代末我国职务发明创造的实施率只有45.2%,非职务发明创造的实施率为14.8%。

为了加快科技成果的转化,建议加强对"科技管理学"的研究。科技管理学在美国被认为是跨产业经济学、企业管理学的跨世纪新思潮,在短短数年间席卷了学术界与产业界。美国国家研究机构与产业界联手合作,反省为何美国科技基础实力远超过日本,而美国产品却在日本产品的进逼下,痛失海内外市场。这一反省的理论积淀即"科技管理学"。我国的"科学学"研究应把科技管理学作为研究的重点。

为了加快科技成果的转化,必须贯彻执行"产学研"三结合和"发展高科技、实现产业化"的方针,把第一流的开发研究人员组织到经济建设主战场上去,并重视对融资的研究和改革,为科技成果的转化架设桥梁。

2 创造和创造力开发

科技进步离不开创造。科技从根本上说,就是人民群众的创造。科技进步的灵魂是创新。推而广之,整个人类社会的文明史,就是一部不断创造和创新的历史。关于创造的标准常有狭义和广义之分。

狭义的创造指的是提供新颖、独特、具有社会意义成果的活动,如科学发现、技术发明、艺术创作和理论突破等。广义的创造则是对于本人来说，从事前所未有的活动或提供前所未有的成果。这就是说，从广义的创造角度看，一个人对某一问题的解决是否具有创造性，不在于别人是否已经提出过，而在于对他本人来说是不是新颖、前所未有的。显然广义的创造是狭义创造的基础。

美国创造学学者奥斯本（Alex Faickney Osborn，1888—1966年）指出："一个国家的经济增长和经济实力与其人民的发明创造能力和把这些发明转化为有用产品紧密相关。"因此，自1948年美国麻省理工学院开设了"创造力开发"课程起，哈佛大学、加利福尼亚大学等相继开出了有关创造学的课程。目前美国还有几十个研究创造学的研究所，在50多所大学里也设立了创造学的研究机构。日本从20世纪50年代引进美国的创造学之后，不久也在大学里开设有关课程，各地还先后成立了"创作学会"和"星期日发明学校"，东京电视台有"发明设想"专题节目，还把4月18日定为"发明节"。我国党和政府历来重视人民群众的首创精神。江泽民指出："一个没有创新能力的民族，难以屹立世界先进民族之林。""创新是一个民族的灵魂，是国家兴旺发达的不竭动力。"

人人都有创造力。创造力对每个人来说，只有大小之分，而无有无之别。可惜的是，人们往往把带有创意的星星之火熄灭在自己的头脑中。人民教育家陶行知说得好："处处是创造之地，天天是创造之时，人人是创造之人。"

创造性的联想和想象，在创造活动中具有重要作用。列宁指出："甚至在科学上也需要幻想。如果没有它，就不可能发明微积分。"想象力可以弥补现实链条中的不足环节。"视通万里，思接千载。"在创造过程中，想象力和判断力相辅相成；如果想象力是风筝，力求高远，那么，判断力就是手中的线，使想象力保持正确的方向。就如郭沫若所说，科学工作者特有的风格应是"既异想天开，又实事求是"。为了提高学生的创造性想象力，就应该像黑格尔所提倡的，经常做"同中求异，异中求同"的"智力体操"。在创造活动中，还要善于抓住机遇、捕捉灵感。

发散性思维是创造性思维的一种重要形式。创造过程说到底，就是发散性思维和收敛性思维的反复运用。例如，一个决策过程，一个治疗方案的确定，都需要两者的共同作用。传统教育的弊端之一就是不善于培养学生的发散性思维能力。从小学到大学,学生所做的题目,往往只有一个标准答案。为了开发学生的创造能力,就应该培养学生从更多的角度去思考问题,发展逆向思维和立体思维,养成寻找多种答案的习惯。

创造力不足的因素主要有三个方面:一是缺少经验、缺少知识。这样就缺少了思维的原材料。相关知识越少,产生新设想的可能性越小,创造性地解决问题的可能性也越小。二是不加批判地学习,使人的头脑仅仅成为堆积知识的仓库。三是传统的习惯性思维和消极的思维定势,妨碍着思维中的突破和创新。

在学习过程中,如果能经常注意创造性思维的培养和训练,克服传统教育的弊端,就能大大提高学生的创造能力。美国通用电器公司长期坚持"创造工程"课程的培训,统计资料表明,经过培训的职工的创造能力(有发明创造或获得专利)平均比未经训练的高出3倍。韩国一家著名的钢铁企业有句格言:"资源有限,创意无限",很值得我们借鉴。

贺恩师杨耀乾教授九十华诞

原载 2001 年第 3 期《华东交通大学学报》

结构力学有名篇，学生何止万万千。
数力新系亲手建，板壳支起一片天。
唐山地震压不垮，上海应聘志更坚。
弹性塑性都讲遍，助理院长又并肩。
如今秋水共长天，庐山夕阳更娇艳。
回想四十一年前，病后补课逾半年。
家中授课面对面，和颜悦色要求严。
师母恩情亦非浅，削好苹果难下咽。
为人端方师为范，治学严谨记心间。
每一时段三门课，临别赠言勤实践。
涌泉之恩滴水报，每每想起难入眠。
可喜交大关爱多，子女孝顺在眼前。
弟子三千齐怀念，因特网上一线牵。
千言万语说不尽，敬祝老师永康健！

2001 年 5 月 26 日

附：

杨耀乾（1911年12月—2002年8月），生于江苏松江（今属上海市）。1935年毕业于国立交通大学唐山工程学院土木系（现西南交通大学）。曾任交通大学唐山工程学院副教授、教授。新中国成立后，历任唐山铁道学院教授、系主任、教务长、院长助理等职，1982年到华东交通大学任教，1984年创办江西省力学学会并出任第一届理事长。一生著有《结构力学》《平板理论》《薄壳理论》等工科大学通用教材。1990年，杨耀乾教授荣获国家科委、国家教委颁发的"金马奖"，这一奖项是为了表彰在学科建设中发挥重要作用并具有广泛影响的学者；同时荣获"全国高等学校先进科技工作者"称号。

好老师对学生的影响是终生的。杨耀乾曾给力学57班讲授《板壳理论》，当时班里一名叫孙章的学生因病休学，待他康复返校想把课补上时，课程却已经结束了，正在为难时，杨教授主动提出为他单独开课。为了缓解学生惴惴不安的心情，杨教授还特意把他请到家中，端上一盘削去了皮的苹果，像对待朋友一样待他。这难忘的一幕深藏在孙章的心里，伴随着他走上从教生涯，后来他成为苏州铁道师范学院副院长。（摘自《永不退休的人生——纪念杨耀乾教授诞辰100周年》，作者白为民，2013年6月25日华东交通大学新闻网）

幸福感的三维思考

原载 2013 年第 3 期《同济人》

常言道："三生有幸。"这其中的"三生"通常是就时间而言，意指祖孙三代，或者是佛学中的"前世、今世、来世"，它们都是沿着时间轴展开的。如果从"时空社会学"来看，幸福还存在于三维空间中，"三生"就是三根坐标轴，它们是物质生活、制度生活和精神生活。一个人的物质生活比较富裕，并且具有和谐的人际关系以及良好的心态，他就会感到幸福。

托尔斯泰曾说："幸福的家庭总是相似的，而不幸的家庭则各有各的不幸。"在笔者看来，对于幸福的国家而言，这一论断恰好相反。人们对不幸的国家的认识非常一致，就是指那些贫穷、发生战乱或严重自然灾害的国家和地区；而什么样的国家最幸福，则各有各的理解，真可谓仁者见仁、智者见智。有的国际组织把不丹评为最幸福的国家，可是不丹的人均 GDP 只有 800 美元左右。也许正因如此，2012 年 4 月 5 日，联合国首次发布了《全球幸福指数》报告，对全球 156 个国家和地区在 2005—2011 年间的"幸福程度"进行排名。丹麦得 8 分（满分为 10 分），位居第一；芬兰、挪威、荷兰紧随其后，居第二、三、四位；美国列第 11 位，中国香港居第 67 位，中国内地为第 112 位。

联合国的幸福指数评价标准比较复杂，它不像 GDP 那样可以精确统计和排名，因为它涉及教育、健康、环境、管理、闲暇时间（过了物质门槛之后休闲时间的多少与幸福程度有关）、文化多样性和包容性、社区活力、内心幸福感、生活水平等方面。幸福要素还包括具有良好的精神状态、稳定的家庭和婚姻、完善的社会保障体系等。《全球幸福指数》报告显示，富裕国家国民的幸福指数一般比较高，人均收入前 15 位的国家占据了幸福榜上的前 4 名。然而财富并非决定性因素，幸福的国家倾向于比较富裕而不是最富裕者。GDP 占世界第一的美国并不在前几名。

在这一点上，个人和国家的幸福观是一致的。根据数字 100 市场研究公司所作的个人月收入与幸福感的相关性调查结果显示（2012 年 10 月 29 日在《凤凰卫视》公布）：收入最高者（月收入 1 万元以上）感到"很不幸福"的比例最高（12%），超过了低收入者（月收入 5 千元以下）的 3% 和中等收入者（月收入 5 千元至 1 万元）的 1%。

中华文化强调"天人合一"，对幸福有着比较全面的理解。以宋代汪洙写的《喜》为例："久旱逢甘雨，他乡遇故知。洞房花烛夜，金榜题名时。"诗中只有第一句讲的是物质生活，其他三句说的都是人际关系和内心感受。

说到底，幸福是一种感受，是人们在一定的物质生活、制度生活和精神生活中感受到的一种内心满意程度。幸福不能简单地与财富划等号。物质生活一般是幸福的必要条件，但并非充分条件。除物质以外，还需要有和谐的制度生活和丰富的精神生活：要讲民主法制、讲公平正义，还要有良好的精神状态，保持心态平衡。研究表明，有政治信仰、宗教信仰的人，其幸福指数要比没有信仰的人群高。例如，在革命战争年代，革命者具有豪情壮志："为有牺牲多壮志，敢教日月换新天。"烈士的诗句言犹在耳："砍头不要紧，只要主义真。杀了夏明翰，自有后来人。"1943 年被希特勒杀害的捷克共产党员伏契克在遗作《绞索套在脖子上的报告》中说："我爱生活，并且为它而战斗。我爱你们，人们，当你们也以同样的爱回答我的时候，我是幸福的……"

禅宗说："活着的人最大的事就是生死，而佛教能帮助人了生死。"百岁老人冰心晚年曾为来探望的朋友写下了两句话："人间的追悼会，就是天上的婚筵。"一个人若能战胜对死亡的恐惧，就能保持坦然、宁静的心态，其一生的幸福指数就高。

在物质生活领域，天才数学家伯努利（Daniel Bernoulli，1700—1782 年）在 1738 年给出了一个幸福的计算法则：幸福等于我们所要的每样东西的概率和其有用性（效用）的乘积。经济学家萨缪尔森（Paul Samuelson，1842—1924 年）

在他的著作《经济学》中，给出了幸福的计算公式：幸福＝效用／欲望。根据萨缪尔森的公式,所谓幸福就是尽可能地获得资源,以便缩小与欲望之间的差距。

在笔者看来，一个人的幸福感就等于他已经得到的除以他想要得到的。即幸福＝已得到的／想得到的。如果一个人已经得到的与他自己所预定的目标非常接近，就会感到很幸福；反之，如果他已经得到的与所设定的目标相距甚远，就不会感到幸福。可见，一个人是否感到幸福跟他所设定的目标有着很大关系。

常言道"知足常乐"。扩大内需、拉动经济的政策无疑是正确的，但从节约资源、能源的角度，应提倡适度消费，不能过度。人类在相当长的历史时期里，由于生产力水平十分低下，往往采用限制人的欲望的办法，提倡"清心寡欲"；然而随着近现代科技进步带来的生产力快速提升，人类的欲望急剧膨胀，造成了过度消费，美国3.13亿人口就消耗了世界能源的25%，中国现在13.7亿人口消耗的能源占世界能源的19.3%。正确的方针应该是适度消费。从限制消费到过度消费，再回归到适度消费，这符合哲学上的"否定之否定"原理。

亚里士多德说过，幸福是"人一切行为的终极目标"。2012年，从9月29日到10月7日，央视新闻频道连续9天播放《你幸福吗》街坊纪实节目，并在《新闻联播》播出了8集。因此，"你幸福吗？"已被媒体评为"2012年十大网络用语"之一。这档节目引发了当代中国人对幸福的深入思考。

我国有所谓"国骂"，笔者认为重要的倒是"国问"。"你吃了吗？"曾经是国人最常用的问候语，表示人们主要关心物质生活，首先要解决好温饱问题。笔者衷心希望以"找幸福"节目为契机，将此国问从"1.0版本"（一维空间）的"你吃了吗？"升级换代为"3.0版本"（三维空间）的"你幸福吗？"，用以表示除了关心物质生活的丰富之外，还要关注人际关系与内心的和谐。

我的入党故事
——与同济青年学子交流

原载 2021 年 3 月 16 日《同济报》

人生道路十分漫长，然而决定命运的就是那关键的几步。

算命的常把"命造"比作船，把"运途"比作河。我认为事实正好相反：命是河，运是船，船只能在河里走。

电影《上甘岭》中有首插曲《我的祖国》，第一句歌词就是"一条大河波浪宽"。确实如此，一百多年来的中国如奔腾的大江，波涛汹涌，滚滚向前。可是在同一条大江里，为什么有的船走得快、行得稳，而有的船却走得慢，甚至翻了、沉了？命是无法选择的，你生在中国，还是生在外国；生在城市，还是生在农村；生在有钱人家，还是生在贫苦人家，都不由你选择，是命中注定。可是如何走对人生道路，行稳致远，那必须由你自己负责。

中国有句谚语："男怕入错行，女怕选错郎。"毫无疑问，选择自己喜欢而且擅长的专业和职业，找到理想的伴侣，确是成功人生的重要选择。"入错行"，将别扭一辈子；"选错郎"，会影响三代人。然而人生最重要的选择是：必须找到正确的前进方向。否则，就会走错"历史的房间"，一错百错。

1939 年我出生在江苏太仓的一个有钱人家，新中国成立时我刚满 10 周岁。不久后进行土地改革，我的家庭成分被划定为"工商业家兼地主"。在文化大革命初期，我在上海铁道学院任助教。当时，我躲在寝室里认真读书，怕被"革命造反派"发现,每到夜晚就在台灯上用棉帽代替灯罩,有一次,棉帽被烧出了一个大洞,把我吓坏了。后来我买了许多棉帽,以便及时更换。到"文革"后期,敬爱的周恩来总理提出了一个新方针:"有成份论,不唯成份论,重在政治表现。"而且还给我们这些家庭出身不好的青年一个称号:"可以教育好的子女。"从此我在思想上得到了解放,为了感谢党的政策对我们这些人的信任,我工作和学习十分努力。

1983年春,我在铁道部教育局助勤,每个月回上海铁道学院一次,给研究生集中讲授两天课程,做到工作、教学两不误。有一次,时任铁道部教育局局长的丁关根同志问我,看你工作、学习很努力,作报告、讲课也有一定水平,为什么不入党?我告诉他,因为我家庭出身不好,有顾虑。我父亲是资本家出身,因为拥护党的政策,在公私合营后企业最困难的时候,毅然把我家所有的私人积蓄全部捐给了企业,使企业得以坚持下来。以后,他受到党的教育培养,先后担任太仓县副县长、政协副主席、人大副主任,直到退休。可是,对于我来说,家庭成分是不可改变的。丁关根同志说,家庭出身无法选择,但革命道路要自己走。近现代的中国革命实践证明,只有中国共产党与人民同呼吸、共命运,为人民谋幸福、为民族谋复兴。在错综复杂的革命征途上,党也会走弯路,可是有"实践是检验真理的唯一标准"这一思想路线,一切从实际出发、一切从人民利益出发,就能不断地坚持真理、修正错误,就能转危为安、转败为胜。短短一席话,句句说到了我的心坎上,我向党组织提出了入党申请。我记得,当丁关根同志得知我已被批准入党时说:这个月破例,学校党组织一通知你参加支部大会,你马上出发,不必等到月底上课再回上海。

从此,我的工作学习有了新的动力。无论何时何地做任何工作,都是在党组织的关怀、指导下完成的,有了成果也首先向党组织汇报。这已成为我的一种生活方式。

1986年7月22日,时任副总理的万里同志在人民大会堂接见参加现代化管理研讨班的全国62个铁路分局的分局长和28个大站的站长,并进行了长达3小时的铁路改革座谈。开会刚入座,时任铁道部部长的丁关根同志在扩音机里喊我的名字,我忐忑不安地走上前。原来万里同志读到了我撰写的长文《铁路大包干的由来及其在实践和理论上的重要意义》,那张报纸就摊开在他的面前。万里同志先问我年龄多大、哪个学校毕业,然后表扬我写了一篇好文章。这是我一生都不会忘记的一天,党和国家领导人的亲切关怀和鼓励给了我不断进取的动力。

我不会忘记7月22日这一天还有一个原因,因为它也是丁关根同志在2012年逝世的日子。想到丁关根同志对我的谆谆教导,我只有以践行社会主义核心价值观的实际行动来怀念我的革命引路人。在丁关根同志担任中宣部部长期间,他要我用半天时间为全国各省、自治区、直辖市的宣传部长讲授管理学百年史,这就是后来发表在上海《科学》杂志上的文章《从科学管理、管理科学到管理文化》。

1994年12月26日,我参加了对《京沪高速铁路重大技术经济问题前期研究报告》的鉴定,这一研究课题揭开了京沪高速铁路建设的序幕。2011年5月,我有幸参加了京沪高速铁路验收组的工作,在通车那天,美国有线电视网CNN播出了对我的采访,我向世界介绍了中国京沪高铁的特点及其非同寻常之处。

1996年4月24日,在同事们的共同努力下,上海铁道大学成立了全国第一所城市轨道交通学院,创办了《城市轨道交通研究》杂志,编辑出版了我国第一套"城市轨道交通系列丛书",共9本,由中国铁道出版社出版发行,在2000年出齐,填补了专业领域的空白。

2004年11月我办理了退休手续,此后仍从事一些力所能及的工作,并担任同济大学老科技工作者协会会长和《城市轨道交通研究》杂志的主编。2011年,在"7·23"温州动车追尾事故发生后,我受命参加国务院调查组专家组工作,为分析确认事故原因和如何吸取教训在温州进行了深入的调查研究。2019年1月,上海科学技术文献出版社出版了"中国高铁丛书",共9本,由我担任主编。该丛书被列为"十三五"国家重点出版物出版规划项目和2018年主题出版重点出版物。

至今,我已年过八旬。回想改革开放40多年,我从助教成长为教授、博士生导师,从"可以教育好的子女"转变为中共党员和大学校长,看到我国高速铁路和城市轨道交通取得举世瞩目的成就,心里感到由衷的高兴。我十分庆幸自己的人生关键时刻有高人指点,一直走在正确的道路上。入党后在党组织的教育培养下,能时刻倾听人民的呼唤,不断调整自己的知识结构和能力结构,努力工作，大胆创新，来不断满足社会的需要。

退休不等于退步。生命不止，学习不停步，创新不停步。当前，我要认真落实习近平总书记重要指示，做好同济大学老科协工作，充分发挥老科协作为党和政府联系老科技工作者的桥梁纽带作用，弘扬老一辈科技工作者科技报国的光荣传统，为加快建设创新型国家多作贡献。愿与年轻朋友们共勉之。

祝大家都能成长为有理想、有担当、有情怀、有创新能力的社会栋梁。

追思科学家兼教育家杨福家

原载 2022 年 7 月 22 日《上海科技报》

2022 年 7 月 17 日，担任过国内外知名大学校长的杨福家院士永远离开了我们。杨福家逝世的噩耗在科学界、教育界传开，惋惜之情一时充满了各家媒体。杨福家把一生奉献给了他所钟爱的科学事业和教育事业，他无私无畏地探索，敢说敢为，在科技创新、制度创新、理论创新诸方面都有所建树。他一生孜孜不倦地尊重科学、追求真理、敢于担当，是我国改革开放创新年代科教战线上为振兴中华不懈奋斗的一员闯将和勇士。

如果杨福家校长迎面走来，给人们的形象一定是：提着一只公文包，身姿坚挺、步履匆匆、风尘仆仆，他似乎永远在赶往机场的路上。可惜，斯人已一去不返。

他是一位把科学家、教育家完美结合于一身的理想主义者。科学家、教育家两种身份对他而言如同车之两轮、鸟之双翼，相得益彰。

1 科学家尊重物质运动规律，教育家尊重人才成长规律

杨福家院士是著名核物理学家，1963 年 9 月被选派到丹麦哥本哈根大学的波尔研究所做访问学者，仅用一年时间就验证了研究所两位获诺贝尔奖学者对一种核运动状态的预言，取得了重要成果。之后，他在原子核能谱学、核衰

变分析、离子束研究等方面取得重大成果，开创了国内离子束分析研究新领域。他的讲稿《原子物理学》于1985年正式出版后，不断修订，已出到第5版。2021年，该书荣获我国首届国家级优秀教材一等奖。他也是第一位在国外权威出版社出版英文著作的中国核物理学家。

科学精神之一，就是不仅要尊重客观规律，而且要善于发现规律，并运用规律造福人类。而优秀的老师能发现学生的闪光点和兴趣爱好，把学生培养成为能创造性解决难题的社会栋梁。

牛顿发现万有引力、爱因斯坦发现相对论、居里夫人发现放射性元素镭，他们为人类作出的伟大贡献，已为世界公认；相比之下，人才成长规律由于受到时代和地域的限制，较难形成共识。而在推动构建人类命运共同体的当下，进行中外教育比较研究，推进高等教育的国际合作交流，显得尤为重要。在这样的大背景下，杨福家校长挺身而出，一马当先，他不仅是新中国第五任复旦大学校长，而且被英方连续聘任为诺丁汉大学校长，一干就是12年，还曾因担任这一职务被英国女王和美国总统接见。

1997年，他在接受《文汇报》记者江世亮访谈时，率先对国内媒体阐释了知识经济的概念。当年，笔者有幸在《文汇报》社和《世界科学》杂志社主办的一次科学座谈会上，邀请杨福家校长到上海铁道大学为全校师生作一场报告，令人喜出望外的是，他竟一口答应："我来安排一下。"1997年12月6日，他如约来到上海铁道大学，在该校"首届大学生学术节"开幕式上作了一场关于知识经济与大学使命的精彩报告，以智慧而犀利的评述征服了听众，全校师生深切感受到了他全新的科学技术观和教育理念。

2 大学生是大学的最主要部分，一流大学就是能造就一流人才的大学

杨福家校长在报告中说："办大学一定要以学生为中心。一流大学就是能造就一流人才的大学。"他强调大学生要艰苦奋斗，做一个堂堂正正的中国人，并提出了大学生素质"ABCDEF"6方面的要求：A——Ability，即具备多方面的能力；B——Brave，即勇于迎接挑战；C——"Can do" spirit

和 Creative，即"我能做"精神和有创造力；D——Dedicate，即奉献精神；E——Endeavour，即努力；F——Flexible，即灵活性。

他提出，人才培养应以提高创造能力为第一要务。"学问"二字，就是要学会问问题，而不是学习答问题。他在进行中外教育观念对比时说："中国小学生放学回家后，妈妈首先会问：今天老师提的问题你都答对了吗？而外国小朋友放学回家后，妈妈往往首先问：今天你有没有提个问题把老师问倒？"

为了让本科生在打下宽厚基础的同时提高创新能力，杨福家校长要求教授为本科生上课，启动了"名教授上基础课"计划。实际上，杨福家教授本人从1981年开始就为本科生讲授原子物理学，这是从他本人的成长过程中得到的启示。因为杨福家上大学四年级时，一级教授卢鹤绂开设了丰富多彩的原子核理论课，还担任杨福家毕业论文的指导老师，这使他充分感受到了物理学之美，从此一生钟情原子核物理学。所以，他认为名师上基础课是复旦大学的好传统，在他当校长的任期内一定要把它发扬光大。

杨福家还认为，本科生应该提早进入科研阵地，从而提高创新能力。复旦大学是我国首先推行本科生科研学术计划的高校。

当时，杨福家在报告会上说：复旦大学即将参加李政道教授（诺贝尔物理学奖获得者）设立的一个"面向本科生的科研学术计划"。这是国内第一个在本科生中实施的"一个导师带一个学生"的科研模式。教育部在2007年才设立面向所有大学的国家级大学生创新创业计划，而杨福家校长领导下的复旦大学提早了近10年。

他还认为高考时填报志愿的办法应该改革。"你报考的是复旦大学，而不是报考复旦大学的某某系。我认为大学生一二年级应打好宽厚的基础，到三四年级再分系、分专业，这样比较符合人才的成长规律。"他说，高中毕业生填报的志愿往往反映的是家长的意愿，但现实中，高中生进了大学，视野宽了，才能真正认清自己喜欢什么、不喜欢什么，善于做什么、不善于做什么，加上好的老师善于发掘学生的闪光点，可以帮助学生找到自己心中的"火种"。"找准优势与特长比片面注重分数更重要。每个人的特点不一样，一旦找到自己的火种、特色，就有希望腾飞了。"杨福家曾在多个场合强调这一点。

3 开展中外高校交流合作,培养具有国际化视野的人才

在丹麦访学期间,杨福家作为为数不多的到访那里的中国学者之一,以自己的智慧和勤奋赢得了国外同行的尊敬,同时对哥本哈根学术精神的核心——"平等自由地讨论和相互紧密地合作"谙熟于心。他作为科学家的国际视野,为他作为教育家开展国际合作交流提供了支撑。

作为教育家,杨福家在1993—1998年间担任复旦大学校长;1996年起担任世界大学校长执行会执行理事;2001年起出任英国诺丁汉大学校长(校监),成为第一位在英国大学里担任要职的中国人;2004年创办并出任宁波诺丁汉大学首任校长,这是中国首例中外合作办学的高校,旨在将原汁原味的英国教育理念引进中国。杨福家生前在患病期间,还坚持出席了宁波诺丁汉大学的毕业典礼。

作为一位非常有个性、有魅力的科学家和教育家,杨福家如今已魂归故里。愿他的教育思想如同源自他家乡的名曲《梁祝·化蝶》那样,永驻人间。

第4编

管理学百年回眸

领导者的创造力

原载 1990 年第 1 期《苏州铁道师院学报》

创造发明并不局限于科学发现、技术发明和艺术创作。领导者的创造性贡献具有最高的社会意义和经济价值。制定一项战略、策略，确定某一发展目标所花费的成本如与火箭的价值相比，可能微不足道，但其效果甚至可以挽救一个民族，振兴一个国家；而火箭却做不到这一点。从某种意义上说，今天我们所继承的一切，都是先辈领导人创造性决策的遗产。富兰克林说过："我们在享受他人的发明给我们带来的巨大益处时，我们也必须乐于用自己的发明去为他人服务。"在论述领导者的创造性贡献时也当作如是观。

现在领导者的规划、决策、授权、传播、协调控制等领导职能，要求领导者必须具有较强的创造能力。任何规划或决策的进行，都依赖于创造性思维：前期需要发散性思维，后期运用收敛性思维。可以毫不夸张地说，整个领导过程就是一个创造过程，没有创造就没有领导。因此，要想成为一名成功的领导者，必须善于开发自己的创造力，在各项领导活动中充满创造精神。

改革、开放，建设有中国特色的社会主义，是开创性的宏伟事业。改革是群众性的探索和创新。为了解决中国的难题，我们需要最富有创造才能的人为我们提供最好的办法。"领导创造学"是领导科学与创造学互相渗透而形成的交叉学科。这一新兴学科的建立，对各级领导干部的创造力开发具有促进作用。反之，在社会变革时期，伟大的实践必将丰富和发展领导创造学。

本文着重讨论现代领导者的创造性贡献，也即领导功能具有整体放大绩效的四个主要方面：软件开发、整体优化、特色发展和理论概括。这是领导者创造力开发最有希望结出硕果的四大领域。

1 软件开发

过去飞机的价值以机体为主，每吨多少钱，根据重量就能大体估算出来。而如今的新飞机，其价值的中心内容已经转移到了控制设备和电子装置上，特别是飞机的软件，已成为决定其价值的重要因素。软科学就是在软件的重要性不断增加、科学技术已经发生质的变化的大背景下形成的新兴综合学科。领导科学也是一门软科学。

在电子计算机中，那些看得见、摸得着的机电设备叫作硬件，例如控制器、运算器、存贮器、输入输出设备等。软件则是指那些用以提高计算机使用效率、扩大计算机功能的所有程序，如程序库、编译程序、操作系统等。软件具有规划、组织、指挥、协调、控制等功能。计算机中硬件和软件的概念可以推而广之。日本政府科技厅在20世纪70年初首次举办了"软科学讨论会"，从此"软科学"这一新概念广为流传，已逐渐被人们所接受。

为了提高效率、扩大功能，软件从来是用来"管"硬件的。在苏州地区有句农谚很富有哲理："软柴捆得牢硬柴。"意思是说：只有柔软的稻草才可以把干硬的棉花秸牢牢捆住；反之则不成。在中国古代，也不乏以软立事的学术见解。老子在《道德经》中提倡以柔顺取胜。他以柔美的树枝与人体舞姿为例，认为柔即生命，死了才会僵化。田忌赛马的故事更为大家所熟悉：田忌的三匹马都不如对手，但由于用了孙子编制的程序，结果三局两胜。这一案例表明，即使是同样的硬设备，若应用不同的软件，就会产生截然不同的整体效果。

美国著名的咨询机构兰德公司有一份关于中国的研究报告。文中认为中国的"管财之士不懂现代化的生财之道"。并举例说：如一只老母鸡每年生十个蛋，取蛋率为90%，年年能稳取9个蛋；但人们往往想不到，若把取蛋率降为70%，第一年虽然少拿两个，但第二年就能拿21个，比原来增加12个，第三年更多……[1] 改变取蛋率，就是开发新的软件。软件开发是现代领导者"一本万利"的生财之道。

必须指出，我们强调软件具有提高效率、扩大功能的作用，并不意味着忽视硬件的重要性。物质是基础。物质具有第一性，任何领导者都是在一定的物质舞台上施展才华的。毫无疑问，每个领导者都应该积极创造条件，努力改善本单位、本部门的基础设施，增加人、财、物的投入。然而物质投入总是有限度的，因此，从事软件开发、充分发挥软件的能动作用，对每个领导者都具有普遍意义。

领导者的软件开发突出表现在制定战略规划这一领导职能上。制定战略规划包括确定战略目标、战略方针、战略重点、战略部署等具体内容。战略规划是现代领导者的第一软件。

人类的思维方式主要可分为两大类型：一种是分析、比较、选择的判断力，另一种是联想、创新、预测的想象力。判断力依靠的是已经掌握的事实，而想象力必须把目光投向未知的领域。

能正确制定战略规划的领导者，一定是那些既有创造才能，又能掌握实际事务的人才。如果说想象力是风筝，那么判断力就是手中的线；如果说想象力是奔驰的骏马，那么判断力就是马头上的缰绳。想象力可以启发判断力，而判断力则能够推动想象力进入轨道。想象力使我们思接千载、视通万里，而判断力能使想象力保持正确的方向，并利于付诸实施。两者相辅相成，相得益彰。

领导始于确定最终目标。确定战略目标是领导活动的起点和归宿。看书总是从头看到尾，而领导活动则要反其道而行之，从确定最终目标开始，然后通过各种必要的手段去实现它。

制定战略规划是现代领导者的首要职能。根据美国密苏里大学工业关系中心的调查，规划工作在高层次管理人员的时间分配中所占的比例为28%。《时间管理》一书的作者麦肯齐（R. A. Maclcenzle）花了八年时间，调查了十个国家，得出的结论是规划占领导工作量的50%，其他领导职能占40%，业务工作量仅占10%。

战略规划具有创造性和现实性两大特征。创造性，使规划与计划相区别；现实性，使规划与幻想相区别。战略目标是战略规划的核心。显然，战略目标也同样具有这两大特性。因为人们在确定战略目标的时候，总是怀着一种改变现状、创造未来的强烈愿望，而这种愿望又总是受到一定客观物质条件的制约。因此，战略目标的本质是创造性与现实性的统一。

确定战略目标是制定战略规划的基础和前提。"领导"者，领而导之也。领导者首先要解决好方向和目标问题，究竟要把群众"领"到哪里，"导"向何方，这是每个领导者必须回答的首要问题。

在领导科学中有个基本公式：

$$领导效能 = 工作目标 \times 工作效率$$

这一公式表示，领导者的领导效能是工作目标和工作效率的统一。方向错了，效率越高反而损失越大。这好比划船，掌舵的方向错了，划船的越用力气，船偏离目标越远。"方向不明干劲大"，必然贻误我们的工作。

战略目标在领导过程中具有重要作用。整个战略规划是战略目标的展开；战略目标是浓缩了的战略规划。战略目标确定的总任务，是我们制定战略方针、战略重点、战略部署的出发点。推而广之，整个领导活动作为一种有目的的动态过程，必须对过程进行各种形式的控制，而战略目标就是进行各种控制的依据和准绳。战略目标还具有激励作用，它能增强组织内部的凝聚力。战略目标是一面旗帜，它反映着人们的长远利益和根本利益，从而能使不同的人们向着一个目标采取统一的行动。

邓小平同志指出："我们第一个翻一番的目标已经完成了；第二个翻一番的目标计划用十二年完成；再往后五十年，要达到一个中等发达国家的水平，增长速度为百分之二点几就够了。这就是我们的战略目标。对此，我想我们作出的不是一个'左'的判断，制定的也不是一个过急的目标。因此，对第一个问题的回答，应当说，我们所制定的战略目标，现在至少不能说是失败的。在 61 年后，一个十五亿人口的国家，达到中等发达国家的水平，是了不起的事情。实现这样一个目标，应该是能够做到的。"邓小平同志所概括的我国发展战略"三部曲"，为我们提供了一个如何制定战略目标的范例，创造性和现实性在这里得到了高度统一。

所谓现实性，就是要求人们在确定战略目标时，必须对实现目标的可能性进行较为正确的分析和估计。英国军事学家哈特（B. H. Liddell Hart, 1895—1970 年）在《战略学》一书中指出："在确定目标时，一定要有健康的思想和冷静的头脑。'贪多嚼不烂'那是毫无意义的事情。军事智谋的第一个特征，就是要有能力区别哪些是能够办到的和哪些是不能够办到的。"

创造性与现实性的统一，其实质是先进性与可行性的统一。如果只注意可行性，没有了先进性，那么战略目标就会定得过低，从而使战略目标失去其应有的功能与感召力。先进性与可行性两者必须兼顾，达到积极的统一。因此，评价一个战略目标的优劣，需要从三个方面加以衡量：目标方向的正确程度、达到目标水平的可能程度以及群众的满意程度。对于所选定的战略目标，这三项指标值都应该尽可能大才好，这就是所谓"积极的统一"。

要创造性地制定好战略目标，一般需要经历调查研究、拟定目标、评价论证、选定目标四个阶段。

"知己知彼，百战不殆。"调查研究是确定战略目标的第一步。毛泽东指出："指挥员的正确的部署来源于正确的决心，正确的决心来源于正确的判断，正确的判断来源于周到的和必要的侦察，和对于各种侦察材料的联贯起来的思索。"在为制定战略目标服务的调查研究中，重点之一是要掌握本单位、本部门、本地区、本国的全面情况，把握全局。重点之二是要掌握外部环境条件。如果说，掌握内部的全面情况为"知己"，那么，了解外部环境条件即为"知彼"。这两个重点是就空间展开而言，即平常所说的"全方位"思考。重点之三是要从时间上展开，即不但要了解"己"和"彼"的过去和现在，还要预见到它们的将来。因此，在这一"联贯起来的思索"过程中，系统性思维和预见性思维起着重要作用。

在拟定战略目标的过程中，领导者要注意发挥创造性想象和发散性思维的作用，尽可能多地提出一些目标方案，以便对比选优。在这一阶段，"头脑风暴法"是一种行之有效的思维方法，可以充分发挥集体的智慧。

在评价论证的过程中，领导者及有关人员对各战略目标的正确性、可行性、激励性进行全面的比较分析。通过对比，找出各个目标方案的利弊得失，为领导者的最后决断作好准备。

虽然参谋人员、职能部门负责人可以参与有关战略目标的调查研究、拟定和评价论证工作，但最后确定战略目标必须由领导者作出，因为确定战略目标是领导者的第一职能，也是现代领导者软件开发的核心内容。

2 整体优化

现代领导者的创造性贡献还集中体现在整体优化上。简言之，即领导者能使 1 加 1 大于 2。

大自然给我们以启迪。人类双眼的视敏度不是单眼的两倍，而是 6～8 倍，不仅如此，双眼还能形成立体感，这在单眼是根本不可能实现的。这就是活生生的 1 加 1 大于 2。

早在两千多年前，古希腊哲学家亚里士多德就提出了一个著名的论点：整体大于各部分相加之总和。当时人们不理解，这增加的部分从何而来？因而称它为"整体悖论"。随着系统论的产生与发展，人们才明白整体之所以大于各部分相加之总和，是因为还存在着部分与部分之间的联系，正是部分与部分之间的相互作用才产生了系统的整体功能或整体性质。换言之，整体之所以大于各部分的简单总和，是因为接受了结构的馈赠。

构成系统各要素之间的排列组合方式与比例关系称为结构。人的视觉系统虽然只有两个要素，但由于它具有特定的结构——不是一前一后，也不是一上一下，而是一左一右得恰到好处，相距 6 厘米，所以它具有馈赠性，使双眼的整体功能大于单眼功能的两倍，并产生立体感。结构的这种馈赠性是普遍存在的。从无机界看，金刚石和石墨都是由碳原子构成，由于前者具有等轴晶系的结构，常呈八面体晶形，所以能承受各个方向的压力，具有极高的硬度，可用作高级研磨切割材料；而石墨的晶体呈六方板状或片状，集合体为鳞片状，层间结构松散，因此硬度较低，可用作铅笔的原料。又如在开关电路中，具有串联结构的系统只要有一个元件失效，整个系统就会失效；而具有并联结构的系统，即使有若干元件失效，整个系统仍有可能保持正常的运行状态。由此可见，结构与功能之间有着紧密的联系，如果一个系统的功能不好，那就要深入结构中寻找原因。

现代领导者实现整体优化的一项基础性工作，就是要在他统驭的一个相对独立的组织或团体内，建立起优化的结构。

采用什么样的结构最为合理——是纵向结构还是横向结构，这要根据实际需要作出选择。

纵向结构是指自上而下垂直领导的结构体系，它表现为上小下大的宝塔式的不同层次水平的体系，例如部下设各局、局下设各处、处下设各科等。这种结构便于高层次领导集中统一指挥，有利于贯彻上级的意图。但是，这种结构是以牺牲要素的横向联系来强化集中领导的。在这种纵向结构中，每一小部分都是一个封闭圈，它类似马克思所说的装在一个口袋里的马铃薯，互相之间形成明显的边界和势力圈。纵向结构便于集中统一，趋于稳定，但由于不必与外界来往，容易导致保守和封闭。在纵向结构中还往往会产生所谓界面管理问题。因为无论在自然界或社会领域，都存在着大量属性模糊的客体，这些事物在纵向结构中往往处在各部门的边界上，即它们究竟属于谁管是不明确的，这样就容易导致扯皮、拖拉和互相推诿，使纵向结构的小边界成为官僚主义的滋生地。为了克服纵向结构的这一弊端，国外学者提出了"界面管理"的概念，强调要有"争先恐后地填补空白"的团队精神，必要时还要由上级作出裁决。

纵向结构中还有个"管理跨度"问题。领导者必须根据纵向结构的分层次管理原则，来实现优化的运行。我们知道，一个厂长并不直接向生产工人发号施令，而是通过车间、工段、班组等层次来逐级指挥生产。一个领导能直接有效地指挥几个下级呢？也就是说，一个领导者有效的直接管理跨度有多大呢？一般认为，直接管理的下级不要超过6个（表1）。如果直属人员的数量太多，他所需要协调的关系也多，这是一个领导者的能力所难以胜任的。这一理论由英国的汉密尔顿（Ian S. M. Hamilton，1853—1947年）将军在"一战"期间首先提出，又被后人发展。如表1列出的定量关系，是根据法国学者格兰丘纳斯（Graicunas）建立的公式计算所得：

$$Y = x\,(2^{x-1} + x - 1)$$

式中，Y为直属人员的数量为x时各种关系（工作量）的总和，它包括直接单一关系、直接多数关系和交叉关系。这一计算公式与集合基数的算法类似。由于集合的元素之间可以有多种排列组合方式，因此集合的基数随元素的增加呈指数增长。可以认为，上述公式从另一侧面说明了整体大于各部分相加之总和的内在机制。

表1 领导工作量与管理跨度之间的定量关系

直属人员的数量	领导人的工作负担（以标准单位计算）
1	1
2	6
3	18
4	44
5	100
6	222
7	490
10	5210
18	2359602

管理跨度的大小与管理层次的多少密切相关。一个组织内部分设多少管理层次，要与管理跨度同时加以考虑。有效的管理跨度，必须根据本系统的具体情况加以确定。一般说来，下层的管理跨度可以大些，反之，上层的管理跨度应该小些。

我国古代就对管理的跨度感兴趣。在汉语中有"队伍"这样一个词。"伍"者，五人也。试问，为什么不叫"队四"或"队六"？原来我国古代步兵以五人为一个单位，每人操持一种兵器：戈、殳、戟、酋矛、夷矛。中国象棋中楚河汉界两侧各有五只"兵""卒"，想来也是同样的道理。现代领导者在建立优化的纵向结构时，必须考虑到有效的管理跨度。

另一种值得我们重视的结构是水平网络型的横向结构。在横向结构中，每一要素都互相直接发生关系，它们关系密切、互相影响。横向结构的优点在于要素与要素之间的网络增多，具有四通八达的联系，有广泛的吸收信息、物质、能量的渠道，因此系统的活力和功能增加。为了适应改革开放的新形势，应该在体制改革中逐步推广这种水平网络型的横向结构。

为了实现整体优化，现代领导者一要重视结构，二要重视授权。

授权就是领导者将权力与责任授予下级，使下级在一定的监督下独立地完成任务，有相当的行动自主权。

授权具有三方面的意义。首先，通过授权可以使领导摆脱具体事务而抓有关全局和长远的大事。其次，授权有利于培养下属的主动性，能促进下属的成长和发展。最后，有利于保持分层裁决，将决策权下放到尽可能低的一级。周恩来深刻指出："直接干涉与直接解决——这不是经常的办法，而是在特殊情况下的办法或是为了示范。"

党的十一届三中全会以来，大批"四化"干部走上了领导岗位。许多同志原来是搞专业工作的，往往习惯于自己动手干。如果在领导岗位仍然事必躬亲，就会产生严重的后果，不利于实现整体优化。管理一般定义为通过别人去做工作。一名经理如不授权给别人，那他就不是在进行管理；同样，一名领导如不授权给别人，那他也不是在领导。要言之，管理者不能有效地授权就不可能进行有效的管理；领导者不能有效地授权就不可能进行有效的领导。总之，在现代领导者的各种技能和活动中，授权是最重要的一种。

建立了优化的结构，再加上正确地识别人才、有效地进行授权，组织"机器"就开始运转起来。在运转过程中，大系统的各零部件之间必然会产生摩擦。为了实现整体优化，现代领导者必须重视协调，不时给运转中的机器添加"润滑油"。

在建设现代化国家的进程中，必须重视协调。现代领导者要善于使下属之间能相互协同配合，并不断调整、理顺各方面的关系。美国管理学家福特勒（Fottler）甚至说："管理就是协调。"这种说法有失偏颇，但从一个侧面强调了协调的重要性。

我国有过几千年的小生产历史，各地区、各部门之间互相隔绝，社会的协调是通过盲目碰撞自发地实现的。在建设四化的过程中，离开了协调，就会使得社会化大生产寸步难行。协调这一职能，已成为领导科学研究的重要内容。

整体优化强调的是合力。一个企业，它的机器设备、技术力量可能是第一流的。但如果各自孤立、互相摩擦碰撞，各分力之间就会互相抵消，其结果反而是中下等的。相反，一个具有中等机器设备和技术水平的企业，如果结构合理、授权有效、协调得法，潜在力量充分发挥，其结果完全可以超过前者，具有第一流的效益和水平。整体优化是一种巨大的力量，通过领导者的创造性劳动，使组织的整体功能大于各部分功能相加的总和。

3 特色发展

领导者的创造性贡献还集中体现在特色发展上。

个别与一般相结合的工作方法充满了创造性。人的认识总是先从个别出发,由个别上升到一般,再从一般到更深刻地把握个别。后者要求领导者深刻领会党的方针政策和上级的意图,使得它们具有"可操作性",便于在本单位、本部门贯彻落实。现代领导者必须把一般号召与个别指导结合起来。毛泽东指出:"凡有成绩者,都是采用了一般号召和个别指导相结合的方法,凡无成绩者,都是没有采用此种方法。"领导者把握住"一般",能使我们的工作不离原则:把握住"个别",就能使我们不脱离实际。

俗话说:"一把钥匙开一把锁。"钥匙开锁的力学原理是共同的、相通的,然而每把钥匙只能开特定的一把锁。因此,生搬硬套不能解决任何难题。创造性地解决本单位、本部门难题的过程,就是发展特色的过程。

社会上有句谚语:"一招鲜,吃遍天。"意思是说,凡事要有特色。在改革开放的新形势下,只有努力创造出本单位、本部门的特色,领导者才能立于不败之地。

列宁指出:"任何一般只是大致地包括一切个别事物,任何个别都不能安全地包括在一般之中。"因此,创造特色和发展特色决不是件轻而易举的事,特色发展应该成为领导科学研究的重要课题。

发展特色既要考虑到本单位、本部门的优势,又要考虑到外部环境的需要。只有把两者辩证地统一起来,才能独辟蹊径、出奇制胜。如瑞士是个内陆国家,山多水多,但资源缺乏。如何振兴瑞士的经济?决策者们确定了精密机械、旅游、水力发电等重点产业,还根据历史上形成的"中立国"这一有利条件,大力发展金融业。实践证明,这是明智的选择。又如新加坡是个城市国家,但它根据地处马六甲海峡这一地理优势(石油海湾国家出口原油到太平洋地区的必经之路),确定了重点发展石油化工、修船造船、电子技术和旅游业的正确方针,创造了特色。

毛泽东创造性地把马克思主义的普遍真理与中国的具体革命实践相结合,形成了毛泽东思想。邓小平同志提出建设有中国特色的社会主义的伟大纲领。老一辈无产阶级革命家是我们创造特色、发展特色的楷模。

4 理论概括

领导者的创造性智慧还集中体现在如何全面收集群众意见、形成理论后用以指导群众上。

现代领导者掌握辩证的思维方法，最重要的是要正确处理好个别与一般、领导与群众的辩证关系。群众意见本身是分散的，对事物往往有不同的、甚至对立的看法。领导者全面地分析这些分散的意见，加以归纳、分析，进而从各种不同的反映中找到问题的本质，最后上升成为理论。

著名的电影表演艺术家张瑞芳同志回忆道："周恩来给人印象最深的是他的'倾听'，他那炯炯有神的眼睛注视着说话人，从不打断。周总理说，每个人都从他最熟悉的角度去观察问题和思考问题，而这些往往是领导者们所考虑不到的。"现代领导者应该像周恩来那样，到群众中去倾听人民的呼声，然后加工提炼，将分散的意见化为集中的意见，并上升到理论，用以指导群众。

抽象和概括是对事物认识逐渐深化的思维方法。抽象要把对象的主要方面、本质方面提取出来，与此同时又要把大量非主要、非本质的属性撇开，暂时不考虑这些因素。列宁指出："一切科学的（正确的、郑重的，不是荒唐的）抽象，都更深刻、更正确、更完全地反映着自然。"

概括方法是抽象方法的发展和深化。概括要求把抽象出来的事物属性，推广到具有这些相同属性的一切事物上，从而形成关于这一类事物的普遍概念。抽象概括的过程也就是毛泽东所指出的去粗取精、去伪存真、由表及里、由此及彼的过程。

运用抽象概括方法的范例，是马克思把社会抽象为生产力—生产关系—上层建筑的结构形态。表面上看它既不是指这个国家，也不是指那个国家，但马克思抓住了社会的本质，更具有普遍性。

运用抽象概括方法形成理论之后，为了便于动员群众，还要善于运用群众喜闻乐见的语言形式，这需借助领导者的创造性想象力。毛泽东运用的许多比喻，如"全国一盘棋""两条腿走路""解剖麻雀""弹好钢琴""当好班长"等，无不闪耀着创造的智慧之光。

邓小平同志强调指出，各级干部尤其是领导干部要提高工作中的原则性、系统性、预见性和创造性。这"四性"是一个有机整体。原则性属于"德"方面的要求，系统性、预见性、创造性则属于"才"的范畴。系统性是向空间展开，预见性则向时间展开，而创造性是最为活跃的要素，它不但可以作为独立的要求，而且渗透在前面的三个性中——原则本身也是由领导者运用创造性思维抽象概括而得，原则性还有个与灵活性辩证统一的问题；系统性的精华就是整体优化，预见性的主题是如何根据过去和现在预测未来，它们都需要运用创造性思维。总之，提高领导干部的创造性思维能力、开发领导干部的创造力，是改革开放新时期的一项重要任务，它应该引起领导科学研究者和有关部门的高度重视。

参考文献
1　王纪宽. 兰德公司的战略设想 [J]. 研究与建议, 1984 (9).

管理的创新与创新的管理

原载《上海交通大学学报》2000 年增刊，与鲁强（第一作者）合作

创新不仅是科技进步的灵魂，同样也是管理的灵魂。现代管理的三大特征，即以人为中心、观念更新和动态性，无一不要求管理的创新。管理学的三大组成部分，即组织论、方法论和战略管理，同样要求管理的不断创新。另一方面，从全社会看，创新已成为国家兴旺、民族进步的不竭动力。毫无疑问，创新将成为 21 世纪最活跃的社会活动。管理从来是覆盖全社会的，显然，创新的管理将成为 21 世纪发展最快的管理学分支。

1 管理的创新

"管理"者，管而理之之谓也，说到底，就是优化配置资源。正如复旦大学芮明杰[1]提出的："管理学从内容上来看不超出三大内容：即组织、管理方式方法以及经营。"管理学的三大内容就是为了优化配置生产要素，实现少投入多产出的总目标。

1）观念创新

思想观念的创新是管理创新的基础和前提。美国兰德公司认为，电子计算机对于管理者来说仅仅是个士兵，充其量是上校，它不是将军和统帅，更不是上帝，真正的统帅是管理者的思想观念。观念是存在的反映，又是一种评价。但它并不像镜子反映事物那样具有同时性，它可以超前、也可能滞后。反映刚

出现或将要出现的富有生命力的生产方式、生活方式的新观念，具有超前性；反映走向没落或已经过时的生产方式、生活方式的旧观念，具有滞后性。美国密苏里大学工业关系中心通过对大中小各种企业的调查得出，在厂长、经理的时间分配表中，观念更新的时间要占总时间的 20% 之多。

邓小平提出"一国两制""社会主义市场经济"等新观念，是政治家观念创新的范例。历史已经证明，领导者的观念更新可转变为巨大的物质力量，对社会的历史发展产生深远影响。

回顾 20 世纪管理学的发展历程，有许多管理新观念，其中最重要的莫过于组织论的提出。组织是现代社会中存在的最普遍的现象，组织无处不在，人的一生都要和组织发生紧密的联系。组织是管理学最基本的范畴。"组织"在汉语中的原始意义是"把丝麻制成布帛"，正如在《辽史·食货志》中所说："树桑麻，习组织。""组织"一词在英语中的词根是"器官"，意思是"为特定目的而作有系统的安排"。

从管理工作来说，"组织"是为了实现共同目标，把人群按照一定规律结合起来，从而形成有一定统属关系的整体。组织是管理职能借以实现的载体，具体指国家机关、企事业单位的机构设置与权限划分。组织由来已久，是与规模生产同时产生的。当然，在生产力水平很低下的时候，组织的形式也很落后，并且极不稳定。例如，原始部落中的一群人去狩猎，狩猎一结束就会各自解散，等待重新组合。随着生产的发展，生产规模不断扩大，才出现了分工和协作。

组织的特征是目标、协作和信息沟通。目标是组织的主要标志，协作是实现组织目标的必要手段。在某种程度上说，所谓组织，就是一个进行协作的系统。而信息沟通又是进行协作的前提。美国经济学家巴纳德（C. Barnard）关于组织的理论是 20 世纪的一大创新。有人认为自泰勒（F. W. Taylor，1856—1915 年）出版《科学管理原理》以来，还没有其他哪部著作如此深刻地影响了企业领导人对自己工作性质的看法。巴纳德在 1938 年出版的《经理的职能》一书中强调企业内部沟通的重要性。他告诫道，应当让每一个人都了解企业内部有哪些沟通渠道和如何利用这些渠道。只有这样，全体人员才会统一在一个共同的目标之下。他还进一步要求沟通渠道应该是直接和方便的。哈佛大学的安德鲁斯在庆祝《经理的职能》出版三十周年的再版导言中写道：

"巴纳德的首要目标就是提供一个正规组织内合作行为的全面理论。当个人意识到仅凭自己的力量无法达成目标时,合作就产生了。"巴纳德当时已经应用了如今被称为"组织论"的思想,他认为"在一个共同体中,个体和组织的行为都是直接或间接地相互联系、相互依赖的"[2]。

我国宋代政治家范仲淹说过一句名言:"政通人和,百废俱兴。"这一管理观念和现代是相通的。范仲淹所说的"政通"应该有两个含义:第一个含义是指政策符合实际,"行得通";第二个含义就是沟通。这与巴纳德认为的行政领导的首要职责就是建立和维持传播渠道是一致的。

20世纪管理观念更新的另一个成功例子是迈克尔·哈默(M. Hammer)和詹姆斯·詹比(J. Champy)提出的企业再造理论。迈克尔·哈默是公认的"再造之父",再造思想萌发于麻省理工学院1984—1989年间就"90年代的管理"所作的调查研究。1995年哈默和詹比合作出版了《再造管理 新领导宣言》和《再造大革命》,成为再造理论的代表作。他们在书中提出:组织必须识别哪些流程是关键,并使之尽量简洁有效;必须扬弃枝节和可有可无的人。他们这样给再造定义:"对经营过程从本质上进行重新思考和大胆的重新设计,使衡量工作的重要指标:成本、质量、服务和速度等方面获得巨大飞跃。"这一新的理论是当时国际市场环境急剧变动、竞争日益激烈的产物。管理理论界认为这是管理领域的新思路,工业发达国家的企业则以此作为适应市场变化、提高自身经营竞争能力的指南。

值得注意的是,领导者的观念往往是观念领域的领导者。中国古人云"上有所好,下必甚焉",说的就是这个道理。同样,管理者的观念也是观念领域的管理者。因此,观念创新是管理创新的源泉。

2)方法创新

人力资源是最为宝贵的资源,现代管理是以人为中心的管理。管理方法就是资源配置方法。为了调动人的积极性、激发人的创造性,就必须采取激励的方法。哈佛大学威廉·詹姆士(William James)研究发现,在按时计酬制度下,一个人如果没受到激励,仅能发挥能力的20%~30%;如果受到正确的、充分的激励,就能发挥其能力的80%~90%。因此,管理学中有了一个基本公式:

$$工作绩效 = 能力 \times 激励$$

这一公式表明，在能力不变的条件下，工作绩效的大小取决于激励程度的高低；这一公式还表明，激励在20世纪管理学的重要方法中处于多么重要的地位。20世纪管理学的重要成就以激励方法的创新最为丰富。激励方法作为管理学中的重要内容，许多学者对此都作出了创造性贡献。

泰勒成为"科学管理之父"，他的代表作《科学管理原理》出版于1911年。泰勒主张以科学规范性操作来保证员工的工作效率，他采用时间研究、动作研究等方法把某项工作进行分解，从中找出一种效率最高的工作方法，制订成操作标准，要求工人按照标准进行操作。这种方法史称"泰勒制"。科学管理的影响遍及全球。一名日本工程师将《科学管理原理》译成了日文（日文书名《清除多余工作以提高生产力的秘密》），此书成了日本的畅销书。列宁指出："我们应该尝试泰勒制中每一个科学的、进取的建议。"当代管理学家、前伦敦商学院著名教授加里·哈默尔（Gary Hamel，生于1954年）甚至说："20世纪的工业之所以能创造出前所未有的财富，很大程度上依赖于泰勒的贡献。"

行为科学学派作为管理学中的重要学派，其代表人物有梅奥（George E. Mayo，1880—1949年）、马斯洛（A. H. Maslow）、麦格雷戈（D. MeGregor）等．他们之中有研究人际关系的，有研究人的需求与行为关系的，也有探讨人的本性及相应管理问题的，还有研究正式组织中非正式组织问题以及双因素模式、管理方格图的，贡献颇多，但仔细一想，无非都是在深入研究对人的激励方法。

20世纪30年代，著名的"霍桑实验"是管理学史上的一次转折。通过这项实验，美国心理学家梅奥发现：人是"社会人"（与过去的"经济人"假设相对）。因此，职工的士气、工作满足感、能够被赏识同样是提高积极性的重要因素。

1943年，美国心理学家马斯洛在他的《调动人的积极性的理论》一书中首次提出了著名的"需求层次理论"。他认为，人的需求可以分为以下五个层次：生理需要、安全需要、归属感、受人尊重和自我实现。一般情况下，只有在较低层次的需求得到满足后，才去满足更高层次的需求。马斯洛认为，自我实现是人的潜在能力得以全部实现的最佳工作状态。从心理学角度讲，自我实现就是"做自己的冠军"，即希望自己成为他本人所期望的人物，开发出自己独特的个性风采，以满足其发展和创新的需要。这种心理期望对于面向 21 世纪的管理具有重要意义。因为 21 世纪将是一个富有个性化、多样化的世纪。以往的企业往往按照单一模式来要求员工，而 21 世纪的企业将重视具有丰富个性和才能出众的员工，只有这样，才会使企业获得进步，自我实现甚至可以说是社会进步的一种重要"能源"。

综上所述，泰勒强调科学管理、物质刺激，梅奥、马斯洛等行为科学学派则强调关心人、尊重人、满足人的需要。以后的管理学家彼得·德鲁克（Peter F. Drucker，1909—2005 年）则把二者结合起来。如果泰勒说的是"经济人"，行为科学学派说的是"社会人"，那么，德鲁克强调的则是"复杂人"。这些理论和方法在一定时期、一定程度上都起到了重要作用，它们对于 21 世纪的管理方法创新具有一定的借鉴作用。

3）战略创新

战略，顾名思义，与战争有关，原指军事统帅对战争全局的策划和指导。战略决定着战争的胜负。毛泽东在《中国革命战争的战略问题》一文中指出："战略问题是研究战争全局的规律性的东西。""凡属带有要照顾各方面和各阶段的性质的，都是战争的全局。研究带全局性的战争指导规律，是战略学的任务。"战略具有全局性和长期性，因而必然具有权威性。兵法云："自古不谋万世者，不足谋一时；不谋全局者，不足谋一域。"

战略制定具有创造性。美国哈佛大学教授安东尼说："从某些意义上说，战略规划是不规则的，因为机会、难题与高明的见解并不按照预定的时间出现，然而一旦它们被察觉就必须立即把握住它们并予以解决。"明茨伯格说得好：计划过程只会产生计划本身，而不会产生战略。当我们看到一个战略时，能分辨出它是否出色，但不知道这些伟大的战略从何处得来。我们已经建立了一个完整的战略大厦（计划、咨询公司、MBA 课程等），但没有战略生成的理论. 可见，战略创新既是管理创新的制高点，又是一大难点。

能进行战略创新的管理者，一定是那些既有创造才能、又能掌握实际事务的人才。人类的思维方式可分为两大类型：一种是进行分析比较、选择的判断力；另一种是进行联想、创新、预测的想象力。判断力依靠的是已经掌握的事实，而想象力必须把目光投向未知的领域，设计未来的蓝图。如果说想象力是风筝，那么判断力就是手中的线；想象力是奔驰的骏马，那么判断力就是马头上的缰绳。想象力可以启发判断力，而判断力则能够推动想象力进入轨道。想象力使我们思接千载、视通万里，而判断力能使想象力保持正确的方向，并利于付诸实施。二者相辅相成，相得益彰。

从管理学的发展历史看，企业界都十分重视的企业组织七要素中，战略置于首位。由于这七个变量在英语中第一个字母都是"S"，所以被称为"麦肯齐7S框架"，它们是：战略、结构、体制、作风、技巧、人事和共同的价值观。日本的企业界更有所谓索尼的"驯马战略"、松下的"集优战略"、本田的"反求战略"、丰田的"反思战略"、三井的"大网战略"等，这些战略是企业兴旺发达的关键所在。日本富士银行曾对640家日本骨干企业进行调查，调查项目之一是："企业最需要什么类型的人才？"调查结果表明，日本企业最需要的是"会制定中长期战略，能为实现战略出谋划策的人才"。

可持续发展观的提出是战略创新的一个典型。可持续发展观是20世纪人类在精神方面的一大收获。人类有史以来，都是用肉眼或望远镜从地球上向外层空间观测；由于阿波罗登月计划的顺利实现，使人类第一次能从太空看地球，发现地球不过是一颗普普通通的、而且是十分脆弱的星球，并在不断地消耗着自身的资源和能源。于是有了可持续发展的新观念："任何地方，任何时候，都不能以牺牲环境的代价去换取经济的发展，都不能用今天的发展去损害明天的发展。"企业家都普遍接受了"效率＋环保"的新价值观，显然，它将成为评价21世纪企业行为的一大准则。

2 创新的管理

1）创新过程的管理

人类的文明史如同一部发现、发明、发展的三部曲。从科学发现、技术发明到经济发展，从科学革命、技术革命到产业革命，这一交响乐的主旋律就是创新。

科学发现、技术发明和经济发展是一个连续的创新过程，但在不同的阶段，有着不同的创新目的、任务和重点。因此，创新管理在创新的上游、中游、下游也各有不同的特点。

研究科学是为了探索大自然和人类社会的奥秘,要回答的问题是"是什么""为什么"。科学的任务是认识世界,而技术开发的目的是改造世界,要回答的问题是"干什么""怎么干"。发展经济的目的是提高生产力,增加社会财富,要回答的问题是"怎样富""如何强"。科学以知识形态存在,而技术不仅仅以知识形态存在,还包括物质装备在内,所以技术同时以物质形态存在。经济发展以科技成果的产业化为标志,因此以物质形态存在。科学的经济效益是长期的、不确定的,而技术的经济效益虽然有风险,但可以预测。在经济领域,科技成果实现产业化,效益是直接的、确定的,短期就能见效。科学的社会建制是科学革命,而技术的社会建制是技术革命,经济的社会建制是产业革命。我们不妨以20世纪令人激动的科学革命、技术革命和产业革命为例,来加深理解创新各阶段之间的区别和联系。

20世纪科学革命的标志性成就有:1900年提出的量子假说及1925年完成的量子理论体系;1905年提出的狭义相对论及10年后提出的广义相对论;1912年提出的大陆漂移学说及随后建立的"地球板块模型";1927年发现的宇宙大爆破理论;1948年建立的信息论、控制论及1957年完成的现代系统论;1953年发现的遗传信息的载体DNA的双螺旋结构。总之,20世纪的重大科学发现,是人类对物质、时空、信息、生命、地球和宇宙认识的新的革命。

20世纪技术革命的标志性成就有:1901年发明的无线电;1903年发明的飞机;1928年发现的青霉素;1942年实现的受控核反应;1946年研制成功的第一台电子计算机;1947年发明的晶体管;1959年研制成功的集成电路板;1971年发明的计算机微处理器;1990年诞生的万维网;1957年发射成功的人造卫星;1969年顺利实现的美国阿波罗登月计划;1996年诞生的第一头克隆羊"多利"。总之,20世纪的技术发明,为21世纪的经济发展打下了坚实的基础.

20世纪产业革命的标志性成就有:信息技术的最新成果,促进了信息产业的大发展;依靠基因工程和生物技术,推动了医药和农业的发展;原子能技术,推动了能源产业的发展;材料工业,改变了对钢铁传统材料的依赖;先进的制造技术,促进了制造业的更新换代。可见,20世纪的经济发展,就是由于实现了新一代科技成果的产业化、商品化、市场化，才大大加快了速度。科学发现、技术发明和产业发展比较如表 1 所示。

值得注意的是，在不同的创新阶段，各有不同的侧重点，它们分别是知识创新、技术创新和管理创新。北大方正的王选院士说得好："管理不善，会使曾经领先的技术失去优势。"应该看到，某一重大成果在它创新的上游阶段，科学技术因素起着最重要的作用；然而，到了创新的下游产业发展阶段，特别是在市场应用阶段，组织管理上的创新则是决定性的。

2）创新人才的管理

日本著名企业家松下幸之助有过一个很好的比喻。他提出，现代文明社会就像一列火车，它是建立在这样一对轮子之上的：一个轮子是科学技术，一个轮子是管理，而轴就是人才。因为只有人，才是科技创新和管理创新的主体。

表 1 科学发现、技术发明、经济发展的管理比较

类别	科学发现	技术发明	产业发展
目标	以整理和创造新知识为目标	为创造新产品、新工艺、新方法提供技术基础	以批量生产产品或完成工程任务为目标
典型案例	法拉第电磁感应定律	西门子制成励磁电机，可以发电，但尚不能实际应用	爱迪生建成发电厂
管理原则方法	没有具体要求；没有时间限制；不急于评价；多数情况，费用没有固定要求；一般没有保密性	有目标、计划；有时间限制、有弹性；适当时候作出评价；费用较多，控制相对宽松；有一定保密性	有严格时间控制；有具体明确目标，计划性强；完成后立即评价；费用投入一般较大，控制较严；有很强的保密性
成功率	一般低于 5%～10%；商业化比率更低，一般只有 2%～3%	商业化比率一般可达 50%～60%	商业化比率一般可达 90% 以上
成果形式	学术论文、学术专著	学术论文、专利、原理模型	专利设计、图纸、论证报告、技术专利、试产品等

作为创新主体的人，必须重视创造力开发。从世界范围来看，随着科技进步对经济贡献率的大幅度提高，经济发达国家对创造理论的研究得到了迅速发展。在美国，人们一般认为从"二战"以后开始对创造力感兴趣，这是因为"二战"中人们经巨大努力终于研制成功了原子弹。于是美国麻省理工学院在1948年率先开出了"创造力开发"课程。1957年苏联又首次成功发射人造卫星，这促使美国对创造的研究更重视起来。20世纪80年代以来，美国在市场竞争中，为了击败以二次创新为特征的日本赶超型经济，通过研究发现，1901—1979年，世界上获诺贝尔奖的总人数共349名，其中美国118名，占第一位；英、德、法依次为第2、3、4位；日本只有3名，占第14位。因此美国提出了大力发展原创型经济的新战略，于是信息科学、信息技术和信息产业得到了快速发展，终于形成了持续增长的"美国新经济"，使人们看到了知识经济的曙光。

这使经济发达国家更加重视创造对经济发展、国家富强的作用。一段时期以来，有关创造研究的论文剧增，以开展创造学研究著称的《心理学文摘》为例，在1950年以前的23年中，只有不到0.2%的论文与创造力这一课题直接有关，平均每年不到10篇；然而在1963年以后，有关这一课题的研究文章增加到每年百余篇。广泛开展的研究活动取得了富有价值的成果。美国的学者们对创造力的本质、影响创造力的种种因素等作了深入研究。

根据美国学者的研究成果，结合我国的特点，我们认为，所谓创造就是指为社会提供具有社会价值的，前所未有、新颖独特的新思想或新成果，如科学发现、技术发明、价值创新、艺术创作和理论突破等。创造型人才的特征是：有强烈的好奇心，善于学习，但不唯上、不唯书、敢为天下先；有丰富的想象力，善于发散性思维，习惯于寻找多种答案；同时又善于收敛性思维，作出优化的选择。

由于当代的重大创造发明往往出现在学科交叉点上，这就要求创造型人才建立起复合型的知识结构。美国麻省理工学院提出，要建立"T字型"的知识结构。我们认为，称它为"图钉型"更为贴切，因为它还具有力学的机制。图钉表示能在横向开拓的基础上进行纵向深入，在纵向深入的指导下作横向开拓的知识结构，这是一种精通本专业、熟悉邻近专业、对距离较远学科的基础知识也有所了解的复合型知识结构。

创造型人才应建立起飞机型的能力结构。飞机必须有三个轮子作支撑，前轮好比人的学习能力，21世纪的人才首先要会学，才能做到会做、会协作、会发展；机翼下的两个轮子，一个表示人的动手能力、实践能力，另一个表示人的理论分析能力、抽象概括能力。有了这三大能力，飞机就可以停稳在停机坪上，如同人自立于人才之林。飞机要起飞还需增加三个要素：飞机的机头象征着人的定向能力，一个机翼标志着人的创造能力，另一个机翼代表着人的协作能力。美国加州门洛帕克未来研究所提出："一个成功的国家，并不是人才最多的国家，而是能够协作的人才最多的国家。"善于协调，等于善于竞争；协作能力等于竞争能力。

江泽民总书记指出："创新的关键在人才。"应该强调的是，人人都有创造力。对于每个人来说，创造力只有大小之分，而无有无之别。人民教育家陶行知说得好："人人都是创造之人，天天都是创造之时，处处都是创造之地。"让我们共同努力，大力培养创新人才，去迎接21世纪新的挑战。

3）创新体系的管理

企业是科技进步的主体，但要推动一国的技术创新，仅靠企业的力量是不够的，还必须坚持产、学、研三结合，并通过建立国家创新体系来进行运作。国家创新体系是指一个国家内各有关部门和机构间形成的推动创新的网络。国家技术创新体系对于一个国家发展的重要意义在于通过经济和科技体制改革降低技术创新的交易成本，使创新资源能够优化组合。从国家创新体系的构成来看，企业、大学、科研机构、中介机构和政府部门是创新系统的主要组成部门。日本等一些工业国的发展最能说明这一点。"二战"后，日本政府瞄准国际市场的变化，运用财政和政策的杠杆，辅以经济、科技组织和制度的创新，大力推进企业的技术进步，只用了几十年的时间，就使国家的经济出现了强劲的发展势头，最终成为工业化大国。这说明国家在推动企业的技术创新中起着十分重要的作用。面对即将到来的竞争更加激烈的21世纪，面对知识经济的蓬勃兴起，能否建立一个高效的、富有活力的国家创新体系，更加受到各国政府的关注。1996年，欧盟国家通过了第一个欧盟创新行动计划。该计划在欧盟及其成员国两个层次上展开，并以发展创新文化，创造有利于创新的法律、金融、行政环境，增强研究与创新的有机联系等方面，作为欧盟促进创新的新举措。

制度创新、管理创新、组织创新、市场创新作为技术创新的辅助，是实现技术创新的基础和保障。知识创新是通过科学研究获得新的基础科学和技术科学知识的过程，是技术创新的基础和源泉。知识创新不强调市场和科技成果商业化。如果说知识创新主要是针对科研院所的，则技术创新主要是针对企业的。技术创新是经济发展最核心的内容，国家创新体系的建设应以技术创新为核心。

在我国，技术创新不能有效地开展起来，主要原因就是我国的经济和科学技术发展不能构成一个有效的创新体系。国家技术创新体系的创立要求做到"大力协调、综合集成"，企业真正成为技术创新的主体，即资金投入的主体和获取利益的主体，把产业创新战略放在重要位置，要求调整科技资源的配置，大力加强中介服务机构的建设、创新环境的培育。

参考文献

1 芮明杰. 走向21世纪的管理学 [J]. 管理科学学报，1998，1（12）：8-14.
2 管理必读50种 [M]. 海口：海南出版社，1999.

管理学百年回眸

原载 2004 年第 3 期《科学》，与张冠增合作

在人类社会早期，人类祖先为了战胜恶劣的自然条件，在狩猎活动中往往需要临时组织起来，这样就会涉及简单的分工合作、猎物分配等问题。然而，在漫长岁月里，人们只是凭借自己的经验和直觉来进行管理。与人类的历史相比，管理思想产生和发展的历史是十分短暂的。19 世纪末的《简明牛津字典》将管理解释为"耍花招、不诚实的发明装置"。只是到了 20 世纪初，管理才被认为是一门科学和一个专业。

管理常常被狭义地理解为与企业活动有关，其实，其应用远远超越工商业界。管理在不同的领域会有所不同，但差别只在应用方式上，而不是在管理思想和管理原则上。

美国的管理思想家德鲁克说："当今社会是一个管理的社会，我们的工作、生活无不处在管理之中，因此管理不仅仅是首席执行官或者各级主管的事情，每个人都需要了解管理的基本要义。"

在管理学的百年发展中始终有两个目标并存：一是优化配置资源，实现低投入、高产出，不断提高劳动生产率；二是激励，以提高人的积极性、激发人的创造性。这是管理学的两个永恒的主题。

1 优化配置资源

对于同样的资源，采取不同的配置方式，结果会大相径庭。事实上，把资源或生产要素进行优化配置，正是管理的价值所在。物质投入是重要的，但毕竟是有限的，而人的智慧是无限的。

20世纪初，对管理学作出开创性贡献的两个人是法国人法约尔（Henri Fayol，1841—1925年）和美国人泰勒。法约尔曾于1888—1918年间出任法国矿业公司管理主任，他对管理学的贡献主要有三方面：首先，他认为管理是一门具有独立规律的学科；其次，管理具有普遍性，不仅可以应用于矿业公司，也可以应用于医院或邮政局；最后，他在1916年出版的《工业管理和一般管理》一书中提出的管理五大职能，即计划、组织、指挥、协调、控制，影响了整个20世纪，成为管理者优化配置资源的方法论基础。

关于计划，法约尔说："管理意味着预见未来。""每年做一次预想，每五年修正一次；要想到十年以后。"确实如此，深谋远虑如果不是管理的全部，至少也是一个基本部分。管理者必须明确一个总体目标，这是领导者需要开发的第一软件，然后制订计划与时间表，并推动职工如期实现目标。

组织即管理者必须确定各个工作岗位的职责与任务，以及各项任务间的关系。这些关系决定了谁拥有更大的权力，谁应该听从谁的指挥。巴纳德在此基础上发展成组织论，提出了组织的三要素：目标、协作、信息。在共同目标的前提下，组织成员之间必须协作；而为了协作好，组织成员必须共享信息。

指挥就是管理者必须知人善任，把合适的人安排在合适的岗位上，做到双重优化。即对每个岗位来说，找到一个最适合干这项工作的人；而对员工来说，找到一项最适合他干的工作。当然这是一种理想状态。管理者作为一个指挥员，要能激扬士气，指明前进的方向，同时不失时机地做出正确决策。

协调主要是指所属各部门之间工作密切配合，为实现共同目标而努力。长期以来，协调被公认为实施有效管理的重要环节，又是管理活动取得最佳效果的必要条件和手段。小唐纳利（T.Donnelly Jr）认为："管理就是由一个或者更多的人来协调众人的活动，以便收到个人单独活动所不能收到的效果。"福特勒甚至说："管理就是协调。"这种说法可能有失偏颇，但充分说明了协调的极端重要性。

组织的车轮启动并运行时，管理者必须密切注视动向并定期检查，一旦其偏离目标，就要采取一切必要的矫正措施，把团体重新纳入正确轨道。控制这一职能，由于在20世纪中叶吸取了"控制论"的理论精华，不仅极大地丰富了管理学思想，而且大大减少了资源配置过程中的失误，提高了效率。

著名的管理学家安索夫（I.Ansoff）这样评论法约尔的五大职能："大多数现代经营实践的最新分析，都被他在想象的天地里正确地一语道破。"

到20世纪中叶，德鲁克在法约尔管理职能的基础上将"目标"引入管理学，提出了"目标管理"新理念。当时正值"二战"之后，西方经济进入迅速发展时期，企业急需采用新方法调动员工积极性以提高企业竞争力。"目标管理"理论可谓应运而生，一提出便在美国迅速流传，并被广泛应用，日本、西欧国家的企业也纷纷仿效，很多企业由此大获成功。目标管理也是今日管理界的一种主流做法。

德鲁克提出，在组织最高层确定了目标后，必须对其分解，转变成各个部门、直到每个人的分目标，管理者根据分目标的完成情况对下级进行考核和奖惩。下级在承诺目标和被授权之后是自觉的，有一定的自主权。这种把个人需求与组织目标结合起来的管理制度大大提高了管理效率。目标管理可以说是人本管理的源头之一。

目标管理的具体做法一般可分为三个阶段：计划阶段、执行阶段和评价考核阶段。这就是当今企业中广泛应用的P-D-S循环。P就是计划（plan）；D就是执行（do），将计划付诸行动；S就是评价（see），分析行动后的绩效。对绩效进行分析后，检讨修正，再重新规划，进入第二个P-D-S循环。

美国管理学家帕斯卡尔（R.Pascale）提出的"7S"架构是20世纪80年代最引人注目的管理思想。所谓的"7S"是：战略（strategy）、结构（structure）、体制（systems）、作风（style）、技能（skills）、员工（staff）和共同的价值观（shared values）。"7S"架构实际上是一种管理备忘录，提醒管理者在配置资源时应该注意这7个方面的问题。

2 激励的理论和实践

从管理学角度看，一个人的工作成绩一部分由他自身固有的能力转化而来，另一部分由管理者激发出来的能力转化而来。激励的本质在于开发出人的潜能，这是管理的又一个价值所在。回顾20世纪激励理论与实践的发展，还可以得出一个结论：对人的本性有怎么样的认识，就会有什么样的对人的管理。20世纪比较有代表性的激励学派如下。

1）泰勒的"经济人"理论

20世纪初，汽车装配生产线的出现，是工业化成就的一个重要标志。1920年，福特公司达到了每分钟生产一辆汽车的速度，成为大批量生产技术的先驱。而由大工业作为先导，管理学在20世纪初登上历史舞台。

被称为"科学管理之父"的泰勒说，管理就是"确切地知道你要别人去干什么，并使他用最好的方法去干"。德鲁克曾写道："自有了工厂以来，没有人曾系统地观察过工人如何工作，直到1885年左右泰勒开始探索这个领域。"

泰勒挑第一流的员工做试验，用秒表计时，分析哪些动作是必要的，哪些动作是多余的；改善员工和工作物之间的距离，制定出严格的标准。泰勒对达标者建立了奖励制度"差别计件工资制"：超过或没有达到定额的以不同的单价计算，而且超过定额后全部以高价计件。泰勒提出："任务和奖金构成了科学管理在结构上的两个最重要因素。"这是管理学史上最早的目标管理和激励理论。

实行泰勒制后，产量大大提高，成本大大降低，效益十分明显。例如，泰勒计算出，一名最优秀的生铁铲运工，每天可以装运47吨，而普通工作量只有12.5吨。在推广泰勒制前的1900—1907年，美国单位劳动生产率每年提高9.9%；而在普遍推行泰勒制之后的1907—1915年间，这个数字为33%。"在整个文明世界里，20个工人中就有19人坚定地认为，慢些干比快些干更符合自己的利益。他们坚持认为，他们的利益就是以尽可能少的工作来回报他们实际得到的薪酬。"泰勒认为，既然人的行为受物质利益驱使，只有用差别计件工资制来激发员工的积极性。他强调："科学管理不容许一只会唱歌的鸟不唱歌。"

科学管理成为第一个国际化的管理理论。在日本，泰勒思想深入人心。《科学管理原理》的日文译本的书名是《清除多余工作以提高生产力的秘密》。列宁在《苏维埃政权的当前任务》中说："应该在俄罗斯研究和传授泰勒制，有系统地试行这种制度，并且使它适应下来。"

然而，如果以今天的人性化管理来衡量，泰勒和泰勒主义躬行者的所作所为是非常残忍的。如泰勒说过："对搬运生铁的工人的首要要求就是，他得像牛一样。"德鲁克深刻地指出，20世纪最伟大的贡献在于，使体力劳动者的劳动生产率提高了50倍；然而白领的情况就不是这样明显，甚至还有所下降。

正因为泰勒制具有负面效应，美国国会的一个特别委员会曾对泰勒进行详细询问。有些滑稽的是，结果国会通过了一项法律，禁止文职人员使用秒表（因为泰勒在设计定额时用秒表计时）。这一限制到1949年才被取消。

2）梅奥的"社会人"理论

梅奥在1927—1932年于西方电器公司霍桑工厂进行了著名的"霍桑实验"，对于稍后出现的人际关系学派的发展起到了关键作用。梅奥认为，与物质条件相比，"人的满足感"这种心理条件更重要。人，不仅是"经济人"，而且是"社会人"。基于这一理念，梅奥提出在劳动生产率诸因素中，生产条件、工资报酬只是第二位的，置于首位的因素是士气，而士气取决于工人的满意感，而满意感又取决于个人需要的满足和良好的人际关系。为此需要对各级管理干部进行培训，以便使他们能在企业目标和个人需要之间取得平衡。

3）马斯洛的需要层次理论

马斯洛属于20世纪50年代末人际关系学派的一名成员，他认为，要想达到激励人的目的，必须理解并不断满足人们不断上升的需要。只有在满足了较低层次的需要后，人才会产生更高层次的需要；而已经满足了的需要层次，已不能起到激励作用了。马斯洛提出的不断上升的需要层次依次是：衣食住行等生理需要；不担心工伤、失业、养老及生病的安全需要；希望和别人交往，希望归属某个组织或社区的社会需要；希望得到他人尊重的需要；希望做"自己的冠军"的自我实现需要。马斯洛写道："除非一个人已经找到他最适合做的事，否则他会产生新的不满足。假如要得到内心的平静，音乐家一定要作曲，画家一定要画画，诗人一定要写诗。每个人都必须充分发挥潜能，我们可以称这种需要为自我实现。"达到这一层次时，一个人由于在工作中能发挥自己的创造性而感到极大的满足，这样就能使人最大限度地发挥出自己的潜能。

要激励下属就应该对人的全面需要进行分析，把物质和精神需要统统包括在内。马斯洛的需要层次理论改变了人们对激励机制的理解。激励不再简单地由处罚和免职导向，它开始与回报真正挂钩。马斯洛创造的"自我实现"新概念越来越多地出现在管理学和行为科学的教材里，成为人们探讨的课题。

4）X 理论与 Y 理论

上文中目标管理的指导思想是以激励理论中的 Y 理论为基础的。X 理论和 Y 理论是美国麻省理工学院的管理学教授麦格雷戈提出的激励模型。X 理论假设是：员工天生不喜欢工作，只要可能，会逃避工作、逃避责任；因此必须采取强制措施或惩罚的办法，迫使其实现组织目标；大多数员工喜欢安逸，没有雄心壮志。Y 理论与 X 理论恰恰相反：员工视工作如休息、娱乐一样自然；一般而言，每个人不仅能够承担责任，而且会主动寻求承担责任；而且一旦对某项工作作出承诺，会进行自我指导和控制，以完成任务；绝大多数人都具备做出正确决策的能力。

麦格雷戈也说不清楚这两种理论究竟哪一种更符合实际，他只是给研究和实践激励理论的人提供一个立论的基础。

5）产权学派和股票期权

员工持股是美国律师凯尔索（L．Kelso）自称在《共产党宣言》的启发下提出的新体制。20 世纪 70 年代以来，职工持股在美国迅速得到推广。产权学派认为，职工持股在实现资源的优化配置、调动生产者的积极性和创造性上所起的激励作用是一切传统手段无法与之相比的。

所谓股票期权，是企业资产所有者对经营者实行的一种长期激励的报酬制度。经营者享有在约定的期限内以预先确定的价格购买本公司股票的权利，如该股票价格届时上涨，经营者可以在他认为合适的价位上抛出股票，赚得买进和卖出股价之间的差价。在合同期内期权不可转让，也不能得到股息。

股票期权源于 20 世纪 80 年代初的美国。美国的国内收入署（国税局）在 1985 年 3 月—1988 年 3 月间也批准了 2700 多个股票期权方案。1996 年奔驰公司监事会决定给予总经理股票期权，以此为起点，德国也开始采用这种激励方法。据统计，在全球排名前 500 位的大工业企业中，至少有 89% 的企业对经营者实行股票期权制度。美国主营网络产品的思科公司采取了世界上第一个全员期权方案：公司 40% 的股票期权发给了普通员工，在每个工程师手里至少有 240 万美元的期权。我国北京、上海、深圳、武汉等地已有企业开始试行这种制度。

2002 年夏，美国爆出一系列大公司做假账的丑闻。这从一个侧面说明股票期权的激励作用虽然十分巨大，但不足之处就是会导致经营者为了使公司的无形资产大幅度增值、股票上涨而不择手段。为克服这一弊端，就必须强调法制。

3 管理创新

德鲁克在《管理实践》一书中指出："管理的时代已经来临。进入 20 世纪以来，能像管理这样迅速崛起的新制度和领导体系，几乎绝无仅有。人类历史中极少有什么新机制能在这么短的时间内变得如此不可或缺。"

随着管理的复杂化程度不断提高，管理的不断创新是不言而喻的，这已成为管理学发展的一大特征。正因如此，美国的管理学者克雷纳（S.Crainer）甚至惊呼："管理只有永恒的问题，却没有终结的答案。"青岛海尔的首席执行官张瑞敏说："昨天的成功经验不能用来解决今天的问题。"

管理创新集中体现在制度创新和观念更新上，如经理阶层的职业化、分层管理、战略管理、全面质量管理、营销管理、动态竞争、应急决策、企业再造、学习型组织、人本管理等。

1）现代企业制度

1841 年 10 月，由于美国的两列客车相撞，舆论严厉批评老板没有能力领导和管理企业，这一事故导致经理制的诞生。经理由有管理才能的专家担任，老板只拿利润，不管企业业务。从此，财产所有权与经营管理权实行分离，并建立起相应的责任制，即经理要对董事长或董事会负责。

随后企业领导体制不断完善，形成了现代公司的治理结构：既保证作为经营专家的高层经理人员放手经营，又不致使出资者（股东）失去对经理人员的最终控制。随着企业管理的不断创新，逐渐形成了设有股东大会、董事会、监事会、总经理等层次的现代公司制及其治理结构。当企业所有者把企业交给总经理经营时，是要付出"代理成本"的。为了使成本最小化，美国在20世纪60年代进行公司治理结构改革时，又创立了首席执行官制，即CEO制。其特征是将董事会中的一部分决策权过渡到经营层手中，以降低"代理成本"。董事会下设审计委员会、执行委员会、薪酬委员会和提名委员会等专业委员会。在美国，有75%的公司的董事长（或者在董事会闭会期间代行董事会权力的执行委员会主席）和CEO是同一个人。

2）组织结构创新

20世纪企业的组织结构，先后出现过直线制结构、职能制结构、直线职能制结构、事业部制结构、矩阵制结构、网络结构等多种形式。下面以事业部制结构为例，来说明企业组织结构的创新过程。

通用汽车公司是20世纪美国强大企业的象征，之所以能取得这样的成就，在很大程度上归功于该公司形成阶段的总裁斯隆（A. P. Sloan）。他不仅是一位成功的企业家，而且是首批写出了重要理论著作（《我在通用汽车公司的岁月》，1963）的企业家之一。

当斯隆接掌通用汽车公司时，汽车市场是福特汽车公司的天下。福特公司生产的黑色T型车拥有60%的市场占有率，而通用公司只占12%左右。当时的通用公司是一些小公司的组合，共生产8种车型。斯隆把通用公司的精力集中在当时并不存在的中级市场，把8种车型减少到5种，而且这5种车型之间不搞内部竞争。他为每一种车型都设置了一个特殊的市场定位。当时只要说出5种车型中的任何一个名字，如别克、凯迪拉克等，美国人就能告诉你开这种车的是哪种人。

斯隆认为通用公司不能模仿福特的大批量生产的流水线方式，必须改革组织方式才能适应上述的战略。为了把分散的小公司整合为一个一致性的组织，斯隆在20世纪20年代早期把公司组织成8个分割的单位：5个汽车生产单位和3个零部件生产单位。这些单位是半自主的，每个单位都对自己的业务负责，在自己的专业领域里维持市场占有率和赢利；它们有自己的设计、生产、销售部门。总公司有一个专门机构，监督这8个单位的政策和财务。斯隆最大胆的创新之处在于，零件单位的产品不仅销售给通用汽车集团内的公司，还销售给集团以外的公司。

斯隆把这种组织形式称为"联邦分权制"（decen-tralization），又称多单元公司（multi-divisional firm）。这种分权式多单元的组织使斯隆既能够利用公司的庞大规模，又不会因层次太多而受到限制。1950 年，美国《财富》杂志所列的"500 强"企业中只有 20% 是分权组织，而到 1970 年，这个比例增加到了 80%。

《追求卓越》《解放型管理》等书的作者彼得斯（T. Peters）研究了 20 世纪末出现的新型组织结构。他认为，这种新型组织结构的特征是没有明显的结构，如 CNN 这样的公司有高度灵活的结构，可以随时根据业务的需要加以改变，自由流畅，画不出组织图表，既简单又复杂，认为这种结构才是未来的希望。彼得斯提倡的新型组织，其结构核心是各种网络：与客户的网络、与供应商的网络，更广义的是对企业有益的任何网络。彼得斯在书中写道："过去对企业怎样算大、怎样算小的老定义应该淘汰了；新的定义应该是指拥有网络的大小，应以市场力量作为衡量公司大小的标准。"

3）营销管理

现代营销产生于 20 世纪 50 年代。两次世界大战中剃须刀、可口可乐、罐头食品等在部队中的热销，激发了人们对营销学的兴趣。1954 年，德鲁克提出，应把顾客放到前所未有的中心位置上。他说："关于企业的目的，只有一个有效定义：创造消费者。"1960 年，麦卡锡（J. McCarthy）提出营销组合：产品（product）、价格（pricing）、地点（place）和促销（promotion）。这就是非常著名的市场营销"4P"组合。科特勒（P.Kotler）后来指出，4P 组合实质上是销售方的组合，他又提出了购买方的"4C"组合：消费者需求（customer needs and wants）、消费者成本（cost to the customer）、方便（convenience）和沟通（communication）。1960 年，莱维特（T. Levitt）在《营销近视》一文中提出，公司应该是市场导向，而不是生产导向。铁路只认为自己是铁路事业而不是运输产业；电影业认为自己的任务是制作电影而不是提供娱乐，因而导致行业滑坡。

现代营销的另一句格言是：不是去满足所有人的需要，而是要满足一部分人的所有需要。麦当劳、汽车旅馆等的成功就是范例。

4）企业文化

企业文化是告诉员工在大多数情况下应该如何行动的一系列正式、非正式法则，是企业管理体系中最具有生命力、最活跃的一部分，可理解为"作为一名企业职工所获得的全部能力与习惯"。一种强烈的文化对生产力的影响是令人惊讶的。

企业文化一般是由企业领导层倡导、全体职工共同遵守的传统和行为规范。企业文化以企业全体员工的集体意识为基础，并得到全体员工认同、达成共识，最终融合成为全体员工的习惯与氛围。在这样的环境里，一个人不努力、不创新，就会落后，就会被淘汰。

美国研究企业文化的专家肯尼迪（A. Kennedy）和迪尔（T. E. Deal）认为："在美国企业中，一种强有力的文化始终是持续成功的推动力。"

回顾百年管理，经历了经验管理—科学管理—文化管理三个发展阶段。文化管理是管理的最高层次，它通过企业文化的培育，使员工形成共同的理想、价值观和行为规范。文化管理充分发挥文化覆盖人的心理、生理，覆盖人的现实和历史的特点，把以人为中心的管理思想落到实处。

未来企业竞争的根本必然是企业文化的竞争。

5）学习型组织

为了在竞争中取胜，从20世纪90年代初开始，美国企业掀起了学习高潮。《组织的学习》一书的作者阿吉里斯（C. Argyris）撰文指出："20世纪90年代的商业环境越来越艰难，任何公司要想成功，必须先解决一个根本的难题，那就是，市场上的成功越来越依赖于学习。但大多数人都不知道怎样去学习。更麻烦的是，往往我们认为在组织中最懂得学习的人，结果并不怎么会学习。"

经过15年的集体探索，1990年美国麻省理工学院"组织学习中心"主任圣吉（P.Senge）出版了他的著作《第五项修炼——学习型组织的艺术与实务》。虽然，学习型组织这一名词已被大量运用，但很多人并没有真正了解它。圣吉说："简单地说，学习型组织就是一群不断提高能力、创造未来的人。"学习型组织中的管理者一定要注意创新文化的养成，让员工确认企业的目标、价值和理想究竟在哪里，为此就要对员工不断地进行教育培训与创造力开发。真正的改革需要动员组织内每个成员全心投入。

6）以人为中心

日本的经营管理大师松下幸之助说:"如果把现代文明社会比作一列火车,那么它是建立在这样的基础之上的:一个车轮代表科技,另一个车轮代表管理,而轴就是人才。"因为任何科技和管理活动都是靠人去掌握和创新的。在松下幸之助模型的基础上,逐渐形成了以人为中心的管理理念,其要点是:人人都是企业的宝贵资源;推行以激励为主的管理方式;建立和谐的人际关系;积极开发人力资源,不仅仅用人去完成任务,而是通过工作来培养人;培育和发挥团队精神——而军队和球队则是最富有团队精神的样板。

从科学管理、管理科学到管理文化

原载 2009 年第 3 期《科学》

文献记载，在 19 世纪与 20 世纪之交，欧美各国工厂的生产能力都远低于其额定指标，能达到 60% 已经是凤毛麟角。人们普遍认为，造成这种局面的主要原因是由于管理十分薄弱。因此，如何提高员工的劳动生产率已成为迫切需要解决的问题。这样一种强烈的社会需要，促使"科学管理"应运而生，管理终于从经验上升为系统的知识体系——管理学。

管理学在百年发展中形成了 11 个流派，已故美国管理学家孔茨（H. Koontz）把这一现象称之为管理学"丛林"。本文想探索一下管理学的发展轨迹，也可以说是在探寻"丛林规则"。

管理学在百年发展中经历了科学管理、管理科学、管理文化三个发展阶段。

1 科学管理

管理学在 20 世纪初登上历史舞台，当时对管理学作出开创性贡献的有两个人：一位是美国人泰勒，另一位是法国人法约尔。

1）泰勒的《科学管理原理》

美国管理学大师德鲁克写道："没有人曾系统地观察过工人如何工作，

直到 1885 年左右泰勒开始探索这个领域。"

泰勒挑第一流的员工作试验,用秒表计时,分析哪些动作是必要的,哪些动作是多余的,并改善员工和工作物之间的距离,从而制定出严格的标准。根据这一标准对达标者建立奖励,这就是"差别计件工资制"——超过定额或没有超过的以不同单价计算,而且超过定额后全部以高价计件。泰勒提出:"任务和奖金构成了科学管理在结构上的两个最重要因素。"这是管理学史上最早的目标管理和激励理论。

什么是管理?泰勒提出,管理就是"确切地知道你要别人去干什么,并使他用最好的方法去干""科学管理不容许一只会唱歌的鸟不唱歌"。

实行泰勒制后,效果十分明显。1900—1907 年间,美国单位劳动生产率每年提高 9.9%,而推行泰勒制后的 1907—1915 年间的单位劳动生产率每年提高 33%。

泰勒的代表作《科学管理原理》于 1911 年出版,泰勒因此被誉为"科学管理之父"。巨大的成功使泰勒声名鹊起,1914 年泰勒在纽约的一次演讲竟吸引了 69000 名听众。

科学管理成为第一个国际化的管理理论。在日本,泰勒思想深入人心。《科学管理原理》日文译本的书名是《清除多余动作以提高生产力的秘密》。列宁在《苏维埃政权的当前任务》中说:"应该在俄罗斯研究和传授泰勒制,有系统地试行这种制度,并且使它适应下来。"到泰勒逝世的时候,《科学管理原理》已经有了两种法文译本,发行了 7000 多册。英国伦敦商学院顾问教授哈梅尔(G. Hamel)甚至说:"20 世纪的工业所以能创造出前所未有的财富,很大程度上依赖于泰勒的贡献。"

如果以今天的人性化管理来衡量,泰勒和泰勒制的躬行者(如福特)的所作所为是非常残忍的。正如泰勒所说:"对搬运生铁的工人的首要要求就是,他得像牛一样。"福特说:"采用科学管理方法,现在的一个人可以做十几年前四个人所干的工作了。我们一刻也不能允许工人按他们自己的方式来工作。"卓别林的电影《摩登时代》就是讽刺泰勒制的,他所饰演的在流水线上负责拧紧螺母的工人,即使下班后手也停不下来,到处去拧螺母,闹了很多笑话,因为泰勒制已使工人也变成了紧张工作的机器。

德鲁克深刻地指出，20世纪最伟大的贡献在于，使体力劳动者的劳动生产率提高了50倍；然而，值得注意的是，在最近的70年里，一些知识工人的劳动生产率实际上是下降的。他深刻地道出了科学管理发展到管理文化的历史必然性。

2）法约尔的管理职能理论

1860年，法约尔毕业于法国里昂的全国矿业学校，在1888—1918年间担任法国矿业公司管理主任。1900年，法约尔在矿业会议上讲话，提出了著名的"管理职能原则"。1908年会议再次举行时，法约尔进一步发展了他的思想，并写成讲稿印刷了2000份。随着他的学术思想不断完善，1916年他出版了《工业管理和一般管理》一书，截至1925年他逝世时，该书发行量多达15000本，并被译成了英语，在国外发行。

法约尔对管理学的贡献主要有三方面：首先，他认为管理是一门具有独立规律的科学；其次，他认识到了管理的普遍性，认为管理不仅可以应用于法国的矿业公司，也同样可以应用于医院或邮政局等部门；最后，他提出了著名的管理五大职能——计划、组织、指挥、协调、控制。他对管理所作的言简意赅的概括影响了整个20世纪，成为管理者优化配置资源的方法论基础。

管理学家安索夫在回眸百年管理时,这样评论法约尔所概括的管理职能："大多数现代经营实践的最新分析，都被法约尔在想象的天地里正确地一语道破。"

2 管理科学

20世纪中期，"二战"结束以后，在战后的经济恢复期，管理学吸纳了统计数学、运筹学、系统论、控制论等交叉学科的理论成果，如虎添翼，逐步从定性分析发展到定性与定量分析相结合，从单元管理发展到系统管理，从静态管理发展到动态控制。管理学进入了管理科学阶段。

1）从定性分析发展到定性与定量分析相结合

马克思曾经指出："一种科学只有在成功地运用数学时，才算达到了真正完善的地步。"恩格斯为后人作出了榜样。他在1890年的一封书信中，根据平行四边形两边（表示两个分力）形成的对角线就是合力的原理，建立了一个数学模型,并用此来诠释历史的进程。恩格斯说:"历史是这样创造的:最终的结果总是从许多单个的意志的相互冲突中产生出来的,这样就有无数相互交错的力量,有无数个力的平行四边形,由此就产生一个合力,即历史结果。"至今,运筹学、统计数学已被广泛地应用于管理学的研究之中,使管理学在许多方面呈现出日益数学化的趋势。

数据是管理者的眼睛,统计数据中出规律、出政策。统计数学的创始人之一——法国数学家拉普拉斯(Pierre Simon de Laplace)根据法、英、德、俄等4个国家的40年统计资料,测得出生的男婴占51.16%,相当于男婴与女婴比例为104.75∶100,这一比例十分稳定。根据这一统计规律,当前国际上公认的正常性别比是(103～107)∶100。而目前我国男孩比女孩多3200万人,1至4岁失衡最严重,男女性别比为124∶100,农村地区高达126∶100。这一问题已引起我国有关部门的高度重视。

据世界卫生组织研究,312种西药就能医治80%以上的疾病,由此导致了基本药物制度的产生。美国卫生部的统计数据表明:每个星期一的猝死人数占一周的1/3,于是提出应把1/3的救护人员、救护装备集中在星期一投放。

互联网以及互联网技术使现代管理科学插上了翅膀,也使现代化的跨国企业利用计算机管理成为可能。

管理科学处理问题的基本路径是调研、建模、仿真、优化和应用,其中建立数学模型是关键。数学模型这个概念诞生时间并不长,只有30年左右。管理科学的一般方法是根据问题的背景作出必要的简化假设,再利用相应的数学、物理或其他规律,列出数学方程式,进行物理模拟或计算机仿真,然后用这个答案来进一步解释并优化结果,最后推广应用。

2)从静态到动态

所谓控制,就是有目的的调节活动。管理科学离不开控制论,因为任何管理系统都是一个动态系统,许多参数会随时发生变化,有的甚至是不确定的。动态控制系统一般由决策指挥机构、执行机构、监督机构和反馈机构四部分组成。现代控制论的内容极其丰富,不仅包括确定性系统的稳定性、最优控制的研究,还包括随机系统的最优控制理论。此外,还有大规模系统的递阶控制理论、分散控制理论等。这些理论在管理科学中有着广泛的应用,如交通运输管理系统、市内电话网络系统、医院信息管理系统、大型矿物资源管理系统、水资源管理系统等都已建立起来。

在绝大多数情况下，动态控制主要根据实时信息的反馈；在数据充分、数学模型可靠的情况下，也可以采取"前馈"的方式。控制论中的所谓"反馈"，实质是"用过去调控将来"，是"事后诸葛亮"。以"猎犬逮兔"为例，猎犬根据兔子已经走过的路线不断调整自己的追捕方向，实际上走的是条曲线。而"前馈"则是"用将来调控将来"，是"事前诸葛亮"。仍以猎犬逮兔为例，假定这只猎犬是"智能犬"，具有电脑一般的头脑，它能根据数据库中储存的数据——如兔子和猎犬的不同速度、目前兔子的奔跑方向等——精确计算出猎犬能在何时、何处追上兔子，于是直奔这一地点而去。可见，前馈对于科学预测的要求非常之高。

3）从单元到系统

管理者所面对的都是系统。系统无处不在。在自然界有河外星系、银河系、太阳系等；在社会上有工业系统、农业系统、商业系统等；在人体里有神经系统、消化系统、血液循环系统等。舍弃这样那样的具体物质属性，构成一个系统，要符合四项条件：①由两个与两个以上要素构成；②要素之间有特定的结构（结构为诸要素之间的排列组合方式、比例关系和互动）；③整体功能大于要素功能之和，整体具有要素所不具备的新的整体功能；④从属于更大的系统。因此，系统原理要求管理者必须处理好要素与要素、要素与整体、整体与环境之间的关系。

系统原理告诉我们，整体功能之所以大于要素功能之和，并有质的飞跃，是因为接受了结构的馈赠。因此，系统出了问题，管理者首先要在结构上去找原因。也就是说，要改善系统的功能，管理者的首要任务就是改变和优化系统的结构。

现代社会是靠团队力量竞争的社会，团队力量大于个人力量的总和。团队的形象代表就是军队和足球队。团队不是简单的人的组合和罗列，而是由合适的人为了共同利益和目标组成的具有共同责任心和协作意识的有机整体。

管理学家卡斯特（E. E. Kast）于1963年与约翰逊（R. Joseph）、罗森茨魏格（J. E. Rosenzweig）合作出版了《系统理论与管理》一书，1970年又与罗森茨魏格合著了《组织与管理：系统方法与权变方法》一书。这两本著作比较全面地论述了系统管理理论，是系统论深化管理科学的代表作。

3 管理文化

管理文化使管理上升到更高层次。它通过管理文化的培育，使组织形成共同的理想、价值观和行为规范，并促进成员的全面发展。管理文化充分发挥文化覆盖人的心理、生理，覆盖人的现实和历史的特点，把以人为中心的管理思想落到了实处。管理文化是管理学体系中最具有生命力、最活跃的一部分，未来的管理竞争，说到底必然是管理文化的竞争。

文化是人类活动的整体概念。社会学家和人类学家对人类文化提出过许多定义，代表了各种流派。1871年，英国人类学家泰勒（Edward Burnett Taylor，1832—1917年）在他所著的《原始文化》一书中提出，所谓文化，指的是"作为社会一名成员的人所获得的全部能力与习惯"。这一定义被学术界公认，成为文化的经典定义。根据这一定义，管理文化可理解为"作为一名组织成员的人所获得的全部能力与习惯"。事实上，一种社会文化可以产生各种不同的社会生活方式，反映在作为社会成员的一个人的生产方式、生活方式和思维方式上。因此，文化可以分为物质文化、制度文化和思想文化三个层次。

文化中的"化"字有两个基本含义：一是教化、培育、潜移默化，二是"彻头彻尾、彻里彻外"之谓也。因此，文化即"人化"——人类正是在物质、制度、思想三个层次上的全面超越，才使人类从一般动物界中脱颖而出。因为只有人类才会制造复杂工具；只有人类才能不断地推动制度的变革；也只有人类能使用语言文字，并具有复杂的思想（语言是思维的物质外壳）。可见，文化是人类文明成果的总和。

1）人本管理

20世纪80年代，以人为本的管理思想开始登上历史舞台。日本松下公司的创始人松下幸之助对他的下属说："如果有人问松下公司是干什么的，你们应该这样回答：松下公司主要培养高品质的员工，兼而生产电器。"2000年，时任丰田株式会社社长的张富士夫也提出："欲造车，先造人。"

美国管理学大师德鲁克提出："在所有资源中，人是唯一能增长和发展的资源。"因此被称为"独一无二"的资源。据此，人力资源管理的新理念是：不仅仅用人来完成工作任务，更重要的是通过工作来培养人，促进人的全面发展——即从"用人做事"转变为"做事育人"。

管理的最终目标是什么？只考虑优化配置资源、实现效益最大化是远远不够的，还应该包括最大限度地提升人力资本的价值，最大限度地促进人的发展。"以人为本"管理理念的提出，标志着管理学进入了一个新阶段。

2) "软实力"的提出

软实力（softpower）是相对于国内生产总值、基础设施等硬实力（其特点是大部分指标可以量化）而言的一个新概念，是指一个国家的文化、价值观、社会制度等影响自身发展潜力和感召力的因素。

20世纪90年代初，哈佛大学教授约瑟夫·奈（Joseph Nye）首创"软实力"概念，从此启动了软实力研究与应用的潮流。按照他的观点，软实力是一种能力，它能通过吸引力而非威逼或利诱达到目的，是一国综合实力中除传统的、基于军事和经济实力的硬实力之外的另一组成部分。这一概念的提出，明确了软实力的重要价值，将它提高到了与传统的"硬实力"同等甚至比其更为重要的位置。正如约瑟夫·奈所言："硬实力和软实力同样重要，但是在信息时代，软实力正变得比以往更为突出。"

围绕软实力的一系列研究，对管理学的发展产生了重大影响。它明示管理者不仅要注重硬实力，而且要发展软实力——即一个组织的文化吸引力和价值感召力——硬实力与软实力之和才是一个组织的"综合实力"。从此，人们以一种新型、全面和平衡的发展路径来思考一个组织的影响力。

值得一提的是，在中国的传统文化中包含有崇尚软件的精华。老子说："天下之至柔，驰骋天下之至坚。"意思是说，软件驾驭硬件。老子还说："有生于无。"意思是说，有形生于无形，有限生于无限；犹如推动帆船前进的不是有形的帆，而是无形的风。

比照硬实力与软实力，同样可以将科学管理、管理科学阶段的管理称为"硬管理"，而将管理文化阶段的管理称为"软管理"。

3) 企业文化

管理学的应用领域十分广泛，而企业管理是当代管理学应用得最为成功、也是得到回馈最多的一个领域。企业管理实践与理论的不断发展，给管理学的发展以强大的反作用力。例如，"企业文化"与"企业社会责任"的提出，极大地丰富了管理文化的内涵。

企业文化是由企业领导所提倡、全体职工共同遵守的传统和行为规范,渗透于企业的各个部门和全部时空。企业文化既具有继承性,又具有创新性,虽然具有稳定性,但它不是一成不变的,会随着实践的发展适时更新。

管理企业的有效方法,是通过文化的微妙暗示。厚重的企业文化是企业取得持续成功的强大动力。因此,日本企业界在20世纪80年代提出了"文化制胜"这一理念。

构成企业文化的要素主要有以下五个方面。

第一,价值观——企业的价值观是企业所推崇和信奉的基本行为准则。在企业文化的五要素中,价值观处于核心地位。美国研究企业文化的专家肯尼迪和迪尔说得好:"价值观是一个组织的基本观念和信念,因而是企业文化的核心。""价值观是任何一种企业文化的基石。价值观作为一家公司成功哲学的精髓,为所有职工提供了一种走向共同目标的意识,也给他们的日常行为提供了指导方针。"

第二,先进模范人物——先进模范人物是企业价值观的人格化体现,也是企业的象征。成功的企业都十分重视树立能体现企业价值观的先进模范人物,通过这些优秀代表向广大职工传播企业文化。

第三,企业环境——美国政治学者威尔逊(James O. Wilson)、犯罪学家凯林(George L. Kelling)认为,如果有人打坏了建筑物上的一块玻璃,没及时修复,别人就可能受到某些暗示性的纵容,去打碎更多玻璃。因为打碎的玻璃给人一种无序的感觉,在这种麻木不仁的氛围中,犯罪就会滋生蔓延。这一"破窗理论"说明,环境具有强烈的暗示性和诱导性,因此,管理者必须及时修复"第一扇被打碎玻璃的窗户"。

第四,典礼仪式——典礼仪式是指企业所组织和筹划的各种仪式和活动。成功的企业往往通过安排企业的仪式、礼节,向职工和社会各界说明企业的礼仪标准和办事程序,以确保职工和与企业打交道的人都能以正确的方式进行活动,并体现出管理者对理想境界的追求和对事物的评价标准,从而营造一个完整的企业文化氛围。

第五,传播网络——传播网络是指企业用来传播企业文化的正式和非正式信息渠道,它具有传播和解释企业文化的功能。企业的正式信息渠道有广播、电视、网站、报纸、会议等。所谓非正式信息渠道是指那些未经设计自发形成的传播途径。高明的管理者不仅重视正式信息渠道,而且也重视非正式信息渠道。值得注意的是,信息主渠道(正式信息渠道)必需畅通,如一个单位一旦"小道消息"所传递的信息量超过了信息主渠道,那么,这个单位已有丧失稳定的可能。

4)"企业社会责任"写进公司法

1924年,美国学者谢尔登(O. Sheldon)率先提出了"企业社会责任"概念。而把企业社会责任写进公司法,把它作为企业日常运营的一部分,是从20世纪八九十年代开始的。1989年,美国宾夕法尼亚等29个州修正了公司法,其中最引人注目的就是要求企业经营者不仅要对股东负责,还要对公司的"利益相关者"负责,包括员工、消费者、相关群体和生态环境。

企业社会责任不能单纯理解为公益活动。世界银行给社会责任下的定义是:企业在经济活动中创造利润对股东负责的同时,还要承担对员工、对社会、对环境的责任。企业家除了对股东负责外,还应该对工人工作环境和待遇,对购买产品或服务的消费者,对生态环境都负有责任。企业应对利益相关者生活质量的改善作出一种承诺。

1997年金融危机席卷亚洲后,亚洲的日、韩等国也开始广泛传播企业社会责任的概念。进入21世纪后,跨国公司越来越重视社会责任的落实,在企业内部成立了专门负责社会责任的机构。每年除向社会公布财务报表外,还公布在保护劳工权利、消费者利益、社会公正和保护环境等方面的成绩。在过去几年中,企业社会责任报告增长最快的国家依次是南非、意大利、西班牙、加拿大和法国。

总之,资金、技术、人才、管理等硬性指标已经不再是企业竞争力的全部,"社会责任"日益成为决定企业能否在全球化运作中取得成功的决定性因素之一。

管理学的诞生与企业管理密切相关。20世纪初,为了提高欧美企业普遍存在的劳动效率低下问题,导致了科学管理理论的诞生;20世纪末,以人为本管理、企业文化、企业社会责任的提出,又促使管理学进入了管理文化的新阶段。可见,企业管理已经成为当今管理学发展的重要基础,也是使管理学理论转化为现实社会生产力的主要平台。

目前世界上的经济体制大致有三种模式：苏联的公有制模式、美国的私有制模式以及中国的社会主义市场经济模式。改革开放 30 年来，中国的经济发展取得了举世瞩目的成就，与之相应，中国特色的管理学也应该做出更大的贡献。截至 2009 年 4 月，中国已有海尔、联想、西安外事大学等三个单位的管理经验成为哈佛大学商学院的教学案例，中国的管理学正在走向世界。

城市轨道交通的运营安全管理

原载 2010 年第 12 期《城市轨道交通研究》

目前,在北京、上海、广州等城市,每天已有数百万人在城市轨道交通线路上快速流动,乘客之多相当于春运期间全国铁路一天的客运量。城市轨道交通的主要特征是运量大、速度快,正因为如此,一旦发生事故,后果就十分严重。因此,安全管理是运营管理的重中之重。

什么是安全管理?安全管理包括风险管理、应急管理两大组成部分,是以控制危险、防止事故、最大限度减少事故损失为目标的一系列活动。运营安全管理涉及技术设备选型和维护、作业人员教育培训、有关规章制订、安全状况统计分析与检查、应急预案编制、事故调查与处理等方面。有效的安全管理是运营有序可控、基本稳定的可靠保证。

经过多年发展,安全管理已从过去被动的事后补救型发展为比较主动的预见性安全管理方法。预见性安全管理方法认为任何事故都是在隐患基础上发展起来的,要控制或消除事故,必须从隐患管理着手;还认为所有事故都是由一连串事件(故障链)的相互作用而造成,只要改善其中的一个环节,事故就可以避免。

1 风险管理

风险是某事故发生的可能性、事故后果严重性与故障检测的难易程度三者的乘积,风险是衡量危险性的指标。

风险源来自四个方面:设备、人员、制度、环境。风险管理的重点,就是要从这四个方面着手,使将来不出现问题。

第一个风险源来自设备因素。对于设备因素,在选择技术装备时,要考虑可靠性、可使用性、可维护性和安全性,还要根据设备的失效率曲线及时养护维修。

提高可靠性的措施可以是:对元器件进行筛选、对元器件降级使用、使用容错法设计(冗余技术)、故障诊断技术等。系统可靠性除与元件可靠性有关外,更与系统的结构有关。系统的结构有串联、并联、混联、桥式结构等。在采用并联和桥式结构时,系统能提高它的可靠性。

第二个风险源来自人的因素。例如伦敦地铁穆尔盖特车站曾发生的列车撞毁事故。1975年2月28日早高峰时刻,英国伦敦北线272次地铁列车驶向终点站穆尔盖特站时竟停不下来,以每小时56千米的速度离奇地撞向1.5米厚的混凝土墙,造成车毁人亡。事故共造成43人遇难、76人受伤。伦敦地铁自1863年开通以来,到1975年只有14人死于意外事故,因此被称为"世界上最安全的地铁"。此次伤亡人数如此之多,引起世界舆论的关注。该列车6节编组,司机是莱斯利·纽森,不到60岁,在这条线路上当司机,已工作了几十年。

根据验尸报告,医生和精神病学家提出司机当时处于"瞬间脑部记忆丧失"状态,这是由于对脑组织的供血中断造成的,它发生在脑前部的颞叶部分。精神病学家皮特认为,纽森的颞叶出了问题,颞叶病发作时病人仍能做复杂动作,如继续开车;也能保持身体的姿势,但他什么也感觉不到。

为了降低人员这一风险源的风险等级,除了加强管理人员、养护维修人员的培训外,还要注意有关人员的个性心理特征。国外学者提出了"事故倾向性"理论,认为事故易发者具有攻击性、好表现自己、爱冒险和蛮干、情绪不稳定、缺乏自制力等个性特征。因此,发达国家在录用飞行员、列车司机、铁路与电力系统调度员时均要进行职业心理素质测试。我国香港地铁对拟进入控制中心工作的员工首先进行的就是职业心理素质测试，以此作为职业选择和淘汰的主要依据。

第三个风险源来自制度。人是水，制度就是杯子。杯子是什么形状，水就是什么形状。制度是人类的一项伟大发明。一项好的制度，可以使好人很容易做成好事、坏人做不成坏事；一项坏的制度，可以使好人做不成好事、坏人很容易做成坏事。为了消除第三个风险源，就要建立起好的管理制度。例如，2003年2月韩国大邱地铁火灾事故后，日本就设立"地铁火灾对策研究委员会"，着手编制新的地铁火灾防灾减灾标准，并于2004年12月27日发布了新的《火灾对策标准》。

第四个风险源来自环境。环境可从小环境和大环境两方面进行分析。小环境因素如限界被侵入，立交高架桥、交叉高压电缆对运营造成的干扰，地铁保护区内施工带来的影响等；大环境因素如地震、恐怖袭击等。

2 应急管理

事故应急管理包括编制应急预案和现场应急处置两个方面。编制应急预案是救援基础工作的核心。应急预案的主要内容包括所针对的特定事故（或故障、突发事件）名称，报警或报告程序，应急处置的组织指挥系统，应急处置的程序与措施，抢险、抢修方案，现场急救医疗方案，通信、交通等内部保障条件以及救护、消防、公安等外部支援条件。

应急预案一旦编制完毕，应下达所有有关人员，如应急处置的指挥者、参与者，可能与该特定事故（或故障、突发事件）直接有关的人员，以及可能会受到该特定事故（或故障、突发事件）影响的人员等。还应通过培训与演习来强化上述人员对应急预案的了解与掌握。城市轨道交通的应急预案主要有故障应急预案、事故应急预案、突发事件应急预案三类。故障应急预案如车辆故障（约占38%）应急预案、通信信号设备故障（约占35%）应急预案、供电设备故障（约占27%）应急预案等；事故应急预案如行车事故应急预案、外部人员伤亡事故应急预案等；突发事件应急预案如火灾、爆炸、投毒、恐怖袭击应急预案，车站大客流应急预案等。围绕应急预案的工作主要有：建立应急救援组织体系，配备救援设备器材，组织救援培训与演习等。

现场应急处置的指导思想是先控制住事态、后寻找原因与处分，救人第一。应尽一切可能控制事故（故障、突发事件）的扩大，以减少损失，并避免在救援过程中发生二次事故（次生灾害）、增加人员伤亡和财产损失。

现场应急处置的重点工作是：控制和切断事故源头，这是排除事故的关键；控制危险区域，这不仅是为了使救援工作不受干扰，也是为了避免因无关人员或列车进入而使事故扩大；组织人员撤离。需要强调的是，救援人员必须熟悉地形、明确撤离路线，同时采取必要的保护措施，如切断牵引供电电源、撤离方向与通风排烟方向相反等；抢救受伤人员，应根据具体情况对受伤人员进行紧急抢救和治疗，并及时安排专人送往医院救治。事故紧急处置后还必须进行事故调查与事故分析。事故分析在事故调查的基础上进行，重点是分析事故原因和分清事故责任；事故处理除对事故责任单位、事故责任人作出处理决定外，还应制定防止同类事故再次发生的措施或提出研究建议。

事故处理应坚持"四不放过"原则：事故原因没有搞清楚不放过，事故责任人没有受到处理不放过，相关人员没有受到教育不放过，预防事故措施没有落实不放过。

铁路站段拆分与管理跨度理论

原载 2011 年 12 期《城市轨道交通研究》

2011 年 11 月 22 日《21 世纪经济报道》刊登了一条重要消息：铁路站段拆分大重组，高铁独立成段——近日各铁路局根据实际情况对运输站段布局进行优化调整，不少大站段被拆分，不少路局还准备将高铁车站或工务的管理独立出来。

原来的铁路站段管理跨度过大，不利于安全运营。在"7·23"动车追尾事故发生后，有一个管理跨度问题也很值得深思：如果当时温州追尾事故路段并非属于宁波工务段、杭州电务段管辖，而是属于温州电务段和温州工务段，那么在其养护维修、应急处置和救援上的效果都会大不一样。因此，铁道部在 9 月 19 日召开的全路电视电话会议上提出：对管理范围大、工作量偏多的站段适当拆分，由各铁路局提出调整建议，报部审批。这是非常必要的整改措施。

桥梁有跨度，管理也有跨度。科学管理理论的创始人之一、法国的法约尔提出：一个管理者能有效地直接领导、指挥和监督的下属人数称为管理跨度，其极限数目一般为 12 个。在组织架构的每一个层次上，管理跨度不一定相同，要根据具体任务的不同以及授权情况，决定出相应的管理跨度。管理跨度与管理层次之间关系密切：在管理者和操作人员不变的情况下，管理层次越少，管理的跨度越大；反之，管理层次越多，则管理跨度越小。

以铁路的管理跨度为例,2005年铁道部撤销铁路分局,实行铁路局直管站段体制,管理层次减少,站段扩大重组,其管理跨度增大。原来每个铁路分局下设30~50个站段,如果每个铁路局按平均5个铁路分局计算,就有约200个站段;而当时铁道部为了不使基层管理跨度过大,要求压缩站段,对很多站段进行合并,于是出现了庞大的站段,如北京铁路局的丰台车辆段,员工竟然高达一万多人(丰台车辆段最近已宣布拆分为丰台、天津、石家庄三个车辆段),数千人的站段也比比皆是,导致站段管辖范围过大,如一个工务段要管辖上千千米的线路,有的站段甚至横跨几个省,因此产生了大量异地车间(很多站段降格成为车间)的管理问题。

管理跨度是一个古老的话题。案例之一就是部队的编制,"三三制"大家耳熟能详。例如,一个团下面有三个营,一个营下面有三个连,一个连下面有三个排,一个排下面有三个班。管理跨度统一为三。中国有一个名词叫"队伍",为什么不叫"队四"或"队六"呢?一种解释是我国古代有5种基本兵器——戈、戟、殳、酋矛、夷矛,配合起来最有战斗力,因此步兵小分队由5人组成,各持一种冷兵器。可见我国古代部队最底层的管理跨度为5。联想起我国的象棋,"汉界""楚河"两侧各有5个小兵、小卒对峙,想必也与管理跨度有关。由此也令人又一次感悟到我国传统文化之博大精深。

在古罗马共和国危亡之际,古罗马执政官、统帅盖乌斯·马略(Gaius Marius,前157—前86年)改革了罗马的军队体系,将其部队划分为28~30个罗马兵团,每个罗马兵团有10个大队,每个大队有3~6个"百人队",每个百人队既可以由指挥员指挥作战,也可以独立作战。可见其管理跨度为3~100不等。

一个组织的各级管理者究竟选择多大的管理跨度,应视实际情况而定。影响管理跨度的因素有以下几个方面:管理者的能力、下属的成熟程度、工作的标准化程度、工作条件、工作环境。

确定管理跨度有两种方法:一是格兰丘纳斯的上下级关系理论,二是变量依据法。

其一,格兰丘纳斯的上下级关系理论。

法国管理学者格兰丘纳斯(Graicunas)在一篇论文中分析了上下级关系

后提出一个数学模型，根据集合的基数算法，可以计算出任何管理跨度下可能存在的人际关系数（也可以看作为管理工作量）：

$$y = x(2^{x-1} + x - 1)$$

由公式可算出，直接下属为 1 人时，其工作量为一个标准工作量。那么，当直接下属为 2，3，4，5，6，7，⋯，10 人时，其工作量分别猛增为 6，18，44，100，222，490，⋯，5231。当直接下属为 18 人时，其人际关系数为只管一个下属时的 2359602 倍。

该理论说明，当上下级关系为交叉关系时，在管理跨度以算术级数增加时，主管人员和下属间可能存在的相互关系将以几何级数增加。因此，当上下级相互关系的数量和频数减少时，就有可能增加管理跨度。

其二，变量依据法。

这是洛克希德导弹与航天公司研究出的一种方法。该方法通过研究影响中层管理人员管理跨度的六个关键变量——职能的相似性、地区的相似性、职能的复杂性、指导与控制的工作量、协调的工作量和计划工作量——把这些变量按困难程度排成 5 级，并加权使之反映重要程度，最后加以修正，从而提出管理跨度的建议。以铁路为例，在目前的"站段—车间—班组"三级管理架构下，如何根据实际情况调整站段、车间及班组的管理跨度，需要依靠铁路各级管理干部的创新智慧来解决。以当年日本丰田公司的"扁平化"改制为例，虽然取消了"课长"这一层次，但为了不使基层的管理跨度过大，在小组这一层次增设了副组长，创造性地解决了这个难题。

第5编

中国迎来高铁时代

沿新亚欧大陆桥铁路编组站、保税区和国际集装箱场的系统分析

原载 1997 年第 6 期《铁道学报》，与徐瑞华（第一作者）、施其洲、王普勇合作

1 前言

新亚欧大陆桥是一条"人造海岸线"。根据中国东部沿海地区建立经济特区和 13 个保税区的成功经验，将大陆桥运输和自由经济区两者的优势有机结合起来，形成以大陆桥为中轴横贯中国的新经济生长带，这对于缩小中国中西部与东部沿海地区在经济发展上的差距、逐步形成中国全方位的开发开放格局具有十分重要的意义，同时，对于建立亚欧两大洲平等与稳定的合作伙伴关系也具有不可低估的作用。

1）新亚欧大陆桥

大陆桥是指连接东西两大洋的陆上通道。新亚欧大陆桥是第二条连接亚欧两大洲的陆上大通道，它东起中国的连云港，经陇海、兰新铁路，在中国阿拉山口出境通向中亚，最终到达荷兰的鹿特丹港，全长 10900 千米。它为亚洲与欧洲各国的经济贸易提供了一条更为便捷的陆上通道，其吸引范围包括太

平洋西岸贸易强国日本、亚洲"四小龙"、欧洲贸易强国德国，以及其他亚欧国家和地区，多达 30 余个。

新亚欧大陆桥的开通，有利于缩小中国东部与中西部的差距，有利于中国的对外交流和对外贸易，有利于中国的政治稳定、社会进步和民族团结。但它的作用不仅限于此，作为连接亚欧各国的一条新的国际通道，其作用类似于欧洲的莱茵河、多瑙河。新亚欧大陆桥作为一条"人造跨国河流"，其在国际经济中的作用是不可替代的。它密切了亚欧关系，有利于世界贸易发展，使亚欧各国甚至美洲和其他洲的国家和企业都从中受益。从这一意义上讲，新亚欧大陆桥运输和沿桥经济带的发展是一项跨国系统工程，具有广泛的国际性。因此，单靠中国的努力，大陆桥经济带是发展不起来的，必须利用国际力量，通过国际合作形式，共同发展这一国际经济通道。

连云港是新亚欧大陆桥的东部起点，自然成为新亚欧大陆桥东端的主桥头堡。中国其他港口城市的西向出境集装箱流可以通过称为"引桥"的铁路线在适当的地点上桥。如上海港的西向出口集装箱流可以通过京沪铁路在徐州上桥，通过阿拉山口出境；广州和香港的西向出口集装箱流可以通过京广、京九铁路在郑州或商丘上桥；日照港的西向货流可以通过兖石线、侯月线、侯西线在西安上桥。

2）自由经济区

许多国家和地区在经济建设中，通过在交通便捷的地方划出一定的区域，在对外经济活动中采取特殊的政策，用减免关税、提供良好的基础设施等办法，发展贸易和转口贸易，吸引国外资金和先进技术，发展出口加工工业和其他事业，以增加就业，扩大出口，赚取外汇，促进发展。这样的区域一般称为自由经济区（Free Economic Zone，简称 FEZ）。自由经济区一般可分为三类：保税区、出口加工区和科技工业园区。有的自由经济区置于海关管辖以外，有的则在海关管辖之内。

保税区是在海关管辖范围以内的自由经济区。中国已有的 13 个保税区对促进经济发展起到了十分重要的作用，但目前在认识上仍然存在着一些问题。一是地方政府和中央政府两者对保税区的功能认识和行为上有差异。保税区对国家而言，目的在于扩大出口，发展外向型经济，重点在"外"和"出"字上；

而地方政府主要想利用保税区的关税优惠搞进口贸易，重点在"内"和"进"字上，致使目前保税区的进口额大大超过出口额。二是地方政府容易忽视港口与保税区的有机结合。

新亚欧大陆桥沿桥经济带的开发是一项跨世纪的系统工程。根据中国东部沿海地区建立经济特区和13个保税区的成功经验，将大陆桥运输和保税区两者的优势有机结合起来，在沿桥大城市附近因时、因地适度设置保税区，以保税区为先导逐步形成若干沿桥经济增长点，以点带面、点带结合，最终可望形成以新亚欧大陆桥为中轴横贯中国大陆的新的经济生长带。

2 沿桥自由经济区设立的基本依据

1）世界经济结构的变化有利于繁荣沿桥经济带

由于国际政治格局的调整以及科学技术的迅猛发展，世界经济结构正在发生深刻的变化。国际间的核心问题已从一贯强调的安全保障转变为发展经济，各国经济由松散联合走向深层次联合，不仅有商品贸易往来，而且还有生产要素的转移。信息的全球化也为经济的全球化提供了必要条件。

亚洲的经济增长速度已连续10年居全球之首，它正在或将在许多方面决定世界的命运。开放的、松散的、灵活的亚太地区经济合作中心将集中在东亚。目前东亚已成为世界上最大的贸易区，作为世界贸易中心的地位将继续提高。东亚的日本、"四小龙"是国际资本的主要供应者。日本1992年海外净资产高达5136亿美元，居世界第一；亚洲"四小龙"的外汇储备到1992年5月约占世界外汇储备的16%，成为世界资金新的重要来源。这些资金必定要寻找出路，一方面流向东亚本地区，另一方面流向中亚和欧洲。在商品、资本和技术输出方面，东亚已成为西方发达国家的有力竞争对手。到20世纪末，东亚的经济规模有可能赶上北美和欧共体。中亚各国也积极发展同美国、日本等国家的经贸合作。

欧洲联盟各国经济衰退期已过，发展稳定，拥有较先进的能源、环保技术，与亚洲的经济呈现出较强的互补性。德国由于经济结构更新，一部分不适合在国内生产的企业正在转移到国外，同时有大批新兴企业生成起来，也把目光转向海外生产。亚洲将成为最受欢迎的投资场所,东亚已取代美国成为欧盟最大的域外出口市场。

和平、发展、合作的宗旨,东亚与欧盟之间贸易、投资、经济技术合作问题的解决以及亚欧之间稳定与平等伙伴关系的建立,都有利于两大洲的发展,有利于商品、服务、资金、技术和信息在亚欧两大洲之间跨国流动,有利于削弱美国在该地区的影响。

世界经济结构的这些变化是新亚欧大陆桥经济带发展与繁荣最有利的国际环境。

2)陆桥经济带对外开放的时机已经成熟

20世纪80年代以来,中国的改革开放由沿海、沿江、沿边逐步推进,循序发展。一系列的改革开放政策对中国的经济发展起到了巨大的促进作用,为经济建设积累了大量的资金、物资、技术、人才和经验,国力明显增强。但任何政策都存在生命周期,有一定的适用范围和适用时间。十多年的实践表明,这些明显倾斜于沿海和沿江地区的政策已开始逐渐显露其局限性。东西部经济差距日益增大,在一定程度上已影响到正常的市场竞争环境和市场秩序,也影响到整个国民经济的平衡协调发展和国民经济总体目标的实现。因此,开放政策的调整与完善已势在必行。目前主要应以市场经济公平竞争的原则为依据,完善和调整改革开放政策,逐步由"倾斜开放"向"均衡开发"发展,最终形成多层次、有重点、全方位的开发开放格局。沿桥设置自由经济区正是改革开放政策完善与调整的一个新举措。

3)沿桥经济带对外开放的现实基础已基本具备

经过若干年的发展和积累,大陆桥周围的大中城市已形成一定规模的工业体系和生产能力,正成为中西部地区重要的经济增长点。目前连云港—徐州重工业经济核心区和郑州、洛阳、西安、兰州、乌鲁木齐经济核心区正在形成。在沿桥大城市附近设置自由经济区,开发开放沿桥经济带,将使资源使用地与产地、经济核心区与国际市场之间的距离大大缩短,国际生产要素市场和国际商品市场也将能得到充分地利用。

4)沿桥地区有明显的比较优势

首先,沿桥地区是我国最重要的资源经济走廊。大陆桥经过(或邻近)的苏、鲁、皖、豫、晋、陕、甘、宁、青、新等 10 个省区，矿产资源非常丰富，是我国最重要的能源和原材料基地。据有关资料统计，截至 1991 年年底，陆桥沿线 10 省区矿产保有储量在全国名列第 1 位的有 58 种、第 2 位的有 46 种、第 3 位的有 36 种，合计 120 种，约占全国总量的 81%。充分利用大陆桥的对外开放政策，发展当地的资源经济，变资源优势为经济优势，是内陆地区经济腾飞的关键。

其次，沿桥地区中心城市周围有素质相对较高、成本低廉的劳动力资源。

再次，沿桥地区有明显的区位优势。大陆桥横贯中国的地带，是中国与东亚、北亚各国通向中东、欧洲最便捷的陆上通道。以开阔的经济腹地和广阔的国际、国内后方大市场为依托，将为中国发展与东亚、南亚、中亚、西亚以及欧洲各国的贸易和经济技术合作带来新的发展机遇。东部沿海开放地带的产业结构调整和先进的经济、技术、管理，对沿桥地区的经济发展提供了辐射机会和产业向内地转移的可能，沿桥地区的经济发展在中国经济发展的总体战略格局中起着极为重要的桥梁作用。同时不可否认，沿桥地区的比较劣势也是相当明显的，比如资金短缺、人才缺乏、对外交往较少等，而这些问题正是需要通过沿桥地区的开放开发来加以解决。

5）发达、便捷的交通网络为沿桥地区对外开放提供了条件

便捷的交通是发展外向型经济的重要基础。新亚欧大陆桥作为横贯亚欧大陆的新交通走廊，在中国境内与京沪、京广、焦枝、宝成、包兰及京九线等铁路干线相交汇，沿桥有徐州北、郑州北、西安东、宝鸡东、兰州西、乌鲁木齐西等大型铁路编组站，出入境货物上下桥极为方便。大陆桥的东端联结着中国经济最发达的沿海经济带以及世界经济增长最快、最具活力的太平洋西岸地区。有关资料显示，1995 年世界十大集装箱港口有 6 个分布在太平洋西岸地区，总吞吐量高达 3970 万 TEU，其中前 3 名分别是香港（1260 万 TEU）、新加坡（1185 万 TEU）、高雄（523 万 TEU）。

3 设置沿桥自由经济区的关键问题

1）沿桥自由经济区的总体布局

国家计委《2010 年国土总体规划的基本思路和若干重大问题》的研究报

告提出我国的国土开发和生产力布局主要集中在三条主轴线上,即沿海开发轴带、沿江开发轴带、陇海—兰新沿线和沿黄河中上游轴带。新亚欧大陆桥沿线地区作为三大国土开发主轴之一,在2010年之前可初步形成六个分工明确的经济核心区:连云港—徐州重工业经济核心区,以郑州为中心的国际贸易区,以西安为中心的高新技术产业带,以兰州为中心的水能、有色金属和化工基地,塔北—吐哈油气开发区,以及以乌鲁木齐为中心的天山北坡石油化工为龙头的经济核心区。此外,大陆桥东端重点建设连云港市,努力将其建成国际性港口城市和交通枢纽;西端重点建设以乌鲁木齐为中心的天山北坡经济核心区,使其形成以高新技术产业开发、出口加工、自由贸易为一体的经济技术开发区。

因此,沿桥自由经济区的总体布局必须结合《国土总体规划》进行,自由经济区应设在经济核心区中的大城市附近,以便发挥对外贸易和向周边辐射的功能,其类型和规模要根据经济核心区的功能和特点确定,同时要明确沿桥各自由经济区的分工和协作,强调各区之间的互补性。大陆桥(中国段)两端的边境口岸城市应以转口贸易、出口加工和保税仓储为主,并对整个陆桥开发起先导作用。陆桥中段以国际商贸为主,而中西段应以原材料上游产品开发为重点和突破口,结合大城市的科技优势,逐步向下游产品的深加工和精加工发展,形成以能源、矿产品加工为主导的开发区和高科技为主导的科技工业园区。

2)沿桥自由经济区的政策创新和体制创新

中国的对外开放首先是由经济特区的设立和发展而逐步展开的。所谓"特区"主要"特"在两个方面:一是实行特殊的对外经济政策,主要是通过优惠税率、减免关税和外商出入境优惠待遇等实现;二是实行特殊的经济体制,充分发挥市场的调节作用,赋予特区政府较大的经济管理权限和特区企业较多的经营自主权等。然而,由于近几年优惠政策的普及和以市场为取向的体制改革,特区之"特"正在淡化。政策趋同和体制趋同使特区的特殊经济政策优势和体制优势正在消失,经济特区依靠政策落差吸引外商投资、扩大对外贸易遇到了前所未有的挑战。因此,沿桥经济带在开放之初就须正视这一现实。沿桥地区与沿海地区相比始终处于劣势,这种既定的格局决定了中西部地区经济活动外部成本高的特点,也给这一地区的对外开放带来更大的困难。实现沿桥地区的对外开放,必须首先寻求政策上和体制上的突破和创新。

首先，直接借鉴国外先进自由经济区发展的成功经验和规范模式设立沿桥自由经济区，其运作方式和管理办法应尽量与国际接轨。由于起点高、步子大，沿桥经济区容易以较大的政策"落差"吸引宝贵的起步开发资金。另外，在产业政策上要作适当的调整，比如可考虑对矿产资源政策进行调整，形成中央和地方都有积极性的新的利益机制，使拥有较多自然矿产资源又很贫穷的中西部地区留有较多的发展资金，并以此发展以能源、矿产品深加工为主的新兴产业。

其次，由于政策优势只是暂时的，较大的政策"落差"和特殊的优惠政策倾斜最终会被各地在政策上的相互攀比而削弱。因此，以市场化为主的体制创新在 20 世纪 90 年代的改革开放中显得极为重要。从全国范围看，经济发展最快的地区也是市场化程度最高的地区，因为资源总是向市场机制最完善的地区集中，谁先创新，谁就会赢得优势。通过体制创新，可使沿桥自由经济区形成较大的体制"落差"。我们认为目前可从以下几个方面进行探索：一，可成立大陆桥跨国运输公司，共同经营与管理大陆桥的运输业务；二，成立中国控股的跨国公司，形成勘探、钻井、原材料加工、销售的一条龙经营实体；三，成立大陆桥咨询公司，为国际企业服务；四，成立大陆桥开发银行，筹集国际、国内开发资金，并统筹开发资金的使用；五，成立煤电一体化的跨行业集团公司。

3）沿桥设置保税区的策略

根据中国现有的 13 个保税区经验及沿桥经济带有关城市的实际情况，沿桥设置保税区初期可采取以下两种策略之一。

其一，由东向西逐步推进策略。首先在大陆桥东桥头堡连云港市设置保税区，然后沿桥逐步向西推进。理由如下：首先，连云港作为一沿海港口城市，具有较大的区位优势、交通优势。虽然它在中国外贸东向出口方面所占比重较少，但在通过新亚欧大陆桥西向出口方面，特别是在吸引东亚、东南亚国家和地区去中亚、欧洲的集装箱流的陆桥运输方面，具有非常明显的桥头堡作用。其次，连云港市申请设置保税区至今已历时 3 年，在规划、选址、基础设施建设、与各省区联络等方面做了大量工作，已投入近 5 亿元作为保税区初期筹备费用，只要再投入少量资金（估计 1 亿元），连云港保税区即可启动，而且它与西部地区已采取"四共两促"方针（共建、共管、共用、共荣，促改革、促繁荣）。综上，我们认为可以把连云港保税区的设置作为新亚欧大陆桥经济带开发的实质性启动的一个重要标志。

其二，抓两头带中间策略。在连云港和乌鲁木齐两城市首先建立保税区，然后带动沿桥中西部地区保税区的建立，其理由与上类似，不再赘述。

应该指出，沿桥保税区与沿海保税区，在海关监管等具体操作方面有一定的差异，需要进一步深入研究。

4 铁路编组站、国际集装箱场与沿桥自由经济区

编组站是铁路运输的基本生产单位，一般设置在路网的重要枢纽地区，素有货物列车"制造工厂"之称。货物列车在编组站进行解体、编组、换挂机车、摘挂车组及其他必要的技术作业后形成新的列车继续前进。因此，编组站对铁路运输生产、机车车辆周转和货物的送达，都有极其重要的作用。通过新亚欧大陆桥运输的集装箱流（简称箱流），无论是过境的还是在境内到发的，都需要在编组站进行有关的技术作业，这就为充分发挥大陆桥这一"人造海岸线"的交通便利优势、建立自由经济区提供了设备上和技术上的保证。为此我们提出在大型编组站附近设置沿桥自由经济区。

1) 沿新亚欧大陆桥主要编组站概况

新亚欧大陆桥(中国段)经过徐州、郑州、洛阳、西安、兰州等重要铁路枢纽，在这些枢纽地区已建成了布置合理、设备先进、规模较大、能力较强的现代化编组站。大陆桥上现有7个编组站和多个区段站，其中路网性编组站2个、区域性编组站3个、地方性编组站2个。大陆桥主要技术站概况如表1所示。

表1 新亚欧大路桥（中国段）主要技术站概况表

技术站	性质	衔接方向
徐州北	路网性	陇海线、京沪线
郑州北	路网性	陇海线、京广线
西安东	区域性	陇海线、太盂线、咸铜线
宝鸡东	区域性	陇海线、宝成线、宝中线

（续表）

兰州西	区域性	陇海线、京包线、兰新线
武威南	地方性	兰新线、甘武线
乌鲁木齐西	地方性	兰新线、北疆线
洛阳东	区段站	陇海线、焦枝线
商丘	区段站	陇海线、京九线

由表1可以看出，大陆桥上的主要技术站都衔接了新亚欧大陆桥（中国段）主要技术站两个或两个以上方向。通过这些铁路线、东部连云港桥头堡以及引桥的辐射作用，大陆桥将中国经济发达的东部沿海地区、广袤的中西部与欧洲联系起来。吸引地区的进出口货物都可通过相关线路从陆桥的有关编组站上下桥。为便于国际集装箱的到发、集散、装卸等作业，可设置国际集装箱场。

2）国际集装箱场

国际集装箱场（International Container Yard，简称ICY）是专门集散进出口箱流的场所，是连接大陆桥铁路编组站与其相邻自由经济区或相邻地区的纽带，它能便利地对国际集装箱进行储存、到达、发送、分类、调转等作业。因此，国际集装箱场应设立在集装箱的重要集散地、大型铁路编组站附近和交通发达地区。它同普通的铁路货场或集装箱中转站的主要区别在于，一般的铁路集装箱场由铁路部门独立管理。国内现有的100多个国际集装箱中转站是集装箱运输具有法人代表的企业。而国际集装箱场须由铁路部门、海关、商检、动植物检疫等部门联合办公执法，其功能相当于国际铁路运输的边境站。铁路部门主要负责车流（箱流）到发和调运、集装箱的装卸、集结、配车等工作；海关负责国际集装箱的进出关等海关手续，如果当地设立保税区的，可不办理出关手续，但当地设立出口加工区或科学园区的，应在国际集装箱场办理进出关手续；商检和动植物检疫部门也各司其职。同时，为更好地对大陆桥运输和沿桥经济发展进行管理和指导，应设立国务院大陆桥管委会及各地方政府大陆桥管委会。各组织管理部门间的相互关系如图1所示。

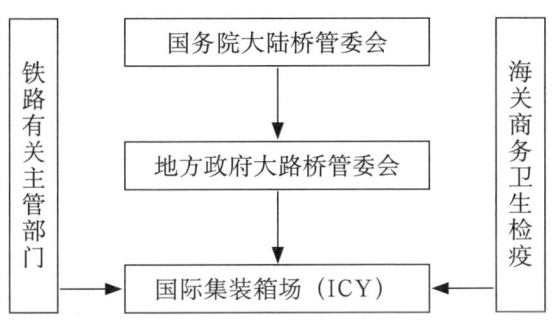

图 1 国际集装箱场管理关系图

3）编组站附近沿桥自由经济区的系统结构

自由经济区的设立将带来地区经济的繁荣，从而产生大量的上下桥箱流，它们必须经过国际集装箱场，办理铁路运输及海关等手续。因此，国际集装箱场是设置自由经济区的必要条件。一个区域的自由经济区系统中编组站、国际集装箱场和自由经济区构成了一串联结构形式，其箱流的运动过程如图2所示。

单个自由经济区系统的到达箱流一部分由国际集装箱场吸收，另一部分由自由经济区吸收或进行加工。系统的出发箱流则由从ICY出发的及从自由经济区始发的或加工完毕的箱流组成。具有上述串联结构的多个自由经济区系统构成了整个沿桥自由经济区大系统。若将消化吸收箱流的国际集装箱场和自由经济区看成电路中的电阻（有到达流），则整个系统可表示为具有混联结构的电路模型，如图3所示。

4）沿桥自由经济区系统的环境分析

系统的环境是系统组成以外但又影响系统运作质量的硬软件系统。沿桥自由经济区系统的环境因素主要包括如下三个方面。

第一，从政策面上讲，应制定相应的政策法规吸引外资。从目前中西部地区经济发展的现状及现有经济特区的经验来看，沿桥自由经济区系统的优惠政策（包括投资收益、税收、外汇出入境等）不应比海南、上海浦东等地的条件差，这些应由中央政府制定。地方政府可以在土地转让、出租及其他投资环境（包括基础设施、人才、资金等）方面做出努力。

第二，从资金面上讲，建立自由经济区和国际集装箱场除大部分资金由外资承担外，一小部分仍由国内解决。国内投入的资金可由中央、地方两级政

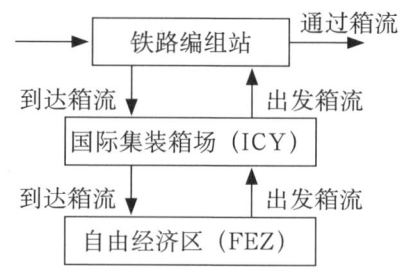

图 2　自由经济区系统结构及箱流图

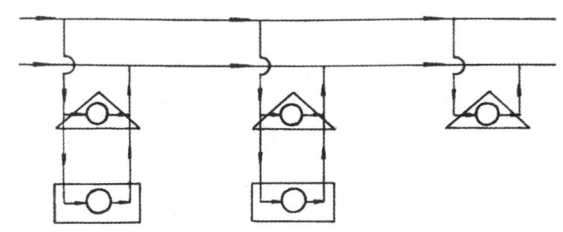

△：国际集装箱场；□：自由经济区；○：吸收箱流的"电阻"

图 3　沿桥自由经济区系统的混联电路模型图

府筹集，也可由国内集资、合资解决。

第三，从铁路运输面上讲，目前，大陆桥东段陇海线通过能力较为紧张，大部分区段的平行运行图能力利用率都在 85%以上，部分区段已超过 90%，趋于饱和。但采取在主要繁忙干线提高列车运行速度、开行重载货物列车等措施，将使得大陆桥运输快速化，并将提高通过能力。兰新铁路双线的建成运营，大陆桥西段能力已满足运输需求。同时，应解决好国际集装箱流的运输组织、出口港能力及其与大陆桥铁路运输能力的相互协调。

5　基于编组站的沿桥自由经济区系统的优化设计

1）基于编组站的沿桥自由经济区系统的优化设计过程

系统的优化设计是要在现有的社会经济发展水平、大陆桥铁路技术装备等条件下，通过合理地确定自由经济区的设置数量、性质和地点，以获得最大的经济效益。优化设计过程可用图 4 表示。

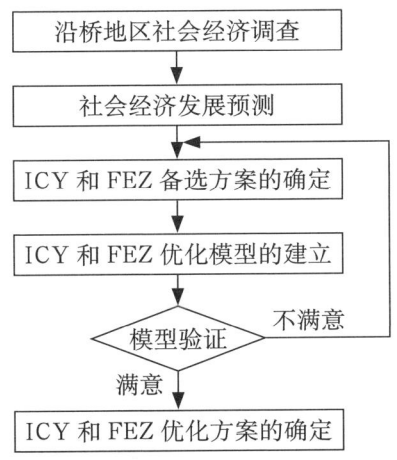

图 4 系统优化设计过程图

从图 4 看出，优化设计的关键是备选方案的确定和优化模型的建立。备选方案应根据有关主要编组站附近的社会经济发展水平、资源、劳动力及编组站设备能力等因素综合考虑后确定。这里确定自由经济区的可能设置地点有连云港、徐州、郑州、西安、兰州、乌鲁木齐等城市。

2）基于编组站的沿桥自由经济区系统的优化模型

由于设置自由经济区的地区必须设立国际集装箱场与之相联，而单设置国际集装箱场的地方不一定有自由经济区，所以作者提出"子桥"和"区域"两个定义。

子桥：凡建立国际集装箱场，并与相应的大型铁路编组站有箱流交换的一段铁路线与相应的编组站联合体。

区域：凡设立自由经济区的包括与国际集装箱场和子桥在内的系统。

定义变量如下：

y_{lr}——第 l 子桥（包括大区段及编组站）r 方向上的箱流，$l \in L$，$r=1$，2，当 $r=1$ 为东向，$r=2$ 为西向；

y_{1l}^{j}——第 l 集装箱场进出箱流，$l \in L$，$j=1$，2，当 $j=1$ 为进入，$j=2$ 为离开；

y_{2i}^{j}——第 i 区域自由经济区进出箱流，$i \in L$，$j=1$，2，当 $j=1$ 为进入，$j=2$ 为离开；

x_l——0-1 变量，$x_l=1$，表示子桥附近设置自由经济区；$x_l=0$，表示子桥附近未设置自由经济区，$l \in L$。

设定的模型参数为：

c_i, c_{1l}^j, c_{2i}^j 分别为子桥、集装箱场和自由经济区的效益系数；B_1 为所有集装箱场的总投资量；B_2 为所有自由经济区的总投资量；d_{1l} 为第 l 国际集装箱场吞吐量；d_{2i} 为第 i 区域自由经济区出入箱规模；k_{1l} 为第 l 国际集装箱场投资系数；k_{2i} 为第 i 区域自由经济区投资系数；r_{1l}^3 为第 l 国际集装箱场吸收箱流；r_{2i}^3 为第 i 区域自由经济区吸收箱流；$E_{l,r}$ 为第 l 子桥东西向能力限制，$l \in L$，当 $r=1$ 为东向，$r=2$ 为西向；F_i 为第 i 区域地方交通约束量。

由新亚欧大陆桥的具体情况，l 与 i 可用函数关系 $i = f(l)$ 表示。

根据上述设定的变量和参数，可建立设置自由经济区的优化模型为：

$$\max Z = \sum_{r=1}^{2}\sum_{l \in L} c_l y_{lr} + \sum_{j=1}^{2}\sum_{l \in L} c_{1l}^j y_{1l}^j + \sum_{j=1}^{2}\sum_{i \in I}\sum_{l \in L} c_{2i}^j y_{2i}^j x_l$$

$s.t. \sum_{l \in L} x_l \leq N$ 设置 N 个自由经济区（除连云港外，原则上每省设一个保税区）

$\sum_{l \in L} k_{1l} d_{1l} \leq B_1$ 所有国际集装箱场总投资限制

$\sum_{i \in I}\sum_{l \in L} k_{2i} d_{2i} x_l \leq B_2$ 所有自由经济区总投资限制

$i = f(l) \quad i \in I$ i 与 l 变换关系

$y_{1l}^1 + y_{2l}^2 \leq d_{1l} \quad l \in L$ 国际集装箱场 l 吞吐能力限制

$y_{2i}^1 + y_{2i}^2 \leq d_{2i} \quad i \in I$ 自由经济区 l 规模限制

$y_{l-1,1} + y_{l+1,2} + y_{1l}^2 = y_{1l}^1 + r_{1l}^3 + y_{l+1,1} + y_{l-1,2} \quad l \in L$ 子桥 l 车流平衡方程

$y_{1l}^1 = y_{2i}^1 + r_{1l}^3 + y_{1l}^2 \quad l \in L$ 国际集装箱场 l 车流平衡

$y_{2i}^1 = y_{2i}^2 + r_{2l}^3 \quad i \in I$ 自由经济区 i 车流平衡

$y_{l,1} \leq E_{l,1} \quad l \in L$ 子桥 l 东向能力限制

$y_{l,2} \leq E_{l,2} \quad l \in L$ 子桥 l 西向能力限制

$\sum_{j=1}^{2} y_{1l}^j + x_l \sum_{j=1}^{2} y_{2i}^j \leq F_t \quad l \in L$ 第 l 区域的地方交通量约束

$y_{lr} \geq 0 \quad l \in L \quad r=1,2$ 非负约束

$y_{1l}^j \geq 0 \quad l \in L \quad j=1,2$ 非负约束

$y_{2i}^j \geq 0 \quad i \in I \quad j=1,2$ 非负约束

$x_t = 0 \; or \; 1 \quad l \in L$ 0–1 变量约束

本模型可借助计算机进行求解，得出最优的国际集装箱场和沿桥自由经济区的设置数量和地点。

6 结束语

新亚欧大陆桥（中国段）横贯中国，连接了经济发达的东部沿海和相对落后的中西部地区，充分利用大陆桥交通便捷的优势，发挥其对外联系、对内辐射的功能，建立沿桥自由经济区，对中国改革开放的进一步深入、促进中西部的开发开放、缩小东西部经济发展的差距等具有十分重要的意义。铁路编组站位于大型铁路枢纽和重要中心城市，便利的交通、齐全的设施和强大的功能为进出境货物的上下桥提供了有利条件，为此本文提出了在铁路编组站附近建立沿桥自由经济区系统。该系统是具有混联结构的复杂大系统，国际集装箱场是联系自由经济区和大陆桥的纽带。系统的优化设计应充分考虑沿桥地区的社会经济发展、自然和劳动力资源、铁路运输系统能力等多项因素，而优化的目标则是系统的总经济效益最大。

参考文献
1 樊素杰，王广中．世界自由经济区［M］．北京：人民出版社，1994．
2 袁宝华等．特区开放区的经济发展［M］．南京：江苏人民出版社，1993．
3 王嘉沐，周立．上海浦东新区开发与投资［M］．上海：上海社会科学出版社，1992．
4 腾传琳．管理运筹学［M］．北京：中国铁道出版社，1988．

构筑"长三角"城际轨道交通网

原载 2003 年第 2 期《城市轨道交通研究》,与周翊民(第一作者)、季令、何宁合作

城际轨道交通是大城市与地区中小城市联系的纽带,是发达地区形成大都市经济带的必要条件。自 1957 年国外学者提出"大都市经济带"的概念以来,大都市经济带已成为衡量一个国家社会发展水平的重要标志。

长江三角洲(以下简称"长三角")区域经济的发展,尤其是 2010 年上海世博会的即将举办,迫切需要上海加强与长三角各个城市的交通往来,加强区域性的基础设施。最近,上海正在开展"世博会与上海新一轮发展"大讨论,其中一个重要议题就是要主动融入长三角,服务长三角。为此,上海要加速基础设施建设以及与周边地区的联结。十分可喜的是,建设以上海港为中心、服务于长三角地区和全国其他区域的长三角组合港已提到了议事日程。与此同时,已有一些城市在酝酿和进行城际铁路的规划,预计城际轨道交通将成为继城市轨道交通后的新一轮轨道交通建设热点。

发展区域性的城际铁路,是城市化发展的必然要求。上海市作为提供区域性交通服务的中心,必需发展有层次的轨道交通网络。长三角的两省一市要加紧制定发展城际铁路的总体规划,防止由于缺乏统一规划、各地自成体系而造成失误和浪费。

1 什么是"城际轨道交通"

随着城市化进程的加快,必然会产生城市群或都市圈。为了提高区域经济的整体竞争力,充分发挥中心城市的辐射功能和各城市间的互补功能需突破行政区划的羁绊,对区域内资源进行整合,这就会带来区域内的客运需求量猛增。与此同时,随着人均 GDP 和生活质量的提高,时间越来越值钱,人们要求有更方便快捷的交通服务,于是,区域性的城际轨道交通就应运而生了。因此,城际轨道交通的发展过程,也是国民经济工业化、城镇化的发展过程。

城际轨道交通作为介于干线铁路和城市轨道交通之间的一种新型交通运行方式,具有一系列特点。从客流性质上看,客流存在明显的日波动、周波动,客流成分以往返客流为主,列车编组数少于干线铁路;从运输任务上看,城际轨道交通基本上不承担货物运输,以客运为主;从经营方式上看,城际轨道交通可以实行与房地产捆绑经营。

城际轨道交通,在国外又称区域性轨道交通系统(Regional Rail System),是指在中心城市辐射经济圈中的便捷、快速、大运量、衔接合理的客运轨道交通系统。以澳大利亚的墨尔本为例:作为高度有序的、开放的城市交通中心,墨尔本拥有 4600 千米的城际轨道交通网;这一覆盖墨尔本市和维多利亚省的发达的交通网,可持续服务于 21 世纪该地区不断增长的交通需求。2000 年 2 月公布的一份研究报告《区域中心周围的快速轨道交通》(*Fast Rail to Regional*)指出,根据美国、日本以及欧洲、澳洲等国家和地区的经验,区域性的城际轨道交通具有显著的社会和经济效益,能使土地增值,增强高科技产业和金融保险业的吸引力,促使商业、工业、建筑业、旅游业快速增长。总之,区域性的城际轨道交通有利于提升经济区域的整体实力,使其在世界级的竞争中处于比较有利的地位。

与干线铁路相比,城际轨道交通的乘距比干线铁路短。干线铁路承担的是中长距离的客货运输,而城际轨道交通主要为城市群或都市圈中的居民提供公务、商务服务(工作圈中)和通勤、通学服务(生活圈中),距离一般不超过 400 千米,一般一次出行不超过两小时即可到达目的地。

与城市轨道交通相比,城际轨道交通突破了一个城市的行政区划,甚至跨越几个省市，如长三角跨越两省一市，京津冀北经济区则跨越一省两市。

城际轨道交通的发车频率比干线铁路高、比城市轨道交通低，一般为15分钟至1小时之间发一趟车，具有"公交型"的功能。城际轨道交通的站间距离比干线铁路短、比城市轨道交通长，一般为5～20千米。城际轨道交通的列车速度比高速铁路低、比城市轨道交通高，一般最高运行速度为每小时100～200千米。城际轨道交通一般与干线铁路相接，其技术制式一般采用干线铁路的技术标准。

对于新型的公交化城际轨道交通，应该采用何种体制进行管理值得研究。初步设想可采用相对独立的项目公司管理模式。

干线铁路、城际轨道交通与城市轨道交通三者之间也需要协调配合，包括车站的设置、站间距的确定以及留有换乘接口等。根据欧洲及经济发达国家的经验，利用国家铁路资源推进区域性的城际客运交通建设，是一种有效的方法。这种做法在中国同样具有可行性。

2 尽早制定长三角城际轨道交通规划

这几年各地都很重视高速公路的建设，长三角已形成了一个高速公路网，大大便捷了区域内城镇之间的往来。高速公路在中国由于起步较晚，近期发展较快，是合理的，但从长远看，对其制约也不少。第一，占地太多。第二，从能源安全考虑，中国已是石油纯进口国，随着全球油价上涨，汽车使用成本将增高。而轨道交通是各种交通方式中唯一不使用石油资源、可利用多种能源的交通方式。第三，中国是发展中国家，居民的收入有限，不可能充分利用高速公路。而且，根据国际上的经验，高速公路的运输，主要是以集装箱车辆和小型客车、轿车为主，大运量的客流则主要由快速轨道交通线来承担。轨道交通在客运上的许多优点，如容量大、节能、价格低、安全、舒适等，都是公路运输比不上的。一般来说，一条快速轨道线的客运能力，相当于5条高速公路，而一条高速公路的宽度至少相当于两条复线铁路。这对土地资源紧张的长三角，尤其要考虑。所以，长三角在建设高速公路网以后，应立即开始考虑建设城际轨道交通网，这是符合国际发展规律的。

城际轨道交通的发展，应该与工业化和城市化同步。欧洲的法国、德国，人口总数加起来是 1.4 亿，而铁路总长度达到 7.8 万千米。我国江、浙、沪两省一市的人口有 1.2 亿人，但铁路线只有 2000 千米。日本 37.7 万平方千米的面积，铁路线有 22000 千米，而这么多的铁路线中，除了一部分是干线外，大部分是城际铁路网。譬如东京到周围的城市，就有很多条快速轨道线，来往十分方便。因此东京的很多上班族都居住在周围的小城市，每天坐铁路上下班。长三角作为我国城市化最集中的地区，不仅各城市的经济差别在不断缩小，而且各城市的生活、居住差异也将逐步减小。今后，每个人的生活空间将不再局限于一个城市，可有更广阔的选择，包括可以在这个城市工作、而在另一城市居住。这样，就要求有发达的城际轨道交通线。东京的上班族最远通勤距离达 50 千米。我们今后工作在上海，居住在昆山、苏州或嘉兴、湖州的模式，也会出现。

2010 年上海世博会的举办，将进一步加强长三角的联系，形成一个"世博圈"，从而带来大量客运需求。根据目前的预测，上海世博会将吸引 7000 万参观者。这些参观者中不仅相当部分将来自长三角，而且有相当部分的国内外参观者会到"世博圈"旅游、观光，这将给上海与周边城市的城际交通带来极大的压力。因此，加强规划和建设"世博圈"内的城际轨道交通网络，更显得十分迫切和必要。

目前，珠江三角洲大都市圈已有一个《珠江三角洲城际快速轨道交通网规划》，以广州（佛山）、深圳（香港）、珠海（澳门）三个城市为中心，广深、广珠经济带为两轴，形成"A"形结构，辐射肇庆、江门、惠州、中山、东莞等城市。规划初期建设的有广州至佛山的近郊线、广州南至东莞的城际快速线、广州至深圳的直达快线。其中广州至佛山线已在去年年底动工。今后，整个珠江三角洲的城际交通线可按速度分成近郊、远郊、城际、直快四个速度层次，城市间基本上实现 15 分钟至 1 小时之内互通，从而构筑"1 小时生活圈"。

由于珠江三角洲在广东省的行政区范围内，统筹规划比较方便；而长三角分属两省一市管辖，这要突破行政区划的限制，进行城际轨道交通的统一规划难度相对大一些。但是，如果规划不从全局出发，各搞各的，互不通气，必将会造成许多问题。目前，两省一市都已在考虑发展城际轨道交通，但远没有形成一个整体的规划。譬如，上海已规划了市中心和市域范围的轨道交通网络，南京正在进行都市圈的轨道交通规划，苏州、无锡也有了发展轨道交通的具体规划。另外，由铁道部和浙江省共同投资建设的湖州—嘉兴—乍浦铁路将于2004年动工。我们应尽早把这些项目统一在长江三角洲轨道交通网中，以避免重复建设和不合理的修建。同时，目前各地修建轨道交通所采用的线路定位、站距、供电制式、车辆型号等，都没有统一的标准，更没有在车站、换乘及技术上互相衔接、留有接口。面对这种情况，如果不采取有力的措施统一规划，对将来不同轨道交通线之间的衔接和换乘会带来诸多不便。

我们认为，在节省投资上有个"二八定律"，即规划阶段的节约占节约总量的80%、而执行阶段的节约仅占20%。干线铁路与公交型城际轨道交通，必须紧密衔接、统一规划、合作分工。否则，由于对乘客带来诸多不便，客流就有可能流失，投资就达不到预计效果，其浪费和损失将会是严重的。

长三角城际交通网络的规划，应重点突出公交化的快速轨道交通网。在长三角城市带范围内利用既有或规划的铁路线，开设公交化的城际轨道交通，并与干线铁路的客运专线及中心城内部的城市轨道交通衔接，为长三角范围内城市间的通勤和日常公务、商务、购物、旅游、休闲提供快速可靠的服务。应该在调查长三角的运输需求后，确定哪些地方需要建设城际轨道交通，哪些地方需要将公路与轨道交通车站合理衔接，形成初步方案，进而研究提出长三角城际轨道交通网络的战略构想，包括骨架网络（5年完成）、基本网络（10年完成）和远景网络（20至30年完成）三个实施阶段，并对投融资方案、管理体制和具体实施的技术方案，提出初步建议。

3 长三角城际轨道交通规划初步设想

中国长三角地区历来是我国城镇分布最密集、经济发展水平最高、综合经济实力最强的区域之一。长三角城市群包括15个地级以上的城市，它们分别是上海、南京、苏州、无锡、常州、镇江、扬州、泰州、南通、杭州、宁波、嘉兴、湖州、绍兴、舟山，分属于江、浙、沪3个省市级行政区。总体上已经形成了一个包括特大城市、大城市、中小城市和集镇等各具特色、多层结构的城市群体系。

目前,长三角内几个主要城市之间均有铁路和公路相连。现有铁路营运里程为1200千米,铁路密度为1.2千米/102平方千米;现有公路里程2.8万千米,公路网密度为28千米/102平方千米。铁路和公路密度均比全国(内地)平均水平高出1倍多,但平均每万人拥有铁路和公路里程分别只占全国(内地)水平的1/3和2/5左右,两项指标大体是欧美发达国家和日本的1/10~1/20。当前苏南、浙北很多新兴的工商城镇均无轨道交通与地级市及中心城市相连,这种状况与德、法、日等发达国家相比,差距非常大。

随着沪宁、沪杭甬等高速公路相继建成通车,以及铁路的提速,以上海为中心的"1小时交通圈"的通达范围已覆盖了无锡、苏州、嘉兴等城市,预计10年内会逐步形成以上海为中心的长三角"2小时交通圈"。然而从长远看,还有以下一些问题需要解决。

第一,社会运输需求量增大,对运输质量的要求也不断提高,而现有运输条件并不能满足。特别是2010年上海世博会举办期间,半年时间内7000万的世博会游客必将分散到长三角,到周边城市进行观光旅游或考察,从而形成巨大的交通运输需求。

第二,交通规划局限在本行政区域考虑问题,无法形成全方位辐射的大交通网络。在长三角的15个地级城市中,中心城市的辐射作用由于交通条件的限制而受到了阻碍。典型的例子是:虽然同在江苏省,而且靠近苏南和上海,位于长江北岸的苏中地区(扬州、泰州、南通)要比江苏省的平均发展速度低1.5个百分点。如果能有跨江的轨道交通系统,把这一地区与苏南和上海联系起来,将给这一地区的发展注入新的活力。

第三,虽然重视市内交通,但对城际交通问题重视不够。当前长三角的两省一市虽然都在积极规划修建轨道交通,然而各省市之间甚至省内城市之间在作轨道交通规划时互不通气,远没有形成一个整体的规划。这种状况不利于城市群的生长发育。因此,要以城市群和都市圈的概念构筑城际交通系统,从整体上研究城际轨道交通规划。

通过修建城际轨道交通网,在长三角可以形成以上海、南京、杭州为中心的"2小时交通圈"。

"2小时交通圈"的大小取决于交通工具的速度。以城际轨道交通为主要交通方式,"2小时交通圈"的半径可以达到200~300千米;以高速铁路为主要交通方式,"2小时交通圈"的半径可以达到600千米。

世博会将极大地推动长三角区域经济互相依赖、互相依托,推动城市群的形成。因此,世博会前,应在长三角的上海、南京、杭州三大中心城市之间铺就大运量、高速度的客运专线,形成全新的城际快速轨道网:以上海为龙头,建成沪宁、沪杭高速铁路;以上海、南京、杭州为中心,联结各地级市(副中心);各副中心联结各中小城镇。

长三角快速城际交通网络应以上海为龙头,以"2小时单程出行时间"为标准,重点突出公交化的快速轨道交通网的规划建设。国外的成功经验表明,在大都市圈范围内利用既有或规划的铁路客运专线开设公交化的快速城际客运列车,并与各城市内部的轨道交通相衔接,是一条有效的途径。当城际轨道交通建成,与高速铁路连成网后,整个长三角地区的轨道交通线可按速度分为5个速度层次,见表1。

表1 长三角地区5类轨道交通线设想

类别	轨道交通线位置	最高时速(千米/h)
直达快线	中心城市之间	300
城际快线	中心城市与副中心城市之间	160~200
远郊线	副中心城市和城镇之间	100~140
近郊线	市郊铁路	80~120
市区线	大中城市地铁与轻轨	80

具体规划设想为:

沪宁线交通规划

(1) 近5年利用现有沪宁铁路;

(2) 用高速铁路连接上海、苏州、无锡、常州、镇江和南京。

沪杭线规划

（1）近5年利用现有的沪杭铁路；

（2）建设沪杭客运专线。

沪甬线规划

新建通过镇海大桥的沪甬铁路。

沪通线规划

新建上海至南通的越江快线。

杭甬线规划

（1）利用现有的杭甬铁路；

（2）从杭州至宁波设想用高速铁路连接，中间经过绍兴、慈溪，并与即将开通的沿海大通道连接。

宁杭线规划

（1）强化宁杭线，完成提速改造；

（2）新建客运专线。

旅游景点交通规划

（1）在扬州与镇江之间铺设越江铁路，使扬州、上海和南京的高速铁路联系起来；

（2）从湖州到嘉兴建立轻轨交通（中间经过乌镇），从乌镇延伸轻轨支线到上海；从苏州出发把周庄、同里、甪直等旅游景点串联起来，使南京、杭州和上海的市民能通过轻轨快速地到达旅游景点。

为了做好长三角城际轨道交通网络规划，我们建议江浙沪三省市、铁路与城市轨道交通的主管部门联合进行深化研究，以便早日启动建设，尽快改变苏南、苏中、浙北中小城镇与中心城市、副中心城市之间无轨道交通联系的落后状况。

参考文献
1 傅萃清. 珠江三角洲经济区城际快速轨道交通线网规划研究 [J]. 城市轨道交通研究，2003（1）：1.
2 彭震伟. 区域研究与区域规划 [M]. 上海：同济大学出版社，1998.
3 孙章，何宗华，徐金祥. 城市轨道交通概论 [M]. 北京：中国铁道出版社，2000.

中国迎来高铁时代

原载 2007 年 4 月 8 日《文汇报》

1 显著提升效益

全国铁路第六次大提速将于 4 月 18 日起实施。由于速度提高缩短了列车占有线路的时间,这次提速可使我国铁路网的客运能力提高 18%,相当于每天增加 30 万个座席,货运能力将提高 12%;由于速度提高缩短了旅客和货物的在途时间,如京沪直达特快列车的全程运行时间可缩短 2 小时,今后从上海到北京乘火车只要花不到 10 个小时就能到达。可见铁路提速具有明显的经济效益和社会效益。

我国铁路里程仅占世界铁路的 6%,却承担着世界铁路 1/4 的运输量。2006 年年底我国铁路网的规模虽已达到 7.66 万千米,但若与经济总量与我国差不多的德国相比,德国联邦统计局 2006 年 9 月公布其铁路总长度达 3.8 万千米,正好是中国的一半,而德国的国土面积为 35.7 万平方千米,仅是中国的 1/27,可见德国的路网密度是我国的 13.5 倍。德国的这一路网密度在欧洲还只能排行第三,次于捷克和比利时。

为了突破铁路运输制约我国经济、社会发展这一"瓶颈",党中央在关于"十一五"规划的建议中,提出了"加快发展铁路、城市轨道交通"这一优化交通运输结构的战略思想。2006 年是实行"十一五"规划的第一年,已新建铁路 1600 千米投入运营,这一建设里程是新中国建国以来年均建设里程的

1.65 倍，为"十一五"期间的铁路建设开了个好头。

建设发达和完善的铁路网是扩充运输能力的主要手段，但铁路建设从开始规划到形成运输能力的周期长、投资大，因此在加快建设新线的同时，对既有线路实施提速改造同样具有十分重要的意义。

在 1997 年全国铁路大提速前，我国铁路旅客列车的最高速度一直徘徊在每小时 110 千米以下。自 1997 至 2004 年，全国铁路已进行了五次大面积提速，基本形成了京沪、京哈、京广、京九铁路组成的"四纵"，以及陇海加兰新、沪杭加浙赣铁路组成的"两横"的快速铁路网络，快速线路达 1.6 万千米。通过铁路第六次大提速，快速线路又将增加 6000 千米。届时，时速 120 千米及以上的线路将延伸到 2.2 万千米，占全国铁路总运营里程的 28.7%。其中，时速 160 千米及以上的线路将达到近万千米，京沪、京哈、京广、胶济等线的部分区段，列车的时速可达 200 千米，最高时速为 250 千米。

按照国际惯例，对于客货混运的旧线改造线路而言，时速达到 200 千米及以上时，已属于高速铁路的范畴。这就是说，通过铁路第六次大提速，我国已开始进入高速铁路时代，这是我国铁路第六次大提速的一大亮点。

列车速度是一项带有根本性的指标，综合反映了铁路移动设备（机车车辆）、固定设备和控制设备的技术先进性、可靠性，在相当程度上反映出一个国家铁路的技术水平和管理水平。不仅如此，速度也是社会进步的重要标志，因为它能提高人类的文明程度和生活水平。

为了迅速提升我国铁路的技术装备水平，在引进、消化吸收国外先进技术的基础上，铁路第六次大提速中将投入时速 200 千米的"CRH"（中国铁路高速）动车组。动车组具有动力性能好、起动和制动容易、编组灵活、节能等优点。前不久，作为铁路第六次大提速的"热身"，两种类型的 CRH 动车组在沪宁、沪杭、广深线上以 160 千米时速参加了 2007 年春运，受到了广大旅客的欢迎。通过第六次大提速的实践，对于形成具有自主知识产权的中国高速铁路技术标准和体系，必将是有力的推动。

2 引出全新课题

列车提速是建立在一系列提速关键技术取得突破的基础之上的；与此同时，铁路提速又会产生一系列新的课题需要科技工作者进一步深化研究。例如，在客货混运的既有线上，随着旅客列车速度的提高，影响货运能力的"扣除系数"就会急剧增加，要减少这种扣除，最有效的办法就是在客车提速的同时，货物列车也要提速；不这样做，拐弯处的曲线超高也难以一致，就会影响列车的安全、快速运行。又如，在列车速度提高之后，列车顶部的气流速度与列车底部的气流速度之差就会加大，这样就会对列车产生一种浮力（如同气流速度差对飞机机翼产生的升力）；这种浮力与侧向风力结合起来，就能产生足以使列车侧翻的倾覆力矩。今年 2 月 28 日新疆发生了大风掀翻列车的严重事故，使我国空气动力学专家都在关注列车速度大幅度提高后将产生的新问题。再如，高速列车在行驶过程中可能与轨道结构、路基产生共振，因此有专家认为高速铁路不宜过多采用高架桥敷设方式。所有这一类问题，都应该迅速修建一条高速铁路试验线，对高速列车以及各种轨道结构、路基的固有频率进行测试，从而确定适合中国具体情况的高速铁路敷设方式。

令上海人民感到欣慰的是，12 年之前，即 1995 年 9 至 10 月，既有繁忙干线客货列车的首次提速试验是在上海铁路局沪宁线上进行的。这是繁忙干线提速的一次破冰之旅；也是我国在既有繁忙干线开展的一次规模最大、系统性最强、难度最高的综合性试验，一共采集了 10 亿个以上数据，最后旅客列车最高试验速度达到每小时 173 千米，货物列车最高试验速度达到每小时 100 千米。1996 年 4 月 1 日，第一列提速列车"先行号"在沪宁线上正式开行。本人有幸参加了该项科技成果的评奖，该成果荣获了当年上海市科技进步一等奖和国家科技进步二等奖。

人们对和谐社会之交通运输的永恒追求是："货畅其流、人便其行""快速、舒适、安全、经济、方便——使出行成为一种享受"。在我国铁路第六次大提速之际，祝愿我国的交通运输业在科学发展的轨道上不断提速，为和谐社会建设当好先行。

卅载铁路缘

原载 2008 年 12 月 18 日《解放日报》

杨绛先生在《走到人生边上》一书中，把"命"比作"船"，把"运"比作"河"，认为"船只能在河里走"，说得一点不错。中国的改革开放如同大江浩荡东去，我很庆幸自己没有掉队，如舟一般与江水一同前行。

1978 年，我已届不惑，正在家乡苏州的工人业余大学里为工人师傅讲授"材料力学"课程。年初，时任铁道部部长的万里同志在大力整顿铁路之后签发文件，责成有关部门要把"文革"期间流失的铁路专业人才找回来。于是，就在这一年，我得以回到此前任教的上海铁道学院。

1986 年 7 月 22 日，万里同志在人民大会堂接见参加现代化管理研讨班的全国 62 个铁路分局的分局长和 28 个大站的站长，并进行了长达 3 小时的铁路改革座谈。开会刚入座，时任铁道部部长的丁关根同志便在扩音机里喊我的名字，我忐忑不安地走上前，原来万里同志在报纸上读到了我撰写的《铁路实行"大包干"的由来及其在实践和理论上的重要意义》，那张报纸就摊开在他的面前。万里同志先问我年纪多大、哪个学校毕业，然后表扬我写了一篇好文章。这是我一生都不会忘记的篇章，鼓励我不断进取。

1994 年 12 月 26 日，我参加了对《京沪高速铁路重大技术经济问题前期研究报告》的鉴定。这一研究课题揭开了京沪高速铁路建设的序幕。我仍记得，那次鉴定委员会主任是时任国务院发展中心名誉主任的马洪同志。现在马洪同志已经故去，而京沪高速铁路在今年已全面开工建设。

1996 年 4 月 24 日，在我和同事们的共同努力下，上海铁道大学城市轨道交通学院成立。这是全国第一所城市轨道交通学院，并由我兼任院长（当时我担任分管科研的副校长）。

2000 年 5 月，上海铁道大学与同济大学合并组建新同济大学，我不再担任领导工作，专任教授、博士生导师。2004 年 11 月我办理了退休手续，但至今仍是同济大学《城市轨道交通研究》杂志社中的一员，上海交通大学海外教育学院教授，因此在 2008 年 9 月我被授予"2006—2008 年上海市高校退管系统老有所为精英奖"。

今年，我已虚龄 70。回想祖国改革开放 30 年，我从当了 16 年的助教成长为教授、博士生导师，从"黑七类"子女转变为中共党员和学校领导，再看国家如今快速发展的高速铁路、城市轨道交通，真有"天翻地覆慨而慷"之感。我庆幸生于斯、长于斯。

高速铁路纵横谈

原载 2010 第 3 期《上海科坛》

高速铁路的源起和定义出自日本。1964 年奥运会在东京举行，1970 年世博会在大阪举行，1964 年日本开通了从东京到大阪的第一条高速铁路——东海道新干线。1970 年，日本在其 71 号法律《全国新干线铁路整备法》中规定：列车在主要区间能以每小时 200 千米以上速度运行的干线铁路称为高速铁路。

1985 年，联合国欧洲经济委员会对高铁的定义按照最高运行速度分为客运专线及客货兼运两种模式：客运专线的高铁定义是时速在 300 千米及以上，而客货兼运路线的时速要求则为 250 千米及以上。原因是客运和货运对线路的要求不同，就如同普通小轿车与集装箱卡车对公路的构造要求不同一样，所以高速铁路在客运与货运上需要分线运输，客运求速度，货运在兼顾速度的同时更要求能重载。目前国际上公认开行时速 200 千米／小时及以上列车的轮轨系统为高速铁路。

我国目前的高速铁路主要有三种类型，分别为最高时速 200 千米以上的旧线改造客货兼运线路、最高时速 250 千米以上的新线客货兼运线路以及最高时速 300 千米以上的新建客运专线。三种类型的铁路合计共 7531 千米。2007 年，旧线提速改造客货兼运线路时速达到 250 千米，标志了我国开始进入高铁时代。按照我国铁路中长期规划，到 2012 年，我国高铁里程将达到 1.3 万千米，超过目前世界高铁总里程（25000 千米）的一半。

随着时代的发展，科技的不断进步，铁路的最高时速也在不断提升。因此，高铁的定义随着时代也在发生改变。今年9月13日，香港文汇网公布了一则《福布斯》杂志的预测，到2018年世界上最快的洲际高铁列车将从北京开往巴黎，时速将超过480千米。这个预测从一个侧面反映了下一个时代高铁列车的定义。

1 铁路—公路—高速铁路：陆上交通的螺旋式上升

纵观世界铁路发展史，1825年伦敦率先发明了铁路，此后在世界各地不断发展，并独领风骚100年，成为陆上交通运输的骨干。汽车发明以后，铁路慢慢地被更替，主角地位为公路取代。而后，高速铁路的建设发展使铁路迎来了第二个春天。180多年间的起起落落，铁路呈现了螺旋式上升的发展过程。

美国是铁路发展的一个典型缩影。1940年以前，铁路曾经是美国各种运输方式中的"一枝独秀"。早在1916年时，它就已经拥有铁路40.87万千米。1930年，美国铁路承担了全国60%以上的客运量和80%的货运任务。但是，从1940年开始，随着汽车和飞机的发展与推广，公路和航空受到了政府的重视，铁路开始被一段段地拆除，到20世纪60年代，铁路已经被美国视为夕阳产业，拆到如今，全美国的铁路只剩下了27万千米。

美国的统计资料显示，美国人80千米以远的出行，在交通工具上选择小汽车的占56%、选择飞机的占41%，铁路客运量所占的份额不到1%。交通运输是能源消耗的大户，美国的这种"小汽车＋飞机"的客运方式，是高耗能的、奢侈型的，也是仅占世界人口6%的美国人耗费掉世界25%能源的主要原因之一，这不仅不可持续，而且还带来环境污染和交通拥堵等诸多问题。现任美国总统奥巴马显然意识到了发展高铁的重要性，他已于2009年4月宣布启动自艾森豪威尔政府以来最大规模的交通投资，即在未来数年内投资130亿美元，建设13条高速铁路，简称HSR（"High Speed Rail"的缩写）。最近他又说："美国的高速铁路不能落后于欧洲和中国。"

这条美国未来的"铁路走廊"涉及31个州，其中加州受益最大，获得了初期80亿美元国家投资中的23亿美元，拟建铁路总长将达到近1600千米。2010年9月，加州州长施瓦辛格来到中国，与中方签订了在高铁合作方面的合作备忘录，将引进中国设备，用于建设洛杉矶至拉斯维加斯总长为1000多千米的高铁，还欢迎中国公司前往加州进行投资。

《纽约时报》因此评论说："150年前，美国的铁路依靠中国劳工在西部建造。近日，中国又将在美国铁路建设中发挥作用。不过，这一次完全不同：中国提供的是技术、装备、工程师，他们来造的是高速铁路。"真可谓今非昔比。

我国时速200千米及以上动车组统一采用"CRH"的简称，这是"中国高速铁路"（China Railway High-speed）英文字母的缩写，意为"中国高速铁路列车"。CRH目前共分5系，CRH1与加拿大的庞巴迪公司合作，CRH2与日本川崎重工合作，CRH3与德国西门子合作，CRH5与法国的阿尔斯通公司合作，CRH380A为我国在博采众长的基础上，自主开发的最高时速为380千米的新型高铁列车。

目前，世界上运营时速达到350千米的客运高铁是速度最快的高铁，我国目前有5条，它们是京津（北京到天津）、武广（武汉到广州）、郑西（郑州到西安）、沪宁（上海到南京）和沪杭（上海到杭州）。由我国自主开发的"和谐号"380A高速动车，已于2010年10月26日开通的沪杭高铁上投入运营。

仅2010年，我国铁路基础建设投资7000亿元，车辆购置费1000亿元，总计8000亿元，到2020年，我国铁路将达到12万千米，建设总投资约5万亿元。这些都创了世界最高纪录。

根据国务院批准的《中长期铁路网规划》，我国将规划建设省会城市及大中城市间的快速客运通道。具体内容包括建设客运专线1.2万千米以上，规划"四纵四横"铁路快速客运通道以及三个城际快速客运系统，平均客车速度目标值达每小时200千米以上。

2 高速铁路的技术经济特性

1）速度快

1825年，铁路在英国诞生，当时由蒸汽机车牵引的列车最高运行时速仅为24千米。仅仅15年后，铁路的最高运行试验时速就达到了144千米，整整提高了6倍。1903年，德国电动车组试验速度最高达到209.3千米/小时。

这些数字表明，铁路从诞生的那一天起，速度始终是其技术发展的核心。

高速铁路列车自 20 世纪后半叶问世以来，最高运行时速连续跃上四大台阶：20 世纪 60 年代，第一代高速列车最高时速为 230 千米；20 世纪 80 年代初，第二代高速列车的这一数字达到 270 千米；20 世纪 90 年代，第三代高速列车突破了 300 千米大关；21 世纪初，第四代高速列车时速已达到 350 千米。目前，高铁列车最高实验速度的世界纪录由法国的 TGV 列车保持，为其于 2007 年创造的最高时速 574.8 千米。

速度快直接导致了高铁在各种交通方式中的优势距离不断扩大。优势距离是指旅客出行所花费的总时间比其他交通方式都少的距离范围。一般情况下，汽车在 200 千米以内，飞机则要到 1000 千米以上才体现出其优势距离，而在 200~1000 千米之间，就是高铁的优势距离。

2）运能大

从理论上说，高速铁路旅客列车最小行车间隔可达到 3 分钟，每小时的列车密度可达 20 列，若采用动力分散方式及双层客车，每列客车可乘坐 1200~1500 人，因此，每小时的双向输送能力就能达到 50000~60000 人，而四车道高速公路每小时的双向输送能力为 10000 人。双跑道机场飞机每小时的客运吞吐量也只有 12000 人。

我国京沪高速铁路建成后，预计每年大约可以完成 13000 万的客运量输送，可见高铁的运能是很大的。修建高铁应适度超前，由于铁路的客运需求量增长与 GDP 的增长成正相关,建设高铁才能满足随着经济增长不断上升的客运需求。

3）安全好

日本曾经做过统计，每 10 亿千米的交通事故死亡人数，汽车是 18.9 人，而铁路仅为 1.97 人。我国每 1 亿千米交通事故死亡人数，公路达到 10.5 人，铁路为 0.29 人，民航最低，为 0.1 人。但民航一旦出事故，其危险性要远远高于铁路。

高速铁路在全封闭环境中自动化运行，又有信息化程度很高的诊断与监测设备，并有科学的养护维修制度，对自然灾害也设有预报预警装置。这一系统可防止人为过失、设备故障及自然灾害等突发事件引起的事故，所以其安全程度是相当高的。

高铁问世 46 年来，全世界总共仅出了两次事故，最严重的一次是 1999 年德国的翻车事故，造成了 101 人死亡；另一次是 2004 年日本新瀉因地震导致的新干线列车脱轨事故，但没有造成人员伤亡。

4）正点率高

高速公路会发生堵塞，行车延误在所难免。而高速铁路则自动化，全天候运营，加之事故几乎为零，因此其正点率非常高。日本的东海道新干线列车年平均晚点不到 0.3 分钟，几乎与钟表一样准。在西班牙，乘坐 AVE 高速列车若晚点 5 分钟，旅客就有权要求退回全额票款。

5）能耗低

如果我们把普通铁路每人每千米消耗的能源比作 1 个单位的话，高铁的数值为 1.3，公共汽车为 1.5，私人汽车和飞机则分别达到 8.8 和 9.8，是高铁的近 5 倍。此外，高速列车利用电力牵引，属于可再生能源。而汽车和飞机消耗大量的不可再生能源——石油。

6）占地少

高速铁路平均的铁路线间距为 5 米，双线高铁占地 70 亩（46667 平方米），而往返 4 车道高速公路占地为 105 亩（70000 平方米），高铁占地为高速公路的 2/3，但运能却是高速公路的 4 倍。

与民航相比，500 千米法国 TGV 高速铁路用地只相当于一个大型机场的占地面积。

7）对环境友好

一架喷气式客机平均每小时排放 46.8 千克的 CO_2、635 千克的 CO、15 千克的 SO_3，这些物质在大气中要停留 2 年以上，是造成大面积酸雨、破坏植被以及建筑物遭受侵蚀的主要原因。高速铁路则不存在尾气排放、噪声污染等环境问题。从交通工具有害物质排放换算中可以得知，公路每人每千米排放二氧化碳为 0.902 千克，铁路仅为 0.109 千克，公路为铁路的 8 倍。噪声方面，若把飞机产生的噪声比作 1 个单位，汽车也为 1，高速铁路则为 0.1。

8）舒适度高

高速铁路线路平顺、稳定，列车运行时振动和摆动幅度很小，非常平稳。在高速列车上，每一旅客所拥有的活动空间比汽车和飞机大得多。高速列车的座位宽敞，设施先进，装备齐全，乘坐非常舒适。

9）综合经济效益好

从别国的经验来看，日本东海道新干线的总投资为3800亿日元，由于投入运营后客流迅速增长，其运输成本只有飞机的1/5，因而在正式投入运营第7年时，便全部收回了投资。新干线的直接经济效益，在20世纪末时已经达到投资额的13.5倍。

法国TGV高速线运营情况也很好，20世纪90年代中期，TGV东南线和大西洋线净赢利率就分别达到31%和21%，运营11年或12年就能收回投资。

正是高速铁路所具有的这么多方面的技术经济优势，加之当今世界石油资源日益匮乏，生态环境日益恶化，道路严重堵塞与事故频发，所以自其问世40多年来，已经形成了一股巨大的潮流。今天，高速铁路建设方兴未艾，正成为21世纪陆上高速交通的主要发展方向。据业内专家预测，我国高铁里程至2020年将达到16000万千米。日本现在是4000千米，规划到2020年达到7000千米。欧盟现在是7000千米，2020达到16000千米。

3 高速铁路的关键技术

列车速度是高速铁路的一项综合性、根本性指标，综合反映了铁路移动设备（机车车辆或动车组）、固定设施（主要是线路、车站、桥梁和隧道，特别是隧道）以及控制系统的技术先进性、可靠性。这三个方面的硬件和软件，在相当程度上反映出一个国家的技术水平、工业水平和管理水平。高速列车行驶过程中所受的载荷决定了高铁具有一系列技术难点——必须克服高速行驶引起的振动与冲击力、高速蛇行引起的侧向力、起动加速度和制动减速度引起的纵向力、空气阻力、风力，以及隧道因活塞效应引起的压力波等。我国高铁建设通过引进、消化、吸收、再创新，在固定设施、移动设备和控制系统三方面形成了九大关键技术：

（1）以交—直—交变流技术为核心的大功率电力传动与驱动技术；

（2）复合制动技术；

（3）高速转向架技术；

（4）高速受流技术；

（5）高速列车车体结构设计及其轻量化技术；

（6）高速列车的车辆连接技术；

（7）车厢密封、环境控制及卫生排污技术；

（8）高速列车新材料技术；

（9）列车控制及诊断技术。

总之，我国是现在世界上高速铁路系统技术最全、集成能力最强、运营里程最长、运行速度最高、在建规模最大的国家。但是，这并不意味着我们的相关技术就能顺利走向世界。一个令人警醒的例子是，2009年德国出版的《铁路编年史》在介绍2008年8月1日投运的中国京津城际高速铁路时，出版者在照片旁注明："这是德国高铁ICE3的分支，是中国的ICE3，别名CRH3。"他们用的"分支"一词是生物学里面的"插枝"一词，含义非常明确，是说你"借用了我的技术"。我看到这张照片的图注时印象非常深刻，我国研发高铁技术除了要规避相应的知识产权风险外，能拿出更多的自主核心技术是为关键。

4 城际高铁发展不应过分追求最高速度

毋庸置疑，速度是高铁的第一大优势，但是，安全平稳、经济合理也是高铁不可忽视的因素。沪宁城际高铁开通时，媒体上有不少报道称最高运行时速可达350千米的沪宁高铁是世界上最快的城际铁路，而从科学和规范的角度来看，这话是不严密、欠科学的。地区性的城际铁路由于站间距短，与干线铁路的功能定位不同，没有必要追求世界上的最高速度，因为站间距与最高运营速度之间的关系是成正相关的。例如，京沪高铁全长1318千米，设有24个车站，平均站间距为57.3千米，速度目标值定为每小时350千米是合适的。而沪宁城际高铁全长301千米，目前已设有21个车站，平均站间距为15.0千米，速度目标值定为每小时350千米是不经济的，如果停站太多，速度上不去，失去了建高标准高铁的意义；如果停站太少，车站利用率低，也是一种浪费。

当然，为了及时向世界展示我国高速铁路的最新成就，在奥运会、世博会期间利用京津城际铁路、沪宁城际铁路开行时速350千米的高速列车，自有其特殊意义，但不应笼统地说是"世界上最快的城际铁路"，这样会混淆干线铁路、地区性城际铁路及市郊铁路三个不同层次的铁路功能，造成规划不当。

试验最高速度和运行最高速度是有一个比的，这个比例涉及安全系数问题。高铁大国法国的最高试验速度已经达到每小时574.8千米，但是他们开行的最高时速只有350千米（地中海线）。我国京沪高铁速度目标值定为每小时380千米，可我们目前的最高试验速度为每小时400千米左右，这个安全系数偏低。此外，安全性也需要经受时间的考验，所有技术装备在一个速度台阶上考验一段时间后，循序渐进，再稳步提高到更高的水平。

运行最高速度和运行平均速度也有一个比例，我们称之为平高比，即平均速度和最高运营速度的比例。以沪宁城际高速铁路为例，它的最高运行速度每小时350千米，沪宁间直达花时75分钟，平均速度为每小时240.8千米，其平高比为0.69，而日本的新干线，虽然最高运行时速只有300千米，但平均时速则达到了242.5千米，平高比达到了0.81，法国高铁的平高比是0.77。事实上，旅客关心的是平均速度，而非最高运行速度。只有提高旅行速度才能给旅客带来节约出行时间的便利。平均速度高，整个线路的利用效能就高。

从技术经济社会角度来说，过分追求速度还可能引发一些其他问题，如在时速300千米以上时，空气阻力成为列车运行的主要阻力，阻力大小与速度的平方、立方成正比，能耗将呈指数型增长。由于投资和运营成本随之增加，相应的票价就会更高。现在社会上有"被高铁"一说，与此不无缘由。我们现在的高铁速度已成为世界第一，但是我国的人均GDP在世界的排名在第100位左右，老百姓的消费能力还没有达到可以轻松乘高铁的水平，也是人们感觉"被高铁"的原因之一。个人的时间价值是与个人的纯收入成正比、与物价指数成反比的。我国高铁发展如何破解"包容性增长"这一难题，使中国高铁一头系发展、一头系民生，使更多的群体共享高铁文明，同样需要我们的智慧和创新，其难度并不亚于高铁技术的研发。

5 值得重视的经验教训

虽然高铁备受旅客青睐,在经营上有很大的天然优势,但这并不意味着投资高铁稳赚不赔。若经营不当,也有可能赔钱,韩国和我国台湾地区就有前车之鉴。

台湾地区从台北到高雄的高速铁路,线路总长 345 千米(总建设费用为 160 亿美元),于 2007 年 1 月 5 日投入使用。最高时速达 300 千米,全程共用时 90 分钟。这条高铁地处人口众多的台湾西部走廊,据估计每日超过 20 千米的出行量约达 250 万人次。然而目前,高铁的日均客运量只有 8.5 万人次,不到客流预测的四成。截至 2009 年 9 月,台湾高铁通车以来已亏损 460 亿新台币,为此,高铁公司不得不采取各种优惠措施来鼓励出行者乘坐高铁。

高铁不受台湾民众青睐的最大原因,主要是高铁车站离市中心太远,如台南的高铁车站远离市中心 16 千米,高雄的高铁车站离市中心也达 8 千米。其次,台湾高铁车站与市内地铁站的接驳和换乘也不合理。台湾大学的一项研究表明,换乘不便会使客运需求量减少 15%~20%。台湾高铁的 10 个车站中,只有台北、板桥、左营 3 个站与市内地铁连接。目前,台湾正在加紧采取各种措施,促使市区地铁、既有铁路车站早日与高铁的车站接轨。新竹正在延伸既有铁路线至高铁车站,桃园、台中将建高架轻轨,预计 2014 年可通到高铁车站。

高铁之所以有较长的优势距离,原因就在于旅客从各个出发点到达高铁车站,比到达飞机场所花的时间要少得多。如果高铁的车站被规划得过于偏离市中心,以至于到达高铁车站的时间和实际乘坐高铁所节省的时间相差无几,高铁的优势也就不明显了。可见,换乘、中转系统以及票价对于高铁的运营具有重要意义。我们正在快速建设中的高铁应重视这些方面的经验和教训,以充分发挥高铁的优势和效益。

高铁建设的国际环境与成都轨道交通产业

原载 2010 年 7 月 28 日《四川日报》

2001 年诺贝尔经济学奖得主、美国经济学家斯蒂格列茨（Joseph Eugene Stiglitz）说过："21 世纪有两大看点：中国的城市化和美国的高科技。"这两大看点都与高速铁路的发展战略有内在联系。对前者而言涉及的是城市化对高铁运输的需求，人口众多、幅员辽阔的中国城市间的快速通道需要建高速铁路；对后者而言涉及的是高铁技术供给，高速铁路是美国相对落后的高科技领域。而依靠科技创新和艰苦摸索，我国在高速铁路建设取得了举世瞩目的成就的同时，中国高铁技术也日渐成熟，奠定了自己在国际高铁市场上的地位。

近现代陆上交通的发展历程，经历了"铁路—公路—高速铁路"这一"否定之否定"的螺旋式上升过程。1825 年铁路诞生后，曾在近百年时间内一直承担陆上交通主力；但汽车发明、特别是高速公路诞生后，公路交通逐渐替代铁路成为陆路交通的主角，铁路一度成为"夕阳产业"。金融危机后，高速铁路所具有的低碳、节能、节地、运量大、速度快、全天候、安全好等优势日益为各国所重视。2009 年美国众议院议长佩罗西访问中国时，奥巴马总统建议她务必考察中国的高速铁路；目前美国已启动一个 13 条高速铁路的建设计划（简称 HSR），"铁路走廊"涉及 31 个州。

作为城市化需求和高科技能力的双重体现，世界高铁建设将呈大幅增长趋势。据业内人士预测，日本的高铁里程将从 2010 年年底的 4000 千米增加到 2020 年的 7000 千米；欧盟的高铁里程将从 2010 年年底的 7000 千米增加到 2020 年的 16 万千米。对我国这样一个幅员辽阔、人口众多、对城市化有迫切而长期需求的国家而言，铁路不仅是我国国民经济的大动脉、大众化的交通工具，也是保障民生、改善民生的重要载体。

一种交通方式可以形成一个市场，与一种主要交通方式相关的产业可能成为国家的支柱产业。预计我国 2010 年铁路基建投资 7000 亿元，全路固定资产投资总规模为 8235 亿元，将创历史最高纪录。巨大的市场将激活整个高铁产业链。根据测算，轨道交通的建设投资对 GDP 增长的直接贡献率为 1∶2.63；而且，每 1 亿元的投资可能提供 8466 个就业岗位。

对西部地区的经济发展和社会进步而言，高铁的发展将成为西部大开发进一步推进的重要力量。7 月上旬刚刚结束的西部大开发工作会议明确，今后 10 年要把西部地区"建成国家重要的能源基地、资源深加工基地、装备制造业基地和战略性新兴产业基地"。温家宝总理也在 7 月 17 日指出：对于中国经济社会而言，不仅东部地区需要发展高速铁路，西部地区更需要发展高速铁路。这个更需要的说法表明了中央的重视。发展高铁不仅将突破西部地区在建设能源基地、资源深加工基地、装备制造业基地和战略性新兴产业基地等目标上的交通运输瓶颈限制，而且将直接拉动轨道交通产品制造业及其相关新兴产业。

成都在发展轨道交通产业方面具有一定的优势。其一，在地理上，成都是国家整个高速客运网络和西部综合交通的重要枢纽，而东部沿海和发展比较快的地区正在将传统产业、基础产业转移到中西部，国家又决定把西部建设成为装备制造业基地——在如上所述的国际、国内大背景下，以高铁技术为重点来打造成都的经济转型品牌，是一条可行之路。其二，成都市集聚了西南交通大学、中铁二院中铁二局，又是成都铁路局的所在地。能集中这么多铁路技术人才的地方，我国除北京之外，实难再找到第二个城市了。我相信，有了具有世界眼光和战略思维的优秀人才，就不难通过市场调查分析，找到适合成都市自身特点、优势和基础的"差异化"产业发展路子。例如成都可探讨如何重点发展高铁安全技术、高原铁路技术（川藏铁路已在规划之中）、高速磁浮技术等，从而在轨道交通市场上确立自己的核心竞争力。

高铁，助推中国迈进小康社会

原载 2011 年第 1 期《社会观察》

我国高铁的"走出去"战略已初见成效，但如何在国内面对"被高铁"的质疑，使广大人民群众共享高速铁路这一现代文明成果，还有待于我们的思考与创新。

2010 年 12 月 7 日，第七届世界高速铁路大会在北京开幕，这是国际铁路联盟自 1992 年成立以来首次在欧洲以外的国家举行会议。12 月 3 日，中国铁路研制开发的时速 380 千米新一代高速列车，达到了世界领先水平，成绩十分可喜。几乎是与此同时，12 月 1 日，铁道部最新修订的《铁路旅客运输规程》和《铁路旅客运输办理细则》开始实施，新规中对退票改签等方面动车组列车与普通列车"待遇"不同等规定引起了网民热议、媒体关注。这同时发生的两件事情虽然不在同一层次上，前者大后者小，但见微知著，反映出了一个值得思考的大问题：具有世界最高速度的中国高铁如何拉动人均收入不算高的中国人奔向全面小康。

铁路不仅是国民经济的大动脉、大众化的交通工具，而且是保障民生、改善民生的重要载体。高速铁路具有速度快、运量大、安全、舒适、节能、节地、环保、全天候、综合经济效益好、科技含量高等十大优势，正在世界范围内引领铁路的复兴。

回顾中国在高速铁路领域的发展,与世界上最早发展高铁的日本和法国相比,起步大约晚了20年至30年,但自21世纪以来,发展迅速。十年来,我国抓住了历史机遇,加快发展高铁,终于后来居上,打了个漂亮的翻身仗。2004年1月,国务院批准中国第一个《中长期铁路网规划》,正式宣布规划建设里程超过1.2万千米的客运专线以及三个地区(环渤海地区、长江三角洲地区、珠江三角洲地区)的城际客运系统。自规划实施后,大批高速铁路相继上马开工建设。中国在建和即将兴建的高速铁路客运专线和城际铁路里程已达1万千米。根据我国中长期铁路网规划方案,至2012年,中国将建成42条高速铁路客运专线,基本建成以"四纵四横"为骨架的全国快速客运网,总里程约1.3万千米;到2020年,中国时速在200千米以上的高速铁路里程将达到1.6万千米。

2001年诺贝尔经济学奖得主、美国经济学家斯蒂格列茨说过:"21世纪有两大看点:中国的城市化和美国的高科技。"其实这两大看点与中国的高速铁路发展战略密切相关:前者说的是需求,人口众多、幅员辽阔的中国城市间的快速通道需要高速铁路;后者说的是供给,高速铁路是美国相对落后的高科技领域,这就为中国的高铁抢占未来发展战略制高点、走出国门留下了较大的发展空间。目前,我国高铁的"走出去"战略已初见成效;但如何在国内面对"被高铁"的质疑,使广大人民群众共享高速铁路这一现代文明成果,还有待于我们的思考与创新。

历史经验表明,科技创新会催生体制创新和制度创新;生产力发展高潮之后,必然会引发管理高潮的到来。我国历史上在唐代的经济大发展之后,随后的宋代以成熟的规章制度著称于世;20世纪初,在使用汽车装配流水线后,直接导致泰勒制和管理学的诞生;再以铁路史为例,铁路大发展不仅促进了股份制的诞生,并且使美国拥有一个完整、统一的市场经济。1883年11月18日,美国第一份全国统一的铁路时刻表诞生。在幅员辽阔的美国,正是铁路催生出了崭新的全国统一的标准时。

有一种观点认为,"中国人缺的是金钱,而不是时间"。我国高铁列车速度已是世界第一,而我国的人均GDP还在第100位左右。个人的时间价值是与个人的纯收入成正比、与物价指数成反比的。我国高铁发展如何破解"包容性增长"这一难题，同样需要我们的智慧和勇气，其难度并不亚于高铁技术的研发。破解这一难题最根本的办法当然是增加居民的收入。这一点在我国最近制定的"十二五"规划纲要以及刚结束的中央经济工作会议上都有所强调。显然这一方面建立的是一种长效机制。

在短期内可以做到的是，改善我们的运输供给结构，而且把选择权交给消费者。运输产品和服务是有层次的，我们推出的铁路客运产品和服务应该与出行者的需求协调一致，把选择权交给有不同需求的消费者。举例来说，高铁新线通车以后，在既有线上多保留一些普通列车（如Z字头、T字头、K字头列车等）。此外，由于我国是铁路后发展国家，新建的高铁线路和高铁车站一般离市区或既有车站比较远，虽然未来高铁站的周边区域将会成为新型的四通八达的商务中枢区，能吸引大量的客流，但在目前阶段，由于新车站离开市区较远，应仍保留相当多的高铁列车在市中心既有车站到发。沪宁城际高速铁路通车后，上海铁路局虚心听取旅客意见，及时将40对沪宁高速列车调整到上海站到发，不仅节省了旅客的出行时间，而且减少了上海市内交通压力，也使沪宁高铁列车的上座率有了大幅度提升，一石三鸟，很受好评。

层次是系统的等级秩序，在自然界和人类社会中普遍存在。例如，铁路客运系统可分为跨省区干线铁路、地区内城际铁路以及市郊铁路三个层次，同一系统的不同层次之间各有其特殊的任务和使命。在不同层次之间，往往存在着"关节点"，在关节点处事物的性质就会发生质的变化。在铁路网中，站间距、运营速度、供电电压等参数即是其"关节点"。不同层次的铁路有着不同的建设标准，承担着不同的使命。20世纪90年代，由于运输能力紧张，我国铁路曾先后封闭了几百个小站，为的是放弃短途运输、力保中长距离旅客和重要物资运输。有了地区内城际铁路，许多中小站的旅客就能共享现代轨道交通所带来的便捷和舒适，生活品质得以提高。

根据上述的功能分析可知，地区城际铁路的站间距不宜过大，一般为10千米至15千米左右。例如，沪宁城际高铁全长301千米，共设21个站，平均站间距为15千米。其实，到目前为止，我国还没有真正意义上的地区铁路在运营。京津城际铁路、沪宁城际铁路为了配合举办2008年北京奥运会、2010年上海世博会，其最高运行时速都定为350千米，这是世界上目前最高的运营速度。利用世界盛会及时展示我国的高速铁路技术，自有其必要性，并已取得了显著成效，已有不少国家开始引进我国的高铁技术。

在京沪高铁建成通车后，有快速出行需求的旅客可借助京沪高铁高速往返于京沪宁等大城市之间，沪宁城际铁路沿线其他中小车站的功能才可得以全面显现。但从目前来看，作为地区性城际铁路，要使沿线中小车站充分发挥作用，势必增加高速列车的停站次数，这样一来，高铁票价涨上去了，但高铁新线上的 G 字头动车组所花的旅行时间反而比既有线上原来的 D 字头动车组更多了，这就不够合理。在这种情况下，建议有关部门能否以列车的旅行时间即根据平均速度而非最高速度来制定票价。

一年一度的春运将从 2011 年 1 月 19 日开始至 2 月 27 日结束，为期 40 天。春运是我国交通运输部门接受考验的日子。尽管我国正处在高铁建设高潮时期，但目前的铁路总能力仍满足不了春运的运输需求。为遏止黄牛炒票，铁道部也采取了一些应对措施，包括开通电话售票系统、在部分地区试行火车票实名制等，这些举措受到广大旅客的欢迎。在春运压力十分巨大的情况下，笔者建议铁路部门最大限度地挖掘已投入运营的高速铁路的潜力，让更多的人群共享这一最新科技成果。其实施方法是增设一种"高铁站票"，票价相当于普通快车票，当有座位空着时持有"高铁站票"者也可以去坐；但当持有该座位坐票者登车时应该相让。用这一方法一方面可以充分利用高铁的运能，同时又能使平时只乘坐普通列车的旅客能体面地乘坐高速列车回家过年。一举两得，何乐而不为？

以培养创造型人才著称的美国宾夕法尼亚大学有一句格言："我们会找到办法，否则就创造一个。"高铁既是先进制造业，又是现代服务业。让我们共同探讨、共同努力，去实现研发和营销的统一、效率和公平的统一、科学精神和人文精神的统一、发展和民生的统一、经济增长和社会公平的统一。

中国高铁列车亮相美国纽约时报广场的意义

原载 2014 年第 3 期《城市轨道交通研究》

2014 年 2 月 3 日,中国农历甲午年大年初四,正当全世界华人还在欢度马年春节之际,在美国纽约时报广场(又译"美国纽约时代广场")的广告大荧屏上,一列中国造 CRH 380A 高铁列车疾驶而过,车厢内旅客喜形于色,站台上一片欢腾。该视频由中国南车集团公司制作播出,介绍快速、安全、舒适的中国高铁提高了人们的生活品质。CRH 380A 型高速列车是中国南车集团公司自主开发的代表产品,已安全运营超过 350 万千米。

纽约时报广场位于纽约百老汇大道和西 42 街交叉口,是广大游客必到之地,因此被誉为全球四大黄金广告地段之一。2011 年,中国国家形象宣传片也正是在这里播放。这次中国高铁广告在最佳时段、最佳地段播放,可称是一项成功的策划。

根据科学学的研究,当代科学技术的中心在美国。美国的信息技术、航天技术、生命科学技术、高端制造业等带头的科学技术领先于世界。然而,"智者千虑,必有一失",由于历史原因,高速列车已成为美国高端制造业中的一大弱项。

美国是一个"架在汽车轮子上"的国家,平均千人拥有 800 辆汽车,全国 1/7 的产业与汽车有关。美国铁路总长 25.7 万千米,规模世界第一,但主要用于货运。据美国联邦运输部的统计，美国人80千米以上的出行，56%依靠小汽车、41%乘坐民航飞机、2%乘坐长途汽车，只有1%的人乘坐火车。这样的旅客运输结构，导致美国以占世界5%的人口消耗了世界25%的石油资源。而中国则以占世界21%的人口仅消耗了世界19.3%的石油资源。因此，美国的客运结构既不合理，也无法复制，从长远看也是不可持续的。

这一高铁列车广告还展示了中国高端制造业的最新形象。截至2013年年底，中国高铁运营总里程已经突破了1万千米，在建规模1.2万千米，是世界上高铁运营里程最长、在建规模最大的国家。在2011年"7·23"温州动车事故后，中国高铁适当调整了发展速度与最高运营速度，加强了安全管理与风险控制。以京沪、京广高铁为例，最高运营速度都降到了时速300千米，以确保稳中求进、安全第一。高铁的开通带动了区域经济贸易往来。据统计，中国已开通运营的高铁可为货物运输腾出每年2.3亿吨的运力。高铁已成为地区经济发展的强大动力。

中国高铁的发展成就吸引了许多国家的关注。我国铁路总公司已与50多个国家就高铁合作进行了接触，并与其中20多个国家，包括美国、英国、俄罗斯、澳大利亚、巴西、泰国、马来西亚、新加坡、罗马尼亚等具有高铁发展潜力的国家，进行了深入沟通交流。2013年，中国南车集团公司与泰国联合成立"中泰高铁研究中心"，为泰国规划的高铁线路提供技术支持。现在，中国高铁亮相美国纽约时报广场，为其走向世界市场吹响了进军号！

从高铁先进技术的追赶者到引领者

——中国高铁技术的创新之路

原载 2016 年第 6 期《科学》

据德国《世界报》网站报道，一项最新调查表明，2016 年中国中车集团公司在全球高铁市场占据 69% 的份额，而在 2007 年之前，高铁市场完全被欧洲（主要是法、德两国）与日本的公司垄断。从 2004 年中国开始全面引进国外高铁动车组技术算起，至今不过 12 年，中国已从高铁先进技术的追赶者，成功转身成为高铁先进技术装备的提供者，进而向高铁先进技术的引领者迈进。

2016 年 8 月 15 日 6 时 10 分，G8041 次列车驶出大连北站，沿大连至哈尔滨高速铁路开行，于 7 点 57 分到达沈阳站。这是我国自行设计研制、拥有全面自主知识产权的中国标准高铁动车组的首次载客运行。在此之前的 7 月 15 日 11 时 20 分，两列中国标准高铁动车组以 420 千米的时速，在郑（州）徐（州）高速铁路上完成了相距只有 1.6 米的交会，此次试验证明两辆高铁动车组列车之间能承受巨大的压力波。这是拟投入运营的高铁动车组列车在世界上首次实现时速 420 千米的交会和重联运行。此次运营试验标志着中国已全面掌握高铁核心技术，高铁动车组技术实现全面自主化、标准化，反映出中国高铁的总体技术水平已跻身世界先进行列，部分技术达到世界领先水平。

1 世界高铁技术装备的引进及发展

放眼世界，除日、法、德等高铁技术的原创国家外，引进高铁先进技术装备的国家和地区主要有四例：中国、西班牙、韩国以及中国台湾地区。

西班牙的高铁技术开始采用法国高铁（TGV）的技术——西班牙是 TGV 技术输出的第一个国家，后引进了德国城际快车（ICE）的技术，后期西班牙自己研制出 Talgo250、Talgo350 等高速列车。其高铁列车 AVE 在 1992 年投入运营，最高运营时速达 300 千米，高速线路总长 2225 千米，制造商为阿尔斯通、西门子、塔尔高等公司。引进消化吸收后，西班牙的高铁技术装备已能少量出口。

德国西门子 ICE3 动力分散型列车 Velaro 是中国 CRH3 的原型车。

韩国也引进了法国的高铁技术，其高铁列车 KTX 于 2004 年投入使用，其最高运营时速达 300 千米，高速线路总长 412 千米，主要制造商为阿尔斯通公司。韩国在引进消化吸收后再创新，形成了自己的品牌，现在已能出口高铁技术装备。

中国台湾地区原先引进的是德国西门子的高铁技术，后改为日本新干线技术，其高铁列车 THSR 于 2007 年投入使用，最高时速为 300 千米，高速线路总长 345 千米，制造商为川崎重工。由于日方并未转让技术，因此出现问题后需依靠日方或第三方机构的调解和帮助。

2 列车速度及动力特点

列车速度主要分为最高试验速度、最高运营试验速度、最高运营速度、平均速度和旅行速度等五种，而高速铁路的知识产权与最高运营速度密切相关。

最高试验速度是指列车性能发挥到极限时所能达到的速度。然而，最高试验速度是在理想条件下进行的，与商业运营环境大不相同，是实际很难达到的速度。例如，法国 TGV 高速列车曾于 2007 年 4 月 3 日创造时速 574.8 千米的最高试验速度，这次试验是在条件最好的平直线路段上进行的，供电电压提高到 3.1 万伏，列车车轮的直径则加大到 1 米以上。

最高运营试验速度是指拟投入运营的列车在即将投入运营或已投入运营的高铁线路上所能达到的最高速度。2010年12月3日，中国CRH 380A高速动车组在京沪高铁线路上创造的时速486.1千米，是目前世界上铁路运营试验速度最高纪录。

最高运营速度是指列车在实际商业运营中允许达到的最高运行速度，用以判别高速铁路（列车）和普速铁路（列车）。我国一般把最高运营速度在时速200千米及以上的列车称为高速列车。最高运营速度是衡量铁路综合技术水平的总体性指标，反映了一条铁路的固定设施（轨道及轨下基础以及桥梁隧道等）、移动设备（车辆）、控制系统（信号及通信）等的综合集成水平。我国引进的原型车的最高运营速度不超过时速320千米，因此在研制最高运营速度为时速380千米及以上的中国标准高速动车组时，总体上不存在知识产权争议。这样的技术装备即使出口到国外，任何一家公司都不可能提出侵犯知识产权的诉讼。

平均速度就是列车运行距离除以列车运行时间（不计中途停站时间），这其实是列车跑起来后的平均速度，包含起动加速时的速度和制动减速时的速度。平均速度反映了列车的运动性能。在龟兔赛跑案例中，兔子的平均速度比乌龟快。

旅行速度，顾名思义，它与旅客的关系最密切，也最具有实际意义。它是列车运行距离除以列车总在途时间（包括中途停站时间）。在龟兔赛跑案例中，乌龟的旅行速度比兔子快，因此首先到达终点。2011年，铁道部决定把我国高铁的最高运营时速从350千米适当降低到300～310千米。世界铁路联盟根据各国的高铁时刻表计算出，全球旅行速度最高的线路是中国京广高铁湖南省境内衡阳至耒阳区段。

在高铁发展历程中，动力集中型与动力分散型在竞争中显示出各自的特点。动力集中型就是众所周知的"火车跑得快，全靠车头带"——列车靠火车头（机车）拉动，这是普速铁路的常例。"火车头"是动力集中型的关键词，该方式有两个优点。第一，其动力装置少，车辆维护工作量相应减少，因此价格相对低廉，这一优点在直流传动（采用直流电机作为牵引电机）时期很有意义，因为直流电机的维修工作量很大；但随着传动技术的进步，牵引电机采用交流电机后,这一优势就不明显了。第二,车厢里没有动力装置引起的振动和噪声,因此乘客的舒适度较高。该方式的缺点是机车的轴重大,牵引电机集中在机车上,机车下部的车轴要承担更多的重量,因而运行时对轨道的作用力和冲击力更大,要求钢轨具有更高的强度与刚度,这样造价就会增加,而且进一步提高列车速度十分困难。

动力分散型的关键词是"动车组",其优点主要有三项。第一,其轴重比动力集中型小而且分布均匀,因此对轨道的要求可降低,此外载客量也有增加。动力集中的法国TGV-A(1989年最高运营时速达300千米)的轴重为17吨,德国的ICE1(1991年最高运营时速达280千米)的轴重高达19.5吨,而动力分散的日本300系(1992年最高运营时速达270千米)的轴重仅11.4吨,500系(1997年最高运营时速达300千米)的轴重仅11.1吨。第二,可采取再生制动,分散在多辆车下的电动机制动时可以当作发电机用,不仅节能,而且可减少机械制动装置的使用(时速50千米以下时才起用机械制动装置),磨损大为减少。第三,列车编组相对灵活,列车在终到站不需要调换火车头方向即可再次出发。经过几轮博弈,中国在2004年第一轮高铁招标时明确告示只接受动力分散方式。

3 中国高铁技术发展历程

在吸取境外引进高铁技术的经验和教训基础上,中国走出了一条新颖独特的技术创新之路——"以我为主、博采众长、融合提炼、自成一家"。中国在全面引进并消化吸收加拿大庞巴迪、日本川崎重工、法国阿尔斯通、德国西门子的高铁技术后进行集成创新,成功搭建了世界上最先进的高铁动车组技术平台,并开始批量出口。

2004年,我国制定《中长期铁路网规划》,绘就了超过1.2万千米的"四纵四横"快速客运专线网。同年6月,铁道部展开了为满足中国铁路第六次大提速所需,时速为200千米级别的第一轮高速动车组技术的引进招标工作。以此为起点,中国开启了高铁动车组的引进消化吸收再创新之门。

中国将所有引进的国外技术与国内企业联合设计生产作为基本技术路线,

以加快先进技术装备的国产化进程。这种国外技术与国内企业联合设计生产出的中国高速铁路车辆统一命名为"和谐号",并冠以英文标识 CRH(China Railways High-speed),即中国铁路高速的英文缩写。随着时间的推移,"和谐号"的自主创新含量越来越高,直至 2016 年,高铁动车组技术实现了全面自主化、标准化。

在 2004 年第一轮招投标中,中外合资企业青岛四方—庞巴迪—鲍尔铁路运输设备有限公司(BSP)是第一批中标厂商之一,获得了 20 列高铁列车的订单。2004 年 10 月 12 日,铁道部与 BSP 正式签订合同,铁道部代表签约方为广州铁路(集团)公司。2005 年 5 月 30 日,广深铁路股份有限公司决定以 25.83 亿元人民币的价格向 BSP 另外订购 20 列时速 200 千米级别的动车组,以满足广深铁路第四线于 2008 年开通后的运营需求。BSP 生产的这 40 列时速 200 千米级别的动车组最终被定型为 CRH1A,其原型车是庞巴迪运输公司为瑞典铁路提供的 ReginaC2008 型列车。

同年,中国南车四方机车车辆公司(简称南车四方)从日本引进时速 200 千米的高速动车组,并将其命名为 CRH2。第一批 CRH2 动车组为 60 列,其原型车为日本新干线 E2 系 1000 型列车,前 20 列为日本制造,经船运到中国青岛组装。2006 年 9 月 28 日,时速 200 千米的国产 CRH2 型动车组在南车四方下线,其最高运营时速为 250 千米,可用于提速改造后的既有线路。2007 年 11 月 24 日,时速 300 千米的国产 CRH2-300 型动车组在南车四方下线,该技术仍从日本引进。按照铁道部的订购合同,获订单的国外公司需把若干关键技术转让给中国公司。不过,日方没有向中国转让车辆的控制软件和源代码技术,倘若后续软件出现问题,只能依靠日本技术人员或中国技术人员自主研制解决。

CRH3 型列车的原型为德国铁路的 ICE-3 列车,中国以引进西门子公司先进技术并加以消化吸收的方式,由中国北车唐山轨道客车公司在国内生产实现国产化。在 2004 年中国铁道部第一轮招标中,西门子公司由于转让技术、车辆要价过高,在招标中未获得任何订单。直至 2005 年 11 月,铁道部与西门子公司在"以市场换技术"的原则下签订协议,西门子才获得总值 6.69 亿欧元的 60 列时速 300 千米的高速列车订单。CRH3 型列车最终被定型为 CRH3C。

CRH5 型高速动车组是铁道部向法国阿尔斯通和中国北车集团长春轨道客车股份有限公司（简称北车长客）订购的列车，由北车长客负责国内生产，为 8 节编组，最高运营时速 250 千米，并具备时速 300 千米的提速能力。阿尔斯通公司是铁道部第一轮招标的中标厂商之一，获得了 60 组高速列车的订单。2004 年 10 月 10 日，铁道部和阿尔斯通公司正式签订总值 6.2 亿欧元的合同。根据合同，阿尔斯通将 7 项高速列车的关键技术转让给中国；3 组列车在阿尔斯通位于意大利的工厂组装，并完整付运到中国；另有 6 组以散件形式付运，由中方负责组装；其余 51 组通过法国的技术转让，由北车长客在国内生产。这批高速列车随后正式定型为 CRH5 系列中的唯一车型——CRH5A。动车组每列 8 节编组，共 5 节动车和 3 节拖车，设计运营时速为 250 千米，列车可通过两组联挂方式增至 16 节。首组 CRH5A 列车于 2006 年 12 月 11 日从意大利港口登船运往中国，2007 年 1 月 28 日抵达大连。第一组由中国生产的 CRH5A 于 2007 年 4 月出厂。随着中国铁路第六次大提速的实施，CRH5A 动车组自 2007 年 4 月 18 日起正式运行在京哈线上。CRH5 型动车组下线时间较晚，整体试运行时间不足，导致一些潜在问题没有能够在试验中解决，再加上 CRH5 是 CRH 动车组系列中唯一对原型车进行了大幅度改动，调试难度较高，因此 CRH5A 型动车组在正式运营初期的故障率相对比 CRH1 及 CRH2 高，例如制动系统、空调系统以及列车自动门的故障率较高。而在耐寒性方面，CRH5 则优于 CRH1 及 CRH2，承受温度范围可达 ±40℃，因此 CRH5 大多被安排在中国东北地区运行。后由于 CRH1 及 CRH2 动车组的生产商——中国南车集团转向研制运营速度更快的 CRH380 系列动车组，停产时速 200～250 千米级别的高速动车组，因此中国北车 CRH5 便成为时速 200 千米级别动车组的主力车种。

2009 年 3 月，北车长春轨道客车获得西门子公司的授权，生产 30 列 16 辆编组的时速 300 千米级别 CRH3D 型高铁动车组，正式成为 CRH3 高铁列车的生产厂商之一。

2010 年，在前期多个类型高速动车组的实践基础上，全新设计、时速超过 380 千米的国产 CRH380A 新一代高速动车组在中国南车青岛四方基地下线。CRH380A 型高速列车的性能、乘用环境、速度等级等各方面较前几个型号均有大幅度提高，外型也有较大变化，它是中国高速铁路自主创新的新成果，代表了中国高速动车组的更高水平。2014年2月3日，美国纽约时报广场的广告大屏幕上疾驶而过的列车就是CRH380A，当时该型列车已在中国高铁线路上安全运营了350万千米。

4 人才储备是引进消化吸收再创新的基础和前提

除了引进消化吸收再创新的技术路线正确之外，中国高铁技术的突飞猛进还得益于充分的人才储备。

在20世纪90年代，国家科委、铁道部一共列了300多个高铁研究课题，近千名技术骨干成长起来，他们跟踪世界高铁先进技术，开展国产化研究，并通过广深准高速铁路、秦沈客运专线以及既有线提速等实践，积累了研制、设计高速列车的宝贵经验。

例如，株洲电力机车厂的"中华之星"高速列车的核心技术在跟踪、模仿西门子ICE1、ICE2等动力集中型高速列车的基础上，由刘友梅院士领衔的团队自行研制而成，参与研制单位还有大同机车车辆厂、长春客车厂和青岛四方机车车辆厂。2002年11月27日试验时，"中华之星"达到了时速321.5千米的最高速度，造就了当时的中国铁路第一速。

又如中国国内首列动力分散型列车"先锋号"高速列车，它是"第九个五年计划"的重点科技关注项目，由南京浦镇车辆厂与上海铁道学院负责研制，车辆吸收了日本新干线300系的技术，绝缘栅双极型晶体管牵引逆变器使用了日本三菱电机产品，并采用无摇枕转向架，轴重仅15吨。列车最高运营时速可达200千米，为6节编组，每3节车厢组成一个单元，2辆动车加1辆拖车。列车的研制由时任浦镇车辆工厂总工程师王维胜，上海铁道学院教授庞乾麟、乌正康等领衔。"先锋号"在2000年完成组装并通过铁道部验收，于2001年5月出厂。同年10月26日至11月16日在广深线进行试验，创出当时中国最高时速249.6千米。2002年9月10日在秦沈客运专线进行的测试中，又创造最高时速292.8千米的纪录。"中华之星""先锋号"等自主研制高速列车的最大历史功绩，就在于为高铁先进技术的引进消化吸收再创新培养了大批青年人才。

5 创新引领永无止境

中国高铁有很多独特的优势。第一，中国兼容世界各国的高铁技术，技术非常全面。第二，中国既是个海洋国家，又是个大陆国家，与很多国家互联互通，未来的高铁技术改造、移动设备的养护维修以及高铁带来的网络效应，都是岛国所不具备的。第三，中国高铁拥有全天候的经验。中国海南岛环岛高铁的经验是赢得印尼高铁项目的重要原因之一；哈大高铁能适应严寒气候，因此受到俄罗斯的青睐。第四，中国高铁的运营里程长且安全性好，截至2016年9月，高铁营业里程突破2万千米，占世界高铁运营里程的60%以上。据中国铁路总公司透露，截至2016年7月11日，中国高铁动车组累计发送旅客突破50亿人次，安全运营里程超过37.4亿千米。旅客发送量和旅客周转量分别占全球高铁的60%和65%。中国已成为世界上高速铁路建设速度最快、运营规模最大、技术最全面、管理经验极为丰富的国家。

2016年7月，笔者在中车青岛四方机车车辆股份有限公司（简称四方股份）考察了产品研发制造现场，包括101控制中心、虚拟现实中心、国家工程实验室厂房以及北厂区动车组总组装车间，对四方股份的技术体系创新成就留下了深刻印象。这里生产高铁动车组的能力世界第一：每天可总装出6辆车，即4天就可以生产3列8节编组的高速动车组。这里的高速滚动试验台，成功进行了著名的时速600千米以上的高速列车滚动试验。四方股份秉承"1比7"的投资理念，即花1元钱引进技术，就配套投入7元钱自主创新。公司每年拿出销售额的5%投入科研，以保证研发的顺利进行。这样的正反馈机制，令越受市场青睐的产品所获得的创新力度越大。

在中车青岛四方车辆研究所有限公司（简称四方所），笔者见证了闻名遐迩的高速动车组车钩缓冲系统生产装配线。两列8节编组的高速动车组的两节头车就是通过它紧密地连接在一起。四方所自主研发的高速动车组车钩缓冲系统品质优良、安全可靠、性价比高，已受到国内外高铁列车制造商的青睐，产量的40%供应国外市场，这一数值恰好是中国高铁占全球高铁的比例，说明该产品基本上实现了全覆盖。预计2016年其销售额可达6亿~8亿元。

创新永远在路上。为推进"一带一路"国家战略的实施，满足国内外的多元运输需求，中国高铁的科研工作者又在规划新的征程：完善高铁技术装备的中国标准体系，自主研制高速磁浮系统集成技术并实现产业化，继续研发节能高效的永磁同步牵引系统，创新研制双层高速动车组，研制符合欧洲互联互通标准的高铁列车。中国高铁未来的努力方向是成为"技术引领者"和"标准制定者"。

让我们共同期待，更多技术先进、安全可靠的新型列车从中国源源不断地驶向世界！

中国高铁技术创新之路

原载 2017 年第 1 期《同济人》

2016 年，美国国际服务公司一项最新调查表明，中国中车集团公司在全球高铁市场占据 69% 的份额，以川崎和日立为首的日本公司占 9%，法国 TGV 高铁制造商阿尔斯通占 8%，德国西门子占 3%，加拿大庞巴迪、西班牙的 CAF、塔尔高等公司等分享了剩下的 11%。而在 2007 年之前，高铁市场完全被欧洲（主要是法、德两国）与日本的公司所垄断。

自 2004 年 8 月中国开始全面引进国外高铁技术算起，截至 2016 年 8 月，时速 350 千米的中国标准动车组投入客运，中国高铁先进技术实现了自主化、标准化，一共不过 12 年时间，正好是中国生肖的一个轮回。在此期间，中国从高铁先进技术的追赶者，亮丽身为高铁先进技术装备的提供者，目前正在成为高铁先进技术的引领者。这一成就举世瞩目，这一经验值得总结。

1 技术路线正确：以我为主、博采众长、融合提炼、自成一家

放眼世界，除日、法、德等高铁技术的原创国家外，在 2004 年中国引进高铁列车之前，引进高铁先进技术装备的国家和地区主要有 3 个——西班牙、韩国以及中国台湾地区。在这 3 个案例中有经验也有教训。吸取境外引进高铁技术的经验和教训，中国走出了一条新颖独特的技术创新之路——"以我为主、

博采众长、融合提炼、自成一家"。这16字方针原是中国管理学的创新,中国高铁实践了这一方针,并取得了优异的成绩。

2004年中国引进高铁技术不仅是全面的引进,全方位、全产业链的引进,而且是自主的引进。这种国外技术与国内企业联合设计生产出来的中国高铁列车统一命名为"和谐号",并冠以英文标志"CRH"(中国铁路高速):CRH1型,与加拿大庞巴迪合作由青岛BSP(庞巴迪—四方—鲍尔)公司制造;CRH2型,与日本川崎重工合作,由四方股份公司制造;CRH3型,与德国西门子合作,由唐山厂、长客厂制造,运营时速300千米(其他三种车型的运营时速均为200千米);CRH5型,与法国阿尔斯通合作,由长春客车股份公司制造。

引进后联合生产的动车组共有上述4种技术平台、15种车型号,设计速度等级为时速250~350千米。2010年,在融合提炼国外技术的基础上,根据中国的客运需求,对主要技术,如交流传动系统、转向架、铝合金车体、制动系统、头车的形状等进行了改进与创新,分别由原南车、北车集团自主研制成功了CRH380新车型,其最高运营时速可达380千米;继而时速350千米中国标准高速动车组研制成功,实现了自主化、标准化,如今已开始投入运营。

2 一系列的正确决策与制度创新:只引进动力分散方式,外国企业必须与中国企业联合投标,加大消化吸收再创新的投入,注意规避知识产权风险

在引进高铁列车的过程中,中国坚持"以我为主",作出了一系列影响深远的决策与制度创新。

首先,中国高铁只引进动力分散方式的高速列车。为何要选择动力分散方式?在高铁发展历程中,动力集中方式与动力分散方式在竞争中显示了各自的特点。常言道,"火车跑得快,全靠车头带"。动力集中方式关键词就是"火车头"(机车),靠火车头拉着列车跑就是动力集中方式;而动力分散方式的关键词是"动车组",它是由带动力(电动机)的动车和不带动力的拖车共同组成的列车。

动力集中方式的优点是动力装置少，车辆维护工作量少，因此价格相对低廉，这一优点在直流传动（采用直流电机作为牵引电机）年代很有意义，因为直流电机的维修工作量大；但随着传动技术的进步，在采用交流电机作为牵引电机后，这一优势就不那么明显了。另一优点是车厢里没有动力装置所引起的振动和噪声，因此乘客乘坐比较舒适。动力集中的缺点是机车的轴重大，由于牵引电机集中在机车上，机车下部的车轴要承担更大的重量，因而运行时对轨道的作用力和冲击力大，要求钢轨具有更大的强度与刚度，这样就会提高铁路的建设成本。

动力分散方式的优点主要有以下三项。一是轴重比动力集中方式小而且分布均匀，因此可以降低对轨道的要求，还可以增加载客量。例如，采用动力集中方式的法国TGV-A（1989年创造了最高运营时速300千米）的轴重为17吨；同样采用动力集中方式的德国ICE1（1991年创造了最高运营时速280千米）的轴重高达19.5吨；而采用动力分散方式的日本300系列车轴重仅为11.4吨。

动力分散方式的第二项优点是可采取再生制动，即分散在多辆车下的电动机制动时可以当作发电机使用，其产生的电能可反送回供电网，不仅节能，而且可减少机械制动装置的使用频率（当减速到时速50千米以下时才起用机械制动装置），使机械零部件的磨耗大为减少。

动力分散方式的第三项优点是动车组编组比较灵活，在终到站也不需要调换火车头的方向。经过几轮博弈，动力集中方式纷纷向动力分散方式转型。而中国早在1995—2000年间，在铁道部高速办考察日本新干线与欧洲高铁后，已经形成了中国采用动力分散方式的共识，而在当时这是保密的。因此在2004年第一轮高铁招标时明确告示，中国只接受动力分散方式的高速列车，即高速动车组。实践已证明了这一决策的正确性与预见性，因为德国ICE、法国TGV的最新车型也都采用了动力分散方式。

中国引进高铁先进技术，坚持"以市场换技术"的方针，规定外国企业必须与中国企业联合投标。我国将所有引进的国外高铁列车与国内企业联合设计生产作为基本技术路线，以加快先进技术装备的国产化进程。

按照铁道部的订购合同，获订单的国外公司需把若干关键技术转让给中国公司。例如，在2004年8月进行的第一轮高铁列车引进招标中，阿尔斯通是中标厂商之一，获得了 60 组高速列车的订单。2004 年 10 月 10 日，铁道部和阿尔斯通正式签订总值 6.2 亿欧元的合同。根据合同，阿尔斯通将 7 项高速列车的关键技术转移给中国，其中 3 组列车在阿尔斯通位于意大利的工厂组装，并完整付运到中国；另有 6 组以散件形式付运，由中方负责组装；其余 51 组通过法国的技术转让，由长春客车股份公司制造。CRH5A 动车组于 2007 年 4 月 18 日起，正式运行于京哈线上。由于 CRH5 型动车组下线时间较晚，整体试运行时间不足，导致一些潜在问题没有能够在试验中解决；又因为 CRH5 是 CRH 动车组系列中唯一对原型车进行了大幅度改动，因此调试的难度较高，所以 CRH5A 型动车组在正式运营初期的故障率相对比 CRH1 及 CRH2 要高些。然而在耐寒性方面，CRH5 则比 CRH1 及 CRH2 强，其承受温度范围可达 ±40℃，因此大多数被安排在我国东北地区运用。

还有一条成功经验是，引进高铁技术与消化吸收再创新以 1 比 7 的比例加大投入，用于消化吸收再创新。在引进之初，中车四方股份就提出"1 比 7"的投资理念，也就是花 1 元钱引进技术，就要配套投入 7 元钱进行自主创新。中车四方股份副总经理、总工程师、2015 年科学技术进步奖特等奖获得者梁建英坦言，公司每年会拿出销售额的 5% 投入研发，以保证研发的顺利进行。以 2015 年为例，四方股份的销售额达 400 多亿元，这就意味着该年的研发投入将超过 20 亿元。这样的正反馈机制，使越是受到市场青睐的产品，继续创新的力度也越大。

结合中国国情对引进的高铁关键技术进行再创新，并抓住最高运营速度这一关键指标，就从根本上规避了知识产权争议。这样的技术装备即使出口到国外，任何一家公司都不可能提出侵犯知识产权的诉讼。不仅因为高速列车的多项核心技术为适应中国国情作了改进，尤其是最高运营速度这一反映综合技术水平的总体性指标已经突破，其创新性更是毋庸置疑的了。

2014 年 2 月 3 日，中国农历甲午年大年初四，正当全世界华人正在欢度春节之际，在美国纽约时报广场的广告大荧屏上，一列中国造 CRH380A 高速列车疾驶而过，车厢内乘客喜形于色，站台上一片欢腾。这是中国自主开发的代表产品，其设计时速高达 380 千米，当时已安全运营 350 万千米。播出这一视频的意义就在于向全世界宣告了 CRH380A 的自主知识产权。

3 人才培养是引进消化吸收再创新的成功基础

在 20 世纪 90 年代十年间，当时的国家科委、铁道部一共列了 300 多个高铁研究课题，一共培养和涌现出了近千名技术骨干，他们跟踪世界高铁先进技术，开展国产化研究，并通过广深准高速铁路、秦沈客运专线以及既有线提速等实践，积累了研制、设计高速列车的宝贵经验。

"中华之星"高速列车，其核心技术由我国自行研制，是跟踪、模仿西门子 ICE1、ICE2 等动力集中型高速列车独立研制而成。2002 年 11 月 27 日，试验时中华之星达到了时速 321.5 千米的最高速度，造就了当时的中国铁路第一速。"中华之星"高速列车的研制单位包括株洲电力机车厂、大同机车车辆厂、长春客车厂和青岛四方机车车辆厂，参加研制的还有西南交通大学等高校。

又如"先锋号"高速列车，"先锋号"电力动车组中国国内首列动力分散型列车，被当年国家计划委员会列为"第九个五年计划"的重点科技关注项目。先锋号由南京浦镇车辆厂与上海铁道学院负责研制，车辆追踪日本新干线 300 系的技术。先锋号在 2000 年完成组装并通过了铁道部验收，2001 年 5 月出厂，2001 年 10 月 26 日至 11 月 16 日间在广深线进行试验，创出当时中国国内最高时速的 249.6 千米；2002 年 9 月 10 日在秦沈客运专线进行的测试中，又创出最高时速 292.8 千米的记录。

"中华之星""先锋号"等的最大历史功绩在于为高铁先进技术的引进消化吸收再创新培养、储备了大批骨干技术人才。创新永远在路上。优质人才永远是创新的关键。

"复兴号"开启中国铁路新时代

原载 2017 年第 6 期《科学》

中国铁路在 2017 年 9 月 21 日实施新的列车运行图,7 对"复兴号"动车组列车在京沪高铁率先以 350 千米的时速运营,京沪两地间运行时间压缩至 4 个半小时,为世界高速铁路商业运营树立了新的样板。1 个多月以来,安全快捷、平稳舒适的"复兴号"动车组受到广大旅客的青睐,已累计运送旅客 59.2 万人次,日均 2 万人次。我国已成为世界上高铁商业运营速度最快的国家。

1 我国高铁技术实现自主化标准化

2012 年以来,由中国铁路总公司(原铁道部)主导,集合国内有关企业、科研院所及高校,开展了中国标准动车组的设计研制工作。先后完成了制定总体技术条件、方案设计、整车型式试验、科学实验、样车下线、空载运行、模拟荷载试验等任务,直至 2017 年 1 月 3 日获得国家铁路局颁发的型号合格证和制造许可证,随后正式投入商业运营。我国用 5 年时间实现了高速动车组由中国制造到中国创造的跨越。

具有完全自主知识产权、达到世界先进水平的中国标准动车组列车在 2017 年 6 月 25 日被命名为"复兴号"。"中国标准动车组"可以有两种解读方法。

一是"中国标准"动车组。因为"复兴号"中国标准动车组构建了体系完整、结构合理、先进科学的高速动车组技术标准体系,在所采用的254项重要标准中,中国标准(包括中国国家标准、行业标准、中国铁路总公司企业标准等技术标准)占到了84%。早在2016年9月北京召开的第39届国际标准化组织大会上,具有完全自主知识产权的"中国标准动车组"就引起众人瞩目。中国幅员辽阔、地形复杂、气候多变,适应各种地质条件与气候条件的"中国标准"正逐渐超越"欧标"与"日标",被越来越多的国家采用。例如,肯尼亚的蒙内铁路已于2017年5月31日开通运营,这是海外首条采用"中国标准"的国际干线铁路,由中国路桥集团提供全方位的运营维护服务。这条铁路标志着中国铁路装备、产能已实现全方位的"走出去"。建设中的印尼雅加达至万隆的雅万高铁也将采用中国的高铁标准。曾有韩国媒体这样报道,"包括高铁、核能等在内的中国高端制造业正在迅速扩展世界市场,由此带来的是'中国行业标准成为世界标准'"。

二是"中国的"标准动车组。中国"和谐号"高速列车是按"引进、消化、吸收、再创新"的方式诞生和发展的。自2004年,从加拿大、日本、德国、法国分别引进了1型车、2型车、3型车和5型车四种不同的技术平台。这些车型技术路径不同,虽然已充分考虑到我国列车的技术特点,但毕竟不是完全自主创新的产品。它们的技术平台标准不统一,不仅司机的操作台不同,连车厢里的定员座位都不一样,无法相互替代。一旦某节车厢出现故障,需要组织乘客换乘,临时调来的列车很可能"挂不上""缺座位"……而中国标准动车组实现了车辆统一、可互联互通,具备互操作功能,11个系统的96个关键部件都是通用的。过去由于车型标准不统一,每种车辆都需要有备用车应急,动车检修部门要把四种车型的零部件全部配齐;高铁司机也要学习各种车型的驾驶。中国标准动车组的"标准"二字,意味着今后所有高铁列车都能连挂运营,互联互通。只要是相同速度等级的车辆,不管是哪个工厂的产品,也不管是哪个平台出品,都能连挂运营和相互替代,不同速度等级的列车也能相互救援。中国标准动车组的"中国"意味着我国的高铁已从当初的"联合设计生产"升华到从内到外的"纯中国研制"。

2 中国标准动车组"复兴号"的新亮点

与既有的"和谐号"系列相比,"复兴号"的各项能力更加先进优越。

2016年7月15日,两列标准动车组在郑(州)徐(州)高铁上分别以420千米的时速交会,1秒间飞驶117米,成功完成世界最高速的动车组交会试验,验证了"复兴号"整体技术性能十分可靠。从外观看,"复兴号"有着流线型的"头型"和平顺的车体,这样的设计确保了列车运行快速且稳定。在时速350千米高速状态下,列车运行时遇到的阻力90%来自空气。"复兴号"的车体高度从"和谐号"的3.70米增加到4.05米,车体断面增大了7.3%,其受到的阻力较"和谐号"更大。为降低能耗,必须攻克头型技术难题,研发团队最初设计了46种头型概念方案。经过海量的仿真计算、风洞试验和动模型试验,研发团队反复对头型的技术指标与文化特性进行评估,最终确定了"飞龙"方案。头车制造是另一大挑战,头车曲面造型复杂,由80多块蒙皮拼接而成,共有3000多条各种类型的焊缝,加起来共有600多米长。飞龙整车运行阻力降低了12%,人均百千米能耗下降17%。当"复兴号"以时速350千米的速度行驶时,人均百千米能耗仅3.8度电,往返一趟京沪可节省5000多度电。

列车运行时产生的噪声与速度的5至7次方成正比,"复兴号"的降噪能力也较"和谐号"有所增强。

对高速列车来说,高速度必须与高安全相统一,二者相辅相成。"复兴号"列车设置了智能化感知系统,拥有强大的安全监测系统。全车有2500余个传感器(比"和谐号"动车组多出500余个),能够对走行部新设计的转向架(已通过1200万次的疲劳试验)状态、轴承温度、制动系统状态、车内环境等进行全方位实时监测。在出现故障时,依据"故障导向安全"铁律,完备的监控系统会发出预警并及时作出反应,列车将自动减速甚至自动停车。"复兴号"还增设了头车的碰撞吸能装置,能在遇到极端情况时起到缓冲保护作用。

凭借新材料、新技术的应用,"复兴号"的耐压等级和整体寿命方面也有所提高。中国地域广阔,温差高达40℃,为适应长距离、高强度等运行需求,"复兴号"在各种工况条件下进行了60万千米的运用考核,整车性能指标有了较大提高。"和谐号"的寿命周期是20年,而"复兴号"的寿命周期提高到了30年。

从乘客体验的角度看,"复兴号"列车的设计更具人性化。旅客设施得到了提升,座椅前后间隙变宽,增大了腿部的活动空间;在座椅调节方面,其倾斜角度不大于 30 度,最大程度避免影响后座乘客的活动。全趟列车的垃圾桶都安装了臭氧处理器,可以除臭,以保证列车车厢内的空气质量;在列车的水盆下方安装有温度调节器,为旅客提供温水。洗手间增加了残疾人轮椅固定带,车内采用 LED 照明,光线更加柔和(有三种模式)。车厢里新增了商务座,席位指示已改为电子显示:席位号提示灯显示为红色时,表示席位已占用;黄色代表已经预售,下个区间将会有乘客;绿色代表车票还未售出。为了让乘客随手放置的东西更平稳,窗台采用了防滑材料。车厢内还实现了 Wi-Fi 网络全覆盖。

按照国际铁路联盟(UIC)的定义,高速铁路是指既有线改造后运营时速达 200 千米以上,新线运营时速达 250 千米以上的线路。2007 年 4 月 18 日,全国铁路实现第六次大提速,在京沪、京广、京哈、胶济等铁路干线上,列车运营时速达到 200 千米,部分区段时速达到 250 千米。因此,笔者在 2007 年 4 月 8 日《文汇报》上发表了《中国迎来高铁时代》一文,文中写道:"此次提速后,在我国部分铁路线区段,列车时速可达 200 千米以上,标志着我国开始进入高速铁路时代。"

2007 年,我国还处在进入高铁时代的起跑线上,十年来,通过"引进、消化、吸收、再创新",博采众长,融合提炼,终于自成一家,实现了"弯道超车"。2017 年,具有完全自主知识产权、达到世界先进水平的中国标准动车组列车"复兴号"正式投入运营,开启了中国铁路新时代。对世界而言,中国铁路将充分发挥标准化在推进"一带一路"建设中的基础性支撑作用。

3 中国高铁技术创新的"否定之否定"

否定之否定规律是哲学的基本规律之一,它揭示了事物发展是前进性与曲折性的统一,表明事物发展不是直线式前进而是螺旋式上升。例如,"麦粒—麦株—麦穗"就是一个否定之否定过程:麦粒是供人吃的,是肯定因素;可是麦粒种到地里长成麦株,是跟草一样的东西,人是不能吃的,所以可以看成是否定因素；然后，麦株结出果实——麦穗，长出更多供人食用的麦粒，完成了一次循环。又如，毛主席提出的正确处理人民内部矛盾的著名公式"团结—批评—团结"：在团结的基础上开展批评，似乎是否定因素；然而通过批评与自我批评，在新的基础上达到了新的团结，也是一个螺旋式的上升过程。

回顾1996年3月13日，第八届全国人大四次会议进行表决，通过了《国民经济和社会发展"九五计划"和2010年远景目标纲要》，明确指出："下世纪的前十年，着手建设京沪高速铁路，形成大客运量的现代化运输通道。"弹指一挥间，20年已经过去，中国高铁技术经过了"独立研发—引进消化—自主创新"三个阶段，作为高铁技术标志的高速载运工具经历了由"先锋号""中华之星"至"和谐号"再到"复兴号"的光辉历程，中国高铁技术的创新为否定之否定规律提供了一个鲜活的范例。

在独立研发阶段，国家科委、铁道部一共列了250多个研发课题，近千名技术骨干在实践中快速成长起来。2002年9月10日，我国独立研发的"先锋号"在秦沈客运专线上跑出了时速292.8千米的试验最高速度；2002年11月27日，由我国独立研发的"中华之星"在秦沈客运专线上跑出了时速321.5千米的试验最高速度。"先锋号""中华之星"等独立研发的高速列车的最大历史功绩就在于，为高铁先进技术的引进、消化、吸收、再创新培养了大批骨干人才。

在引进消化阶段，2004年4月，国务院明确了"引进先进技术，联合设计生产，打造中国品牌"的基本方针。这一阶段的品牌就是"和谐号"。

在自主创新阶段，中国标准动车组"复兴号"的横空出世，标志着中国高铁动车组技术进入了自主化、标准化、系列化的新阶段，实现了中国从高铁先进技术的追赶者到引领者的历史性转变。

我国经济战线的领导人、中国企业管理学会的创建者袁宝华在1983年1月提出了中国特色管理学的特征："以我为主，博采众长，融合提炼，自成一家。"这"十六字"方针，推动了我国企业界对管理方法、管理模式和管理思想的创新，全面提升了中国企业管理的现代化水平，也极大地提高了中国企业的国际竞争力。中国高铁技术的创新三部曲极大丰富了中国特色管理学的理论宝库，可进一步增强我们的道路自信、理论自信、制度自信与文化自信。

高速铁路与城际铁路的交集

原载 2018 年第 10 期《城市轨道交通研究》

2018 年 9 月 23 日,广深港高铁香港段开通运营,香港从此进入高铁时代。欣喜之余,有读者来电询问:广深港铁路是高速铁路,还是城际铁路?笔者回答说:它既是高速铁路,又是城际铁路。因为从区位特性看,它属于粤港澳大湾区内的城际铁路;而从速度特性看,它又是高速铁路,是全国高速铁路网的一个末梢。

国家铁路局批准发布并分别自 2015 年 2 月 1 日与 2015 年 3 月 1 日起开始实施的《高速铁路设计规范》与《城际铁路设计规范》,是在系统总结我国时速 250~350 千米高速铁路与时速 160~200 千米城际铁路的建设、运营实践经验基础上,正式发布的我国第一部高速铁路与城际铁路的行业标准,将为我国发展高速铁路与城际铁路,以及实施铁路"走出去"战略提供规范、成套的中国铁路标准。

根据 2013 年 8 月 17 日李克强总理签发的《铁路安全管理条例》第 107 条规定:"本条例所称高速铁路,是指设计开行时速 250 千米以上(含预留),并且初期运营时速 200 千米以上的客运列车专线铁路。"而根据国际铁路联盟(UIC)的定义,高速铁路是指通过改造既有线路使其运营速度达到时速 200 千米以上,或专门修建新线,使其运营时速达到 250 千米(客货共线运营线路)或 300 千米(客运专线)以上的干线铁路系统。然而,UIC 在实际操作时,往往将时速 200 千米及以上的、无论是新建或改建的客货共线或分线的铁路,全部统计为高速铁路。这是语言具有模糊性的具体表现。

城际铁路是在相邻城市之间或城市群内开行的客运专线。在不同国家、不同阶段及不同学术领域，对城际铁路有不同的规定。根据我国《城际铁路设计规范》，城际铁路是指专门服务于相邻城市间或城市群内旅客列车设计时速200千米及以下的快速、便捷、高密度客运专线铁路。与高速铁路相比，城际铁路在功能定位需求、内在技术特点和运营管理模式等方面存在显著差异，一般具有区域性、短距离的特点，大多采用高密度、小编组、公交化运输组织模式。然而，在实际操作中，高速铁路与城际铁路之间存有交集。例如：按其功能，属于"专门服务于相邻城市间或城市群内"的城际铁路；若按其运营速度，则为"时速250～350千米"的高速铁路。已经建成投入运营的京津城际铁路，以及正在建设的京雄城际铁路（北京至雄安新区）、京张高铁等就属于此类铁路。对于这种具有双重属性（交集）的铁路，在项目立项时或在投入运营后进行统计时，就犯了难，往往只能二者取其一：有时称它为城际铁路，有时则称它为高速铁路。这也体现出了人类自然语言具有一定的模糊性。

产生这种现象的原因完全是基于客运的实际需求。如京雄线虽然属于城际铁路范畴，全长只有92.783千米，全线设5座车站；该线从黄村至北京新机场设计时速为250千米，而从北京新机场至雄安新区设计时速为350千米，论其运营速度又属高速铁路范畴。一般情况下，解决这一模糊问题的关键是处理好站间距与最高运营速度之间的匹配关系。《城际铁路设计规范》提出，城际铁路的平均站间距宜为5～20千米，而我国高速铁路的平均站间距宜为30～60千米。站间距长，其旅行速度必然会提高。如京沪高铁的平均站间距为59.9千米，因此，其旅行速度与最高运营速度之比高达84%。

世界第一台电脑的设计者冯·诺伊曼说得好：人脑的精度虽远没有电脑高，但人脑善于处理模糊信息，这正是电脑所做不到的。对于高速铁路与城际铁路间的交集问题，人们的认识也自然会由"模糊"变为"清晰"。

创新实践造就有理想、有学问、有才干的实干家

原载 2018 年第 12 期《城市轨道交通研究》

2018 年 10 月 11 日晚上,同济大学报告厅内座无虚席,中车青岛四方机车车辆股份有限公司副总经理兼总工程师、和谐号 CRH380A 和复兴号 CR400AF 的主任设计师、全国三八红旗手、中国科协"双百"科学人梁建英校友回到母校,为师生作题为"中国铁路——发展、成就、未来"的演讲。

梁建英教授级高级工程师 1995 年毕业于上海铁道大学电力牵引与传动控制专业,离她主持设计的和谐号 CRH380A 创造时速 486.1 千米的运营列车世界最高试验速度,仅 15 年时间。就是这改革开放大时代背景下短短 15 年的创新实践,造就了一位杰出的高铁动车组设计师。

1995 年 3 月下旬,也就是在梁建英毕业前的 4 个月,铁道部高速办、科技司在她母校主持召开了确定京沪高速铁路重要技术参数的学术会议。这次会议确定的每小时 300 千米的速度目标值,极大地鼓舞了全校师生。幸运的是,就在这中国高铁喷薄欲出的艰苦探索阶段,梁建英一毕业就来到中国的"轨谷"——目前中国 60%高铁动车组的生产地青岛四方工作。

在这次演讲中,梁建英首先借用王国维在《人间词话》中的三重境界与大家分享中国高铁和她个人的成长历程。她说:中国在高铁领域取得的成就,并非"忽如一夜春风来"。高铁之花之所以能开遍祖国大地,是铁路人在改革

开放和社会经济大发展的推动下,几十年来顽强拼搏、勇于创新的结果。早在20世纪90年代初,我国就已经在极其艰苦的条件下开始研究高速铁路技术,并最终确定了技术体制、创新路径和发展模式。因为有了技术和人才储备以及完备的机车车辆工业体系支撑,我国才能迅速完成高铁技术的引进消化吸收再创新,并很快形成了自主化的中国高铁技术体系。

梁建英说:在高铁列车技术突飞猛进的背后,人们往往看不到研发过程的曲折和坚持。在亮眼的科技成就背后,其研发过程是由一个个枯燥重复,甚至是充满沮丧疲累的时刻组成的。高铁成功了,别人说我们荣辱不惊,其实是没有时间想那么多,因为别人也在跑,赶路要紧。我想,不仅仅是我们从事高铁行业的,其他所有的行业,只有踏踏实实一步一个脚印走稳了,才会离理想越来越近。

对于轨道列车的发展趋势,梁建英透露,中车集团正在研制时速600千米的高速磁浮列车。它是什么概念?时速350千米是高铁的商业运营速度,时速800千米是大型民航飞机的巡航速度。中车集团研制的时速600千米高速磁浮列车就是为了填补这两者之间的速度空白。该项工程的样车预计在2020年下线。还有智能高铁、车—车通信技术、快速货运动车组、新材料车辆(如2018年9月在柏林国际轨道交通技术展上中车青岛四方机车车辆股份有限公司正式发布的新一代碳纤维地铁车辆)、上下层单轨立体交通等都在研究开发中。创新没有止境,我们的奋斗也没有止境。

梁建英最后说:"同学们,未来正在到来,它属于我,更属于你们。祝愿同学们踏踏实实一步一个脚印走出自己的人生三重境界,以智慧、努力和坚持,不负自己、不负国家、不负时代!"

为了把我国建成"交通强国",为了推进"一带一路"建设,我国铁路相关院校的大学生一定会响应习近平总书记今年5月2日在北京大学师生座谈会上发出的号召:"广大青年要努力成为有理想、有学问、有才干的实干家,在新时代干出一番事业。"

高铁智能化

——中国铁路又出发

原载 2020 年第 2 期《城市轨道交通研究》

2019 年 12 月 30 日，世界上首条采用北斗卫星导航的智能高铁——京张高铁开通运营。110 年前的 1909 年 10 月 2 日，中国第一条不使用外国资金及人员，由中国人自行设计、建造的京张铁路正式通车。遥想当年，中国要建京张铁路的消息一经传出，外国人便嘲讽"建造这条铁路的中国工程师尚未诞生"。詹天佑创造性地在八达岭路段修建了"之"字形线路，使工程费用缩减为外国人预估的 1/5；并利用"竖井施工法"开挖隧道，缩短了工期。足见从京张铁路到京张高铁，中国铁路在自主创新的轨道上从不停步，砥砺前行。

人工智能是一门新兴技术科学，是研究如何模拟、延伸和扩展人的智能的理论、方法和应用体系。人工智能也可理解为大规模的预测和控制。它发展到相当阶段，可以应用智能机器以与人类智能相似的方法对事物进行全方位、大规模的预测和控制。自动驾驶汽车仅仅是汽车应用人工智能技术的初级阶段，其高级阶段是解决大范围里的交通组织难题，即在充满自动驾驶汽车的马路上、城市里，如何防止发生道路交通冲突并保证安全。同样，铁路应用人工智能技术的高级阶段是保证整个铁路网的运营安全与高效。铁路管理部门通过北斗卫星导航，可以感知行驶中的每一列车以及每座车站、桥梁和隧道的实时信息。因此，高铁采用北斗卫星导航具有划时代的意义。

"化"者,彻头彻尾、"彻里彻外"之谓也。智能化高铁就是广泛应用云计算、大数据、物联网(智能物联网已成为新趋势)、移动互联、人工智能、北斗导航、BIM(建筑信息建模)等新技术,综合高效利用资源,实现高铁移动装备、固定基础设施及内外部环境间信息的全面感知、泛在互联、融合处理、主动学习和科学决策,实现全生命周期一体化管理的新一代高速铁路系统。

智能高铁已成为当前世界高速铁路发展的重要方向,如:德国铁路公司提出的"铁路4.0"发展规划、日本推出的CyberRail系统、法国国家铁路公司提出的数字化铁路项目;瑞士也制定了铁路智能化发展的战略规划,将先进信息技术与铁路基础设施、运输装备、调度指挥、运输服务、养护维修等各领域进行深度融合,重点方向主要集中在列车自动驾驶、基于BIM的智能建造、智能调度指挥、基础设施智能运维、智能综合运输服务等方面。

以京张高铁为例,其运行列车是在CR400BF型"复兴号"的基础上,改进了头型设计,增加了智能模块,让列车不仅可以与北斗卫星导航系统相连,而且能使列车实现自动驾驶:车站自动发车、区间自动运行、车站自动停车、车门自动打开、车门/站台门联动控制……以时速350千米运行从制动到停车,最后停准的误差在10厘米之内;以故障预测与健康管理(PHM)为核心,提供故障预警报警、故障精确定位,维护行车安全和运营秩序,并提供运维决策建议,实现预见性智能化维修;以人为本、普惠大众、突出个性服务,提高出行体验,内外信息显示更直观、更智能,车内设计根据不同目标人群,提供不同的智能服务。列车不仅更智能,而且更节能:智能技术使列车阻力降低10%,整车综合能耗降低8%,节电约15%;京张高铁八达岭段的坡度高于30‰,经过提升后的"复兴号",可以在动力损失一半的情况下,顺利启动爬坡。适应能力也有大幅提升:新增的应急自走行功能,可保证列车在任一区间发生故障后自走行至最近车站;经过提升的列车既满足高寒环境应用,又可满足30‰坡道的山区运用要求。

京张高铁也是世界上首条全线采用智能建造技术的高铁,全生命周期都有大数据支撑,并存有"健康档案"。通过开发BIM、三维可视化平台,使地下施工如同进行外科手术般精准;采用智能建造技术用以规避传统施工风险,在八达岭长城核心区和老京张铁路下方102米处,建成了世界上最深的高铁站——京张高铁八达岭长城站。这带来了 11000 帕的压差，当列车以时速 350 千米速度通过时，为了满足舒适性等的要求，列车能实现在 15 分钟内使车内外压差达到平衡。

京张高铁的钢轨全生命周期管理系统，通过智能物联网平台，钢轨原材料、加工、库存、检测、运输、维护维修等环节的数据信息都被采集、记录并自动演算，实现钢轨"生老病死"的实时掌握。中国铁路瞄准智能高铁这一前沿发展方向，率先开展研究并取得了京张高铁等初步成果。我们相信，在智能高铁顶层规划设计的指导下，我国将持续开展智能建造、智能装备、智能运营等领域的技术攻关，为建设科技强国、交通强国和智慧社会提供有力支撑。

沪通铁路的示范意义

原载 2020 年 8 月 14 日《上海科技报》

2020 年 7 月 1 日,由江苏南通经上海嘉定区进入上海站的沪通铁路投入运营,南通从此结束了"难通"苏南和上海的历史,苏南三个"百强县"张家港、常熟、太仓也从此结束了不通铁路的历史。通车之日,沿线各站锣鼓喧天、红旗招展,首列满载旅客的彩车在人们的欢呼声中徐徐驶进车站,不少旅客用手机录下了这一难忘的历史时刻。

沪通铁路是一条连接上海市与江苏省南通市的国家 I 级客货共线双线电气化铁路,设计时速为 200 千米,是国家《中长期铁路网规划》(2016 年修订版)中"八纵八横"高速铁路中的"八纵"之一——沿海高铁的关键路段;也是《"十三五"现代综合交通运输体系发展规划》中"十纵十横"综合运输大通道之一——沿海运输通道的重要组成部分。沿海高铁从辽宁的丹东南下,串联起我国沿海经济发达城市,直到北部湾的广西防城港。它以海运和铁路运输的有效对接构建"海铁联运"的运输格局,使海运走进内陆,铁路通向大海。南北向的沿海高铁与东西向的万里长江构成了弯弓搭箭、江铁联运之势,是我国现代综合交通运输体系不断完善的重要标志。

就全国各地区而言,我国的经济差距主要是东西差距;然而,对于经济较发达的江苏省而言,其经济差距主要是南北差距。在历史上,由于长江的阻隔,苏北地区很难接受苏南和上海的辐射,使其成为长三角经济区中相对滞后的"短板"。同时应该看到,即使在经济相对发达的苏南地区也有短板。

在 2019 年工信部公布的全国百强县榜单中，苏南地区的张家港市名列第三、常熟市名列第四、太仓市名列第九，然而在县域经济中位居全国"前十"的以上三市并没有铁路联通，这就大大束缚了它们的发展空间。因此，沪通铁路及其沪苏通长江公铁大桥的开通，对于长三角城市群的高水平一体化以及精细化补短板具有重要的示范意义。

货物运输"公转铁"是绿色发展战略的又一重要实践。中国国家铁路集团有限公司披露，2020 年上半年，国家铁路日均装车量、单日装车量及卸车量联袂刷新历史纪录，货物发送量累计完成 16.93 亿吨，同比增长 3.6%。这些指标向世界释放出中国经济动能在新冠疫情后快速恢复的积极信号。沪通铁路还一改"重客轻货"的旧观念，开兼顾快速客运和快速货运之先河，同样具有启示意义。

沪通铁路位于上海国际航运中心及其周边地区。上海需要积极发挥龙头带动作用，促进形成分工合理、相互协作、各扬所长的长三角世界级港口群，推动长三角地区成为国际物流网络的重要节点。7 月 11 日发布的《新华—波罗的海国际航运中心发展指数报告（2020）》显示：2020 年全球航运中心城市综合实力前 10 位分别为新加坡、伦敦、上海、香港、迪拜、鹿特丹、汉堡、雅典、纽约—新泽西、东京，上海居全球第三。客货共线的沪通铁路与公铁两用的沪苏通长江大桥，将为上海国际航运中心的北翼增添强劲活力。上海洋山深水港的辐射范围主要是上海、江苏一带和长江沿岸，作为上海枢纽港的"喂给港"，南通港和苏州组合港（张家港、常熟、太仓三港）都是通江达海的江海联运港，发达的铁路

货运可以大大提升它们与上海港的集疏运能力，一改过去东海大桥及杭州湾跨海大桥单靠公路货运的单打独斗局面，有利于进一步提升上海国际航运中心的竞争力，也有利于绿色发展。

交通强国必须建立在优质、高效、绿色的综合交通运输体系建设的基础之上。沪通铁路的开通，展示了我国海铁联运、江海联运、货运"公转铁"的美好前景，具有示范意义。

从中欧班列和高速铁路看流通效率

原载 2020 年 10 月 16 日《上海科技报》

经济学中有个重要观点：流通效率和生产效率同等重要。因为一瓶水只有到了口渴的人手里，才体现出它的最大价值。

说到循环和流通理论，笔者不由想起了大学时代听铁道部余光生副部长给唐山铁道学院全体同学作报告的情景。余光生毕业于上海交通大学，在美国宾夕法尼亚大学取得交通运输工程硕士学位后，回国参加革命。到了革命圣地延安，在毛泽东接见美国记者时，他还担任过英语翻译。新中国成立后，余光生投身铁路建设事业，在 1955 年 1 月至 1966 年 5 月期间担任铁道部副部长。他在青年学生心目中是德才兼备的好榜样，因此对余光生的到来大家都充满期待。

余光生演讲一开场就别开生面、直奔主题。他问大家一个问题："铁路运输部门是生产单位吗？我看未必。"这一问把大家搞糊涂了。接着他作了这样的说明：景德镇的精美瓷器装上火车运往北京，一路上只会因损坏而减少，绝不会增加。这怎么能算是生产过程呢？不过，如果换一个角度思考问题，瓷器堆在景德镇的仓库里卖不出去，越积越多，它就会贬值，还不利于继续生产；而一运到北京就能卖出好价钱。瓷器一畅销，景德镇的库存减少了，反过来又促使其不断扩大再生产，如此循环往复。因此，交通运输的贡献并不在于产品数量的增加，而是因为改变了产品的地理位置而增值。运输产品的名字叫作"人

—千米"和"吨—千米",表示把多少旅客和货物运送了多少千米。可见,流通和生产构成了社会再生产的两大重要环节。余光生的几句话,就把运输经济学讲透了。

我国西汉时期的桓宽根据"盐铁会议"记录撰写了重要的经济论著《盐铁论》。在《盐铁论·通用》中有一句名言:"山居泽处,蓬蒿墝埆,财物流通,有以均之。"这段话深刻论述了财物流通还具有克服经济发展不平衡这一功能。

汉语中"交通"的本意出自《易·泰》:"天地交而万物通也,上下交而其志同也。"交通可以有广义和狭义两种解释。其广义泛指人与人或物与物之间的相互关系,如《孔雀东南飞》中的"枝枝相覆盖,叶叶相交通",用松柏梧桐的枝叶覆盖相交,来形容刘兰芝和焦仲卿对爱情的忠贞不渝。狭义的交通可理解为,凡能减少或排除因地域隔离而造成的困难者皆为交通。因此,除陆海空运输之外,邮电、通信都应属于交通的范畴。

笔者曾在铁路系统工作过,时任铁道部长的丁关根同志告诉笔者:当年他投考交通大学时的作文试题是论述"地球正在变得越来越小"。丁关根认为这道作文题出得很有水平,因为作为报考交通大学的考生,应该知道交通不仅指水陆空运输业,还应包括通信和邮电,是交通和通信技术的突飞猛进才使地球"变得越来越小"。

当前,为了构建以国内大循环为主体、国内国际双循环相互促进的新发展格局,必须畅通国民经济循环和加快现代流通体系建设;根据管控新冠肺炎疫情的经验,还应加快建立储备充足、反应迅速、抗冲击能力强的应急物流体系。在抗击新冠肺炎疫情中逆势上扬的中欧班列为当下提高流通效率树立了样板。

流通效率是指商品流通过程中的流通产出与流通支出的比值。实践证明,缩短流通渠道长度、提高物流基础设施水平与信息化程度、应用最新技术成果等,将显著提高商品的流通效率。

中欧班列是往来于中国与欧洲以及"一带一路"沿线国家的国际铁路联运快速货物列车,被喻为"一带一路"上的"钢铁驼队"。自2011年开行以来,中欧班列快速发展,规模数量呈现井喷式增长,有力促进了中国对外开放和"一带一路"沿线国家之间的经贸往来。根据国家发改委提供的数据,截至2019年10月底,中欧班列累计开行数量已近2万列。

2020年前8个月新冠肺炎疫情期间，中欧班列运营逆势上扬，交出了一份出色的成绩单：累计开行7601列，发送货物68.4万标箱。以今年8月为例，中欧班列继续保持强劲增长态势，共计开行1247列、发送货物11万标箱，同比分别增长62%、66%，综合重箱率达98.5%，再创历史新高。

今年新冠肺炎疫情席卷全球，国际运输受到严重影响，而中欧班列已成为驰援全球抗疫、稳定外资外贸的"生命通道"和"命运纽带"。在抗击新冠疫情期间，中欧班列促进合作共赢、互利互惠的特点进一步显现，充分显示了"一带一路"共商共建共享的特性。中欧班列不仅把国际社会紧缺的防疫抗疫物资和生产生活用品源源不断地送达欧洲国家，也把大量国外优质产品运到中国。这有助于推动班列沿线国家复工复产和经济重启，为全球产业链、供应链的稳定提供动力，也为全球经济复苏与发展带来新的机遇。

中欧班列的高流通效率引世人瞩目。以德国不来梅哈芬港的"奥迪专列"为例：82辆奥迪车只需几小时就装载完毕，18天后即可抵达中国长春。现在每周有11趟班列从不来梅哈芬港出发前往中国。如果这些货物走海运，从不来梅到上海至少要30天，从上海到内陆地区，还要再花10天，而中欧班列只需花一半时间。因此，德国客户都非常满意并接受了中欧班列这一高流通效率的新模式。又如从西班牙向中国运送葡萄酒，海运要花45天，而中欧班列只需16天，且运输成本只有空运的四分之一。中欧班列在防疫方面也有优势，在倒班时，司机不见面，沿线国家也实施了充分的疫情防控措施。

跨国企业非常依赖供应链，一旦供应链断裂就会导致停产，将损失巨大。因此，中欧班列被称为"战略通道"，非常适合于时效要求高的产品运输；还可以根据货主要求，以及货主提供的货物信息，量身定制最快、最合适的运输方案。

8月31日，广西钦州港9、10号自动化集装箱泊位举行开工仪式。该项目建成后将成为中国第一个海铁联运自动化码头。钦州是北部湾核心港口城市，也是我国云贵川通往东南亚各国的陆海新通道之重要节点。因此，海运与中欧班列既互相竞争，又可以优势互补，构筑具有高流通效率的"一条龙"海陆两栖长链运输。

10月10日上午10点10分，装载着长三角地区生产的电子配件、彩钢板、塑料制品等出口越南货物的国际货运班列从义乌西站鸣笛首发，驶往越南首都河内。这趟货运班列将从广西凭祥口岸出境，驶往越南首都河内的安员车站，全程2168千米。这是浙江省首次开通至东南亚国家铁路国际物流通道，目前该趟班列计划每周常态化开行1列。2019年，越南铁路总公司和中国国家铁路集团公司签署《越中铁路联运对接中欧班列的合作备忘录》，两国铁路行业积极推动中越国际联运与中欧班列对接。

交通运输的目标是"货畅其流、人便其行"。中国有14亿人口，铁路客运与货运同样重要。原铁道部副总工程师、高速办副主任周翊民把世界各国的铁路概括为3种类型：第一种是以客运为主，如西欧各国和日本；第二种是以货运为主，如美国、加拿大、澳大利亚和南非；第三种是客货并重，如俄罗斯、印度和中国。在第三种类型的国家里，普速铁路时代的铁路干线都是客货共线的线路；而在高速铁路时代，由于难于兼顾客货列车对线路的不同要求（货物列车追求的是"重载"，速度不求最快；高速旅客列车的特点是"高速"，载重比货物列车轻得多），二者只能"分道扬镳"；因此我国不仅有货运专线（如大同至秦皇岛线的运煤专线），还新建了客运专线（高速铁路）。中欧班列属货物列车，行驶在普速铁路上，而高速铁路上行驶的只是高速客运列车。

高速铁路大大缩短了城市之间、人与人之间的时空距离。以京沪高铁为例，不仅列车速度快，而且达速比高。列车用4.5个小时跑完全程1318千米，一算就知道，其达速比（旅行速度与最高运营时速350千米之比）为0.84，这相当于列车以最高运营速度奔驰在84%的路段上。这一比例高于其他国家的高铁线路，可以说是世界一流的流通效率。

事实证明，铁路运输在速度和成本上，具有很强的竞争力；铁路运输对环境的影响也比较小。今年10月1至8日国庆长假中，中央广播电视总台、中国国家铁路集团有限公司联合多家媒体推出"坐着高铁看中国"系列节目，央视、央广等主流媒体每天播出一集，受到广大受众欢迎。据统计，网上相关报道近10万篇次，系列直播平均单日全网阅读量超过2亿次。

综上可见，中欧班列、高铁列车不仅有助于国内国际双循环新发展格局的形成，也有助于反应迅速、抗冲击能力强的应急体系建设；而其高流通效率的优势也必将越来越受到人们的重视并加以运用。

《区域全面经济伙伴关系协定》呼唤泛亚铁路与海铁联运

原载 2020 年 12 月 25 日《上海科技报》

在各方谈判 8 年后,《区域全面经济伙伴关系协定》(RCEP)11 月 15 日在东南亚国家联盟(以下简称"东盟")领导人系列会议期间正式签署。一个世界上参与人口最多、成员结构最多元、发展潜力最大的自贸区应运而生。

RCEP 于 2012 年启动,是东盟十国(印度尼西亚、马来西亚、菲律宾、新加坡、泰国、文莱、越南、老挝、缅甸和柬埔寨)与中国、日本、韩国、澳大利亚和新西兰之间的一项贸易协定,是成员国之间相互开放市场、实施区域经济一体化的组织。目前,RCEP 成员国的经济总量约为 27 万亿美元,约占全球 GDP 的三分之一,贸易额也约占全球的三分之一。RCEP 旨在通过削减关税及非关税壁垒建立一个统一市场,其谈判涉及中小企业、投资、经济技术合作、货物和服务贸易等十多个领域,但以减免货物贸易和服务贸易关税、降低市场准入门槛为主要目标。

RCEP 成员国中,各国的经济差距很大,既有居世界第二、第三位的经济大国、强国,也有许多新兴市场国家和发展中国家。今后,随着关税和准入门槛的降低,提高流通效率、克服经济发展不平衡必将成为当务之急。因此,加强基础设施建设，特别是构建高效的交通运输网络，是RCEP落地生根的必要条件之一。

铁路由于具有运量大、成本低、速度快、对环境影响较小等比较优势，在综合交通运输体系建设中具有举足轻重的先行地位，因而也是实施RCEP的先行条件。在抗击新冠疫情、复工复产过程中，我国中欧班列的逆势上扬、屡创新高，也充分证明了这一点。在新冠肺炎疫情导致全球经济复苏缓慢的情况下，中欧班列却始终保持着强劲的增长态势：今年开行超万列，截至11月5日，达10180列，再次创造新纪录，运送集装箱92.7万标箱，同比增长54%，往返综合重箱率达到98.3%，通达欧洲21个国家、92个城市。其战略通道作用更加明显，为维护国际产业链、供应链安全稳定提供了有力支撑。铁路已成为畅通国内国际双循环的主动脉。

我国政府和铁路企业在"一带一路"倡议中提出了泛亚铁路干线网络的初步设想，建议通过一系列高速铁路将东南亚国家与我国西南地区连接起来。具体地说，中南半岛上共有3条线路计划：第一条是中线，穿过老挝、泰国和马来西亚通往新加坡，可连结中国昆明、老挝万象、泰国曼谷、马来西亚吉隆坡和新加坡等重要城市；第二条是通往缅甸的西线，可连结中国昆明、缅甸内比都和泰国曼谷；第三条是经由越南、柬埔寨的东线，可连结中国昆明、越南河内、柬埔寨金边和泰国曼谷等大城市。这些设想，有的已经成为现实。在中老两国的共同努力下，中老铁路建设进展非常顺利；隔海相望，作为印尼的国家战略项目——雅万高铁（雅加达至万隆），在中印（尼）双方的共同努力下，目前正在复工复产的建设过程中。

随着2020年10月15日以"聚焦国际门户港，共建陆海新通道：泛北合作的新时代"为主题的第十一届泛北部湾经济合作论坛暨2020北部湾国际合作峰会的举行，中国及东盟各国围绕合作共建北部湾国际门户港、高质量建设陆海新通道等议题取得了一批成果，北部湾国际门户港正加速形成中。2020年1—7月，我国广西北部湾港（防城港、钦州港和北海港三港合称）海铁联运班列累计开行2109列，同比增长80%。北部湾港货物吞吐量、集装箱吞吐量分别达到1.68亿吨、257.46万TEU标箱，是中国沿海主要港口中唯一实现货物和集装箱吞吐量两位数增长的港口。截至目前，北部湾港已开通集装箱航线52条，基本覆盖国内沿海、东南亚及东北亚主要港口。其中中国香港和新加坡为常态化对开班轮，已开通至越南、柬埔寨、泰国、马来西亚、新加坡、印度尼西亚、韩国、日本等国家主要港口的直航，以及赴南非和南美的远洋航线。

11月28日，随着一声声鸣笛，一根根50米长、由攀钢集团有限公司生产的长钢轨被缓缓吊上远洋货轮，标志着我国高铁"整体出口"的第一单——用于印尼雅万高铁的第一批钢轨从广西防城港启航。通过防城港进出口货物（如攀钢集团有限公司从南非进口的铁矿石也通过防城港和西南陆海新通道运往四川），比走其他运输方式可缩短运距650～815千米，每年可节约成本人民币上千万元。

广西钦州是北部湾区的核心港口城市，也是我国云贵川通往东南亚各国的陆海新通道的重要节点。2020年8月底，钦州港的自动化集装箱泊位开工建设。该项目建成后将成为我国第一个海铁联运自动化码头。

RECP的签署，热切呼唤着泛亚铁路早日为东南亚地区编织起一个巨大的经济合作网络，也真切期盼着海铁联运构成连接RCEP各成员国之间的"一条龙"海陆两栖长链运输大通道。泛亚铁路和海铁联运必将为实现RCEP所制定的目标作出杰出贡献。

在历史交汇点上看中国高铁

原载 2021 年第 2 期《城市轨道交通研究》

2012年1月19日,习近平总书记乘坐京张高铁赴张家口赛区考察北京冬奥会、冬残奥会筹办工作。当他走进京张高铁太子城站运动员服务大厅时,一边听取介绍,一边仔细察看京津冀地区铁路网图、京张高铁和赛区位置示意图以及沙盘等展示,并就高铁发展作了重要指示:"我国自主创新的一个成功范例就是高铁,从无到有,从引进、消化、吸收再创新到自主创新,现在已经领跑世界。要总结经验,继续努力,争取在'十四五'期间有更大发展。"

2021年是个重要的年份,这一年是中国共产党建党一百周年,又是"十四五"规划的开局之年。在这历史交汇点上,回顾中国高铁的发展历程,展望新蓝图、落实施工图,正当其时。

"独立研究开发—引进消化吸收—全面自主创新"是中国高铁创新发展的三部曲。若以载运工具为标志,这3个阶段就是:"中华之星"与"先锋号"—"和谐号"—"复兴号"。几十年的创新实践告诉人们:外因只是变化的条件,内因才是变化的根据。

在2004年大规模引进国外高铁动车组之前,中国就已经有了一段独立研制高速列车的历史。中国机车车辆企业在轮轨式动车组上进行了多元的自主研发尝试,这期间所形成和积累的技术能力为以后的消化吸收外来技术和全面自主创新奠定了坚实基础。

时任铁道部高速办副主任、机车车辆总公司总经理的周翊民说过,在20

世纪90年代10年间,当时的国家科委、铁道部一共立了300多个高铁研究课题,培养和涌现出了近千名技术骨干,他们跟踪世界高铁先进技术,开展国产化研究,并通过广深准高速铁路、秦沈客运专线以及既有线提速等实践,积累了研制、设计高速列车的宝贵经验。

放眼世界,除日、法、德等高铁技术的原创国家外,当时引进高铁先进技术装备的国家和地区主要有4例:中国、西班牙、韩国以及中国台湾地区。但能够实现"学生超过老师"的,只有中国一家。

在认真吸取境外引进高铁技术的经验和教训的基础上,中国走出了一条新颖独特的技术创新之路——"以我为主,博采众长,融合提炼,自成一家"。中国在引进消化吸收加拿大庞巴迪、日本川崎重工、德国西门子、法国阿尔斯通的高铁列车制造技术基础上进行集成创新,通过研制"和谐号"的经验积累,自2004至2016年,从CRH2至CRH380,其中的自主创新含量不断提高,量变引起质变,在2017年终于实现了高铁动车组技术的全面自主化、标准化,研制成功了世界上最先进的中国标准高铁动车组——复兴号CR400。

"复兴号"构建了体系完整、结构合理、先进科学的技术标准体系,在所采用的254项重要标准中,中国标准(包括中国国家标准、行业标准、国铁集团企业标准等技术标准)占到了84%。不仅如此,中国高铁列车的适应性极强,能适应各种地质条件与气候条件;正因为此,"中国标准"正逐渐超越"欧标"与"日标",被越来越多的国家采用;中国高铁还同时建成了完整的产业链与产学研用协同创新体系;中国已拥有的北斗卫星导航系统,对中国高铁来说是如虎添翼,它是GPS(全球定位系统)的替代品,高速铁路采用国内自主创新技术意味着系统的安全性有了更加可靠的保证。

据国家铁路局总工程师严贺祥2020年12月22日在国新办发布会上表示,预计至2020年年底,全国铁路营业里程达到14.6千米,其中高速铁路3.8万千米(占比26%)。根据国家蓝图,到2035年,中国铁路系统总长度将扩大到20万千米,高速铁路运营里程将延长至7万千米(占比35%)。这些线路将形成以高铁系统为骨干的现代化综合交通运输体系,为克服中国区域之间的经济发展不平衡提供最有效的工具;而智能技术的推广应用能够进一步提高高铁运营的安全性和运维效率,高铁进一步应用环保技术能为大众提供最佳的低碳运输选择；高速货运列车则可以与航空快递与公路快递竞争，提高绿色货运的占比；加上大数据、人工智能、新材料等的基础研究和软件开发的加强和加大投入，所有这些都将为中国高铁向着高质量发展、高品质服务、高安全运行、高水平生态的目标做出新的努力，作出更大贡献。

京张铁路三部曲：中国轨道交通技术进步与产业振兴的缩影

原载 2022 年 1 月 14 日《上海科技报》

举世瞩目的第 24 届冬季奥运会将于 2022 年 2 月 4 日至 20 日在北京和张家口联合举行。100 多年前由中国人自己建造的第一条铁路——京张铁路正好建在这两地之间。京张铁路是中国铁路运输业起步的地方，京张铁路—京张智能高铁—京张轨道交通网络的历史变迁三部曲是中国轨道交通技术进步与产业振兴的缩影和标志。

京张铁路自 1905 年 9 月 4 日动工建设，于 1909 年 10 月 2 日通车。这条铁路起始于北京丰台，与原有的京奉铁路（京师至奉天，今北京至沈阳）接轨，经八达岭、居庸关、沙城、宣化等地至河北张家口，全长 201.2 千米，现为北京至包头铁路线的首段。

京张铁路修建时，清政府排除了俄国、英国等殖民主义者的阻挠，不使用外国资金及人员，委派詹天佑为京张铁路局总工程师（后兼任京张铁路局总办）。它是中国人自行设计建造并投入运营的第一条干线铁路。

京张铁路工程艰巨，詹天佑创造性地解决了多项施工难题。如南口经居庸关、八达岭至康庄段地形复杂，为了穿越燕山山脉军都山的陡山大沟，詹天佑在22千米长的线路区段采用了3.3%的坡道和"之"字形线路,并开凿隧道4座,其中八达岭隧道长达1091米;开挖隧道时还利用"竖井施工法",缩短了工期。

弹指一挥间,日月换新天。

为了迎接2022年在北京举行的冬季奥运会,中国新建了一条城际高速铁路——京张高铁,设计时速为350千米。就在京张铁路建成通车110周年的2019年,中国首台配备智能技术的高速动车组在新建的京张高铁线路上投入运营。中国开启了智能高铁的新时代。

智能高铁是中国高铁从世界先进水平向世界领先水平迈进的标志性工程,通过运用现代最新科技,力求在智能化、安全舒适、绿色环保、综合节能等方面实现新的突破。

智能高铁采用云计算、物联网、大数据、北斗定位、新一代移动通信、人工智能等先进技术,通过信息技术与高铁技术的集成融合,实现智能建造、智能装备制造、智能运营维护等高铁技术的全面提升。

2019年12月30日,复兴号智能列车从北京北站的副中心清河站出发,在100多米深的地下穿越八达岭长城,到达河北张家口,全程只需48分钟。2021年12月1日京张高铁延庆支线通车,从清河站出发,只需26分钟就可抵达延庆站。

2022年1月6日,京张高铁智能动车组在全长174千米的正线上,实现了全球首次时速350千米列车的全自动驾驶,这是"复兴号"的智能升级版,实现了"坐着智能高铁看冬奥"的愿望。

北京距张家口赛场170多千米,距延庆赛场70多千米,其交通问题的解决方案引起了人们的普遍关注。北京冬奥会建设了一个以轨道交通为骨干的绿色公共交通网。人们在北京冬奥会期间可以通过地铁、市郊铁、城际铁、高铁等轨道交通工具,快速、便捷地抵达各个场馆。构建高速铁路、城际铁路、市郊铁路、城市轨道交通4网融合、便捷高效的轨道交通体系,需要在制式融合、智能智慧、绿色低碳等理念指导下进行规划与设计;需从运输组织入手,对跨城、跨省、跨多种运输方式的管理体制进行一体化的策划。

清河站、延庆站是集高铁、市郊铁路、地铁、公交、出租车等多种交通方式于一体的综合枢纽。从延庆站乘摆渡车，30分钟内即可直达延庆赛区各赛场。延庆赛区内的11条索道，为运动员、观众提供高山交通网络，从小海陀山山脚下的延庆冬奥村抵达海拔2198米的国家高山滑雪中心仅需30分钟。随着2021年年底北京地铁11号线开通，北京赛区6个场馆已实现地铁全覆盖。

此次冬奥会交通设计的特点是：主办城市北京和张家口用铁路和城市轨道交通将所有比赛场地连接了起来，从北京市的室内冰上运动场馆到延庆郊区的室外滑雪胜地和河北省的室内、室外滑雪场馆，都纳入了由地铁、市郊铁路、城际铁路和高速铁路精心编织成的高效轨道交通网，使人们能够以省时的方式高效出行。毋庸置疑，这样一张充满诚意的名片也会给参加北京冬奥会的嘉宾、政要和运动员们留下深刻的印象。

全国高铁快递物流网刍议

原载 2022 年 3 月 18 日《上海科技报》

《三国演义》开宗明义第一句话,就是"话说天下大势,分久必合,合久必分"。其实,在科学技术领域何尝不是如此。

以铁路史为例。世界上最早的铁路于 1825 年在英国建成通车。在列车速度不太快的很长一段历史时期里,无论是客运列车或是货运列车,只要在两个铁路车站之间,都可以在同一条轨道线路上行驶。但随着铁路技术的不断进步,列车速度越来越快,铁路运输组织也相应作出调整。以铁路发达国家比较常见的四线运输为例,管理者往往将一条复线供较高速度的客运列车使用,而另一条复线供较低速度的客运列车和货运列车使用。

在六线以上的大能力客货通道中,在实践中逐渐形成了三种线路类型,即客运专线、货运专线和客货共线。德、法、英等国为提高铁路运输能力,20 世纪中后期开始从运输能力及运输质量、工程投资、养护维修施工干扰、路网发展、运输组织等多方面对客货分线运输进行深入研究。他们综合分析客货分线运输的规律和特征后,得出的结论是:客货分线运输应成为铁路的发展方向。

这是因为,在技术层面,客运列车与货运列车有着各自的特点与"爱好":客运追求高速,车体越轻、列车跑得越快越好;货运则要求重载,列车拉得越多、载货越重越好。简言之,客车热爱"快跑",货车更喜欢"多拉"。如果客货运列车行驶在同一条铁路线上,这就会给轨道和线路带来麻烦,使同一条线路左右为难、无所适从。随着技术的进步,列车速度越来越快,这一分歧就越来越明显,最后,高速列车与重载列车只好"分道扬镳"。这就是高速铁路为什么到 20 世纪 60 年代才出现的原因之一。

然而,近几年来,随着社会进步、经济发展带来的深刻变化,铁路货运出现了新的需求,也面临了新的挑战。

铁路部门往往把所运送的货物形象化地分为"黑货"和"白货"两种。"黑货"主要是指物流市场中的大宗物资,如煤炭、铁矿砂等;"白货"则是指高附加值的零散物资,如冰箱、电脑等。在厘清市场货源时,将运输方式不同、物流服务迥异的两大类货物冠以形象化的名称来加以区分,是铁路适应市场的体现,有利于根据不同的物流模式综合考虑,对症下药。

从历史上看,我国铁路货运一直以煤炭等大宗货物(俗称"黑货")运输为主。笔者在唐山铁道学院求学期间,货运老师告诉学生,中国铁路"倒"("货运"之戏称)了煤就不倒霉、不"倒"煤就要倒霉!但随着我国经济结构的不断调整,煤炭等大宗货物需求相对下降,一定程度上导致了我国铁路货运量的下降。"黑货"有所减少是事实,但要想弥补,必须寻找新的增长点。随着电子商务、快递业务的迅速发展,俗称"白货"的高附加值零散小货的运输需求增长很快,可是铁路运输在这方面所占的份额并不多。

"黑货"运量虽然逐渐下降,但仍是铁路运输的根本。如何实现大宗货物增长变负为正、变小增长为大增长,是铁路发展现代物流需要直面的问题。近年来,随着经济结构调整、发展模式的变化以及公路运输的迅猛发展,铁路大宗货物运输呈现增速不高的态势。铁路货运应如何实现高质量发展?

大宗货物运输市场中,铁路运输一直有着巨大的优势。一方面,铁路综合运输成本较低,规模运输单位能耗远低于其他陆路运输方式,而且碳排放低、对环境友好;另一方面,铁路运能大、效率高,运输过程中受外部因素影响小。特别是近几年铁路路网逐渐完善,铁路运能得到进一步提高。然而,运输方式的选择是一个需综合考量的问题,受接驳运输能力不足、物流服务滞后等因素影响,铁路货运的优势并没有得到充分盘活。

铁路如何进军高附加值的零散物流市场,需要有新思路。

铁路现代物流采用"白加黑"模式,是铁路面临的货运形势所决定的。虽然铁路运输能力有了很大提高,但节假日、特别是春运期间,客运与货运争抢运力的矛盾仍然突出,特别是对于重点物资的保障性运输会挤压市场竞争力,以及特殊区段运能不足等问题,都要求铁路部门在进一步全面改革的基础上,探索零散白货和大宗黑货相得益彰的新思路、新举措。可喜的是,近几年来铁路部门在货运组织改革与现代物流建设上,已做出了不少努力来适应市场的需求,如推出电子商务平台、积极"触网入云"等,都给"白加黑"的铁路物流模式带来了商机。

快递物流是具有前瞻性的跨地域、跨系统、跨行业甚至跨国的综合性大型项目。

以美国联邦快递公司(FedEx Express)为例。它是一家国际性快递集团,经营范围为快递物流,提供隔夜快递、地面快递、重型货物运送、文件复印及物流服务,总部设于美国田纳西州孟菲斯,隶属于美国联邦快递集团(FedEx Corp),成立于1971年。2009年2月6日,联邦快递开始启用其位于中国广州白云国际机场的亚太区转运中心,30年后,这里将成为该公司在整个亚太地区的全新转运中心。2020年7月,福布斯"全球品牌价值100强"发布,联邦快递名列第99位。公司2020年营业额为696.93亿美元,2021年的员工数为499718人,在世界500强企业中名列第135位,年收入高达320亿美元。

美国联邦快递的独特优势是发达的美国航空业。美国共有15000个飞机场(约5000个标准机场、10000个简易机场),居世界第一位。联邦快递的机队拥有654架飞机,同时拥有约44000辆专用货车提供地面服务。现时联邦快递每天为210个城市的300万名顾客服务。美国是耗油大国,其人口仅占世界人口的6%,而消耗的能源占了世界的25%。因此,美国联邦快递的成功,其他国家是无法复制的。

何以与之竞争?唯有中国高铁。

当前,我国的高铁运输网建设取得了举世瞩目的成就,通车里程居世界第一,高铁已经覆盖了全国92%的50万人口以上的城市,全国许多大中城市包括边远地区的县城都已通了高铁。由于高铁快递列车的轴重(axle load,指每根车轴所承载的重量,包括车轴自重在内)与高铁客运列车的轴重比较接近,这就为开行高铁快递列车提供了可行性;铁路还具有独特的网络优势,网络优势正是中国邮政快递能够后来居上、迅速赶超民营快递大公司的独门秘籍。如果高铁能兼顾客运和高附加值快递货运，中国铁路就能形成客货运比翼齐飞的新局面，推进铁路运输的高质量发展。

我国各地区经济发展的不平衡，造成了不同地区的高铁线路客流量差别较大；另外，我国客运量的季节性特点非常突出，除了春运、暑运等繁忙客运季节以及国定长假以外，平时不少高铁线路的运能还没能得到有效利用。与此同时，2021年全年，我国快递业务量达1083亿件，居世界第二，仅次于美国，包裹数量占全球一半以上。而目前我国快递运输主要由公路承担，低碳节能的铁路运输所承运的快递量过低，已成为一个突出的问题。

为了提高高铁运能的利用率，笔者建议建立一种新型的物流业态——高铁快递物流业。

高铁快递物流以高铁客运量不饱满时的闲置运能为基础，由高铁设备制造企业开发设计新型的高铁快递物流专用车辆或客货两用的专用座椅。建议由国铁集团、各铁路局与物流公司合作对运输方式进行新的组织，从而充分发挥高铁快捷和大运量的优势，实现高铁客货兼运，为社会提供快捷的客货（快递）运输服务。

基于"云计算技术"的快递物流大型电商平台为高铁快递物流业的发展提供了可能。例如，根据云计算，可在中西部地区或东部沿海与中西部地区之间，开行高铁直达快递专列。高铁快递物流系统作为一种新业态，将与基于航空的美国联邦快递展开竞争，凭借中国与沿线国家共建"一带一路"的高质量发展，为全球居民提供便捷、价廉、低碳的高质量快递服务。

高铁快递物流网将成为中欧班列的2.0版本，也是推进共建"一带一路"高质量发展的重要载体。作为一种新型的物流系统，它与原有的物流系统有很大的不同，所以，从方案酝酿、技术探讨到专项试验、系统试运行，直到最终投入商业运营，其中的工作量和时间跨度都很大。为了促进发展新技术、新业态、新模式，也为了培育新动能，高铁快递物流网建设宜及早起步。

从客货运共线到客货运分线，如今又面临高铁客货运部分共线，这一"合—分—合"过程，是一种否定之否定，是螺旋式的上升，是事物的进化而非倒退。

第6编

智慧地铁：
智慧城市的大动脉

上海与东京的城市客运交通比较研究

原载 1994 年第 4 期《上海铁道学院学报》，与周翊民（第一作者）合作

1 上海与东京城市客运交通的比较

日本首都东京是一座现代化的多功能城市，既是日本的政治中心，又是日本的经济、文化、国际交往中心。目前，东京都连同与它毗邻的埼玉县、千叶县和神奈川县等地已基本连成一片，这一都三县被称为"东京大都市圈"。

上海是我国最大的城市。党的十四大报告提出："以上海浦东开发开放为龙头，进一步开放长江沿岸城市，尽快把上海建成国际经济、金融、贸易中心之一，带动长江三角洲和整个长江流域地区经济的新飞跃。"为了与"一龙头、三中心"的地位相适应，上海市有关方面正在制定高起点、大跨度的跨越式城市建设战略，把上海建成具有国际经济中心城市地位的"上海大都市圈"以及与之相适应的大都市交通网。

在东亚地区的东京、大阪、香港、新加坡等国际经济中心城市中，上海与东京最具可比性。上海、东京两城市的一些基本情况如表 1 所示。从表中可以看出，上海市与东京都的总人口相近，市区的总人口也较接近，但其人口密度相差极大。东京的人口密度几乎是上海的 3～4 倍。由此可见，东京当年所面临的客运压力远大于今天的上海。因此，日本解决东京大都市圈城市客运交

通难题的一系列成功做法，对上海特别富有启示，值得我们借鉴。

表1　上海（1993年）与东京（1984年）的面积、人口、人口密度比较

	上海市	上海市区	东京	东京都市区	东京大都市圈
面积/千米^2	6340	2060	2160	596	13497
人口/万人	1294	948	1182	839	2945
人口密度/ 人·千米^2	2042	4609	5742	14072	2182

根据有关资料显示，就客、货运输而言，客运在上海道路的使用中占了绝大比重，达到83%。因此，要解决上海的交通难问题，首先必须解决上海的客运难问题。目前，上海主要有七种客运交通模式。它们所负担的客运量和所占用道路面积的百分比如表2所示。表中显示目前上海只用单一的地面道路交通模式。其中，自行车仅负担客运量的20%，但占用了41%的道路面积；公共交通负担了客运量的60%，却只占用22%的道路面积。由此可见，现有客运交通模式的结构是极不合理的。

表2　1986年上海市各种客运交通模式在不同区域内所负担的客运比重及其占路率

客运方式	步行	自行车	公共交通	大客车	小客车	出租车	摩托车	合计
全市	15.06%	29.91%	48.18%	4.30%	1.93%	0.39%	0.23%	100%
市区	13.98%	20.25%	59.52%	4.32%	1.50%	0.44%	0.09%	100%
市中心区	14.47%	18.91%	60.51%	3.98%	1.51%	0.46%	0.16%	100%
市区占路率	16.00%	41.00%	22.00%	21.00%（大小客车、出租车、摩托车合计）				100%

近几年来，上海市政府和有关部门花费了大量的财力、物力和人力，但始终没有从根本上解决交通难问题。如：全市平均行程车速从1985年的时速19.1千米下降到1990年的时速17.5千米，1993年又进一步下降到时速14

千米；中心城区高峰时段的平均行程车速仅时速11.9千米。这说明上海道路交通的负荷已趋于饱和，甚至已经超过了负荷极限，交通阻塞已不可避免。目前，上海全市人口每人每日出行1.8次。这个出行率与国外同类城市相比是比较低的。今后随着经济和社会的发展，人均出行次数必然增加，上海的交通阻塞还将日趋加重。出路何在？唯有采取大的举措，突破目前单一的地面道路交通模式，大力发展城市快速轨道交通系统。

东京地区的客运量相当大，在东京大都市圈或东京50千米半径范围内，各种运输方式在城市客运交通中所占的百分比如表3所示。从表中的数据中可以看出：首先，在东京的城市客运交通中，采用的是全新的客运交通模式，即以大运量的轨道交通为主（占城市客运交通量的58.9%），以公共汽车为辅。其次，东京的公共交通在整个城市客运交通中所占的比重高（占城市客运交通的70.6%），而公共交通中又以轨道交通所占的比重高（占公共交通的83%）。东京大都市圈公共交通所占比重之高、城市铁路所占比重之高，在世界各国大城市中是少有的。这是与东京大都市圈的高人口密度相适应的正确选择，很值得我们研究和思考。

表3 东京各种运输方式在城市客运交通中所占的比重

城市铁路	地下铁道	公共汽车	出租汽车	私人汽车
46.2%	12.7%	11.7%	4.8%	24.6%

上海市的人口密度（包括各区、县）与东京大都市圈非常接近。与东京一样，上海的人口也高度集中在市中心区，而东京的一都三县已基本连成一片。为了缓解上海市中心区的交通阻塞，一个有效出路是加快市中心区居民向市郊扩散。而制约城市向外扩展的一个重要因素，就是城市居民每天出行所花费的时间。市民出行困难，就不愿向郊区扩散；越不向郊区扩散，市内交通越加拥挤，这极容易形成恶性循环。从国外的经验看，一般要保证大多数城市居民一次10千米出行时间不超过40分钟。根据20世纪80年代的统计资料，居民一次10千米出行时间（包括进出车站和候车时间在内的"从门口到门口"的全部出行时间），莫斯科为32分钟、汉堡为31分钟、伦敦为30分钟、巴

黎为 34 分钟。实现这一目标的成功做法，就是国外交通界突破了原有城市客运交通模式的局限，找到了发展城市快速轨道交通的新模式——城市铁路、地铁和轻轨客运系统。全立交、全封闭、大容量的快速轨道交通，是缩短城市居民出行时间以及从根本上解决行车难、乘车难的有效途径。

东京轨道交通的一大突出优点就是运量大。被称为东京都"大动脉"的山手线，充分体现了轨道交通的这一优越性。山手线的名称起源于东京所处的地理位置。东京地处奥多摩山地与东京湾之间的高岗地带，在日语中称高岗地带的住宅区为"山手"。山手线为环行线，一周全长 34.5 千米，沿途设有 29 个车站（大致每隔 2.2 千米设有一个车站），经过银座、新宿、池袋、涩谷等几乎所有东京的繁华地区。山手线如同一个大环将东京市区的 10 条地铁线、18 条有轨电车线和纵贯日本的新干线铁路连接在一起，平均每天运客 397.3 万人次。

作为城市铁路的山手线，其实现大客运量的措施是：首先，表现在列车编组上，每列车有车辆 10 节左右，每节车座位定员 140 人，如果加上站席（高峰时座椅可折叠），一列车可运载 3000 人以上；其次，行车频度高，不到 3 分钟即发出一趟车（在上下班高峰时每隔 2 分钟就发出一次车，单向每小时客流量可达 9 万人次）；再次，行车速度快，线路为全立交、高架，列车不受红绿灯和交通堵塞的影响。

前些年日本国营铁路连年亏损，而唯独属于国营铁路系统的山手线总是盈利。日本全国进出人次最多的车站中前四名均在山手线上。其中名列第一的是新宿车站，平均每天有 62.8 万人次进出。东京的地面铁路除山手线外，还有另一条联结东京郊区和附近各县的外环铁路——武藏野线。这些城市铁路一般与地铁相交汇，构成了一个密度很大的、地面上下相结合的城市快速轨道交通网。

2 上海城市客运交通的努力方向

为了把上海建成具有国际经济中心城市格局的大都市圈，我们认为可借鉴东京大都市圈的成功经验。目前应抓紧做好以下三项工作，以加速实现上海城市建设现代化。

1）调整城市客运交通结构

加快调整城市公共交通结构，趁上海这几年加强交通基础设施的有利时机，乘势上轻轨。例如，在高架道路上增设轻轨交通系统，要比单独建造高架轻轨线路节省得多，而客运能力则十分可观。一条高架车道每小时可通过 1200～1500 辆小汽车，其客运能力为 2700 人次左右。而一条车道上开行轨道列车的客运能力达单向每小时 4 万人次以上，为小汽车的 15 倍，而且快速、准时。

另一方面，目前在上海市区居民的出行中，乘公共汽车与骑自行车的比例为 4∶6。这是极不合理的比例。据调查分析，一辆公共汽车的载客量相当于 100 辆自行车的载客量；而 12 辆自行车在道路上行驶时所占的面积与一辆公共汽车的相当。因此，大量增加自行车的结果，必然进一步增加行车难、乘车难，反过来又刺激增加自行车，形成又一个恶性循环。为此应大力提高公共交通的比重，制定出相应的城市交通政策，引导和调节居民的出行方式。如对自行车进行适当限制、划出自行车专用道路等。

2）充分利用现有交通资源

突破目前条块分割的交通管理体制，充分利用现有交通设施，实现交通资源的优化配置，是走出当前交通困境的有效途径之一。例如，淞沪铁路贯通市内交通特别繁忙的东北地带，但被长期搁置。如能突破条块分割的管理体制，把淞沪铁路改为大容量的高架快速轨道交通系统，则可大大缓解这一地带的交通阻塞状况。这项工程不用征地拆迁，线路高架后地面仍可通行其他车辆，可谓一举两得。在这方面，澳大利亚悉尼市的做法值得重视：1988 年，托马斯全国运输集团（TNT）出资在悉尼兴建了一条 3.6 千米的环行高架独轨线路，跨越拥挤的市区和港口；该集团与地方政府签有一个为期 25 年的经营租约，地方政府每年可望得到 100 万澳元的利润。铁道部和上海市也可采取类似的做法，共同开发、充分利用已有的交通资源。除淞沪铁路外，对从老北站、新客站到徐家汇、新龙华的铁路内环线，也应共同开发利用，发挥其客运能力（方案之一，建设双层城市铁路，上层用作城市公共交通，底层作为铁路内环线），这将大大缓解这一地区交通阻塞的矛盾。这一途径不但投资省，而且见效快。

3）实现城市轨道车辆国产化

抓紧实现城市轨道车辆国产化，兴办城市轨道交通车辆产业，并争取列入国家经贸委技术装备国产化基地项目，通过引进技术、合作设计、合作制造，不断开发创新，提高国产化水平。

目前，国内已有铁路车辆工业的雄厚基础和成功经验，而上海更具有综合的工业配套优势。上海已能制造汽车、轮船、飞机等现代交通工具，也完全有能力、有必要来发展现代轨道车辆工业，即制造适应小半径、大坡度、低噪声、能快速启动制动、结构轻的城市轨道交通车辆。考虑到国内已有 20 多个城市拟建城市轨道交通系统，而国际市场的轨道车辆价格比国内同类产品高出很多，若上海能领先一步，就有可能占有一定的国内市场并进而跻身国际市场。因为不少第三世界国家已认识到轻轨交通的重要，国际市场的轨道车辆需求量必然较大。如非洲第一届城市公交会议明确指出，在非洲城市中要用轻轨交通来取代拥挤不堪的公共汽车；扎伊尔、突尼斯、泰国、菲律宾等国的一些城市也已建成或在建轻轨交通系统。因此，城市轨道车辆应积极参与国际交流与国际投标，并把产品打入国际市场（尤其是第三世界），这不仅能取得较高的经济效益，同时也能推动上海产业结构的调整和优化。

3 结语

根据东京大都市圈与上海大都市圈的人口密度大、市民出行频率高等共性，上海也应该像东京那样大力发展城市铁路、轻轨及地铁，使轨道交通在城市客运中所占的比重提高到 60%。为此，要以 21 世纪的大都市客运需求为着眼点，加快调整城市客运交通系统的结构；在管理体制上，应突破目前条块分割的局限，充分利用现有的市区铁路，开发大运量的城市铁路交通系统；与此同时，由于轻轨交通是现代化技术水平很高的客运系统，为了提高其技术装备水平，降低造价，必须加快轻轨车辆国产化的进程。对此，有必要强调上海市与铁道部有关部门的技术合作和联合攻关，以便优势互补，形成高水平的产业化规模和较强的综合实力。这一大举措，也必将推动经济体制和科技管理体制改革的进程。

城市轨道交通的系统结构及其优化

原载《交通运输系统工程论文集》，中国铁道出版社 1996 年版

城市轨道交通系统是城市交通系统的一个子系统，是城市公共交通的重要组成部分。现代城市轨道交通系统主要由地下铁道、高架轻轨、市郊铁道三个子系统构成。

现代城市发展的特征是纵向和横向的双向运动。纵向发展的主要标志是市中心区的高层建筑林立和地下结构的多层化趋势；横向发展的特征就是城市人口向周围地区扩散。一方面，城市人口向市中心区凝聚，向高空与地下要活动空间；另一方面，在平面上，市区人口正在不断向郊区扩散。凝聚和扩散并存构成了当代城市的矛盾运动。

随着城市经济的发展、流动人口的增强和城市区域的扩大，城市交通的车流量、客流量猛增，而道路面积增加的速度远远跟不上车辆增加的速度，大城市交通严重堵塞，市内平均车速越来越低，在高峰时甚至会低于步行的速度，造成车辆"寸步难行"和"怨声载道"的局面。大城市的行路难已成为世界性难题。

人们在实践中终于认识到，一个城市或地区的经济发展速度，不可能超过其交通和通信的发展速度。人们越来越认识到，必须缩短市民出行所花费的时间。这也正是城市轨道交通得以迅速发展的原因所在。

发达国家所走过的弯路说明，在城市发展的一定阶段，汽车化会促进城市的发展，但事实上存在的车辆增加的相对无限性与道路建设的相对有限性之间的矛盾，必然会导致严重的交通问题以及土地问题、能源问题、环境污染问题。正因如此，对于大城市居民来说，"小轿车进入家庭"的提法是否符合系统论思想，是一个值得商榷的问题。

我国 100 万人口以上的城市有 33 个。迄今为止，这些城市的主要交通工具仍是公共汽车和无轨电车，只有北京、天津、上海有地铁在运营。虽然这三个城市的地铁总里程不足 100 千米，但它的全封闭、大运量和快速化的特点，受到了市民的普遍欢迎。它标志着城市交通的第二个大时代——城市公共交通以快速轨道交通为骨干的新时代——已经到来。

1 城市轨道交通系统的结构

城市轨道交通工具有地下铁道、轻轨、高架独轨、市郊铁路、新交通系统、有轨电车、索道缆车等。毫无疑问，目前在城市轨道交通系统中，地下铁道、高架独轨、轻轨、市郊铁路起着主导作用。

1）地下铁道

地下铁道是城市快速轨道交通的先驱，地铁不仅具有运量大、速度快、安全、准时、节省能源、不污染环境等优点，而且可以在建筑物密集而不便于发展地面交通和高架轻轨的地区大力发展。世界上第一条地下铁道 1863 年建于英国伦敦。在 1863—1963 年的 100 年间，全世界只有 29 个城市建设了地铁。而 1963 年以来，至今已有 127 个城市有了地铁。美国的纽约、芝加哥、旧金山，英国的伦敦，法国的巴黎，日本的东京，瑞典的斯德哥尔摩等大城市，地铁长度都在 100 千米以上，其中纽约、伦敦的地铁总长近 400 千米。地下铁道在城市公共交通中发挥着巨大的作用，给大城市居民出行提供了最便捷的交通工具。

地铁技术在不断发展。以往地铁的电流制为直流 750 伏，且以第三轨供电者居多。为了提高速度，供电电压已提高到 1500 伏；为了把地铁延伸到地面，采用架空接触导线供电。这种延伸到地面的地铁，不仅大大降低了造价、缩短了工期，而且加强了城市与郊区的联系。上海的地铁 1 号线就是这样一种广义的新型地铁。

法国巴黎、加拿大蒙特里尔等城市的地铁采用空气橡胶轮胎车辆。这种地铁车辆的特点是噪声小、粘着力大、乘坐舒适性好，适于坡度大、延伸到地面的地铁使用。

电动车组也在不断改进。目标是提高其加速和减速和减速性能，并实现轻量化。为增加行车密度，保证安全，地铁已广泛使用列车自动控制系统（ATC）。

最近有一种新型地铁值得注意。这就是东京地铁 12 号线所使用的线性电机车辆。这是加拿大在 20 世纪 80 年代开发成功并投入运营的新型城市轨道交通车辆。它采用线性电机牵引、径向转向架和自动化控制等高新技术。由于线性电机相当于把旋转电机的定子和转子剖开展平，因此，相同功率的线性电机要比旋转电机减少 3/4 的高度，这样就能缩小地铁隧道的横断面；加之这种车辆不是靠轮轨间的粘着力，而是靠电机上定子与地面上转子（导轨）之间的电磁力驱动，具有较大的爬坡能力，因而地铁隧道的纵断面也容许有较大的限制坡度。这种"小断面地铁"可大大降低地铁工程的造价。另一方面，由于线性电机车具有车身矮、重量轻、噪声低、通过小半径曲线和爬坡能力强等优点，它可以"轻而易举"地跑出地面、跃上高架，是地铁与高架轻轨接轨的理想车型。以线性电机车辆作动力，其深远的意义还在于它引起了轨道车辆牵引动力的变革。

2）轻轨交通

地铁虽有许多长处，但也有着明显的不足，它不仅造价高、工期长，而且资金回收慢（约需 3040 年）。于是，一种新的城市快速轨道交通——轻轨交通就应运而生了。轻轨交通是在有轨电车的基础上发展起来的，也称现代化有轨电车。20 世纪 70 年代以来，经济发达国家为了控制城市规模，在大城市周围兴建了许多卫星城镇，人口向市郊扩散。由于轻轨交通造价仅为地铁的 1/3，它既能较好地满足大城市的运量要求，又能在大城市与卫星城镇之间建立起便捷的联系，因此在城市交通中的作用越来越大，尤其在欧洲，德国、法国、比利时、瑞士、荷兰等国的不少城市，都在贯彻市区与卫星城镇的交通干线上采用了新型的轻轨交通。1978 年 3 月在布鲁塞尔召开的国际会议，它被正式命名为"Light Rail Transit，简称 LRT，即"轻轨交通"。

最早的轻轨铁路是由有轨电车改造而成的。19世纪初，有轨电车是世界各大城市的主要交通工具。随着城市交通的第一个大时代——汽车时代的到来，电车轨道纷纷被拆除，为大大小小的汽车让路。以美国为例，1912年美国370个城市有有轨电车，但到1970年只剩下8个城市保留着有轨电车。可是在欧洲，从20世纪50年代起，德国、比利时等国却在悄悄地把有轨电车加以改造和发展。为了避免与汽车互相干扰，他们将有轨电车线改为高架，在交通繁忙的市中心也转入地下（因此，轻轨又称"准地铁"或"半地铁"）；在市郊为地面线路，可通过增设隔离带来防止汽车运行的干扰。在增加轻轨专用线路的同时，轻轨车辆的制造技术也有了长足的进步，使它不仅能适应小半径、大坡度的城市线路，又具有速度快、自重轻、噪声低、加速和制动性能好的特点，加上先进的通信信号和控制设备，使它与原来的有轨电车已有了质的区别，成为一种崭新的城市交通工具。城市交通的"有轨电车—汽车—轻轨交能"的发展三部曲，正是一个否定之否定过程，是一种螺旋式上升。

3）高架独轨

在城市高架轨道上运行的另一种制式是独轨车辆。高架独轨交通的优点是：运量大，每小时可达1万～2万人次；爬坡能力强，空辆可爬10%的坡度；建设费用低，仅是地铁的1/3；由于全立交，与地面交通不互相干扰；高架独轨的基础通常只有一根立柱，对城市日照和采光的影响小；由于使用橡胶轮胎，所以噪声较低。高架独轨的种类大体可分为悬挂型和跨座型两种。

（1）悬挂型独轨

最古老的悬挂型独轨建在德国伍珀塔尔市，全长133千米，采用600伏直流电机驱动，至今从未发生过事故。它是世界上仍在营业的最古老的独轨。

新型的对称型悬挂式独轨铁路，是由法国企业管理股份有限公司为首研制成功的。它的特点是：轨道是钢制箱型新面，底部开口，充气轮胎组成的转向架在轨道内运行，车体悬挂在下面，走行平稳、噪声低。目前日本的湘南江岛线和千叶市独轨线采用的就是这种制式。

（2）跨座型独轨

跨座型独轨是由维纳格雷在1952年研制成功的。采用混凝土轨道和橡胶充气轮胎的跨座型独轨，能达到很好的效果，这就是目前通用的、以研制者命名的 ALWEG 型。日本、美国和澳大利亚等国都建设了这种制式的独轨。当然，它们的结构也有少许差别。例如，澳大利亚悉尼的独轨有一部分采用全钢封闭箱形结构轨道梁，车轮为钢轮。日本是独轨交通建得最多的国家，这是因为日本的土地紧张，城市道路狭窄，所以政府对独轨建设给予财政资助，以促进独轨交通的发展。

4）市郊铁路

城市铁路的造价仅为地铁的 1/6～1/5，然而利用现有铁路作为城市客运交通线路是十分困难的。这是因为在多数情况下，铁路线经过的是工业仓库地带，远离居民区，而且没有与其他城市公共交通的换乘点；此外，铁路的客、货混合运输也使城市客运的通过能力受到限制，而行车间隔时分如果太长，就会增加乘客的候车时间，因而失去其作为城市公共客运交通工具的意义。所以，作为城市轨道交通的一个子系统，市郊铁路的建设应该纳入城市公共交通的整体规划之中。

法国的经验值得借鉴。法国国有铁路公司积极介入巴黎的城市公共交通。法国国铁的 6 个火车站分布在巴黎的 6 个方向，且都成为巴黎城市交通的枢纽站，极大地方便了市民和旅游者。在巴黎，国铁的一部分线路归入巴黎市交通管理局，一部分线路由双方共管，还有一部分与巴黎的周围铁路干线相连的线路，仍由法国国铁管辖。法国国铁与巴黎市交通管理局有协议，上述各线路上的车票、票价都是统一的。法国国铁的铁路网是巴黎郊区与巴黎市中心联系的主要纽带，形成了大巴黎公共交通网的一部分，其运营长度达 887 千米，共有 327 个车站，每天客运量超过 100 万人次，真可谓四通八达。这种条块结合的管理体制对我国很有启示。鉴于经济发达国家已把城市交通作为当代人类面临的重大科技问题来对待，其重要程度并不亚于能源、环境和癌症，我国铁道部应以促进各大城市轨道交通建设为己任，将之列入自己的议事日程。为了从组织上得到落实，建议国务院在铁道部成立城市轨道交通协调建设司，变条块分割为条块协调，共同探索适合中国国情的城市轨道交通管理新体制。

5）新交通系统

新交通系统是一种全自动控制的轨道快速客运系统。车辆在专用轨道上定时自动运行，站上无人管理，完全由中央调度室的电子计算机集中控制。新交通系统与高架独轨有许多相同之处。如高架专用轨道，适合于大坡度和小曲线半径线路，建设费用比地铁小，大都采用橡胶车轮，噪声低、安全性能好等。

目前，世界上营业的新交通系统有 17 条，共 154.6 千米，其中日本有 7 条。日本将高架独轨和新交通系统看作现代化的象征，故从 1976 年起作出规定，新交通也可使用国家的财政资助，从而促进了新交通系统的发展。

2 城市轨道交通系统的优化

城市轨道交通是城市交通的一个子系统。城市交通可分为货运交通和客运交通两大组成部分；客运交通可分为公共交通和非公共交通两大组成部分；客运公共交通又可分为轨道交通和非轨道交通两大组成部分。所谓城市轨道交通系统的优化，包括双重协调：一是它与城市交通大系统之间的恰当比例，二是系统内部各要素间的优势互补。城市轨道交通系统是一个不断发展的动态系统，在一定的阶段可以寻求一种优化的结构，使得系统的各要素之间实现优化组合，从而达到整体的优化、与大系统的协调发展。

1）城市客运公共交通

城市客运公共交通应以轨道交通为骨干。对经济发达国家而言，由于汽车化带来的一系列弊端，促使了城市轨道交通的复苏和发展。我国由于人口众多，土地资源和能源十分宝贵，更应加快发展城市轨道交通，尽快确立它在城市公共交通中的骨干地位。世界各大城市轨道所占的比重如表 1 所示。

由表 1 可知，发达国家大城市中轨道交通的比重远远高于发展中国家；而从需要来说，后者大大超过前者。目前，我国已经制定了百万人口以上大城市的公共交通以轨道交通为骨干的技术政策，现在的任务是加强协调、加快建设，使这一技术政策真正落到实处。

2）轻轨与独轨车辆的优势比较

（1）新一代的轻轨车辆——线性电机车辆

轻轨车辆采用钢轮、钢轨，它的最大优点是运量大，但它有噪声大、拆迁工程最大、对景观影响大等缺点，如进一步采取技术措施，上述缺点可望得到改善，使它能在城市的某些地区使用。

表1 世界各大城市不同运输模式的客流量分配表

城市	人口（百万）[*1]	不同运输模式的客流量分配	年份
东京	8.1		1989
大阪	2.6		1989
名古屋	2.1		1989
巴黎	2.1		1989
纽约	7.3		1989
伦敦	6.8		1989
开罗	8.3		1987
加尔各答	4.1		1984
拉合尔	3.9		1990
雅加达	7.9		
曼谷	5.7		1989

说明：■ 铁路/地铁 □ 公共汽车 ▨ 出租车 ▧ 私人汽车 ▦ 出租车+私人汽车 ▩ 其他[*2] ▨ 私人汽车+其他

[*1]：市区人口 [*2]：走路、自行车、三轮摩托、人力车等

轻轨车辆技术正在不断发展，其先进程度主要取决于它的牵引电机的类型和传动控制方式。目前使用的轻轨车辆牵引电机大多为直流电机或交流电机，统称旋转电机，值得注意的是，线性电机在轻轨车辆上的应用已取得成功。在加拿大的温哥华和美国的底特律都有应用线性电机的轻轨铁路。由于线性电机车辆车身轻及采用径向转向架，所以能通过小半径曲线。日本也用于地下铁道，如前所述。马来西亚已决定从加拿大进口MK-I型线性电机车辆，用于吉隆坡的轻轨交通。如发车间隔为2分钟，列车为4节编组，该车型的每小时单向客流量可达21000人次，因此，它适合于人口较多的发展中国家。我国如果要高起点地发展城市轨道交通，可以在引进线性电机车辆的同时，进行高科技研究，加快其国产化进程，从而使这种车身轻、噪声小、爬坡能力强、转变半径小的新型车辆能在我国得到广泛应用。

（2）独轨车辆的特点

高架独轨的优点主要表现在以下方面：第一，占用土地少。高架独轨不需要很大空间，每根支柱直径仅为 1～1.5 米，双线轨道梁的线路断面总宽度约为 5～7 米，与其他高架轻轨系统相比是最窄的。第二，运量较大。国外独轨一般由 4～6 辆组成，列车运输能力每小时 5000～20000 人次。第三，能适应复杂地形要求。由于使用橡胶轮胎，可以适应复杂地形的要求，适宜在狭窄街道的上空穿行，可减少拆迁，降低造价。第四，建设工期短，造价低。高架独轨结构简单，易于建造，因此工期较短，造价较低，一般为地铁的 1/3。第五，运输能确保安全。由于车辆与轨道的特殊结构，在轨道梁二侧均有稳定轮和导向轮，能确保运行安全。第六，噪声与振动均低，且无排气污染等公害。由于采用橡胶轮胎，所以振动和噪声大大降低，此外，电力驱动也不存在污染环境的问题。第七，对日照和城市景观影响小。由于高架独轨占用空间少，沿线不会投下很大的遮光阴影，并且对城市景观还能起一定的点缀作用。

独轨车辆的弱点有两个方面：一是它的运量在实践中还没有达到过计算运量，所以，对独轨车辆的最大运量问题尚需进一步论证；二是这种类型车辆我国还没有研制的经验，而引进的价格每辆高达 160 万美元。

3）轨道交通制式的选择

制式选择的原则，应从四方面考虑：首先，要满足客流量的需要；其次，要考虑对城市环境的影响，如噪声与景观等；再次，要考虑经济的可行性，主要指对系统总造价和运营成本的承受能力；最后，还要考虑技术的先进性和国产化的可行性。

从上述轨道交通子系统的比较中可以看出以下方面。

第一，从列车的运送能力看，独轨系统最多为 2 万人，因此，当客流量为每小时 2 万人以上时，必须采用普通旋转电机驱动的轻轨系统。

第二，从对环境的影响看，影响最小的是独轨系统，其次是轻轨中的线性电机车辆，影响较大的是轻轨中的旋转电机车辆。

第三，从经济性看，根据我们所掌握的资料判断，系统总造价、车辆造价和运营成本，最高的是独轨系统，其次是使用线性电机驱动的轻轨，最低的是采用普通旋转电机驱动的轻轨系统。

第四，从技术先进性看，通过最小曲线半径能力和爬坡能力较好的是独轨和线性电机车辆，自重指标最先进的是线性电机车辆，其次是普通轻轨车辆，最差的是独轨车辆；传动控制方式以普通轻轨车辆和线性电机车辆最为先进，都采用变压变频控制方式（VVVF），而独轨车辆采用的是较落后的直流传动GTO斩波调压。

第五，从技术可行性看，普通轻轨车辆只需引进部分关键技术进行开发创新，是最有条件实现国产化的，而独轨和线性电机车辆由于关键技术国内尚未掌握，也从未生产过类似产品，故需整机引进，然后转让技术或合作生产，逐步实现国产化。

通过上述优势比较，我国各大城市可以根据不同需要选择相应的轨道交通制式。

3 城市轨道交通系统的社会经济效益

城市轨道交通系统的社会经济效益是十分明显的，可以从直接和间接两方面进行估算。

直接效益可通过时间价值这一因子进行测算。市民由于乘坐快速、准时的城市轨道交通车辆而节约了时间，时间是有价值的，节约时间等于增加了收入，其直接经济效益为：

$$Bd = \sum （利用人数收入节约时间／标准劳动时间）$$

由于轨道交通具有便捷和客流量大的特点，在城市轨道交通系统的车站和沿线周围地区的房地产必然增值。应该把房地产增值的相当比例，例如1/2，作为城市轨道交通系统的间接经济效益。

由以上分析可知，城市轨道交通的投资虽然巨大，但其社会经济效益也十分可观。这就告诉人们，城市轨道交通的建设资金不仅应该来自市政府和区政府的拨款，而且应该组织沿线和车站周围地区的大中企业单位共同筹集建设资金。

城市轨道交通系统是城市的大动脉。目前，全国已有十多个城市正在筹建城市轨道交通。现在需要的是加强宏观调控，进行规模经营，在联合攻关中防止低水平重复和重复引进。我们相信，在中央有关部委的统筹安排和各大城市的协调配合下，我国城市轨道交通建设一定会取得突破性的进展。

跨江靠海建大都市

——汉城经验对上海城市发展战略的意义

原载 1997 年第 2 期《东方建设》，与王普勇合作

任何一个城市都会有"成长的烦恼"，如人口和建筑物过度集中、交通堵塞、环境质量下降等。城市人口一方面向市中心区凝聚，迫使人们不得不在高空和地下营造新活动空间，形成了高层建筑林立和地下建筑盛行的新景观；同时，城市人口也有计划地向郊区转移，住宅地区向城市边缘扩展，形成大城市的"卫星"城。纵向与横向发展的同时并存，构成了当今城市的矛盾运动。

值得注意的是，各国大城市的发展，跨河和靠海兴建都被放到了重要位置。上海和汉城就是典型的例子。上海市内有黄浦江贯穿南北，汉城市内有汉江横贯东西；浦西是上海的老市区，汉江北部是汉城的老市区。由于有了黄浦江与汉江的阻隔，才保留了浦东和汉城南这样大片待开发的郊区（直到 20 世纪 60 年代初，汉城还被局限在汉江北部发展）。韩国的经济发展，常常被称为"汉江奇迹"。要把上海建设成为"一个龙头、三个中心"的国际化大都市，汉城的经验很值得我们研究。

目前，关于现代化、国际化大都市还未形成一个科学严密的指标体系，大连理工大学刘则渊教授等提出，现代化城市一般应具备以下几个特征：（1）具有很强的经济实力和活力，经济保持持续增长的势头，人均 GDP 及居民收入达

到中等以上发达水平；（2）功能完善、高效率的城市基础设施；（3）优美宜人、高质量的生活环境；（4）依靠现代科技的高水平的城市管理；（5）发达形态的产业结构，第三产业特别是商业的繁荣；（6）高度发达的精神文明建设和高水平的市民科学文化素质和思想道德素质。国际化的城市应具备以下几个特征：（1）现代化程度较高，有较完善的城市基础设施；（2）外向型经济强盛，已成为世界市场的有机组成部分；（3）交通和通信设备快捷便利，能随时与世界各地通信联系；（4）对外合作交流广泛频繁，在国际经济、贸易、金融、科技、政治、文化、体育等方面都有一定的竞争能力和竞争手段；（5）在市区内通行国际惯例和国际法规，开放度较高；（6）有高度发达的第三产业，各种服务比较齐全；（7）有优美宜人的生态环境。香港学者也列出了22项评价城市的标准，包括：每万人拥有病床数；人均教育经费；住房价格；每千米道路的车辆数；失业率（占总劳动力的百分比）；平均预期寿命；中小学班级的平均人数；在18岁以上的人口中受过大专以上教育的比例；空气中二氧化硫含量；每平方米住房月租金；人均公园、绿地面积；是否有快速轨道交通系统；国内生产总值增长率；城市年通货膨胀率；年平均的休假、公假日；每万人的平均刑事案件数；每千人的小轿车拥有量；40℃以上和-10℃以下的天数；航班直达的大城市数目；电影院数量；人均可支配收入等。按照这一标准，东京名列第一，新加坡第二，香港第六。衡量一个城市是否国际化，主要看它对世界的影响力和世界对它的依赖性。还有其他一些指标：如人口与基础设施；在国际贸易和金融市场中的地位；跨国大集团、常驻国际组织的数量；召开国际会议的频度；在国际交通枢纽中的位置等。除此之外，国际化城市还应该有自己的个性，也就是说要有独特的整体文化氛围，有自己的民族特色，因为特色是提高竞争力的重要标志之一。国际化大都市还能带动整个区域的发展。

汉城（现首尔）是韩国首都，是韩国的政治、经济、文化中心，有1150万人口，占韩国人口的23.3%。面积605平方千米，占韩国总面积的0.6%，有发达的城市公共交通系统，不仅有一个地铁网络，而且有地面公共汽车专用车道，以保证公共汽车能按时快速行驶，自从1988年成功承办了夏季奥运会后，汉城已作为较重要的国际城市呈现在世人面前。在20世纪60年代，汉城排名在世界大城市25强之外，到1980年，汉城已上升到第15位，到20

世纪末可望在十强大城市中列第 7 位。

汉城在 60 年代后期越过汉江,开始在南部发展。汉城特别重视将新城区开发同老城区改造相结合,通过整体规划、平衡布局,加强对汉江南部新区的建设,使南北两岸相映成辉,推换前进。到目前为止,汉城已经成功地将市区人口的 49.4% 迁移到南岸,从而为江北保留了大量绿化地和历史文化古迹。为了沟通汉江两岸的交通,在市区的江面上架起了 18 座桥梁。

在国际化大都市的规划中,各国都在海滨甚至海上建筑机场。这样做一方面避免了城市建筑对飞机升降的干扰,更加安全便利;另一方面也可减少飞机噪声等污染,并节省市内宝贵的土地资源。因为一座机场占用的土地,可以建成一个 10 万~50 万人口的城市。号称"21 世纪第一国际机场"的仁川机场,就是建在汉城以西 52 千米的永汀岛上,有高速公路、地下铁道将汉城与机场相连,交通十分方便。仁川国际机场将在 2000 年开始使用,将在 2020 年最后建成。

大城市靠海发展的另一个优点是可利用工业废弃物和垃圾填海。这样做既可以少占农田,形成新的土地资源,增加绿地面积,又能够减少垃圾污染,一举数得。这一方面,东京已有了成功的经验。

笔者去年底赴韩国,在环太平洋城市发展理事会第八界年会上介绍了上海城市建设的跨江靠海战略,引起了与会专家——尤其是汉城和胡志明市专家的浓厚兴趣和共鸣。

要建成世界一流的国际化大都市,上海有着得天独厚的地理优势,这就是有浦东这样一大片待开发的靠海郊区。这在某种程度上要归功于黄浦江的阻隔。由于有了中央开发、开放浦东的英明决策以及科学技术的巨大进步,建造越江隧道和大桥都已成为现实,这就为上海实现跨江靠海的城市建设战略奠定了基础。

如何根治大城市的交通堵塞

原载 1998 年 5 月 22 日《文汇报》

随着城市化进程的加快,交通堵塞和环境污染等"城市病"也日益加剧。大城市的交通堵塞已成为世界性难题。

从普遍意义上说,道路的"生产"速度始终跟不上汽车的生产速度,这是因为汽车可以通过流水线生产,道路却不能;汽车可以进口,道路却不能。在城市交通领域还有一种叫"亚当斯定律"的怪现象:由于道路面积的增加,交通阻塞暂时有所缓解;但正因为这里交通畅通,就引来了更多的车辆,这叫作"诱发运量"。时隔不久,新增或拓宽的马路又恢复到了昔日的拥挤程度。因此,从某种程度上说,汽车的增加可以是无限的,而城市道路面积的增长毕竟是十分有限的。以北京为例,北京不仅修了二环、三环快速路,而且正在规划和建设四环、五环路,市区道路每年递增 4%,北京的立交之多和占地面积之大可称世界之最。但新环路修通不久,"好景不长",又恢复到了原来的拥挤程度。因此,改善大城市交通状况,仅仅依靠增加道路面积是不够的。在新建、拓宽马路的同时,还必须调整城市交通结构。上海的道路面积人均占有量只有 2 平方米,道路资源十分有限,调整城市交通结构的必要性就更为突出。

1 措施之一:必须坚持"公交优先"原则

专家作过测算,每 12 辆自行车或每 3 辆出租车所占用的道路面积与一辆公交车所占用的道路面积相同，这还仅仅是静态比较；若考虑到自行车速度低等动态因素，公交车的客运量分别是自行车和出租车的 100 倍和 30 倍。遗憾的是，上海市近几年来自行车、助动车数量猛增，市民出行依靠公交车的比例不断下降。上海一度有过 75% 以上的市民出行依靠公交车的记录，高峰时每天有 1500 万人次以上的公交乘客。目前，市民中出行依靠公交车的比例已急剧下降到 22.9%。由于行人、自行车、助动车等在汽车中间穿行，导致机动车车速不断下降。上海市公交车的通行速度已从 1985 年的每小时 19.1 千米、1995 年的每小时 14 千米下降到目前的每小时约 10 千米。公交车开不快，使更多的市民采用个人交通方式；而自行车、助动车、步行者越多，公交车就越开不快，这又导致更多的人采用个人交通方式。这就形成了一种恶性循环。那么，应该如何走出这个怪圈呢？

世界上许多发达国家在提倡"小汽车进入家庭"之后，最终都在大城市实施"公交优先"的交通管理模式。法国巴黎市区高峰时段使用公交车的比例高达 71%，并且采取路口优先放行措施；新加坡限制小汽车进入市中心；韩国汉城和日本名古屋开设公交专用车道。笔者从汉城机场到市中心乘坐的公交车走的就是专用车道，可以长驱直入市中心，效率之高给人留下深刻印象。德国科隆在市郊高速公路与城市公交线路的交汇处修建大量免费停车场。笔者在英国牛津不仅在市郊见到许多停车场，而且市区内行驶的大型公共汽车上，都漆有"Park and Ride"的交通宗旨，意思是"停下（小轿车）—乘坐（公交车）"，以此来强化市民的"公交优先"意识。在我国国家标准《城市道路交通规划设计规范》中，也已将公共交通明确列为优先发展事业。

2 措施之二：以快速轨道交通为骨干

在"公交优先"的前提下，还要贯彻在公共交通中"以快速轨道交通为骨干"这一第二原则，才能根治大城市交通堵塞这一顽症。以上的大城市，要改变交通拥挤的混杂状况、满足大多数市民的出行需求，一条必由之路是发展城市轨道交通。

城市轨道交通体系分为现代有轨电车和快速轨道列车，快速轨道包括地铁、高架轻轨和市郊铁路。

市郊铁路主要用于市区与郊区间的旅客运输，由于其站间距离较大，因而列车速度高，可达每小时 120 千米。快速轨道交通的特点是与城市道路没有平面交叉、速度快、运力大、时间准、污染小、安全好。发展城市快速轨道交通已成为世界各国解决城市交通的共同选择。

以日本东京的"二环路"——35 千米长的山手线环线高架铁路为例，每列车有 10 多节车厢，一次可载客 2000 多人，早晨上班高峰期间。每一分半钟发一列车，一个断面每小时单向流量可达 8 万人次，每天载客量高达 300 万～400 万人次。

2600 万人口的东京圈（东京与横滨、千叶、浦和等大城市基本连为一体）有快速轨道系统 2000 多千米，每天运送旅客 3000 多万人次。尽管大多数家庭都有小汽车，但只有 5% 的人开车上下班，60% 以上的人依靠快速轨道交通通勤。

伦敦是个国际大都市，有 700 多万人口，目前已建设有 1000 多千米的快速轨道系统，其中总长 400 千米的地铁每天运送 300 多万人次的旅客。1000 多万人口的大巴黎，快速轨道系统有 1200 千米，市郊铁路客运量每天在 100 万人次以上。纽约、芝加哥、莫斯科、柏林等城市的快速轨道系统都有几百到上千米。人们从家里出门，一般步行 5～15 分钟，就有快速轨道交通，非常方便。

3 快速轨道交通已成国际都市的标志

国外大城市居民出行主要依靠轨道交通，以日本东京和伦敦为例，轨道交通分别承担了 86% 和 71% 的客运量（我国北京和上海这个比例仅为 4.7% 和 0.74%）。国外大城市居民乘坐公共交通工具 10 千米路程的出行时间认为不能超过 40 分钟，否则就超过了乘客的心理承受极限，从这一点看，城市轨道交通的发展将大大节省市民的宝贵时间，这等于增加了社会财富，同时也大大改善了城市的生活质量。以上海新建的八万人体育场为例，如果有一条像东京山手线那样的轨道交通线通过，那么在一场体育比赛之后，就可以在半小时之内疏散完 8 万名观众。因此山手线高峰时单向流量每小时可达 8 万人。由于一个车站至少有两个方向，所以可在半小时内把乘客送走，如果用平均载客50人的公交车运送8万名观众，则需要1600辆车，由于受到马路和停车场的限制，没有三四个小时是运不走这样大量的乘客的。因此轨道交通的优越性是显而易见的。

还需要说明的是，加快发展城市轨道交通与振兴汽车工业并不矛盾，而是相辅相成的，道理很简单，因为唯有依靠快速轨道交通，才能把大城市中的出行市民（特别是骑自行车通勤者）都吸引到地下和高架轨道交通线上，从而腾出地面道路让机动车辆提高行速，形成"鹰击长空，鱼翔浅底"的生机勃勃的立体城市交通网。

最近，上海市委领导作出批示，要求提前建设快速轨道交通环线；徐匡迪市长为上海铁道大学主办的学术刊物《城市轨道交通研究》创刊号题词："加快发展城市快速轨道交通。"表明了市领导实施公交优先战略和加快发展城市轨道交通的决心和远见。

建设好浦东国际航空港的地面交通网

原载 1998 年第 5 期《综合运输》，与樊建林（第一作者）合作

举世瞩目的浦东国际航空港于 1996 年 10 月 6 日开工，预期在 2000 年前建成一期工程并投入试运营，其最终规模将达到年输送旅客 8000 万人次。这一跨世纪宏伟工程建成后，将与虹桥国际机场遥相呼应，共同构成上海对外交流的两扇窗口，使浦东乃至上海的对外交通网络发生结构性变化，向现代化方向迈出一大步。"迈向 21 世纪的上海发展战略"确定，到 2010 年上海将基本建成国际经济、金融、贸易中心之一，浦东将基本建成外向型、多功能、现代化的新区。到时上海的城市交通也将形成综合性、立体化、网络型的现代化交通体系。浦东空港正是这一宏伟蓝图中的一颗耀眼明珠，将上海与世界的时空距离缩短，使人流、物流、信息流的交流渠道更加畅通。它不仅能改善浦东和上海的投资环境，而且可以辐射到长江三角洲地区，诱发新一轮的经济增长。

现代化的城市综合交通体系是一项要素繁多、结构复杂的系统工程。空港虽是其中的关键环节，但仅仅依靠空港的建设尚不足以形成功能完善的运输通道，必须辅之以便捷、安全、快速、舒适的陆路交通系统，才能真正发挥交通运输对城市经济的先导作用。因此，在空港建设之际，对其地面通道的建设必须配套进行。

城市发展不仅依靠发达的对外交通体系，而且有赖于完善的城市交通网

络。纵观世界发达国家的城市发展，无一不以四通八达、纵横交错的城市交通作依托。国外学者认为对于100万人口以上的大城市，居民乘坐公共交通工具的出行时间不能超过40分钟，否则就超过了乘客的心理承受极限，降低了舒适性和满意度。在如此有限的时间内要运送旅客从空港安全抵达市内目的地，没有高度发达的城市公共交通网络是办不到的。

上海城市交通发展规划向我们展示了一个规模宏伟的发展蓝图，一个纵横交错的浦东空港的集疏运通道已经形成规划；地铁2号线于2020年贯通虹桥国际机场和浦东国际航空港，将两颗璀璨的明珠连成"项链"，成为国内外航空客运中转的重要交通走廊；横贯浦东南北的轻轨A—A线（高桥—三林）、B—B线（外高桥—六里）与地铁2号线成十字交叉，与杨高路、滨江大道共同将沿江经济园区紧密相连，使陆家嘴金融贸易区两翼齐展；规划中的高等级公路——迎宾大道将空港连接外环线、龙东大道将空港连接内环线、远东大道过空港通南汇，这三条8~10车道、允许时速80千米的宽阔大道将空港与浦东、浦西的道路交通网有机联系，构成了便捷的公路交通网。

如此壮观的交通运输网一旦形成规模，似乎就能够有效解决空港的地面通道问题。但亚当斯定律告诉我们，新的道路建设降低了出行时耗，但同时引发了新的出行需求，经过一段时间后将最终恢复原来的拥挤水平，并由此提出了交通需求总大于交通供给的著名论断。姑且不管这个论断是否完全正确，但它提醒我们仅有硬件——基础设施是不足以完全解决交通问题的，正确的交通发展战略和政策导向，以及交通管理等软件系统的完善才能够使硬件发挥出最大的效能。许多发达国家在城市化进程中交通发展模式出现的反复和曲折，很大程度上就是由于政策导向和发展战略发生了偏差。因此，我们应该抓住空港地面通道建设这一契机，实施科学合理的交通发展战略和政策，以从根本上优化上海的交通结构和市民的出行方式结构，使城市交通实现可持续发展。

研究空港地面通道的发展战略和交通政策，不妨首先考察国外相关城市的发展历程和发展模式。以日本大阪为例：大阪位于日本国南部，面积220.34平方千米，市区人口263.3万人，是日本仅次于东京的工业、商业和文化较发达地区，而且是京阪神交通圈（包括京都、神户在内的两府三县的边畿地区）的中心，如果按50千米半径计算交通圈内共有1537.8万人。原来的大阪有大阪机场,它与东京羽田机场规模相当,承担主要的对外交通任务;但经济高速增长带来交通流量迅猛增增,大阪机场已不能满足膨胀的交通需求,于是大阪于1987年开始兴建第二机场——关西国际机场,1994年正式通航使用。目前关西国际机场年旅客吞吐量超过1000万人次,与32个国家和地区通航,客运量呈明显增长势头。

在建设关西国际机场之前,大阪有关决策机场以及规划部门已经对机场的相关城市交通工程进行了超前的规划和建设,重点建设了一批与空港衔接的公共交通设施并给予适当的资金和政策倾斜。目前已建成的通道有1条高速公路、2条与市区连通的地铁线路(机场内部地铁车站就有4个)。这些超前建设的交通项目在空港通航后发挥了主要的集疏运作用,到市中心乘轨道交通工具只需29～45分钟,走高架道路也只需45～60分钟,因此,尽管关西国际机场的客流量相当大,但很少发生滞客现象。几年来的运行结果表明,几乎半数的旅客换乘地铁、一部分换乘各类公共交通客车,只有相当少的客流使用私人小汽车。机场的地面通道,即通向市中心的轨道交通系统、新交通系统以及智能道路交通系统等形成了一个四通八达的交通网,其重要的结点是综合性的交通换乘枢纽,如大阪中心谷町地区的换乘设施,进出空港、通向市内的高速公路、轨道交通都可在此换乘,因而形成了良好的以公共交通为主的市民出行结构,公共交通出行量占客运总量的70%左右,是属于现代都市期望的合理的交通结构模式。由此可见,正是由于大阪对机场地面通道建设采取了扶持公共交通的发展模式,不仅有效地解决了疏解航空客流的问题,而且促使整个城市交通、市民出行进入良性循环。

借鉴大阪的成功经验,名古屋拟建的第二机场——中部国际机场的地面通道进行了如下规划:改善现有的高速公路,新建一条沿海高速公路,使地铁与市区连网以保证居民30分钟内到达机场,与周围城市有直接的轨道交通线路连接。可以看出,名古屋的决策者也把公共交通作为地面通道的主要模式。

香港筹建赤鱲角国际机场的模式同样值得我们思考。为与机场接驳,统一规划、同步建设了铁路、公路、海底隧道以及跨海桥梁等配套交通设施,构成了一个高效快速完整的运输系统。新机场核心计划的十大重点工程中有七项是关于交通运输的配套项目。目前,青马大桥已经完工,西九龙快速公路、葵涌高速道路、青屿干线、大屿山快速公路都已基本建成，机场地铁定于1998年完成，届时高速列车驶往市中心仅需23分钟，而且完全以航空客流为假想乘客，配备以豪华舒适的车辆，以吸引绝大部分客流通过公共交通进行疏解。

浦东空港的建设必将带动城市交通网络的加速发展，我们应充分利用这一机遇，在浦东确立公共交通优先的交通政策：

(1) 土地使用上优先考虑城市公交设施，在规划发展的交通走廊预留足够的用地空间；

(2) 技术政策上首先发展不污染环境的大容量快速轨道交通，采用技术先进、环保性能好的交通设施与设备；

(3) 交通管理上提供发展智能交通系统，同时推行地面公交专用车道，通过地铁和高架轻轨吸引出行市民，从而大量减少地面自行车，为汽车畅通无阻开辟道路；

(4) 经济上对公共交通事业给予财政补贴，同时鼓励各方面对公共交通设施进行投资，并给予一定的优惠政策，如德国曾实施每加仑汽油需缴1马克的轨道交通建设税；

(5) 交通管理体制上鼓励多种经营形式、创造有序竞争的市场环境，同时保证对经营机构的监控和管理，体现公平、公正的竞争原则；

(6) 加强对公共交通换乘枢纽的建设，解决不同交通方式换乘问题，一切以方便旅客和实现公共交通一体化为最高宗旨。

地面通道建设虽然分阶段实施，但必须强调换乘方便的长远目标。根据发展规划，浦东空港地面通道包括地铁、轻轨以及高等级公路等，每一项工程都需要极大的人力、物力投入，不可能一蹴而就。考虑到上海的城市现状与经济实力以及空港建设进程，地面通道可以分阶段建设。只要空港建设与地面通道建设有机衔接，协调发展，就能够解决空港陆地交通的衔接配套问题。

在空港建成初期，地铁、轻轨尚未成型，连接空港与市区的道路交通则应该具备一定规模，并初步形成网络结构，保证空港与市区有畅通的交通纽带。同时，将空港与市中心以及虹桥国际机场联系起来的主要交通干道应考虑采用公交专用车道，其他相关道路交通采用公共交通优先的交通管制办法，能够为旅客提供快速、便捷的交通服务，保证市中心到空港的行车时间不超过1小时。这方面，汉城和香港的做法值得借鉴。汉城市中心与国际机场之间有公共汽车专用车道，保证旅客能够安全、正点到达空港，不会因为交通阻塞而延误登机。1981年，在香港仔隧道开通以前，薄扶林道是香港仔和中心区之间一条主要的交通路线；早晨高峰时间内，由于薄扶林道和山道之间狭窄的道路断面限制了通行能力的缘故，车辆阻塞严重，行车时速低于3.5千米；后来实行公交专用车道，公共汽车行车时间由20分钟降为8分钟，从总体上看，由于大小车辆的有序分流，其他非公共交通车辆也没有受到大的影响。

在建设后期，空港具备一定规模后，地铁也将贯通上海东西，如地铁2号线将虹桥国际机场和浦东国际机场连接，轻轨网络也显露端倪，立体化的交通模式将尽显风姿。此时，应重视各种交通运输方式的合理衔接与分工，采用现代化的交通工具和交通管理手段，充分发挥交通设施的潜力，走可持续发展之路。

现代化的城市交通必须包括功能齐全、设施一流的公共交通换乘枢纽，应尽量减少换乘次数和换乘时间，缩短换乘距离，方便乘客，唯此才能增加公共交通的吸引力。之所以提出这个问题，也是由于虹桥国际机场的不足，虹桥机场没有设置公交停车站，仅有的几条公交线路都远离候机楼，乘客换乘极其不便。与浦东空港接驳的有地铁、地面公共交通等多种形式，因此多种公共交通工具的便利换乘是应该尽早考虑的问题。初步设想应该在毗邻空港的位置建造现代化、立体化的公共交通换乘枢纽，以满足不同种类交通工具（地铁、轻轨、公共汽车、出租车以及巴士等）之间的换乘。地铁车站也可以进入机场内部实现直接换乘。此外，应根据航班时刻表编排公共交通工具的行车时刻，使之紧密衔接，达到快速疏散客流的目的。

加快发展以轨道交通为骨干的城市公共交通

原载《1998北京国际现代城市轨道交通工程与装备技术研讨会论文集》，是作者1998年9月18日在研讨会主场会议上的讲话稿

1 城市交通结构必须调整

随着城市化进程的加快，交通堵塞和环境污染等"城市病"也日益加剧，大城市的交通堵塞已成为世界性难题。

从普遍意义上说，道路的"生产"速度始终跟不上汽车的生产速度。这是因为汽车可以通过流水线生产，道路却不能；汽车可以进口，道路却不能。城市交通领域还有一种叫"亚当斯定律"的怪现象：由于道路面积的增加，交通阻塞暂时有所缓解；但正因为这里交通畅通，就引来了更多的车辆（这叫作"诱发运量"），时隔不久，新增或拓宽的马路又恢复到昔日的拥挤程度。因此，从某种程度上说，汽车的增加可以是无限的，而城市道路面积的增长毕竟是十分有限的。以北京为例，北京不仅修了二环、三环快速路，而且正在规划和建设四环、五环路，市区道路每年递增4%；北京的立交桥之多和占地面积之大可称世界之最；但新环路修通不久，"好景不长"，又恢复到了原来的拥挤程度。因此，改善大城市交通状况，仅仅依靠增加道路面积是不够的。在新建、拓宽马路的同时，还必须调整城市交通结构。上海的道路面积人均占有量只有2

平方米,道路资源十分有限,调整城市交通结构的必要性就更为突出。

2 调整城市交通结构的措施

1) 必须坚持"公交优先"原则

专家作过测算,每 12 辆自行车或每 3 辆出租车所占用的道路面积与一辆公交车所占用的道路面积相同。这还仅仅是静态比较。若考虑自行车速度低等动态因素,公交车的客运量分别是自行车和出租车的 100 倍和 30 倍。遗憾的是,上海市近几年来自行车、助动车数量猛增,市民出行依靠公交车的比例不断下降。上海一度有过 75% 以上的市民出行依靠公交车的纪录,高峰时每天有 1500 万人次以上的公交乘客。目前市民中出行依靠公交车的比例已急剧下降到 22.9%。由于行人、自行车、助动车等在汽车中间穿行,导致机动车速不断下降。上海市公交车的通行速度已从 1985 年的 19.1 千米/小时、1995 年的 14 千米/小时降到目前的 10 千米/小时。公交车开不快,使更多的市民采用个人交通方式;而自行车、助动车、步行者越多,公交车就越开不快,这又导致更多的人采用个人交通方式。这就形成了一种恶性循环。那么,应该如何走出这个怪圈呢?

世界上许多发达国家在提供"小汽车进入家庭"之后,最终都在大城市实施"公交优先"的交通管理模式。法国巴黎市区高峰时段使用公交车的比例高达 71%,并且采取路口优先放行措施;新加坡限制小汽车进入市中心;韩国汉城和日本名古屋开辟公交专用车道。笔者从汉城机场到市中心乘坐的公交车走的就是专用车道;可以长驱直入市中心,效率之高给人留下深刻印象。德国科隆在市郊高速公路与城市公交线路的交汇处修建大量免费停车场。笔者在英国牛津不仅在市郊见到许多停车场,而且市区内行驶的大量公共汽车上,都漆有"Park and Ride"的交通宗旨,意思是"停下(小轿车)—乘坐(公交车)",以此来强化市民的"公交优先"意识。在我国国家标准《城市道路交通规划设计规范》中,也已将公共交通明确列为优先发展事业。

2) 以快速轨道交通为骨干

在"公交优先"的前提下,还要贯彻在公共交通中"以快速轨道交通为骨干"

这一第二原则，才能根治大城市交通堵塞这一顽症。

国外的成功经验是：在百万人口以上的大城市，要改变交通拥挤的混杂状况，满足大多数市民的出行需求，一条必由之路是发展城市轨道交通。

城市公共交通的结构一般如表1所示。

这里需说明的是，现代有轨电车系统在欧洲亦称轻轨交通即 LRT。

表1　德国柏林城市公共交通结构

运输方式	运输能力（万人／小时）	站间距离（千米）
公共汽车	1.0	1.0
现代有轨电车	2.0	1.2
轻轨、地铁（U-Bahn）	4.0～7.0	1.5
市郊铁路（S-Bahn）	8.0	3.5

市郊铁路主要用于市区与郊区间的旅客运输。由于其站间距离较大，因而列车速度高，可达120千米／小时。快速轨道交通的特点是与城市道路没有平面交叉、速度快、运力大、时间准、污染小、安全好。发展城市快速轨道交通已成为世界各国解决城市交通的共同选择。

以日本东京的"二环路"——35千米长的山手线环线高架铁路为例，每列车有10多节车厢，一次可载客2000多人，早晨上班高峰期间每1.5分钟发一列车、一个断面每小时单向流量可达8万人次，每天载客量高达300万～400万人次。

2600万人口的东京圈（东京与横滨、千叶、浦和等大城市基本连为一体）目前有快速轨道系统逾2000千米，每天运送旅客3000多万人次。尽管大多数家庭都有小汽车，但只有5%的人开车上下班，60%以上的人依靠快速轨道交通通勤。

伦敦是个国际大都市，有700多万人口，目前已建设快速轨道系统逾1000千米，其中总长400千米的地铁每天运送300多万人次的旅客。1000多万人口的大巴黎，快速轨道系统有1200千米，市郊铁路客运量每天在100万人次以上。

纽约、芝加哥、莫斯科、柏林等城市的快速轨道系统都有几百到上千千米。人们从家里出门，一般步行 5~15 分钟，就有快速轨道交通，非常方便。

3）深化改革、加强管理

在加快建设以城市轨道交通为骨干的公共交通网的同时，还必须深化改革、加强管理。首先，应深化城市交通融资体制、建设体制和管理体制改革。城市轨道交通建设投资大、周期长，为了多渠道筹集建设资金，可以 BOT 方式来吸引民营企业投资城市轨道交通建设。与此同时，政府应出台相应的政策法规来鼓励民间资金的投入。如有的发达国家规定，购买交通建设债券的金额不计入当年交纳所得税的收入基数；德国每公升汽油收取 1 马克的城市轨道交通税等。除融资体制外，现行的条块分割、各自为政的建设、管理体制，也影响着城市公共交通的建设进程。例如，作为城市轨道交通的重要组成部分的市郊铁路，在城市建设规划中目前仍处于建设部、铁道部、市政府有关部门三不管的状况。市郊铁路，即城市快速铁路，在柏林称 S-Bahn，从市中心直通郊区，是运量最大、速度最快的城市轨道交通方式。可惜的是这种方式在我国大城市的公共交通中几乎是空白。上海市轨道交通明珠线的建设，由上海市建委、市投资咨询公司和上海铁路局共同负责，成立了统一的指挥部，变条块分割为条块结合，这种城市建设新体制值得提倡。除了金融体制、建设体制外，还有一项管理体制改革任务。目前的城市交通是多头管理，"婆婆"多，各管理部门的职能既互相重迭，又有脱节。要实现各种城市交通方式的整体优化，要把十分有限的城市交通资源进行优化配置，必须深化城市交通管理体制改革，达到精简、高效和统一的目的。当务之急是加强对城市轨道交通高新技术装备国产化的领导，在全国范围内成立国产化领导小组，以防止一拥而起、分散重复。

加强城市交通管理，一要靠法制，二要靠科技。中国的市内交通是多样化的混合型交通。为了做到"人便其行，车畅其流"，必须把步行者、自行车、助动车、小轿车、公交车等交通方式加以规范，在空间和时间上给予适当分割。这就需要有一整套的交通法规，并大张旗鼓地进行宣传，要求市民、驾驶员严格依法行走、行车，与此同时还要加强执法力度。加强管理，二要靠科技。智能交通系统（ITS）已在发达国家得到应用，品种繁多的引导系统可以及时疏导堵塞的车辆；全球定位系统（GPS）可使驾驶员找到通往目的地的"最不拥挤路径"；智能卡（IC卡）可以节省人、车通过收费处的时间。这些新技术都可缓解大城市的交通堵塞。

3 快速轨道交通已成国际大都市的标志

值得注意的是，越是经济发达国家、越是小汽车普及率高的城市，快速轨道运输系统就越完备。号称汽车王国的美国，仅1997年就有13个城市定购了上千辆地铁和市郊列车车辆，用以发展城市快速轨道交通。

国外大城市居民出行主要依靠轨道交通。以日本东京和伦敦为例，轨道交通分别承担了86%和71%的客运量（我国北京和上海这个比例仅为13%和0.74%）。国外大城市居民乘坐公共交通工具10千米路程的出行时间认为不能超过40分钟，否则就超过了乘客的心理承受极限。从这一点看，城市轨道交通的发展将大大节省市民的宝贵时间。这等于增加了社会财富，与此同时也大大改善了城市的生活质量，以上海新建的八万人体育场为例，如果有一条像东京山手线那样的轨道交通线通过，那么在一场体育比赛之后，就可以在半小时之内疏散八万名观众。因为山手线高峰时单向流量每小时可达8万人，由于一个车站至少有两个方向，所以可在半小时内把乘客送走，如果用平均载客50人的公交车运送8万名观众，则需要1600辆车。由于受到马路和停车场的限制，没有3～4小时是运不走这样大量乘客的。因此轨道交通的优越性是显而易见的。

还需要说明的是，加快发展城市轨道交通与振兴汽车工业并不矛盾，而是相辅相成的。道理很简单，因为唯有依靠快速轨道交通，才能把大城市中的出行市民（特别是骑自行车通勤者）都吸引到地下和高架轨道交通线上，从而腾出地面道路让机动车辆提高速度形成"鹰击长空，鱼翔浅底"的生机勃勃的立体城市交通网。

最近，上海市委书记黄菊作出批示，要求提前建设快速轨道交通环线；徐匡迪市长为上海铁道大学主办的学术刊物《城市轨道交通研究》创刊号题词："加快发展城市快速轨道交通。"表明了上海市领导实施公交优先战略和加快发展城市轨道交通的决心和远见。

城市发展与城市轨道交通

原载 1999 年第 1 期《城市轨道交通研究》，与王里青、张冠增合作

人们在实践中终于认识到一个城市或地区的经济发展速度，不可能超过其交通和通信的发展速度。人们还越来越认识到，必须缩短市民出行所花费的时间。这也是城市轨道交通得以迅速发展的原因所在。发达国家所走过的弯路表明，在城市发展的一定阶段，汽车化虽会促进城市的发展，但事实上存在的车辆增加的相对无限性与道路建设的相对有限性，必然会导致严重的交通问题、能源问题和环境污染问题。由此，如何在实现工业化、城市化的进程中同时实现生态化，是一个跨世纪的难题，我们必须作出正确的回答。

1 城市发展与交通规划

城市的社会经济发展与城市交通的发展密切相关。综观世界各国，在城市规划上有两种不同的思路，一是以建筑规划为主，二是以交通规划为主。由于交通运输对社会经济各方面产业日益深刻的影响，加上交通建设消耗大量的资金和资源，尤其需要合理配置，因此交通规划对城市发展的意义显得更加重要。换言之，交通规划在城市规划中的权重正在加大。

交通规划要解决好两个基本问题：一是交通建设与社会经济发展之间的关系，二是交通系统内部的结构优化。

1) 交通与社会经济

经济活动的需要是推动交通事业发展的最根本动力。因此，制定交通规划的第一步工作就是要把社会经济的发展目标转化为交通发展的具体目标，以满足社会经济发展对交通的功能要求。这就是说，交通发展的目标不是由交通系统本身确定，而是由社会经济发展目标确定，具体地说，就是根据城市经济发展战略所确定的城市功能定位及产业结构的特征，再从实现城市功能和满足产业发展的需要出发，确定对城市交通的需求及城市交通的功能定位，最后完成从社会经济发展目标到交通规划目标的转变。

值得指出的是，城市交通建设能对相关产业的形成和发展产生重大影响。例如，第二产业，特别是城市旅游业的发展，要求城市内外交通更为便捷。产业结构的调整也需要交通的发展来支撑。还应指出，交通运输业本身也可以成为新的经济增长点。

2) 城市交通的结构优化

交通规划大致包括综合交通规划、公路网交通规划、城市轨道交通网规划、水运交通与港口建设规划、航空运输与机场建设规划及交通枢纽规划等。城市交通可分为货运交通和客运交通两大组成部分。客运交通可分为公共交通与非公共交通，客运公共交通又可分为轨道交通和非轨道交通。

在经济发达国家，由于汽车化给城市发展带来了一系列负面影响，促使其城市轨道交通的复苏和发展。而我国由于人口众多，土地资源和能源相对短缺，更应加快发展城市轨道交通，尽快确定其在大城市公共交通中的骨干地位。目前，发达国家城市中轨道交通所承担的客运量比重远远高于发展中国家，然而从实际情况出发，后者的需要大大超过前者。我国已经制定了百万人口以上大城市的公共交通以轨道交通为骨干的技术政策，现在的任务是加强协调、加快建设，使这一政策真正得到落实。

2 可持续城市发展与生态交通

科学技术有建设物质文明与精神文明两方面的社会功能。可持续发展这一新概念是 20 世纪人类科学技术在精神方面的一大收获。人类有史以来，都是用肉眼或望远镜从地球上向外层空间观测；由于阿波罗登月计划的顺利实现，使人类第一次能从太空看地球，发现地球不过是一颗普普通通的，而且是十分脆弱的星球，并在不断地消耗着自己的资源和能源。于是有了可持续性发展的新理念。中国人大常委会委员长李鹏最近指出："任何地方，任何时候，都不能以牺牲环境的代价去换取经济的发展，都不能用今天的发展去损害明天的发展。"

中国科学院路甬祥院长等学者经过一亿七千万次运算后，提出了中国可持续发展的战略目标建议：2030年实现人口规模的零增长，2040年实现能源资源消耗（特别是土地资源和水资源消耗）的零增长，2050年实现生态环境退化零增长。在我国加快实现城市化的进程中，可持续城市发展是实现我国可持续发展战略的重要组成部分。

建设部王静霞、李晓江、武涌等专家指出，应把城市摊大饼式发展改变为伸开的手掌型发展模式。因为城市呈手掌状发展，市区外围与绿地、树林、农田等疏密相间，无疑是一种建设生态城市的发展模式。而手掌状城市的骨架就是城市轨道交通，其特点是快捷、准时、安全、容量大、能耗低、污染轻。所以，城市轨道交通是对环境友好的"绿色交通"。

城市轨道交通按运量大小分为市郊铁路、地铁、轻轨三大类。其中市郊铁路又称城市快速铁路，由于造价低、运能大、速度快、污染轻，已经成为发达国家大城市轨道交通的主力。德国柏林的 S-Bahn 和法国巴黎的市郊铁路等就是范例。我国当前存在着体制不顺、条块分割的问题，城市快速铁路发展缓慢。值得庆幸的是，上海铁路局盘活了铁路的市郊与市区资产存量，参股建设上海市轨道交通明珠线，开我国条块结合发展城市快速轨道交通之先河。昆明利用干线铁路开行昆明至石林的市郊快速旅游列车，也是一个成功的尝试。瑞士苏黎世市交通局副局长约斯先生提出的昆明市与昆明铁路局合作建设"大昆明区"城市轨道交通网络的规划，是个很有远见的生态交通蓝图。

3 城市轨道交通与启动内需

面对一些国家和地区经济相对萎缩的现状，中国政府及时制定了正确的对应之策。这就是把经济的立足点放在扩大国内需求上。这一方针将长期坚持，理由是中国有巨大的潜在市场。当前，我国从事着6个领域的重点建设，其中一个是基础设施建设，它有力地拉动了国民经济的增长速度。去年我国经济增长速度是7.8%，而今年第一季度的增长速度是8.3%。事实证明这一方针是正确的。

加快基础设施建设的一个重要方面，就是大力发展城市轨道交通事业。据估计，城市轨道交通事业可以形成2000亿元的产值。同时，只有发展了城市轨道交通，才能把大批房屋建到郊区，这不仅有利于建设生态城市，还能大幅度降低房价，使更多的市民能够买得起住房，从而带动房地产市场。房地产市场的活跃又可刺激建材和家庭消费，可从另一方面启动内需。此外，城市轨道交通能把骑自行车和步行的人吸引到地下和高架上，有利于道路通畅，这又使得小汽车有了更大的发展空间，从而带动汽车这一国家支柱产业的发展。因此，城市轨道交通对于启动内需能起到一石三鸟的作用。

城市轨道交通又是一种公益性行业，而公益性行业是我国国有企业的用武之地，应该在公益性行业中保留和发展国有企业。如果是政策原因，而不是由于经营不善造成亏损，就不能说是"陷入困境"，当然也不能要求这些企业扭亏为盈。

中国发展城市轨道交通的一个重要问题，是必须大力降低其造价，这样才能加快发展。为此，必须努力推进轨道交通高新技术装备的国产化进程。对此，国家有关领导部门已要求国产化率不应低于70%，这就为外国企业与中国企业的合作提供了广阔的前景和极好的机遇。

城市交通可持续发展评价指标体系的研究

原载 1999 年第 8 期《上海铁道大学学报》，与樊建林（第一作者）合作

可持续发展评价是实施可持续发展战略的关键环节。1992 年，世界环境与发展大会通过的《21 世纪议程》提出了研究和建立可持续发展指标体系的任务。1994 年，联合国持续发展委员会第二次会议指出："目前急需建立起持续发展的评价指标，它直接关系到持续发展能否实现，是持续发展研究的关键问题之一。""中国 21 世纪议程"优先项目中，也设立了"中国可持续发展指标体系与评估方法研究"项目。

然而，目前所有研究成果的着眼点都在于对某个国家、地区乃至全球的可持续发展进行定量描述和测度，对于建立城市交通可持续发展的指标体系和评价方法，目前尚无成熟的理论和方法。本文试图建立城市交通可持续发展评价指标体系和评价方法，从而实现对城市交通可持续发展的定量分析和评价。

1 城市交通可持续发展评价指标体系的构建

1）建立城市交通可持续发展评价指标体系的原则

第一，整体完备性原则。评价指标体系作为一个有机整体，应该从不同侧面反映城市交通可持续发展的特征和状况，同时还要反映系统的动态变化，

并能够体现出城市交通的可持续发展趋势。

第二，客观性原则。评价指标是评价结果客观准确的根本保证。应该重视保证评价指标体系的客观公正，同时要保证数据来源的可靠性、准确性以及评估方法的科学性。

第三，科学性原则。指标体系应建立在科学的基础上，即指标的选择与指标权重系数的确定、数据的选取、计算与合成必须以公认的科学理论（统计理论、系统理论、管理与决策科学理论等）为依据，要能够反映城市交通可持续发展的涵义和目标的实现程度。

第四，非线性原则。城市交通可持续发展是一个复杂的巨大系统，具有复杂性、反馈性和非线性等特点。城市交通可持续发展指标体系的建立必须遵循非线性原则，充分考虑各指标之间的相干性关系，实现指标体系的结构最优化。

2）城市交通可持续发展评价指标体系的结构设计

城市交通可持续发展的目标就是要实现城市交通与社会、经济、资源环境的协调发展。在满足城市社会经济发展对交通需求的同时，重视城市生态环境保护和资源合理利用，符合城市的社会—经济—生态复合系统长期可持续发展的整体需求，并要求现阶段的发展不能损害未来的城市交通发展能力。

本文提出可持续度的概念，可以反映和衡量城市交通可持续目标实现程度。它包括可持续发展水平、可持续发展能力和协调能力等三个方面。

可持续发展水平是城市交通在某一时期系统各方面对可持续发展目标满足程度的衡量。它是城市交通在经济、社会、环境、资源等方面发展状况的外在表现，是可持续发展状况的最直观的反映。

可持续发展能力是城市交通可持续发展系统内的各要素对系统发展的支持和保障能力，是城市交通可持续发展的内在动力。它体现了城市交通的发展潜力和后劲。

协调能力是指城市交通可持续发展系统内部各子系统及各要素之间的优化和协调程度，是城市交通可持续发展的保证。

通过以上目标解析，并且广泛征求有关专家意见，本文提出了城市交通可持续发展指标体系表（表1）。该指标体系由目标层、准则层、指标层、分指标层等构成。其中目标层由准则层加以反映，准则层由具体评价指标层加以反映。

表 1 城市交通可持续发展指标体系

目标层 A	准则层 B	指标层 C	分指标层 D
可持续发展度 A	发展水平 B1	基础设施水平 C1	D1 平均路网密度
			D2 人均道路面积
			D3 人均停车场面积
			D4 公交线网密度
			D5 轨道交通长度
		社会经济生活质量 C2	D6 交通可达性
			D7 交通饱和度
			D8 交通分隔比
			D9 交通事故死亡率
			D10 年度客、货运量
			D11 资金利税率
		生态环境质量 C3	D12 大气悬浮颗粒年日均值
			D13 二氧化硫年日均值
			D14 氮氧化物年日均值
			D15 交通干线噪声平均值
			D16 道路面积率
			D17 年度能源消耗量
	发展能力 B2	基础设施建设 C4	D18 城市道路长度（含轨道交通）年递增率
			D19 机动车保有量年递增率
		经济发展能力 C5	D20 产业结构比
			D21 交通投资年增长率
		科技进步能力 C6	D22 科技贡献率
		资源环境潜力 C7	D23 城市绿地覆盖率
			D24 环境噪声达标区覆盖率
			D25 汽车尾气达标率
			D26 土地资源利用效率
			D27 环保投资年递增率
		管理调控能力 C8	D28 交通管理能力
			D29 交通法规保障能力
			D30 公众参与程度
	协调能力 B3	社会经济协调度 C9	D31 交通效率指数
			D32 人口协调指数
			D33 经济协调指数
			D34 交通投资占年 GDP 比重
		环境资源协调度 C10	D35 环境协调指数
			D36 资源协调指数
			D37 环境治理投资占 CDP 比重
		交通结构比 C11	D38 网络优化度
			D39 出行结构比
			D40 换乘便利度

2 城市交通可持续发展评价方法

城市交通可持续发展是一个动态过程。评价指标涉及社会、经济、环境和资源等许多方面,因而对指标的衡量以及指标所表达的涵义对可持续发展的影响等都具有一定的不确定性和模糊性。因此,选用模糊综合评判法[3:4]作为城市交通可持续发展评价方法,有利于得出客观的结论。

1) 模糊综合评判模型

已知因素集为$U = \{u_1, u_2, \cdots, u_n\}$;评判集为$V = \{v_1, \cdots, v_m\}$,{非可持续、弱可持续、基本可持续、强可持续}。又设对因素的权分配为U上的模糊子集A:

$$A = \{a_1, a_2, \cdots, a_n\}$$

式中a_i为第i个因素u_i所对应的权。且一般规定

$$\sum_{i=1}^{n} a_i = 1 \ (a_i \geq 0)$$

对第i个因素的单因素模糊评判为V上的模糊子集$R_i = \{r_{i1}, r_{i2}, \cdots, r_{im}\}$,由此可得单因素评判矩阵R为:

$$R = \begin{bmatrix} r_{11} & r_{12} & \cdots & r_{1m} \\ r_{21} & r_{22} & \cdots & r_{2m} \\ \vdots & \vdots & & \vdots \\ r_{n1} & r_{n2} & \cdots & r_{nm} \end{bmatrix}$$

评判结果B是评价集V上的模糊子集,可以表示为$B = A \cdot R$。R相当于一个转换器,当输入为A时,输出为B。合成运算可认为是一个广义合成运算,用$M(\overset{*}{\wedge}, \overset{*}{\vee})$表示。其中:$M$表示模型;$\overset{*}{\wedge}$表示广义模糊"与"运算;$\overset{*}{\vee}$表示广义模糊"或"运算。如表2所示,共包括4种算法。

表2 广义合成运算的算法模型

	模型	表达式
Ⅰ	$M(\wedge,\vee)$	$b_j = \bigvee_{i=1}^{n}(a_i \wedge r_{ij})$
Ⅱ	$M(\cdot,\vee)$	$b_j = \bigvee_{i=1}^{n}(a_i r_{ij})$
Ⅲ	$M(\wedge,\oplus)$	$b_j = \sum_{i=1}^{n}(a_i \wedge r_{ij})$
Ⅳ	$M(\cdot,\oplus)$	$b_j = \sum_{i=1}^{n}(a_i r_{ij})$

由模糊综合评判得出的结果，一般不能绝对地肯定或绝对地否定它属于评价等级中的哪一级，而是表示其在各个等级的隶属程度。因此，可以通过最大隶属度原则、模糊分布法或加权平均法等方法作进一步处理，从而得出一个比较直观的解释或明确的评判。

2）多层次模糊综合评判的基本步骤

城市交通可持续发展评价指标体系为多层次结构，需建立多层次模糊综合评判模型。其基本操作步骤如下。

第一，确定评价指标的权重。在综合评判中，权重系数的确定是非常重要的，它可以直接影响到综合评判的结果。所谓权重，是指对于确定的评价目标、评价体系或指标之间的相对重要程度。这种重要程度随时间和空间的推移和变化而发生变化，是一个具有时间序列的函数值。

第二，单因素模糊评判。单因素模糊评判就是单独从一个评价指标u出发进行评价，确定被评价方案对评价集中各元素的隶属程度。城市交通可持续发展评价指标按其属性可分为定性分析指标和定量分析指标。根据指标类型的不同，可采用不同的方法进行单因素综合评判。对于定性指标，采用模糊统计方法或逐级估量法确定其对评价集的隶属关系；对于定量指标，可采用模糊分布函数确定其隶属程度。

3）多层次模糊综合评判

由于每一评价因素是由低一层的若干因素决定的，所以每一因素的单因素评价是低一层次的多因素评价。由低到高逐层确定权重并进行该级综合评价，将所得结果构造出高层次的模糊矩阵，进行高层次的综合评价，最终得出总的评价结果。

3 实证分析

根据所建立的城市交通可持续发展评价指标体系,采用模糊综合评判法对上海城市交通可持续发展程度进行综合评价。

1) 权重计算

在进行上海城市交通可持续发展评价时,考虑到其自身特点,采用层次分析法来确定各指标的权重,其结果如表3所示。

表3 权重系数表

指标（B）	权重	指标（C）	权重	指标（D）	权重
B_1	0.163	C_1	0.105	D1	0.124
				D2	0.124
				D3	0.124
				D4	0.395
				D5	0.233
		C_2	0.258	D6	0.435
				D7	0.117
				D8	0.117
				D9	0.199
				D10	0.066
				D11	0.066
		C_3	0.637	D12	0.230
				D13	0.230
				D14	0.230
				D15	0.121
				D16	0.109
				D17	0.080

(续表)

指标（B）	权重	指标（C）	权重	指标（D）	权重
B_2	0.297	C4	0.111	D18	0.500
				D19	0.500
		C5	0.244	D20	0.667
				D21	0.333
		C6	0.067	D22	1.000
		C7	0.492	D23	0.106
				D24	0.119
				D25	0.304
				D26	0.377
				D27	0.094
		C8	0.086	D28	0.106
				D29	0.119
				D30	0.304
B_3	0.540	C9	0.400	D31	0.151
				D32	0.442
				D33	0.289
				D34	0.118
		C10	0.400	D35	0.429
				D36	0.429
				D37	0.142
		C11	0.200	D38	0.494
				D39	0.310
				D40	0.195

2）单因素模糊评判

对于单因素模糊评判中定性指标的隶属度，先后向 12 名专家进行咨询调查，然后采用模糊统计法来确定。

对于定量指标，首先确定评判标准，然后建立隶属度函数将其绝对范围"软化"或"弹性化"，从而确定指标隶属度评价等级的程度。单因素评判矩阵见表4。

表4　单因素评判矩阵

指标	评价等级				指标	评价等级			
	非可持续（v_1）	弱可持续（v_2）	基本可持续（v_3）	强可持续（v_4）		非可持续（v_1）	弱可持续（v_2）	基本可持续（v_3）	强可持续（v_4）
D1	1	0.69	0	0	D21	0	0.25	0.42	0.33
D2	0.57	1	0.43	0	D22	0.08	0.42	0.42	0.08
D3	1	0.67	0	0	D23	0.61	1	0.39	0
D4	0	1	0	0	D24	0	0.93	1	0.07
D5	0.83	0.17	0	0	D25	0.33	0.5	0.17	0
D6	0.58	0.33	0.09	0	D26	0.34	0.33	0.33	0
D7	1	0	0	0	D27	0.17	0.58	0.25	0
D8	1	0.89	0	0	D28	0.42	0.50	0.08	0
D9	0.75	0.17	0.08	0	D29	0.42	0.42	0.16	0
D10	0.41	0.25	0.17	0.17	D30	0.5	0.5	0	0
D11	0.33	0.5	0.17	0	D31	0.5	0.5	0	0
D12	0	0.605	1	0.395	D32	0	0.3	1	0.7
D13	0	0.3	1	0.7	D33	0	0	0.4	1
D14	0	0.36	1	0.64	D34	0	0.42	0.33	0.25
D15	1	0	0	0	D35	0.5	1	0.5	0
D16	0.75	0.25	0	0	D36	0	0.88	1	0.12

（续表）

指标	评价等级				指标	评价等级			
	非可持续 (v_1)	弱可持续 (v_2)	基本可持续 (v_3)	强可持续 (v_4)		非可持续 (v_1)	弱可持续 (v_2)	基本可持续 (v_3)	强可持续 (v_4)
D17	0.5	0.33	0.17	0	D37	0.17	0.42	0.33	0.08
D18	0.17	0.25	0.41	0.17	D38	0.67	0.33	0	0
D19	0.5	0.42	0.08	0	D39	0.58	0.42	0	0
D20	0.33	0.50	0.17	0	D40	0.83	0.17	0	0

3）多层次模糊综合评判

利用模糊综合评判模型在计算机上进行运算，得出总的评价结果（B），见表5。

表5 评价结果

非可持续	弱可持续	基本可持续	强可持续
0.24	0.34	0.29	0.13

根据最大隶属度原则可知，上海城市交通目前正处于弱可持续发展阶段。

4 结论

本文以可持续发展理论为基础，建立了可持续发展评价指标体系和评价方法。以上海为例进行的实证分析表明上海城市交通目前正处于弱可持续发展阶段，符合发展现状，说明所建立的指标体系和评价方法是可信的。

参考文献

1 薛东辉，窦贻俭．仪征市可持续发展指标体系研究［J］．城市环境与城市生态，1998（1）：32．
2 王如松．从物质文明到生态文明——人类社会可持续发展的生态学［J］．世界科技研究与发展，1998（2）：89．
3 楼世博，孙章，陈化成．模糊数学［M］．北京：科学出版社，1983．
4 杨松林．工程模糊论方法及其应用［M］．北京：国防工业出版社，1996．
5 赵焕臣．层次分析法［M］．北京：科学出版社，1986．

城市轨道交通百年回眸

原载 2003 年第 1 期《科学》，后被中国台北《科学月刊》作为"封面专题"转载

现代城市发展的特征是纵向和横向的双向运动。纵向发展的主要标志是，市中心区的高层建筑林立及地下结构的多层化趋势；横向发展的特征是，城市人口向周边地区扩散。上班时，城市人口向市中心区凝聚；下班时，城市人口向郊区扩散。凝聚和扩散并存构成了当代城市的矛盾运动。人流的集散是这一矛盾运动的表现形式，而城市轨道交通则是这一矛盾运动的主要载体。

城市轨道交通的诞生和发展已有一百多年的历史，但重视和大规模修建城市轨道交通系统则是在 20 世纪 70 年代以后。1994 年 4 月在新加坡召开的国际市长会议提出，城市轨道交通是现代化城市的标志。人类社会已进入 21 世纪，可持续发展的理念深入人心，中国的城市化进程也将进入加速发展期；上海申博成功，2010 年的世博会又是第一次以城市为主题——"城市，让生活更美好"。在这样的大背景下，回顾 20 世纪城市轨道交通的历史，并对城市轨道交通的功能进行再认识，不仅必要而且有益。

1 螺旋式上升：有轨电车—汽车—地铁轻轨

优先发展以轨道交通为骨干的城市公共交通已成为世界各国的共识。回顾 20 世纪城市交通的历程：有轨电车从大发展到大拆除；然后汽车登上历史

舞台，逐渐成为城市交通主角；到 20 世纪末，以地铁和轻轨为代表的现代城市轨道交通又恢复它的主导地位。这是个螺旋式的上升过程。

从城市和交通的发展历史看，城市规模的大小与城市交通工具的技术进步密切相关，城市的直径一般就是当时最快的交通工具 1 小时走行的距离。美国科学史研究者屈菲尔（J. Trefil）提出：城市的规模取决于人们在其中移动的难易程度，即大多数人不愿意花超过 45 分钟的时间在一次出行交通上。例如，1819 年时伦敦只有行人手推车和数量不多的马车，因此当时城市半径不超过 5 千米；今天伦敦有了快速轨道交通，城市半径扩大到了约 64 千米。

法国人帕斯卡尔（B. Pascal）于 1662 年在巴黎首创无轨公共马车，它有固定的路线和班次，城市公共交通从此诞生。世界上第一条有轨公共马车线于 1827 年出现在纽约百老汇大街上。1853 年法国工程师卢巴（E. Loubat）将它引进巴黎，它比无轨公共马车更有效舒适，因而大受欢迎。1879 年大巴黎区已有 38 条公共有轨马车路线。公共有轨马车是现代城市轨道交通的雏形。

法国工程师克里佐（M. de Kerizouet）曾于 1845 年向巴黎市政府提出过修建地下铁道计划，但因 1848 年发生法国大革命而告吹。19 世纪 60 年代法国工程师又想象出城市高架铁路，凡尔纳（J. Verne）在《八十天环游地球》中对此曾有十分精彩的描述。如今看到上海轻轨 3 号线上奔驰的列车，不由令人感叹 140 多年前法国人的丰富想象力。

伦敦是世界地铁的诞生地。一条由英国律师皮尔逊（C. Pearson）鼓动并投资建设的地下城市铁路（Metropolitan Railway）于 1863 年 1 月 10 日正式通车运营。该地铁线路从帕丁顿站(Paddington)到弗灵顿站(Farringdon)，总长 6 千米，动力是向英国铁路公司租借的蒸汽机车。皮尔逊因此被誉为"地铁之父"，"Metro"也成为世界上绝大多数国家城市轨道交通的标志和代号。早期的地铁由蒸汽机车牵引，为了排放烟雾，车站没有顶棚。虽然当时地铁设施简陋，且污染严重，但由于它不像地面道路那样拥堵，受到了上班族的欢迎。

1890 年，第一条电气化地铁开通，地铁进入电力牵引时代。由于环境条件大为改善，地铁显示出了强大的生命力。在此之前，除伦敦的地下铁道外，只有纽约于 1870 年在第九大街上建造了高架城市铁路；1890 年以后，建造地铁的城市开始多了起来。据日本地铁协会统计，到 1999 年，全世界已有 125

个城市建成地铁，线路总长度超过7000千米，发达国家的主要大城市纽约、芝加哥、伦敦、巴黎、柏林、东京、莫斯科等均已经完成了地铁网络的建设。此外，华盛顿、马德里、斯德哥尔摩、大阪、汉城、墨西哥城的地下铁道运营线路也已超过了100千米。

除了地铁以外，地面上行驶的有轨电车由于造价比地铁低得多，在20世纪初成为城市公共交通的骨干。世界上第一个投入商业运行的有轨电车系统是在美国弗吉尼亚州的里士满市，于1888年开通。到20世纪20年代，美国有轨电车线路总长达25000千米。1908年，我国第一条有轨电车在上海建成通车；1909年，大连市也建成了有轨电车；随后北京、天津、沈阳、哈尔滨、长春等城市相继修建了有轨电车线路。

随着汽车工业的迅速发展，大量汽车拥上街头，城市道路面积明显不够，因此20世纪50年代开始，世界各大城市都纷纷拆除有轨电车线路，这股风也波及中国。到50年代末，全国仅大连、长春等个别城市未拆除有轨电车线路，并保留至今。

20世纪下半叶以来，伴随着世界各国的城市区域不断扩大，城市经济日益发展，城市人口逐渐上升。由于流动人口及汽车猛增，城市交通量急增。道路的相对有限性与汽车生产的相对无限性产生了尖锐矛盾。汽车带来了交通堵塞、事故频繁、能源过度消耗、尾气与噪声污染等一系列社会问题。行车难、乘车难，不仅成为市民工作和生活的一个突出问题，而且制约着城市经济的发展。世界各国纷纷探索和思考如何走出困境。

反思的结果得出了两条结论：一是不限制汽车的生产，但在时间和空间上对汽车的使用加以限制；二是加快发展立体化的快速轨道交通。

如何对待小汽车的快速增长，是决策者必须回答的问题。人们已经认识到，城市交通问题的产生不在于小汽车的拥有，而在于小汽车的使用不当和过度使用。城市管理者必须在时间和空间上对小汽车的使用加以限制。如英国伦敦市长宣布，从2003年2月17日起，对每一辆进入伦敦市中心的车辆征收5英镑交通拥挤费。该措施将使伦敦交通拥挤程度减轻至少30%，还能在10年内创收22亿英镑用于改善城市公共交通。德国从2003年1月1日起对汽油增收"生态税"。英国牛津等城市早在20年前就开始实行"停下（小汽车）—乘坐（公共交通）"（Park & Ride）的政策，在市郊修建大型免费停车场，要求小汽车拥有者进入市区必须乘坐公共交通工具。新加坡在市中心设有电子扫描系统，利用智能卡技术对进入市区的小汽车自动扣款，以缓解市中心的交通压力。

大力发展城市轨道交通，这一反思的结果导致新一代有轨电车——轻轨的兴建。20世纪70年代，由于地下铁道造价昂贵，建设进度受财政和其他因素制约，西方大城市在建设地下铁道的同时，重新把注意力转移到地面轨道上，开发出新一代噪声低、速度高、走行部件转弯灵活、乘客上下方便，甚至能照顾到老人和残疾人的低地板新型有轨电车。在线路结构上，也采用了降噪减震技术措施。在速度要求较高的线路上，采用专用车道，在与繁忙道路交叉处进入半地下或高架交叉，互不影响。

1978年3月，国际公共交通联合会（UITP）在比利时首都布鲁塞尔会议上确定了新型有轨电车交通的统一名称，即轻型轨道交通（Light Rail Transit），简称轻轨交通（LRT）。20世纪八九十年代，环保问题、能源结构问题突出，在经济可持续发展战略方针指导下，全世界掀起了新一轮的轻轨交通系统的建设高潮。据粗略统计，目前已有50个国家建有360条轻轨线路。

2 城市轨道交通的先导性功能

随着可持续发展战略的实施，人们对修建城市轨道交通的意义有了新的认识：一是认识到城市轨道交通规划对城市规划的导向作用，二是认识到修建城市轨道交通有利于环境建设和能源安全。

城市规划与城市交通规划之间的关系，并不是一般意义上的包含与被包含关系，而是互动关系；后者具有强大的反作用。城市交通特别是城市轨道交通对城市规划具有导向作用。

解决城市交通拥堵是城市轨道交通的基础性功能，而引导城市布局结构的优化则是它的先导性功能。轨道交通对城市发展的导向作用源于有轨电车的发明。1882年，西班牙工程师马塔（Autoro Soriay Mata）提出"带形城市"（Linear City）理论，主张在40米宽的干道上设置有轨电车，两旁为方格状街坊和绿地。

马塔认为带形城市可以无限延伸发展，并在马德里周围规划了一个马蹄形的带形城市。他还设想用带形城市把西班牙的港口城市加的斯同俄国的圣彼得堡连接起来。带形城市理论尽管存在许多问题，但对近现代城市规划影响很大。

现代城市规划发展了带形城市理论，出现了沿主要交通轴线的带状发展理论。现代带状城市理论的具体应用是经济带。如拉动了全国经济的日本东京—大阪经济带、韩国汉城—釜山经济带等。在经济带上的各城市间，除了有高速铁路联络之外，还建有公交型城际轨道交通网，大大缩短其时空距离，有利于突破行政区划的羁绊，实现资源配置的最优化；同时调整产业结构，使各城市间优势互补，实现整体经济利益的最大化。长江三角洲的南京—上海—杭州—宁波城市带，如果通过过江大桥上的轨道交通线路，与长江以北的扬州—泰州—南通城市带相联接，形成一个"乏"字形的公交型城际轨道交通网，那么，到2010年上海举办世博会时，就能使整个长江三角洲活起来。

3 城市轨道交通技术的多元化发展

城市轨道交通在其发展过程中，为了适应解决交通拥堵、限制小汽车使用、保护环境、引导城市轴向发展等各种需要，呈现出多元化趋势。如今已形成了一个包括地铁、城市铁路、轻轨以及磁浮列车在内的大系统。

1）城市铁路

所谓城市铁路指的是建在城市内部或内外结合部、线路设施与干线铁路基本相同、以方便市民出行为目的的公交型轨道交通。而干线铁路承担的是城际或省际的旅客和货物运输任务。

如果把城市作为一个单元来看，干线铁路形成对外交通运输体系，而城市铁路则承担内部运输任务。按照城市铁路服务范围大小，国外通常把城市铁路分成市郊铁路和城市快速铁路两种。

市郊铁路主要指把城市与远郊、卫星城镇连接起来的铁路，距离可达40～50千米，一般与干线铁路设有联络线，且设备类似干线铁路，线路大多建在地面，其运行特点接近干线铁路，只是服务对象不同。市郊铁路运行速度远远大于其他城市交通工具，平均运行时速达40千米以上，最高可达120千米。如在法国，远郊的乘客只用半小时就可以到达市中心，如此快捷的运输速度吸引了大量客流。虽然市郊铁路采用干线铁路的技术标准，但其功能与干线铁路不同，导致在技术性能上也略有差别。市郊铁路运行速度比干线铁路低，但其起动、制动加速度远高于干线列车，略低于地铁列车；站间距离 1～3 千米。日本研究资料表明，市郊铁路的运营效率、能源消耗、投资费用以及土地利用等指标明显优于其他交通方式。市郊铁路的投资额是地铁的 1/10～1/5，能源消耗是汽车的 1/7 左右，而且运送能力单向每小时高达 6 万人次，是一种经济可行的交通方式。

城市快速铁路通常指运营在城市中心，包括近郊地区（离市中心约 20 千米）的轨道交通系统，其线路采用电气化运行，时速在 40～50 千米，大多与地面交通立体交叉。其站间距离较小，为 1000～1500 米。我国北京正在建设的东直门—西直门的 40.5 千米线路，就是一条城市快速铁路线。在欧洲、日本等轨道运输发达的国家，城市铁路被广泛使用。如日本东京地铁只有 200 千米左右，而城市铁路共有 2000 多千米。因此，建设城市轨道交通绝不限于地铁一种形式。

2）地铁

地铁是城市快速轨道交通的先驱。地铁不仅具有运量大、速度快、安全、准时、节省能源、不污染环境等优点，而且可以在建筑群密集而不便于发展地面和高架轨道交通的地区大力发展。

严格讲，地铁已是一个历史名词，如今其内涵与外延均已有相当大的扩展，并不局限于运行线在地下隧道中这一种形式，而是泛指高峰小时单向运输能力在 3 万～6 万人，地下、地面、高架运行线路三者结合的一种大容量轨道交通系统。纽约、旧金山以及香港也称其为"大容量轨道交通"（Mass Rail Transit）或"快速交通系统"（Rapid Transit System）。这种轨道交通系统的建设规律是在市中心为地下隧道线，市区以外为地面线或架空线。如汉城在 1978—1984 年建造的地铁 2 号、3 号、4 号线总长 1058 千米，其中地下线路 835 千米，高架部分 22.3 千米，占总长度的 21%。

目前的地铁技术不断发展，但总的来讲都是电力牵引，都可以实现车辆连挂、编组运行。地铁车辆不同于干线铁路车辆的主要特征，在于地铁车辆具有较好的加速减速性能，起动快、停车制动距离短，平均运行速度高；具有较大的载客容量，车门数多，便于乘客上下车，以缩短停站时分；车型小，适合隧道内运行；车辆采用难燃或不易燃材料制成，不容易发生火灾；自动化程度较高。为了提高速度，地铁车辆供电电压由以往的750伏、第三轨供电居多，改造为1500伏、采用架空接触导线供电（因为地铁往往要延伸到地面）。为增加行车密度，保证安全，地铁已广泛使用列车自动控制系统（ATC）。

地铁具有很多其他交通方式所不具备的优势，但其建设费用相当高。即使对于工业发达国家来说，大量建设地铁所需的资金也十分可观。

对繁荣的大城市来说，修建地铁是发展市区交通的最佳选择，这已为一百多年来的实践所证实。如巴黎，市民在市区任何地方，一般步行不超过15分钟就能到达某一地铁站，十分方便。便捷的城市轨道交通使市民在大城市内的每次出行时间不超过1小时。地铁已成为大城市的动脉。

3) 轻轨

轻轨交通原来的定义是指采用轻型轨道的城市交通系统。当初确实使用的是轻型钢轨，而如今的轻轨已采用与地铁相同重量的钢轨。所以，目前国内外都以客运量或车辆轴重（每根轮轴传给轨道的压力）的大小来区分地铁与轻轨。轻轨现在指的是，运量或车辆轴重稍小于地铁的轻型快速轨道交通。在我国《城市轨道交通工程项目建设标准》（试行本）中把每小时单向客流量为0.6万~3万人次的轨道交通定义为中运量轨道交通，即轻轨。

经过一百多年的发展，轻轨已形成三种主要类型：钢轮钢轨系统、线性电机牵引系统、橡胶轮系统。

钢轮钢轨系统即新型有轨电车，是应用地铁先进技术对老式有轨电车进行改造的成果。20世纪80年代我国曾有许多城市提出要建轻轨，然而久未建成。其主要原因是当时推荐的轻轨建设规模过大、建设标准过高，虽然运量低于地铁，但其造价并不比地铁低多少。可喜的是我国长春、大连的新型轻轨线路已在最近投入运营，所使用的车辆已实现了国产化。天津轻轨也已正式立项，即将开工建设。重庆的独轨也在建设中。

钢轮钢轨轻轨车辆使用的电流为750伏直流电。通常为架空线路。轻轨系统输电与配电方式一般为每隔3~5千米设一变电站，电流由该处架空线传送。轻轨的造价约为地铁的1/2，且施工简便，建设工期较短；加之轻轨的单向高峰小时客运量为1万~3万人次，足以大大缓解城市交通状况；轻轨交通建设标准也低于地铁，因而其国产化进程容易推进。轻轨是适合我国大、中城市，特别是中等城市的轨道交通方式。

一种以线性电机驱动的轻轨系统值得注意。加拿大在20世纪80年代开发成功这种新型城市轨道交通车辆，并投入运营。它采用线性电机牵引、径向转向架和自动控制等高新技术。由于线性电机相当于把旋转电机的定子和转子剖开展平，因此相当功率的线性电机要比旋转电机缩小3/4的高度，这样就能缩小地铁隧道的横断面。如日本东京12号线采用这种系统，隧道断面面积减少近一半，综合造价节约近20%。此外，它与轮轨系统兼容，便于维护救援。加之这种车辆是靠电机上定子与地面上转子（导轨）之间的电磁力驱动，具有较大的爬坡能力，因而地铁隧道的纵断面也允许有较大的限制坡度。线性电机车辆在加拿大、日本、美国都取得了较大的成功，在我国还是空白，不过，由于我国自主开发和引进了磁悬浮技术，对线性电机的分析研究已经有相当基础。另一方面，由于线性电机具有车身矮、重量轻、噪声低、通过小半径曲线和爬坡能力强等优点，可以"轻而易举"地钻入地下、跃上高架，是地下与高架接轨的理想车型。以线性电机车辆作动力，其意义还在于它引起了轨道车辆牵引动力的变革。

橡胶轮轻轨系统采用全高架运行，不占用地面道路，具有振动小、噪声低、爬坡能力大、转弯半径小、投资较省等优点，当前的独轨、新交通系统和VAL系统均属橡胶轮系统。

独轨运输能力为每小时0.5万~2万人次，一般采用跨座式，轨道梁、转辙机、转向架是独轨系统的关键技术。由于采用橡胶轮胎，因而车体结构必须轻量化，对轨道梁和支座材料的耐潮湿、耐酸性要求也较高。当前掌握独轨技术的只有日本的两家公司，我国重庆市轨道交通采用的就是这种制式。此外德国的乌伯塔在1901年建成了世界上第一条悬挂式独轨线路。

新交通系统可归纳为侧面导向式和中央导向式两种，其客运能力为每小时5万~15万人次，建设成本远低于地铁，与独轨相似，最早出现在20世纪60年代的日本，80年代进入实用化阶段。目前日本有十多条新交通系统线路正在运营。该技术在美国、法国、德国和加拿大也得到了发展和应用。

VAL 系统是法国的中运量自动导轨运输系统，最早于 1983 年在里尔建成。我国台北的木栅线从法国引进了这种技术。

4）磁悬浮列车

磁浮列车是根据电磁学原理，利用电磁铁产生的电磁力浮起列车，并推动列车前进的现代交通工具。由于它运行时悬浮于轨道之上，因而没有轮轨摩擦，可以突破轮轨粘着极限速度的限制。

磁浮技术的研究源于德国。1922 年德国工程师开普尔提出了磁浮原理，并于 1934 年申请了磁浮列车的专利。由于战争这一发明被拖延。进入 20 世纪 70 年代，日本、德国开始研究磁悬浮列车技术。

磁浮技术可分为常导和超导两种制式。德国的 TR 型和日本的 HSST 型采用的是常规电磁材料所构成的两大电磁铁之间的吸引力使列车浮起，所以称为"常导"磁浮技术。这种悬浮方式具有自动恢复车辆悬浮高度的功能，不用控制就可以稳定悬浮。日本的 MLU 型则是利用浸入低温槽内的超导材料制成电磁线圈，由于此时电阻为零，可产生更大磁场，然后依靠两大电磁铁之间的斥力使列车浮起，所以称为"超导"磁浮技术。欧美等国家有专家在研究相对高温超导的新技术，这种超导磁浮技术可望在十年后进入实用化阶段。

电磁力不仅能支承车体质量，而且能用来导向。当车体没有左右位移时，导向线圈内无电流流通，也没有能耗；如果车体有左右偏移时，在导向线圈内则有与左右位移成比例的电流流通产生复原力，从而保证磁浮列车在前进过程中始终与导轨的方向保持一致。

磁浮列车前进的动力也是电磁力，提供动力的线性电机的工作原理如前所述，即类似将旋转电动机的定子和转子剖开展平，把转子与定子半径"延长"至无穷大，此时转子与定子间的转动就改变为平动了。

目前，在磁浮列车技术的研究领域中日本和德国占领先地位。在日本，磁浮线路的建设费用比轮轨高速铁路高出约 50%。日本方面认为，如果建设费用控制在高于高速铁路 20%，则是可以接受的。

上海引进德国常导磁浮技术，在浦东已建成磁浮高速列车线，西起地铁 2 号线龙阳路站，东至浦东国际机场，全长 30 千米，设计时速 430 千米，单向运行时间约 8 分钟，总投资约人民币 89 亿元。我国国防科大、西南交大、铁道科学研究院和中国科学院电工研究所等单位正在自主开发中低速磁悬浮列车技术，分别拟在北京八达岭、成都青城山建设试验线。中低速磁浮适用于公交型城市轨道交通。

参考文献

1 文国玮. 城市交通与道路系统规划 [M]. 北京：清华大学出版社，2001.
2 周翊民. 我国城市轨道交通多元化发展的新趋势 [J]. 城市轨道交通研究，2002（3）.
3 北京控股磁悬浮技术发展有限公司. 国防科技大学中低速磁悬浮列车总体研制报告 [R]. 长沙：国防科技大学磁悬浮技术工程研究中心，2001.
4 张志荣. 都市捷运—规划与设计 [M]. 台北：三民书局股份有限公司，1999.

长江三角洲城际轨道交通网络规划

原载 2003 年第 5 期《城市规划汇刊》，与张冠增、蒲琪合作

长江三角洲（以下简称"长三角"）面积为 10.01 万平方千米，人口约 1.35 亿，分别占全国的 1%和 10.4%。而 2003 年第一季度的统计数据显示，长三角国内生产总值占全国 GDP 比重为 20.3%，超过 1/5。在外向型经济方面，长三角 2003 年 1～4 月制造的出口商品货值，已占全国同期出口总值的 33.27%，这就是说，中国出口的 1/3 来自长三角。全国实力最强的 35 个城市中，长三角有 10 个；全国百强县中，有一半在长三角。2002 年综合实力最强的 10 个城市中，有长三角的上海、苏州、杭州和无锡等市。从全球的角度看，长三角已成为世界第六个大都市经济带。自 1957 年国外学者提出"大都市经济带"理论以来，大都市经济带已成为衡量一个国家社会经济发展水平的重要标志。因此，为了在世界级的竞争中取胜，提升长三角区域的整体实力已成为一项非常紧迫而重要的任务。

最近上海正在开展"世博会与上海新一轮发展"的大讨论，其中的一个重要议题就是上海要主动融入长三角、服务长三角。长三角区域经济的发展，尤其是 2010 年上海将举办的世博会，都迫切需要加强上海与长三角各城市间的交通往来，加速区域性的基础设施建设。十分可喜的是，长三角的高速公路网已基本建成；以上海港为中心、服务于长三角和全国其他区域的长三角组合

港正在组建；苏浙沪合作的长三角高速宽带网，已列入国家 883 计划，将于 2005 年建成；公共交通一卡通已在无锡、杭州、上海等城市间通用。

可惜的是，公交型的城际轨道交通网络由于种种原因，至今还未能统一规划建设。城际轨道交通，在国外又称区域性轨道交通系统，即 Regional Rail System，是指在中心城市辐射经济圈中的便捷、快速、大运量、衔接合理的客运轨道交通系统。

1 系统思考与二八定律

区域理论的研究表明，系统性是区域的基本特征之一，因为若干下一级区域构成上一级区域时，不是简单的相加。每个区域都是内部各要素按照一定秩序、一定排列组合方式、一定比例组成的有机整体，不是各要素的简单相加，而是会发生质的变化，出现新的特征。区域规划是城市规划的重要依据，城市和区域是点和面的关系，一个城市总是与它对应的一定区域范围相联系。中国科学院院长路甬祥院士说过："21 世纪是非线性世纪。"非线性是系统的一大特征，构成系统的诸要素已失去了各自的独立性，它们相辅相成、互补互动，因而能产生"一加一大于二"的非线性效果。系统整体功能的这一增量，来自结构，是接受了结构的馈赠。因此，整体优化的关键在于结构优化。笔者所讨论的长三角并不是苏南、浙北、上海的简单相加，而是需要把资源进行整合，从而产生"一加一大于二"的整体效果。

学习型组织的倡导者、《第五项修炼》的作者彼得·圣吉提出，管理者的修炼在于系统思考。这是市场经济分工专业化思维走向极端的回归。彼得·圣吉认为，每个人都在做自己认为对的事，但对整体来说其结果往往并不对。这就是说，对每个人来说所做的都是合乎理性的事，但对整体来说往往是非理性的。因此，系统思考强调跳出本我，以大局为着眼点，这才是管理之本、规划之本。

除了非线性，层次性也是系统的一大特征。区域的层次性表现在每一类区域都可以分层次。如长三角经济区可以分为四个次一级城市经济区：以南京为中心，镇江、扬州为副中心的宁镇扬经济区；以苏州、无锡、常州、南通为中心的苏锡常通经济区；以杭州为中心，嘉兴、湖州、绍兴为副中心的杭嘉湖绍经济区；以宁波、舟山为中心的甬舟经济区。同样，在第二级的城市经济区中还可细分出第三层次的经济区。如苏锡常通经济区可划分为苏州、无锡、常州、南通四个城市经济区。

周恩来曾提出："计划的节约是最大的节约。"因此，管理学上的"二八定律"也可推广到城市交通规划领域。笔者认为，规划阶段的节约要占到节约总量的80%，而执行阶段的节约仅占20%。城市轨道交通是城市有史以来投资最大的基础设施项目，城际轨道交通的投资也不低；加上轨道交通具有网络性、通用性，公交型的城际轨道交通必须与干线铁路、城市轨道交通紧密衔接、分工合作、统一规划。当前，长三角地区各省市都在规划自己的城市轨道交通系统，但如果不能在车站换乘和技术制式上互相衔接并留有接口，那么，就会给不同轨道交通线路之间的衔接换乘、共线运行等带来诸多不便，其浪费和损失将十分严重。因此，长三角的城际轨道交通规划，必须抓早抓好。

交通运输对区域经济发展的重要性，是古典区位理论研究的重要内容。1885年德国学者龙哈德（W. Launhard）发表《国民经济学说的数学论证》，提出了工业布局中的"重量三角形模型（图1）。重量三角形中的两个点代表原材料的来源地，第三点代表出售产品的市场所在地，在三角形中找到一个离三个顶点的千米数之和为最小的位置即为最优区位。德国经济学家韦伯（A. Weber）在其1909年出版的《论工业的区位》一书中提出，影响工业布局的区位因素仅为运输费用、劳动力费用、集装力三项；还认为运输费用对工业的基本定向起到最有力的作用。而运输费用中运输成本的高低，直接取决于其所采用的运输方式。尽管其他各种运输方式发展很快，轨道交通仍将是区域内运

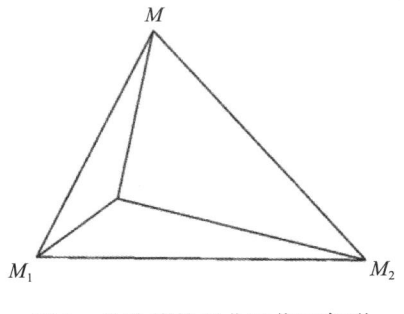

图1 龙哈德的工业区位三角形

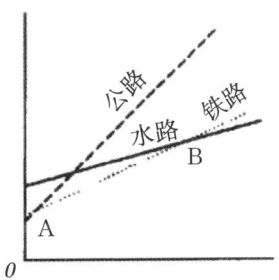

图2 各种运输方式按运距比较

输的主要方式。美国空间经济学家胡佛(E. M. Hoover)在其1948年出版的《经济活动的区位》一书中首先提出了运输费用结构理论,并对不同运输方式进行了比较(图2)。

城市之间市场的边界究竟在哪里?早在1978年,德国的夏佛尔(A. B. F. Sch ale)就研究了两个中心市场或城镇之间的分界点问题,提出了断裂点(break point)模式,认为不同的生产成本表现为商品的价格、质量和交通运输费用是决定断裂点位置的两大因素。作为其具体应用,长三角若干城市的市场边界如图3所示。图中的虚线和实线分别表示不同的生产成本和交通运输费用。从图中还可看出,随着市场的开放,两地的市场可以互相覆盖,展开公平竞争。

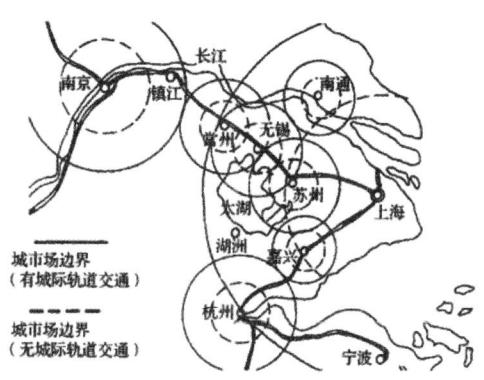

图3 长三角若干城市的吸引范围

寻找断裂点的另一种计算方法是"重力模型方法"。两个城市吸引范围的分界点可由下述公式求得:

$$D_A = \frac{D_{AB}}{1+\sqrt{P_B/P_A}}$$

式中,D_A——断裂点到A城的距离;

D_{AB}——两个城市A和B之间的距离;

P_A——较大城市A城的人口;

P_B——较小城市B城的人口。

这种方法已多次被用来划分或验证中心城市的吸引范围。如20世纪80年代有人据此分析浙江嘉兴市在区域经济中的地位，嘉兴市处于上海、杭州两个城市之间，在行政上属于浙江省管辖；但根据公式计算，断裂点在距杭州市51.23千米处，即海宁市附近，海宁以北的嘉兴在经济上属于上海市的吸引范围。

2 规划长三角城际轨道交通网的紧迫性

为了提高区域经济的整体竞争力，充分发挥中心城市的辐射功能和各城市间的互补功能，必需突破行政区划的羁绊，对区域内资源进行整合，这就会带来区域内的客运需求量猛增。综观国内外大都市圈的状况，它们都有优越的自然条件和便利的交通运输条件。自然条件和区位是一种禀赋，如长三角是以自然特征基本相似而形成的自然经济区，它拥有独特、优越的地理环境条件和独特的区位优势，因此通过中心城市上海的经济辐射和吸引，与周围经济社会活动联系紧密的苏南、浙北自然形成了区域经济共同体。与自然条件和区位不同的是，经济区位条件在一定程度上是可以人为改善的。一般认为，城市经济区域的一体化发展的重点是经济一体化，而经济一体化发展的基础则是基础设施的一体化。例如，铁路、高速公路、国际机场、组合港、高速宽带网建设，特别是跨省市，公交化的城际轨道交通的建设，能大大提高经济区内的通达性和经济活力。交通设施的完善和配套，将大大缩短经济区内的时空距离。上海已建成浦东国际机场，是国内主要国际机场之一，国际航线可直达东京、纽约、芝加哥、巴黎、马德里、温哥华、新加坡、曼谷等世界大城市。如果长三角各大中城市都要建国际机场，势必造成严重的浪费。然而，浦东国际机场要为整个长三角经济区服务，就必须依靠大容量的快速便捷的城际轨道交通网络。如果在交通设施建设上各搞一套，甚至乱设关卡互相防范，就会破坏区域经济的统一性。

城际轨道交通既为城市活动向周围延伸提供了可能，又会对中心城市经济区的范围作出相对的限定。这是因为交通运输条件是划分经济中心城市在区域内的辐射和吸引范围的主要依据。例如，1986年曾把上海经济区扩大到沪、苏、浙、皖、赣、闽五省一市，面积达到了63.8万平方千米，人口达到了2.28亿。这一大经济区实际上已经超出了上海的辐射能力，这与交通运输不够发达有很大关系。事实上，上海经济区主要还是限于以上海为中心的长三角地区。即使在长三角，中心城市的辐射作用也由于交通条件的限制而受到了阻碍。典型的例子是：虽然同在江苏省，位于长江北岸的苏中地区扬州、泰州、南通，尽管最靠近苏南和上海，却要比江苏省的平均发展速度低1.5个百分点。如果能有跨江的轨道交通系统，把这一地区与苏南和上海联系起来，将给这一地区的发展注入新的活力。当前苏南、浙北很多新兴的工商城镇均无轨道交通与中心城市及地级市相连，这种状况与德、法、日等发达国家相比，差距非常大。

2010年上海世博会的举办，将大大增强上海和长三角区域的经济发展活力，也将有力地促进这一地区的经济合作与联动。长三角区域的各个大中城市，只有在整合和互动的过程中才能找到自己的最佳位置。为此，规划理念也需要更新，需从行政区域的产业发展规划转变为经济区域的产业发展规划，从产业链规划转变为城市链规划。

外国的经验可供借鉴。1964年东京举办的奥运会、1970年大阪举办的世博会有力地推动了"东京—大阪"经济带的一体化进程，并以此为契机，带来了日本经济长达20年的持续增长。我国国土面积为960万平方千米，现有铁路线7万千米；而日本面积仅为37.7万平方千米，铁路线却有2.2万千米。值得注意的是，在大东京圈内，除一部分是干线外，大部分是城际铁路网。如东京到周围的城市，就有很多条快速轨道线，来往十分方便。因此东京的很多上班族都居住在周围的小城市，每天坐铁路上下班，最远通勤距离达50千米。大东京圈共有铁路2246.4千米，其中普通铁路(Ordinary Railway)占82.2%；地铁276.2千米，占12.3%。

如前所述，长三角地区是我国最具增长潜力的地区，尽管该地区已经出现了城市带的雏形，但与世界级经济区、城市带相比，还有着很大的差距。差距之一就是区域内轨道交通不发达。长三角的高速公路网已初步建成，然而由于高速公路占地太多，能源消耗太多，其进一步发展存在着不少制约因素。而城市轨道交通是各种交通方式中唯一可利用多种能源的交通方式。中国又是发展中国家，居民的收入有限，不可能充分利用高速公路，根据国外的经验，高速公路主要为集装箱运输和小轿车服务。目前，长三角几个主要城市之间的铁路共有 120 千米，其路网密度为 1.2 千米 /10² 平方千米；公路共有 2.8 万千米，其路网密度为 2.8 千米 /10² 千米²。铁路和公路密度均比全国内地平均水平高出 1 倍多，但平均每万人拥有的铁路和公路里程只有全国（内地）水平的 1/3 和 2/5 左右，两项指标大体是欧美发达国家和日本的 1/10 ~ 1/20。当前苏南、浙北很多新兴的工商城镇均无轨道交通与中心城市及地级市相连，这种状况与德、法、日等发达国家相比，差距非常大。也就是说在长三角地区城际轨道交通的发展空间非常大。

交通运输对区域经济的形成与发展、区域生产力的合理布局和人民生活具有十分重大的作用。优越的交通地理位置，往往是形成产业和人口大量集聚的重要影响因素。那些拥有优越的经济地理位置的交通运输枢纽，往往能吸引大批企业集聚。总之，交通运输是影响区域经济发展的最积极最活跃的因素，因此编制好区域交通运输规划具有重大的社会经济意义。

在建国后的 30 年中，由于高度集中的计划经济模式，条条、块块之间互相分割，使城市与城市间的联系中断，城市的生产功能大大扩张，综合性的经济功能大大衰退，各大中城市的产业结构产生了同构现象。所以上海这一特大城市作为中心城市的地位和作用也相应受到削弱。

十分可喜的是，珠三角的城际轨道交通规划已通过了国家发改委组织的专家评审。珠三角以广州（佛山）、深圳（香港）、珠海（澳门）三个城市为中心，广深、广珠经济带为两轴，形成"A"字形结构的城际轨道交通网络，"A"字的中间一横表示深圳（香港）、珠海（澳门）间的直达快线。"A"字形网络可辐射到肇庆、江门、惠州、中山、东莞等城市。规划初期建设的有：广州至佛山的近郊线、广州南至东莞的城际快速线、广州至深圳的直达快线，其中广州到佛山线已在 2002 年年底动工。今后，整个珠江三角洲的城际交通线可按速度分成近郊、城郊、城际，直快 4 个层次，城市间基本上实现 0.5 ~ 1 小时互通，从而构建"1 小时生活圈"。由于珠三角属于广东一省管辖，城际轨道交通规划的启动要相对容易些，但其规划的思路与决心很值得长三角借鉴。

3 长三角城际轨道交通网络的初步设想

城际轨道交通主要为城市带或都市群中的居民提供公务、商务服务（工作圈）和通勤、通学服务（生活圈），距离一般不超过400千米，一般一次出行不超过2小时即可到达目的地。

与城市轨道交通相比，城际轨道交通突破了一个城市的行政区划，甚至跨越几个省市。城际轨道交通的发车频率比干线铁路高、比城市轨道交通低，一般间隔为15分钟到1小时。城际轨道交通的站间距离比干线铁路短、比城市轨道交通长，一般为5～20千米。城际轨道交通的列车速度比高速铁路低、比城市轨道交通高，一般最高运行时速为100～200千米。城际轨道交通一般与干线铁路相接，技术制式采用干线铁路的技术标准。干线铁路、城际轨道交通与城市轨道交通三者之间需要协调配合，包括车站的设置、站间距的确定以及留有换乘接口等。

长三角城际轨道交通网络规划包括两方面具体内容：一是根据长三角经济发展、区内外人员流动以及邻近地区过境客流等现状和今后发展趋势（如2010年世博会期间将产生7000万人的客流量），确定近远期轨道交通客运量、周转量和运输工具需求量；二是根据主要交通走廊确定线路走向，根据客流量和吸引范围确定各主要车站特别是换乘站、枢纽站的类型和规模，合理组织城际轨道交通与干线铁路、城市轨道交通的衔接及其与其他客运交通方式的功能分工，制定接驳与换乘的具体方案。

长三角城际轨道交通网络的战略构想应包括骨架网络（5年完成）、基本网络（10年完成）和远景网络（20～30年完成）三个实施阶段，并对投融资方案、管理体制和具体实施的技术方案，提出初步建议。

长三角大都市圈包括上海、南京、苏州、无锡、常州、镇江、扬州、泰州、南通、杭州、宁波、嘉兴、湖州、绍兴、舟山15个地级以上城市。这15个城市分属于江、浙、沪三个省市级行政区，总体上已经形成了一个包括特大城市、大城市、中小城市和集镇等在内的各具特色、多层结构的大都市经济圈体系。

随着沪宁、沪杭甬等高速公路相继建成通车，以及铁路的提速，以上海为中心的"1小时交通圈"的通达范围已覆盖了无锡、苏州、嘉兴等城市；通过建设城际轨道交通，可以在 10 年内形成长三角内的"2 小时交通圈"。

在 2010 年上海世博会前，应在长三角的上海、南京、杭州三大中心城市之间铺就大运量、高速度的客运专线，形成全新的城际快速轨道网。即以上海为龙头，建成沪宁、沪杭高速铁路；再以上海、南京、杭州为中心，联结各地级市副中心；各副中心联结各中小城镇。

利用既有或规划的铁路客运专线开设公交化的快速城际客运列车，并与各城市内部的轨道交通相衔接。当城际轨道交通建成，与高速铁路连成网后，整个长三角地区的轨道交通线可按速度分为 5 个速度层次，见表 1。

表 1 长三角地区 5 类轨道交通线设想

类别	轨道交通线位置	最高时速（千米）
直达快线	中心城市之间	300
城际快线	中心城市与副中心城市之间	160～200
城郊线	副中心城市与城镇之间	100～140
近郊线	市郊铁路	80～120
市区线	大中城市的地铁和轻轨	80

综观长三角的城际轨道交通网络，在外形上十分类似上海市申字形的高架快速道路网："内环线"为北边的南启线、东边的浦东铁路及沪芦线、南边的杭甬线和宁杭线；"延安路高架"就是宁沪高速铁路（即高速客运专线）；"南北高架"则为新长铁路。

为了做好长三角城际轨道交通网络规划，建议江浙沪三省市铁路与城市轨道交通的主管部门联合进行深化研究，以便早日启动建设，尽快改变苏南、苏中、浙北中小城镇与中心城市、副中心城市之间无轨道交通联系的落后状况。

启动长三角城际轨道交通网络规划，需要体制创新。这有过先例。1981 年 4 月，中共中央书记处作出了开展国土整治工作的决定；同年 10 月，开始组织力量，研究编制《京津唐地区国土规划纲要》，同时进行若干个不同类型的区域规划的试点。经国务院批准，上海经济区规划、东北能源交通规划也先后展开，出现了以大城市为中心的经济区规划，强调以中心城市为依托，带动整个地区的发展。已列入"863"计划的长三角高速宽带网工程，也为启动长三角城际轨道交通网络规划提供了启示。该项目由上海交通大学、东南大学、浙江大学共同参与，高校可以在跨地区的合作项目中发挥独特的作用。

参考文献

1 彭震伟. 区域研究与区域规划 [M]. 上海：同济大学出版社，1998.
2 陈友华，赵民. 城市规划概论 [M]. 上海：上海科学技术文献出版社，2000.
3 傅萃清. 珠江三角洲经济区城际快速轨道交通线网规划研究 [J]. 城市轨道交通研究，2003（1）.
4 周翔民，孙章，季令，何宁. 构筑"长三角"城际轨道交通网 [J]. 城市轨道交通研究，2003（2）.
5 冈田宏. 城市轨道交通系统的规划、建设与管理——来自东京的经验 [C]. 2003 上海城市轨道交通国际峰会（CURS 2003），2003.4.24.

区域性轨道交通网的规划与评价

原载 2004 年第 4 期《城市轨道交通研究》，与季令、蒲琪、李素莹合作

区域性轨道交通网（前称城际轨道交通网），在国外又称区域性轨道交通系统，即"Regional Rail System"，是指经济发达的人口稠密地区城市间的便捷、快速、大运量、衔接合理的公交化客运轨道交通。区域性轨道交通网的规划和建设，顺应了当今世界"区域经济一体化"的发展潮流，符合以人为本以及全面、协调、可持续发展的要求，符合我国区域协调发展战略。

"经济发达的人口稠密地区发展城际快速客运系统"已获 2004 年 1 月国务院常务会议原则通过；"十五"期间，将开工建设环渤海地区北京—天津，长江三角洲南京—上海—杭州，珠江三角洲广州—深圳、广州—珠海、广州—佛山等区域性轨道交通网。

因此,研究区域性轨道交通网的规划与评价不仅有其必要性,更有其紧迫性。

1 理论基础

区域性轨道交通网的特点是交通的网络化、公交化和投资主体的多元化。发展区域性轨道交通网的理论基础是城市群理论、一日交流圈新概念和科学发展观。

1)城市群理论

自1957年法国地理学家戈特曼(Gottmann)提出"大都市经济带"的概念以来,大都市经济带已成为衡量一个国家社会发展水平的重要标志。

随着全球经济一体化步伐加快、我国加入世贸组织以及城市化率的不断提高,我国城市群各中心城市将不断加强横向经济联合,推动区域经济合作向纵深方向发展。

城市群是在工业化与城市化发展到较高阶段,以一个或几个特大城市、大城市为核心,诸多中小城市相配合,以发达的网络为紧密联系的纽带,从而形成的各城市职能分工明显、大中小城市密切配合、空间结构紧凑、联系密切的城市地域综合体。

亚洲可持续发展研究中心的马凯萨、王洛,提出了全世界20个大都市圈理论及其指标体系("555"标准),揭示了当今世界经济的发展格局。所谓"555"标准,即一个区域内如果GDP总量达5000亿美元、人均GDP达5000美元、人口5000万人以上(发达国家可放宽到3000万人以上),才可列入"世界级"大都市圈。这一研究指出,中国的大珠江三角洲(含港澳台)、大长江三角洲、环渤海大都市圈分别名列"世界级"大都市圈的第10、12、13位。

美国三大城市群(大纽约区、五大湖区、大洛杉矶区)的GDP占全美国的份额为67%;而中国目前的三大城市群(长三角、珠三角、京津冀环渤海区)的GDP占全国的份额仅为38%。可见,中国的区域经济具有很大的发展潜力。而目前在这些地区,区域性轨道交通供给严重不足,已成为区域经济发展受阻的一个重要原因。因此,应尽快规划和建设区域性快速轨道交通,特别是在经济高速增长的珠三角、长三角和京津冀环渤海地区。

2)"一日交流圈"新概念

区域性轨道交通主要为城市带或都市圈中的居民提供通勤通学服务(生活圈)、公务商务服务(工作圈),以及休闲旅游服务(旅游圈)等,距离一般不超过400千米,一般一次出行不超过2小时即可到达目的地。因此,区域性轨道交通能构成一个"一日交流圈"。

"一日交流圈"源于日本。在1987年的第四次全国规划中,日本将建立全国性的一日交流圈作为国土开发的主要目标,即全国各主要城市间的流动所需时间要在 2.5 小时以内。"一日交流圈"已经成为一个城市的重要圈域范围。因为它反映了市场交易成本上的一次突变：如果不能当日返回就不得不付出一定的额外成本，如住宿费用、外出人员不能回家的心理负担等。

3) 指导思想——科学发展观

改革开放 20 多年来，中国人均 GDP 已达 1000 美元，人民的生活水平在总体上达到了小康水平。但现在还是低水平的、不全面的、发展很不平衡的小康，主要表现在城乡差别、地区差别、社会各阶层的贫富差距较大。因此党和政府把全面建设小康社会确定为中国 21 世纪头 20 年的发展目标。

为了实现这一宏伟目标，党和政府最近又提出了坚持以人为本，树立全面、协调、可持续的发展观；统筹城乡发展，统筹区域发展，统筹经济社会发展，统筹人与自然和谐发展，统筹国内发展和对外开放。为此，很有必要在科学发展观的指导下，对我国区域性轨道交通网的功能进行定位与再认识。

自然资源是人类赖以生存和发展的基础，是经济社会可持续发展的重要物质保障。我国人均资源占有量少，耕地、石油、天然气等资源的人均占有量分别只有世界平均水平的 1/3、1/10、1/22。资源供给不足已成为我国社会经济发展的重要制约因素。此外，我国经济粗放型增长方式尚未根本转变，中国单位国民生产总值的能源、资源消耗大大高于世界平均水平，资源利用率低。

新中国成立 50 多年来，GDP 增长了 10 多倍，而矿产资源的消耗增长了 40 多倍。我国 GDP 占世界总量的 4%，而煤、铁矿石、钢材、水泥的消耗量分别占世界消耗量的 31%、30%、27%、40%。2003 年我国的投资收益率只有 3.65%，低于银行贷款利率。因此，中国必须加快建设资源节约型社会，转变经济增长方式。

加快调整运输结构，是建立节约型交通运输业的重要途径。中国的运输结构不能照搬美国模式，应当强调轨道交通在整个交通运输中的骨干地位。而目前的情况是结构性失衡。以 2004 年全国春运为例，公路运送旅客 17 亿人次，铁路运送旅客仅为 1.4 亿人次。

据日本统计资料，每一单位运输量的能源消费量，轨道交通仅为公共汽车的 3/5、私人汽车的 1/6。从客运能力和土地资源的利用率看，1 条快速轨道线等于 5 条高速公路；2 条复线铁路的占地宽度小于或等于 1 条高速公路的占地宽度。按照日本的资料测算，完成同样的交通量，轨道交通占地仅为公路占地的1/8。这就是说，1条复线铁路等于1条16车道的公路。根据美国的统计资料，在美国修建公路和停车场，每辆汽车需要0.07公顷的土地（在欧洲和日本每辆汽车占用0.02公顷土地）。而我国人均耕地面积只有美国的1/6、印度的1/2。即使按欧洲和日本的标准，如果中国的汽车拥有量为每两人1辆，那就需要1300万公顷土地，这个面积相当于中国现有稻田面积2300万公顷的一半以上。

再从以人为本的角度看，2003年中国有10.4万人死于道路交通事故，居世界第一位。尽管中国的汽车远比美国少，但这一绝对数字大约是美国的2.5倍。它从另一个侧面说明美国模式在中国之不可行。

由于轨道交通具有运能大、安全、快捷、方便、舒适、节约资源、环保等特点，能担当起经济发达地区客流量猛增的重任，同时可缓解公路运输能力紧张的局面，以解放部分运力用于货物运输。因此，我国在规划、建设高速公路基本网络的同时，就应该考虑建设区域性轨道交通网。值得注意的是，在日本的主要交通走廊东京—大阪间是先有高速铁路，4年后才建高速公路。而且，日本的高速公路大多是4车道，只有少数干线是6车道。日本国土面积为37.7万平方千米，约为我国的1/25；有22000千米铁路，是我国铁路里程的3/10——我国面积960万平方千米，只有7.2万千米铁路。日本珍惜土地资源、减少石油消耗的做法值得我们借鉴，轨道交通在我国有很大的发展空间。

2 基础条件

什么样的区域应不失时机地发展区域性轨道交通呢？我们认为至少应该考虑以下方面的因素。

第一，区域总面积、区域内总人口和人口密度达到一定水平。

第二，区域内GDP总量和人均GDP达到一定水平。

第三，区域内的城市化率达到一定水平。

第四，区域内轨道交通密度过低。

第五，客运结构中轨道交通所占的份额过低。

3 规划的内容和原则

1）规划内容

交通运输是影响区域经济发展的最积极、最活跃的因素，因此编制区域交通运输规划具有重大的社会经济意义。

区域性轨道交通网络规划包括两方面的内容：一是根据区域经济发展及产业结构布局、区内外人员流动以及邻近地区过境客流等现状和今后发展趋势，对近期（3～5年）、中期（5～10年）、远期（15～20年）三阶段的轨道交通客运量和运输工具需求量作出预测和规划；二是根据主要交通走廊确定线路走向，并根据客流量和吸引范围，确定各主要车站（特别是换乘站、枢纽站）的类型和规模，合理组织区域性轨道交通与干线铁路、城市轨道交通的衔接以及与其他客运交通方式的功能分工，制定接驳与换乘的具体方案；最后对投融资方案、管理体制和具体实施的技术方案，提出框架性建议。

2）规划原则

第一，先导原则。区域内城镇化的发展布局与区域性轨道交通网中的线路密度和等级相匹配，以区域性轨道交通网作为交通骨架，引导产业结构合理布局，与城市群功能相匹配。

第二，分工原则。区域性轨道交通有别于干线铁路之处在于以一日交流圈中的短途客运为主，它与干线铁路相互分工和衔接。因此，原来没有铁路的区段应首先修建，以连接众多的中小城镇，把大企业吸引到中小城镇上来，并实现区域交通的网络化、公交化。

第三，层次原则。区域性轨道交通网络从实施过程看，可以分为骨架网络（3～5年完成）、基本网络（5～10年完成）和末端网络（15～20年完成）三个层次。一年若修建1000千米，20年就能建成一个相当于日本的轨道交通网。从重要性而言，区域性轨道交通又可以分为区域干线、次干线和支线三个层次。从运输组织角度，区域性轨道交通又可以分为快速一站直达、中速多站直达、普速等三个层次。区域性轨道交通的发车频率比干线铁路高、比城市轨道交通低，一般为15分钟到1小时；其列车速度比高速铁路低、比城市轨道交通高，一般最高运行时速为100～200千米。在客运组织上可采取快速直通、中途多站停与普速站站停相结合的运行组织方式,如表1所示。

表1 区域性轨道交通网的三个层次

类别	轨道交通线位置	最高速度(千米/小时)
区域干线	中心城市之间	200
区域次干线	中心城市与副中心城市之间	160~200
区域支线	副中心城市和核心城镇之间	100~140

第四,效益原则。区域性轨道交通网应满足成本低、占地少、环保好等效益普适性原则。为此,应在大多数城镇间建电气化线路;在个别地区也可采用内燃动力,不建电气化线路。

4 评价指标

1)能力性指标

第一,客运量。区域性轨道交通的客流结构以"一日交流圈"内相对固定的通勤、通学、商务、公务、休闲、旅游客流为主。衡量一个区域性轨道交通网络的优劣,首先要视其运输能力是否能满足区域内日益增长的客运需求。值得注意的是,区域性轨道交通网络的新生客流(诱发运量)要比干线铁路大得多,评估时对此不能忽视。

城市轨道交通具有两大功能:一是基础性功能,解决城市交通的拥堵;二是先导性功能,引导城市布局结构的优化。后者的意义更为深远。由于轨道交通的诱发运量所占比例较大,又难以预测,因此,我们认为对客运量这一指标可适当放宽。

第二,抗冲击力。要考虑对交通冲击的抵抗力,需评估在举办奥运会、世博会等大型活动或在"黄金周"期间轨道交通线网的适应能力。

第三,线网密度与换乘率。

2)经济性指标

为了加快轨道交通投融资体制改革,调动社会各方面建设轨道交通的积极性，实现投资主体多元化、融资方式多样化，必须提高投资收益率。这样才能更多地吸引民间资金和外资的进入。

第一，投入产出比和回报率。造价、技术选型的经济适用原则、国民经济评价、投资收益率等，区域性轨道交通基本上可采用干线铁路的技术标准；敷设方式一般为地面线，因此其造价可以比城市轨道交通低得多。如大东京圈共有铁路2246.4千米，其中普通铁路占82.2%；地铁276.2千米，占12.3%。这一经验表明，区域性轨道交通大有降低造价的空间。

第二，技术选型。体现经济、适用原则，不一味追求高新技术。

第三，网络资源的共享性及共线运营率。德国波恩、科隆地区已解决了城市轻轨车与区域铁路之间的共线运营难题，这一经验值得借鉴。

3）协调性指标

第一，与其他轨道交通方式的协调。区域性轨道交通应与干线铁路、城市轨道交通等紧密衔接、分工合作、换乘方便；站间距要与小城镇的密度相适应，并介于城市轨道交通与干线铁路之间，一般为5～20千米。

第二，与区域经济和区域布局结构的协调。区域性轨道交通网的规划必须与区域经济发展目标保持一致。

第三，客运结构的优化与协调。区域性轨道交通网在总客运发送量的比例中要占大头。长三角区域内2001年旅客发送量为170082万人次，其中铁路为9325万人次，占5.5%；公路为159344万人次，占93.7%；航空加水运为1413万人次，占0.8%。这是不合理的运输结构。中国不能像美国那样主要依靠高速公路。

参考文献

1 潘海啸. 大都市地区快速交通和城镇发展［M］. 上海：同济大学出版社，2002.
2 周翊民，孙章，季令，等. 构筑"长三角"城际轨道交通网［J］. 城市轨道交通研究，2003（2）：1.
3 朱照宏. 地市群与城市轨道交通［J］. 城市轨道交通研究，2003（4）：27.
4 沙梦麟，张全福. 对"长三角"城际轨道交通需求的再认识［J］. 城市轨轨道交通研究，2003（5）：17.

地区性城际轨道交通网展望

原载 2005 年 3 月 21 日《东方早报》

3月16日,在温家宝总理主持召开的国务院常务会议上,审议并原则通过了《环渤海京津冀地区、长江三角洲地区、珠江三角洲地区城际轨道交通网规划》。消息传来,我所在的同济大学交通运输工程学院、铁道与城市轨道交通研究院的广大师生无不喜出望外、奔走相告。

地区性城际轨道交通,在国外称为"Regional Rail System",即地区轨道系统,是指在人口稠密的经济发达地区城市间的公交化的便捷、快速、大运量的客运轨道交通系统。

1957年国外学者提出"大都市经济带"的概念以来,大都市经济带已成为衡量一个国家社会发展水平的重要标志。为了提高区域经济的整体竞争力,充分发挥中心城市的辐射功能和各城市间的互补功能,必需突破行政区划的羁绊,对区域内资源进行优化配置和整合。在不远的将来,大型企业可根据城市功能分工及资源优化配置原则,把部分工厂或各车间分设在不同城市。有了快速、便捷的地区城际轨道交通系统,在经济发达地区的各大中城市间会产生"同城效应",不仅有利于实现经济一体化,促进经济社会的和谐发展,人们还能做到工作和居住可以在不同的城市,从而大大提高人们的选择自由度。

地区轨道交通的发展与"一日交流圈"概念的提出密切相关。1987年,在第4次日本全国规划中,日本将建立全国性的"一日交流圈"作为国土开发的主要目标,即全国各主要城市间的流动所需时间在3小时以内。"一日交流圈"

业已成为世界各大城市的重要圈域范围。因为它反映了市场交易成本上的一次突变：如果办事后不能当日返回就不得不付出一定的额外成本，如住宿费用、外出人员不能回家的心理成本等。

地区轨道交通按其功能可以分为若干个圈域：为城市群中的居民提供上下班通勤服务的生活圈；提供公务、商务服务的工作圈；提供休闲、旅游服务的旅游圈。其客流相对固定；距离也比较短，最远距离一般在300千米左右，一次出行不会超过2～3小时。

例如，在我们课题组提出的"长三角地区城际轨道交通网规划方案"中，网络总长为2200千米。根据长三角地区城市群和经济发展轴的分布，线网可以由地区干线、次干线和支线三个层次构成：干线为沪宁线、沪杭甬线；次干线为宁杭线、宁启（东）线、沿海南北线（上海至宁波与上海至启东）线以及（南）通苏（州）嘉（兴）绍（兴）线；支线为联络线，通向其他中小城市与旅游胜地。列车运营速度也相应分为三个层次：中心城市间直达列车为每小时200千米；中途停靠部分站点的列车为每小时140～160千米，站站停靠的列车为每小时100千米。

可以预见，在未来的一二十年间，中国的地区性轨道交通一定会有较大发展。尤其是2010年举办的上海世博会，将通过长三角地区城际轨道交通网络使整个长三角活起来；同时也可以使长三角地区的大中城市间产生"同城效应"，使上海世博会能得到整个长三角地区的有力支持。各有关地区和部门宜尽早统筹规划、合理布局，并进行投融资体制和运营管理体制的探索创新。

此外，借鉴国外的经验，我国在发展地区性轨道交通的过程中，应采取强有力措施，打破条块分割，全面整合交通资源，调动铁路和地方的积极性，由地方政府与铁道部协调一致建设和管理地区城际轨道交通。我国高速公路之所以能够取得跨越式的发展，除了高速公路本身的行业优势条件外，地方积极性空前高涨不能不说是一个重要原因。

中国未来的区域交通，将是一个以轨道交通为主体，各种交通方式协调发展的、节约型的综合交通系统。交通资源的消耗有生存型、小康型和奢侈型三种模式。中国不能学美国的奢侈型，美国主要依靠高速公路和飞机，在这种模式下，美国人口只占全世界的4%，却消耗了全世界石油的27%。小康型的交通模式是资源节约型和环境保护型的以轨道交通为主体的现代化运输体系。根据有关统计资料，同样的客运能力，轨道交通占用的土地仅是高速公路的1/8；轨道交通主要使用电能，无尾气污染，对环境友好。

以日本为例，日本的铁路除一部分是干线外，大部分是地区性铁路网。如东京到周围的城市，就有很多条快速轨道线，来往十分方便。因此东京的很多上班族都居住在周围的小城市，每天利用轨道交通上下班，通勤距离达50千米。大东京圈共有铁路2246.4千米，其中普通铁路（Ordinary Railway）占82.2%；地铁276.2千米，仅占12.3%。可见发展地区性轨道交通并非只有地铁一种制式，降低造价的空间是很大的。

各中心城市的对外交通有一个接口问题。例如，根据目前的高速公路规划，江苏和浙江进上海共有56车道，而在日本周边地区进东京的公路还不到30车道。凸显了其以轨道交通为主体的交通系统。公路发展的一大优点是原始投资少，资金周转快，回收期短。轨道交通在这一点上并没有优势，因此发展轨道交通必需解决好融资这一瓶颈问题，一定要实行投资多元化。

从长远看，中国将迅速扭转轨道交通发展相对滞后的局面。如果说，高速公路要加倍发展（中国公路的通车里程有185万千米，高速公路规划将从目前的3万千米达到8.2万千米，与世界第一的美国的8.8万千米接近），那么，铁路就要有2倍甚至3倍的发展。只有这样才能建成资源节约型的交通运输网络，符合全面、协调、可持续发展的原则。

城际轨道交通与城市发展

原载 2005 年第 12 期《现代城市研究》，与杨耀合作

交通运输可分为国家级干线交通、区域交通、城市交通三个层次。城际轨道交通属于区域交通这一层次，因此它的全称是"区域性城际轨道交通"，在国外被称为"Regional Rail System"，即区域轨道系统。区域性城际轨道交通是指在人口稠密、经济发达的大都市带（或称城市群、经济圈）范围内，各城市之间的公交化的便捷、快速、大运量的客运轨道交通系统。近 20 年来我国北京、上海、广州、深圳、重庆、南京等地的城市轨道交通有了迅速的发展，而此前我国的区域性城际轨道交通尚处在空白阶段。

2005 年 3 月 16 日，在温家宝总理主持召开的国务院常务会议上审议并原则通过了《环渤海京津冀地区、长江三角洲地区、珠江三角洲地区城际轨道交通网规划》。据国家发改委有关负责人近日介绍，在"十一五"期间，我国要重视发挥城市群的集聚效应，在经济圈内加强城际快速轨道交通的建设；要认真解决大城市交通堵塞现象，重视城市轨道交通的建设。可以预见，在未来的 20 年间，中国的区域性城际轨道交通和城市轨道交通一定会有较大发展，也必将对经济圈内各城市的发展产生深刻影响。

1 区域性城际轨道交通的由来与发展

1) 大都市带与一日交流圈

自 1957 年国外学者提出"大都市带"的概念以来,大都市带已成为衡量一个国家社会发展水平的重要标志。

亚洲可持续发展研究中心的马凯萨、王洛提出了全世界 20 个大都市带理论及其指标体系,揭示了当今世界经济的发展格局。在他们的研究中,中国的大珠江三角洲(含港澳台)、大长江三角洲、环渤海大都市带分别名列第 10、12、13 位。

美国三大都市带(大纽约区、五大湖区.大洛杉矶区)的 GDP 占全美国的份额为 67%,中国目前的三大都市带(长三角、珠三角、京津环渤海区)的 GDP 占全国的份额为 38%。

所谓大都市圈或经济圈,是指在工业化与城市化的发展过程中逐步形成的,以一个或几个特大城市、大城市为核心,诸多中小城市相配合,以发达的网络为紧密联系纽带的城市地域综合体。在大都市带中的各大中小城市密切配合,空间结构紧凑,职能分工明显,交通联系便捷,其经济发展具有一体化的特征。

区域轨道交通的发展与"一日交流圈"概念的提出密切相关。1987 年,在日本第 4 次全国规划中,日本将建立全国性的一日交流圈作为国土开发的主要目标。所谓"一日交流圈",是指在该图域范围内的各主要城市间出行办事或旅游,可以当天来回。"一日交流圈"业已成为世界各大城市的重要圈域范围。因为它反映了市场交易成本的一次突变:如果办事后不能当日返回,就不得不付出一定的额外成本,如住宿费用、外出人员不能回家的心理负担等。

区域性城际轨道交通的服务功能有三个方面:一是为城市群中的职工和学生提供上下班和上学的通勤服务,二是为城市群中的出差人员提供公务、商务服务,三是为城市群内居民提供休闲,旅游服务。区域轨道交通的客运特点是客流相对稳定,乘车对象相对固定,旅客的平均乘距比干线铁路短、比城市轨道交通长,最远距离一般不超过 300 千米,一次出行时间不会超过两到三小时。

2）城际轨道交通的发展

（1）国外城际轨道交通的发展

日本地少人多，这一点与中国类似。日本国土面积37.7万平方千米，大约是我国的1/30；而铁路总长22000千米，差不多是我国的1/3。可见我国轨道交通有很大发展空间。日本铁路除一部分是干线外，大部分是区域性铁路网。如东京到周围的城市就有很多条快速轨道线，来往十分方便。因此东京很多上班族都居住在周围的小城市，每天利用轨道交通上下班，通勤距离达50千米。大东京圈共有铁路2246.4千米，其中普通铁路占82.2%；地铁276.2千米，仅占12.3%。可见区域性轨道交通与城市轨道交通不同，技术制式更接近干线铁路，建设成本因此可大大降低。

美国虽然是以私人交通为主的国家，但是其城际铁路的网线也非常发达。仅在旧金山湾区，就有长达660.8千米的城际轨道交通。这些线路由多家公司经营，其中比较有影响力的城际轨道交通是BART和半岛通勤列车。BART在市区基本属地下铁路，在郊外则采用全封闭的地上线路，运行速度较高，最高时速可达130千米，平均旅行时速（含停靠站时间）为57.6千米。工作日一般从早上4点到午夜1点，日发车192次（平均每小时发9列车），日均客运量达34.1万人次。半岛通勤列车目前仍采用内燃机车牵引，车体是双层；工作日从早上4点半到午夜12点，每30分钟发一班车，上下班高峰时段则加密车次，发车间隔仅为4分钟。工作日共有80个车次，周末及节假日则大幅缩减，如周日仅20个车次。此外，费城、巴尔的摩等地区的城际轨道交通也有较大的客流运输量。

印尼的雅加达和勃果、唐哥郎、贝卡西三个郊区共同组成了"雅勃塔贝克"大区。大地区总面积为6580千米，总人口2100万人，其中雅加达840万人。雅加达市在利用现有铁路设施的基础上，在雅勃塔贝克地区建造起一个高频度、安全、可靠的"现代化的通勤铁路系统"，开行通勤列车和城际轨道列车。城际列车从市区出发，全方位地辐射至雅勃塔贝克大区。据统计，2002年雅勃塔贝克地区的客运密度约为整个印度尼西亚客运密度的6倍；虽然雅勃塔贝克地区的路网长度只占全国路网长度的3.7%，却承担了全国67%的客运量。

外国区域轨道交通的管理体制也在不断创新。例如，从2001年年底开始，法国铁路公司（SNCF）对短途客运全面实行了地区化管理，法国铁路公司不再直接管理地方铁路运输，由地方铁路局负责地区性短途客运并拥有自主权。英国伦敦市长利文斯通在2004年连任时也承诺，他将在第二个任期内成立伦敦地方铁路局，把地铁和伦敦地区的干线铁路实行统一管理。

（2）中国城际轨道交通的发展

中国的区域经济具有很大的发展潜力。而目前在这些地区，区域性城际快速轨道交通供给严重不足，这已成为区域经济发展受阻的一个重要原因。因此，经济发达的人口稠密地区发展城际快速客运系统已列入《中长期铁路网规划》，该规划在2004年1月举行的国务院常务会议上已获原则通过。2005年3月，国务院常务会议又审议并原则通过了《环渤海京津冀地区、长江三角洲地区、珠江三角洲地区城际轨道交通网规划（2005—2020年）》。"十五"期间，已开工建设的城际轨道交通项目有环渤海地区的北京—天津线，北京—石家庄线即将破土动工，并在2008年开通；珠江三角洲地区的广州—佛山线正在建设，广州—珠海线将在年内动工兴建；长江三角洲地区的南京—上海—杭州线正在积极筹备中。

铁道部第四勘测设计院提出的珠三角地区城际轨道交通网规划如同一个大写的英文字母"A"，由三条干线构成：从西北到东南的佛山—广州—深圳线、从北到南的广州—珠海线，以及由东向西的虎门—江门线。

根据长三角城市群和经济发展轴的分布，铁道部第四勘测设计院提出的长三角地区城际轨道交通线网规划由沪宁线、沪杭线、杭甬线以及常州—江阴—常熟—苏州—嘉兴线构成。同济大学课题组提出的长三角城际轨道交通网络规划（参阅2005年3月30日《人民日报·华东版》），除了上述干线外，还包括宁杭线、沿江南北线（北线为宁启线，南线为上海—太仓—常熟—江阴—镇江线）、沿海南北线（上海—宁波、上海—启东）等次干线。第三个层次为支线，支线为联络线，连接其他中小城市与旅游胜地。列车的最高速度也相应分为三个层次：中心城市间直达列车为时速200千米，中途停靠部分站点的列车为时速140～160千米，站站停靠的列车为时速100千米。

2010年上海将举办世博会，如果有了长三角地区城际轨道交通网络，就能使整个长三角活起来，同时也可以使长三角地区的大中城市间产生同城效应，使上海世博会能得到整个长三角地区的有力支持。

2 城际轨道交通对城市发展的影响

中国未来的区域交通,将是一个以轨道交通为主体,各种交通方式协调发展的、节约型的综合交通系统。交通资源的消耗有生存型、小康型和奢侈型三种模式。中国不能学美国的奢侈型,美国主要依靠高速公路和飞机,在这种模式下,美国人口只占全世界的4%,却消耗了全世界石油的27%。小康型的交通模式是资源节约型和环境保护型的以轨道交通为主体的现代化运输体系。

1)轨道交通引导城市发展

轨道交通具有引导城市发展的巨大功能。"交通引导发展"是彼特·卡鲁索普提倡的方法,基本思想是指不过分依赖汽车,以公共交通为主要交通手段、车站等交通节点为中心来使土地利用和城市结构紧凑化。城市空间发展基本上有两种模式:一种是单中心通过同心圆向外作低密度蔓延,俗称"摊大饼式"扩展;另一种是多中心的轴向扩展模式。后者才是我国大城市发展的理想结构模式。这两种发展模式各有其交通支持方式:汽车是"面交通",它引导城市"摊大饼式"发展;轨道交通是"线交通",可形成城市之间的大容量快速交通走廊,引导城市沿轴向发展,从而在空间上形成跨度,其间空隙可布置绿地系统,极大地改善城市环境,并留有发展的可能。这种节点式布局使住宅集中布置于快速交通站点周围,局部相对密度较高,但在区域范围内密度则不大,既保证了一定的容积率,又可以有良好的户外环境。不仅节约了用地,城市大众还可利用快速交通便捷出行,大大节约时间。

2)轨道交通促使经济圈内各城市产生"同城效应"

为了提高区域经济的整体竞争力,充分发挥中心城市的辐射功能和各城市间的互补功能,必须突破行政区划的羁绊,对区域内资源进行优化配置和整合。在不远的将来,大型企业可根据城市功能分工及优化配置资源的原则,把工厂或各车间分设在不同城市。有了快速、便捷的区域城际轨道交通系统,在经济发达地区的各大中城市间会产生"同城效应"。这种同城效应不仅有利于实现区域经济一体化、促进经济社会的协调发展和大中小城市的合理分工,而且可以大大提高人们的选择自由度,使在职人员能做到工作和居住并不在同一个城市。

3）轨道交通可对人口进行有效疏散

城市结构改变的一个重要因素就是人口的疏散。轨道交通可及时疏散大量密集人群，大大提高沿线区域的可达性，对居民产生巨大的吸引力，诱导人们远离市中心居住，从而促进城市结构的改变。

我国大城市人口，如北京主要集中在二环和三环以内的都心（面积 62 平方千米、人口 175 万、从业人员 167 万）和内周部（面积 96 平方千米、人口 216 万），三环以外、公路一环以内的外周部（面积 492 平方千米、人口 83.7 万）人口很少。而东京、纽约和巴黎都心地价昂贵，环境较差，其主体是金融商业用地和政府机关用地，住宅用地较少，人们趋向于选择在环境较好的外周部居住，发达的交通网络为这种选择提供了可能。究其交通构成，国外大城市的公共交通主要是以轨道交通为主，公共汽车、电车为辅，而我国大城市轨道交通供给大大不足。快速、便捷的轨道交通能缩短地理空间、心理空间，突破了集中式的城市空间结构，可逐渐形成空间相对分隔但交通快速联结的都市链，构成中心城市、副中心城市组成的多中心轴向发展模式。

4）轨道交通增加城市环境容量

城市环境与交通有着极为密切的联系。城市环境恶化的主要原因在于汽车尾气排放和城市道路的噪音。轨道交通具有低耗能、低污染、安全等特点，它对于改善城市环境、增加城市环境容量有着极为重要的作用。从各种交通方式能源消耗与环境污染的比较可以看出，轨道交通在能源消耗、人均二氧化碳排放、人均噪声污染方面是最低的。不仅如此，轨道交通所产生的污染相对道路交通来说比较集中，所以比较容易治理。

5）轨道交通节约用地、促进土地开发

（1）促进土地集约化利用

一条快速轨道线的客运能力等于 5 条高速公路。同样的客运能力，轨道交通占用的土地仅是高速公路的 1/8。

我国土地少、人口多，人均耕地面积还不到世界平均水平的 1/2。在经济发达地区，土地一般都较为肥沃，然而人口密度却高于平均水平，所以土地在经济发达地区就显得更为珍贵。因此，采取一种土地节约型的交通方式是十分紧迫的任务。

我国大城市一个显著的特点就是建设用地少、人口密集，如上海、重庆、沈阳等城市人均城市建设用地仅为50平方米左右，在如此狭小的空间要布置工业用地、对外交通用地，必然导致人均道路用地和城市绿地的减少。而轨道交通不仅用地比城市道路要少得多，而且由于其强大的运输能力以及快速、安全等特点，更能促使城市人口密集在车站周围和轨道两侧，促进城市用地的集约化。

（2）促进土地开发

轨道交通对土地开发的刺激是通过其良好的可达性实现的。在土地机制和人为规划的双重作用下，轨道交通沿线土地开发速度和强度都较高，结果是大量功能设施和居民聚集在车站附近和沿线两侧，从而形成多中心的带状分布，如同一串明珠，从而促进城市形态和土地使用格局的调整。

6）有利于解决大城市交通堵塞

各中心城市的对外交通有一个接口问题。例如，根据目前的高速公路规划，江苏和浙江进上海共有56车道，大量的小汽车涌入大城市，容易造成道路交通拥堵。在日本周边地区，进东京的公路还不到30车道，显然进入东京的交通方式以城际轨道交通为主。从时间上讲，日本也是先修高速铁路、后修高速公路，也体现了以轨道交通为主的理念。

参考文献

1 周翊民，孙章，季令，等. 构筑"长三角"城际轨道交通网[J]. 城市轨道交通研究，2003（2）：1-4.
2 孙童，季令，蒲琪，等. 区域性轨道交通网的规划与评价[J]. 城市轨道交通研究，2004（4）：6-9.
3 孙章，张冠增，蒲琪. 长江三角洲城际轨道交通网络规划[J]. 城市规划汇刊，2003（5）：22-26.
4 傅萃清. 珠江三角洲经济区域快速轨道交通线网规划研究[J]. 城市轨道交通研究，2003（1）：1-5.
5 朱照宏. 城市群与城市轨道交通[J]. 城市轨道交通研究，2003（4）：27-31.

提倡和培育先进的交通文化

原载 2006 年 2 月 12 日《文汇报》

城市道路是车辆、行人的必经之路，是连接城市各组成部分以及市外道路的纽带，是城市的"血管"。从人际关系看，城市道路又是社会各阶层的结合部，无论地位高低、财富多少，人们都会在此相遇，共同享用这宝贵的道路资源。

随着城市化率的不断提高，现代城市的复杂程度和空间范围都大大超过了以往任何时代。城市发展也带来了交通拥堵、环境污染、能源过度消耗等一系列问题。

城市交通由私人交通、公共交通和货物专业运输三部分组成。私人交通包括徒步和以自用车为交通工具的出行。自用车有小轿车、摩托车、自行车等。私人交通机动灵活，可以做到"门到门"，即可以直接由出发点到达目的地；但自用车运载量小，运送效率低，道路利用率不高，其发展会给城市带来交通拥堵、平均车速下降、噪声和空气污染日趋严重、能源过度消耗、停放车辆场地严重不足等后果。因此，私人交通在大中城市应适当控制发展，只宜作为城市公共交通的辅助方式。在规模不大的小城市，私人交通尚可发展。公共交通能快速有效地运送大量客流、方便群众、减轻城市道路压力。确保公交优先，还能保障人民大众方便出行的基本权利。

交通不仅是人类生活、生产的基本需求，也是一种文化。交通文化在物质层面，靠的是科技创新，要开发出节能、环保、高速的新型交通工具和发展智能交通系统；交通文化在制度层面，靠的是制度创新，要制定出保证公交优先和城市交通安全的一系列法律、法规并付诸实施；交通文化在思想层面，靠的是道德调节和理论创新，要提倡交通伦理，弘扬先进的交通文化。交通文化中的一个重要观点是要求人们为自己的交通消费行为负起社会责任，只要有可能，就要把有限的道路资源让给大多数人和最急需的人使用。因此，从这一意义上来说，乘坐公共交通上下班的人是道德高尚的人。

汽车进入家庭，是经济发展、社会进步的必然结果。我们不应也不可能阻挡人们拥有汽车的意愿，但是买了车以后如何使用，则仍然大有讲究。我们提倡"上下班乘公交车，周末休闲开自备车"的风尚。

弘扬交通文化需要交通行为的参与者慢慢积累。培养交通意识应从幼儿园、小学做起。老师可以对学生进行遵守交通规则的教育，让孩子们扮演交通警察指挥交通、玩行人过路口等游戏。大城市应建有"交通公园"和城市交通博物馆，里面布满各种交通线路和交通信号，把交通科技、交通法规、交通伦理和交通文化融于一件件展品和互动游戏之中，使学生们养成遵守交通规则的良好习惯，潜移默化地培育起高尚的城市交通文化。

城郊轨交：一张更发达的网

原载 2007 年 8 月 5 日《文汇报》，与周翊民（第一作者）、季令合作

　　城市轨道交通的市郊线或郊区段（市中心区轨道交通的延长线），在我国已开始兴建。如天津市已建成天津市中心至滨海新区的津滨快线；大连市已建成大连火车站至金石滩全长 49 千米的都市快轨 3 号线，目前正在修建至金州开发区的支线；上海 2007 年将建成 9 号线的市郊段（市区至松江），长约 30 千米，并将建设市区至临港新城、市区至崇明岛、市区至嘉定的市郊线；北京市 2007 年提出了"三环、四横、五纵、七放射"的城市轨道交通网络规划，其中 7 条放射线都是市郊线；广州也已建成市中心至佛山的 3 号线，并将建设市中心至花都区的市郊线。

　　地处大城市郊区的城市轨道交通线路，在经济发达国家都是按照干线铁路的标准进行建设的；在我国至今没有建立起城市轨道交通郊区线路的相关标准及技术规范。目前，国内大城市几乎都按市区地铁线的技术制式进行郊区轨道交通建设，或者把市区地铁线直接延伸到郊区去。然而，城市轨道交通郊区段在功能定位、客流特征、运营组织、信号制式等方面都与市区地铁线路不同。为此，有必要对城市轨道交通郊区线的功能及技术特征进行分析和探讨。

1 支撑：市区地铁延伸

凡地铁发达的国外大城市均有更发达的郊区轨道交通网作为支撑，而且市郊轨道交通线路长度都远大于市区的地铁长度。

为吸引居民到郊区居住，也为优化产业结构布局、减少城市污染，纽约有地铁 400 余千米，其郊区铁路有 1200 多千米；伦敦市区地铁 400 余千米，大伦敦地区铁路有 3000 余千米；莫斯科也有发达的郊区铁路与地铁相接。

大巴黎是以巴黎为中心、加上若干个卫星城市和地区组成。人口有 1100 万人，其中市区人口 200 万人，近郊 400 万人，远郊 500 万人；巴黎市区地铁有 211 千米，共 11 条线路，平均每条线长 19.2 千米，平均站间距为 800 米；市郊铁路 1286 千米（其中含市域快线 562 千米），每年运量 5.48 亿人次，每天开行约 5000 次列车，乘客 150 万人次。为了使郊区居民在 1 小时内抵达市中心，20 世纪 70 年代在郊区线基础上建了 5 条市域快线穿过市区地下，把两端的郊区线连接起来，即郊区线在地面运行，进入市区后转入地下。由于市域快线市区地下线的站间距大于 2 千米，所以在市区地下仍能以 120 千米／小时运行，保证郊区乘客快速到达市中心目的地。市域快线停车站可与相应的小站距地铁线进行换乘。

日本东京都市区以皇宫为中心大体分成三个圈，内圈半径为 15 千米，即东京中心城区，以地铁为主要交通工具，地铁总长 327 千米；中圈半径为 30 千米，即近郊圈；外圈半径为 50 千米，即远郊圈。东京圈共有轨道交通线路 2300 多千米，其中公交化的普通铁路近 2000 千米，已成为东京城市轨道交通网络的重要组成部分。其中部分线路为快线，类似巴黎的市域快线，但东京均采用高架方式。筑波快线也是郊区城轨线，同样采取高架方式。

国外市郊的轨道交通线路一般为地面线或高架线。只要事先规划得好，建地面线或高架线可大大节省建设成本。城轨市郊线的规划，应同样遵循市民出行一次到达目的地不超过 1 小时的原则，并据此设计合理的站间距、车站形式和运营模式，确定旅行速度和最高运营速度。由于乘客乘坐时间较长，宜采用与市区地铁不同的、以坐为主的、比较舒适的车辆，因此其定员小于地铁车辆。

2 衔接：相邻城市连通

城轨市郊线是为市域范围内中长距离乘客服务的。市中心区乘客乘坐轨道交通的平均运距在 7～10 千米，而郊区线的乘客平均运距在 15～20 千米以上。郊区线的主要目标是把居民集中地卫星城的居民尽快送达市中心，其次是解决沿线相对集中居住的居民出行问题。现在有些城市受到沿线居民的压力把市郊线按照市中心区地铁模式来搞，规划的站间距离偏小，增加了郊区线的全程旅行时间，旅行速度下降，这就失去了建设市郊轨道交通的意义——将卫星城居民快速、舒适地送达市中心，这正是轨道交通的优势。

郊区线的主要任务并不是为了解决卫星城及郊区的道路拥堵问题，而是减少郊区居民驾私家车或乘坐公交车直接进入市中心区，从而间接减轻市中心区的道路交通压力，缓解市中心区的交通拥堵。为吸引更多的郊区居民乘坐城轨郊区线，郊区线的设计仍应遵循居民出发地到达目的地不超过 1 小时的原则，尽可能提高列车最高运营速度和旅行速度。如果要更多照顾沿线居民需要，则可在部分车站设置待避停车股道，实现快慢车混合运营。这在发达国家郊区线的设计和运营中已有成熟的模式。如日本东京中央线全长 53 千米，设站 24 个，普通列车站站停，全程运行 71 分钟，旅速 44.9 千米/小时，快车只停 9 站，运行 53 分钟，旅速可达 60.1 千米/小时。

发达国家大城市郊区线的长度及数量远超过市区轨道交通线，其技术制式和车辆均按郊区线的特征来选型。既不同于干线铁路，也不同于市中心区的地铁。从长远来说，我国大城市郊区线有很大的发展空间，未来的郊区线也会成网。但我国还没有适宜于郊区线的设计规范和成套的技术标准，需要组织各方面专家，对郊区线的规划、技术规范、列车选型等作深入研究。

随着城乡一体化的进展，我国大城市行政区域范围越来越大，不仅有市属郊区的卫星城镇，而且有地级市下属县级市，这些城市在进行轨道交通规划时，也做了各县级市之间的轨道交通规划。因此，有些大城市在规划市郊线时应考虑到与相邻城市之间的衔接，与所属经济区域内邻近城市轨道交通的连接。例如，上海轨道交通 11 号线已达嘉定，是否有可能用轨道交通市郊线与邻近的太仓市相连；上海轨道交通 9 号线已达松江，是否有可能用轨道交通市郊线与邻近的嘉兴市相连，这对上海市与长三角区域经济的联动发展十分有利。

3 期望：健康规范发展

1）市郊线宜采用地面或高架方式

如果在城市规划中能事先留出通道，市郊线应采用地面或高架方式。建地面或高架线可大大节省投资，仅为地铁的 1/3～1/2；而且，车站可设停站股道和越行股道，为郊区线组织快慢车运营创造条件；地面、高架车站还有个优点，即有可能进行技术改造，为以后建设支线等创造条件。

发达国家大城市郊区铁路几乎百分之百均是地面线或高架线，采用接触网供电的电动车组被认为是轨道交通现代化的标志。在我国有些地方领导和专家认为郊区线建地下为好，原因是地面或高架线接触网影响城市景观。我们认为，郊区线改成地下线是不可思议的，对国家和纳税人来讲是极大的浪费，地面和高架线产生的噪声，采用现代技术完全可以降低到符合环境标准。在欧洲，许多大中城市，包括环保要求最严格、环境最优美的城市维也纳、日内瓦、苏黎世、法兰克福、巴黎等，为了减少城市污染和降低噪声总体水平，都在大力发展采用接触网的地面轻轨列车（即现代有轨电车）。

2）市郊线速度目标值应达到 100～120 千米/小时

当前，我国城市轨道交通中列车一般都是追踪运行，没有快慢车的越行，一样的速度，一样的停站。但随着郊区线、市域快线的修建，列车速度将发生很大变化。和市中心区地铁线路相比，市郊线站间距普遍较大。为保证位于距市中心 40～50 千米半径边缘的郊区卫星城镇至市中心出行时间控制在 45 分钟之内，需要充分发挥郊区线、市域快线站间距大、列车速度快的优势，以保证良好的乘客服务水平。国外资料显示，适用于郊区的电动车组（电力牵引或内燃机车牵引）最高运营速度应达到 100～160 千米/小时。建议距市中心小于 30～40 千米的近郊线路，选择最高运行速度 100～120 千米/小时，旅行速度 45～60 千米/小时；距市中心大于 40 千米的远郊线路，最高运行速度宜采取 120～160 千米/小时，旅行速度可达到 60～70 千米/小时。

3)市郊线的站间距为 2～4 千米

市郊线与市区线的最大不同就在于站间距大,市区地铁线站间距一般在 1～1.3 千米,最大不会超过 1.5 千米,近郊线的站间距应定为 2～3 千米,远郊线的站间距可定为 3～4 千米。如果郊区线站间距偏小,列车运行速度就提不上去。如果郊区间旅速仅达到 40 千米/小时左右,卫星城居民就可能放弃乘坐轨道交通,仍通过私家车或直达大巴士到达市中心。这样通过市郊线的建设引导卫星城发展的主要目标就难以实现。可见,合理选取郊区线的站间距具有十分重要的意义。

4)比较舒适的市郊线车辆

由于郊区线乘客乘坐时间较长,宜采用与市区地铁不同的、以坐为主的、比较舒适的车辆,因此其定员小于地铁车辆,并在车上附设厕所。车厢内一般采用横列式座椅,而不是像地铁那样纵向排列并以站为主。每节车厢车门的数量比地铁车辆少、比干线铁路多,地铁车辆侧门有 4～5 个,市郊线车辆一般每侧有 2～3 个。

我们相信,在理清有关轨道交通市郊线的思路之后,我国城市轨道交通建设事业一定能又好又快地进一步健康发展,让城市生活更美好。

城市轨道交通市郊线的功能及技术特征

原载 2007 年第 8 期《城市轨道交通研究》，与周翊民（第一作者）、季令合作

两年前，在论述我国轨道交通结构及其技术参数特征时，把轨道交通分为干线铁路、地区铁路和城市轨道交通三大类；而对城市轨道交通只讨论了地铁、轻轨、单轨、线性电机等各种制式，没有对我国大城市市郊轨道交通线进行深入的分析。市郊轨道交通线在发达国家都是按照干线铁路的标准建设的，在中国至今没有建立市郊轨道交通线相关的标准及规范。目前，国内大城市几乎都在按地铁技术制式进行市郊轨道交通线建设，并把市区地铁线延伸到郊区去。但实际上，市郊线路与市区地铁线路在功能定位、客流特征、运营组织、信号制式等方面均不相同。本文重点讨论城市轨道交通市郊线的功能及技术特征。鉴于我国市郊线是在"城市轨道交通"范畴内，由各城市为主进行规划、建设，在一些城市的轨道交通规划中把市郊线称为市域（快）线。城市轨道交通市郊线的名称并不重要，重要的是其功能和技术参数的选择。

1 我国城市轨道交通的发展现状

1）城市轨道交通线路发展概况

2005 年，各大城市根据国务院的要求，纷纷制定城市轨道交通全面规划报国家批准，具体某条线路的建设则由各个城市在规划批准后报国家发改委审批。从此，我国城市轨道交通进入网络化的新阶段，各大城市的轨道交通建设明显加快。2000 年全国城市轨道交通通车里程 141 千米；2004 年达到 427 千米，4 年建成 286 千米，平均年新增 71.5 千米；2006 年通车里程达 595 千米，2005 年、2006 两年新增 168 千米，年新增 84 千米。截至 2007 年 7 月，我国已投入运营、试运营的线路共有 22 条，总计 602.3 千米。今年上海、北京、广州三城市将有 100 千米以上的新建线路投入运营。我国城市轨道交通建设的速度在提高，根据已报批的 15 个城市的规划，10 年内要新建 62 条各种不同类型的城市轨道交通线，长度达 1733 千米。世界城市轨道交通发展史上，1960—1970 年是发展最快的 10 年，各国总共建设了 1600 千米；而未来 10 年我国一个国家就要超过 1700 千米。

2）城市轨道交通市郊线的发展

城市轨道交通郊区段（中心城轨道交通的延长段）和市郊线的建设，已成为各大城市调整产业结构、引导卫星城镇发展、规划居民迁移、实现经济可持续发展的重要手段。天津市已建成天津市中心至滨海新区的津滨快线；大连市已建成大连火车站（地处市中心）至金石滩全长 49 千米的快线，目前正在修建至金州开发区的支线；上海今年将建成长 30 千米的 9 号线（市区至松江）郊区段，并将建设市区至临港新城、市区至崇明岛、市区至嘉定的市郊线；北京市 2007 年提出了"三环、四横、五纵、七放射"的规划，其中 7 条放射线就是市郊线；湖南正在规划长（沙）、株（洲）、（湘）潭三角线，三市各相距 40～50 千米，用轨道交通把三市连接起来；广州也已建成市中心至佛山的 3 号线，并将建设至花都区的郊区段。实际上，各城市的轨道交通规划中均安排了到主要卫星城镇或城市边缘郊区的轨道交通线。

2 城市轨道交通市郊线的功能与基本特征

1) 国外市郊铁路

凡地铁发达的国外大城市均有更为发达的市郊铁路作为支撑,为居民外移郊区居住,也为产业重新布局、减少城市污染创造条件。纽约有地铁400余千米,其市郊铁路有1200多千米;巴黎有地铁211千米,其市郊铁路1286千米;伦敦市区有地铁400余千米,大伦敦地区有铁路3000余千米;东京有地铁327千米,东京圈有铁路2000千米;莫斯科也有发达的市郊铁路与地铁相接。纵观国外大城市,市郊铁路长度都远大于市区地铁长度。

(1) 大巴黎的市郊铁路线

大巴黎是以巴黎为中心,加上若干个卫星城市和地区组成;人口1100万,其中市区200万、近郊400万、远郊500万;地铁211千米,共11条线路,平均每条线长17.4千米,站间距仅800米;市郊铁路1286千米(其中含市域快线562千米),每年运量5.48亿人次,每天开行约5000次列车(乘客150万人次)。为使郊区居民1小时左右可抵达市中心,20世纪70年代巴黎在市郊线基础上建了5条市域快线,通过地下线把市中心区两端的市郊线连接起来。即市郊线在地面运行,进入市区后转入地下,仍以时速120千米运行;站间距为2.1~2.6千米,其停车站可与相应地铁站换乘,以快速到达目的地。

(2) 东京的市郊铁路线

东京都市区以皇宫为中心大体分成三个圈:内圈半径15千米,即东京中心城区,以地铁为主要交通工具,地铁、单轨、自动导轨运输(AGT)系统总长420.7千米;中圈半径30千米,为近郊圈;外圈半径50千米。东京圈有轨道交通2300千米,其中市郊铁路1800多千米(含国铁887千米、私铁934千米)。日本国铁和私铁的市郊线路直达市中心的长达380余千米,已成为中心城区轨道交通的重要组成部分,部分线路起到了巴黎市域快线的作用,但东京均采用高架铺设方式。

(3) 美国的市郊铁路线

美国有20万千米铁路,除东北部沿海波士顿至华盛顿600多千米的客运专线外,几乎无铁路中长途旅客运输。但纽约、芝加哥、洛杉矶地区的市郊铁路很发达。纽约有地铁 400 余千米，市郊铁路 1200 多千米。

2）国外市郊铁路基本特征

国外的市郊铁路历史上均由国有铁路公司或地区（地方政府）铁路公司营建。市郊铁路一般为地面线或高架线，其终点站与干线铁路车站同站，在铁路车站能换乘城市轨道交通。部分市郊线到达城市边缘换乘地铁。

市郊铁路的建设遵循市民出行一次到达目的地不超过 1 小时为原则，就此设计合理的站间距、车站形式和运营模式，并选择列车形式，确定旅行速度和最高运营速度。由于乘客乘坐时间较长，车辆采用与市内地铁车辆不同的、以坐为主的、舒适的内部结构，定员小于地铁车辆。

3）我国大城市的轨道交通市郊线

（1）市郊线的规划

我国人口超过 100 万人的大城市已达 43 个，并正处于经济高速发展、城市中心区漫延扩展、卫星城逐步建立过程中的特殊发展阶段。在城市发展规划制订中，城市轨道交通规划的重要性越来越被人们所认识。但是对城市轨道交通规划中的市郊线网规划，及其与城市中心区轨道交通线的区别、衔接还需深入探讨。

当前，很多大城市在制订城市轨道交通规划时，有些线路规划长度达到 40 多千米，甚至长达 80 千米以上。由于中心城区的直径一般不超过 20～25 千米，实际上把市中心区的轨道交通线与市郊线这两种客流等级不同、线路功能定位不同、技术参数完全不同的线路规划成一条线，既造成市郊线投资的浪费，又达不到建设市郊线的目的。北京市地铁 1 号线原规划自苹果园到通县（现为通州区）土桥，总长 50 千米。北京地铁公司领导很快发现了问题，决定把 1 号线四慧站作为终点站，由四慧站至通县土桥站建成市郊线，并改称"八通线"（四慧站原名八王坟站），并在四慧站实现同站台换乘。1 号线为 6 辆编组，八通线为 4 辆编组。八通线开通运营 3 年，实践证明这一决策是完全正确的。2007 年 1—5 月份，北京地铁 1 号线日均运量 60.4 万人次，而作为市郊线的八通线日均运量仅 8.7 万人次。如果搞成了一条线，令大量列车空跑，会造成巨大浪费。这种情况在有的城市已经发生了。有专家提出对原规划要进行反思，并提出了很有水平的见解。

我国是发展中国家，目前已进入后工业化阶段，经济发达的长三角、珠三角地区的城镇化进展很快，北京、上海、广州等特大城市的规划已初步定型，卫星城正在发展。因此，规划、建设城市轨道交通的市郊线刻不容缓。

(2) 市区线与市郊线的相互关系

发达国家的铁路建设超前于城市建设，郊区铁路与干线铁路同时引入城市中心车站，并在铁路车站与多条城市地铁线换乘。我国几乎不可能像发达国家大城市那样，由国家出资建设市郊铁路，只能由各大城市负责规划建设。各城市在轨道交通建设中应统筹规划，分别规划建设中心城区的城市轨道交通线和市郊的轨道交通线。同时要研究市郊线与市区线的接驳，使郊区居民能快速到达市中心。

(3) 市郊线的基本功能

第一，市郊线是为市域范围内中长距离乘客服务的。市区范围内，乘客乘坐轨道交通的平均运距为 7~10 千米，市郊线的乘客平均运距在 15~20 千米以上。市郊线的主要目标是把住宅集中地、卫星城的居民尽快送达市中心，其次是解决沿线居民相对集中地点的居民出行问题。现在有些城市受到沿线居民的压力，把市郊线按照市中心区轨道交通模式来规划，站间距离偏小，增加了市郊线的全程旅行时间，使旅行速度下降。这就失去了建设市郊轨道交通的意义——将卫星城居民快速、舒适地送达市中心，而这正是道路交通所不具备的。

第二，市郊线的主要任务不是为了解决卫星城及郊区的道路拥堵问题，而是为了减少郊区居民驾私家车或乘公交车直接进入市中心区，从而间接减轻对市中心区的道路交通压力，缓解市中心区的交通拥堵。为吸引更多的郊区居民乘坐市郊线，市郊线的设计仍应遵循居民出发地到达目的地的 1 小时原则，尽可能提高列车最高运营速度和旅行速度。如果要照顾部分沿线居民需要，则可在部分车站设置待避停车股道，实现快慢车混合运营。这在发达国家市郊线的设计和运营中都有现成的、成熟的模式。如日本东京中央线全长 53 千米，设站 24 个，普通列车站站停，全程运行 71 分钟，旅行时速 44.9 千米；快车只停 9 个站，全程运行 53 分钟，旅行时速达 60.1 千米。

第三，我国市郊线的功能需要规范化。发达国家大城市市郊线长度及数量远超过市区轨道交通线，其技术制式和车辆均按市郊线的特征来选型，既不同于干线铁路也不同于市区轨道交通。从长远来说,我国大城市市郊线有很大的发展空间,未来的市郊线也会成网。但我国还没有适宜于市郊线的设计规范和成套的技术标准,为此需要组织各方面的专家,对市郊线的规划、技术规范、列车选型等进行深入研究。

第四,我国大城市的行政区域范围越来越大,不仅有市属的卫星城镇,而且有市属县级市。这些城市在进行轨道交通规划时,也做了市属地区内各县级市间的轨道交通规划。因此,有些大城市在规划市郊线时应考虑到与相邻城市之间的衔接,以及与所属经济区域内邻近城市轨道交通线的连接。例如,上海轨道交通 11 号线已达嘉定,是否有可能通过轨道交通市郊线与邻近的江苏省太仓市相连?上海轨道交通 9 号线已达松江,是否有可能通过轨道交通市郊线与邻近的浙江省嘉兴市相连?这对上海市与长三角区域经济的联动发展是十分有利的。

3 城市轨道交通市郊线技术特征的初步探讨

1) 市郊线宜采用地面或高架方式

如果在城市规划中能事先留出通道,市郊线应采用地面线或高架方式。建地面线或高架线可大大节省投资,仅为地铁的 $1/3 \sim 1/2$;而且,车站可设停站股道和越行股道,为市郊线组织快慢车运营创造条件;地面线或高架线车站还有个优点,即有可能施行技术改造,形成树叉形发展,为以后建设市郊支线创造条件。

发达国家大城市市郊铁路几乎百分之百都是地面线或高架线,采用接触网供电的郊区电动车组被认为是铁路现代化的标志。我国有些地方领导和专家认为市郊线建地下为好,原因是地面或高架线的接触网影响城市景观。笔者认为,市郊线建成地下线是不可思议的,对国家和纳税人来讲是极大的浪费。地面线和高架线产生的噪声,采用现代降噪技术措施,是完全可以符合环境标准的。在欧洲,许多大中城市,包括环保要求最严格、环境最优美的维也纳、日内瓦、苏黎世、法兰克福、巴黎等城市,为了减少城市大气污染和降低噪声总体水平,都在大力发展采用接触网的地面轻轨列车(现代有轨电车)。

2）市郊线的速度目标值

当前，我国城市轨道交通中列车一般都是追踪运行，没有快慢车的越行。但随着市郊线、市域快线的修建，列车速度将发生很大变化。与市中心区地铁线路相比，市郊线站间距普遍较大。为保证位于距市中心 40～50 千米半径边缘的郊区卫星城镇至市中心出行时间控制在 45 分钟左右，需要充分发挥市郊线、市域快线的站间距大、列车速度快的优势，以保证良好的乘客服务水平。国外资料显示，适用于郊区的电动车组（电力牵引或内燃牵引）最高运营时速达 100～160 千米。建议卫星城镇距市中心小于 30～40 千米的近郊，选择最高运行时速 100～120 千米为宜，旅行时速要达到 45～60 千米；郊区新城距市中心大于 40 千米的远郊，最高运行时速宜采取 120～160 千米，旅行时速可达到 60～70 千米。

3）市郊线的站间距

市郊线与市区线的主要区别就在于站间距大。市区线地铁站间距一般均在 1～1.3 千米，最大不会超过 1.5 千米；郊区近郊线站间距一般 2～3 千米，郊区远郊线站间距一般 3～4 千米。如果市郊线站间距在 2 千米以内，那么市区就会沿着线路漫延扩大，重走"摊大饼式"发展的老路，市郊线若干年后又会变成市区线了，这不是我们所期待的"伸开的手指状"发展。另一方面，由于站间距小，列车运行速度提不上去，如果郊区线旅行时速仅达到 40 千米，卫星城居民就可能放弃乘坐轨道交通，仍通过私家车或道路公交车直达市中心。这样通过市郊线的建设引导卫星城发展的主要目标就无法实现。可见，合理选取市郊线的站间距具有十分重要的意义。

4）市郊线车辆的选型

我国城市轨道交通市郊线的车辆选型面临重大的抉择。国外市郊铁路的线路限界、车辆限界基本上采用干线铁路的技术参数，因此，车辆外形尺寸、车站站台高度均与干线铁路相同。而我国城市轨道交通市郊线由当地城市进行规划和建设，因此目前上海、广州、天津、大连等城市均采用地铁 A 型车或 B 型车的外形尺寸。

面临今后城市轨道交通市郊线的大规模发展，我国究竟采用哪一种车辆类型，是一个急需深入探讨和尽快决定的问题。为此，建议建设部及时颁布国家标准和设计规范。因为两种不同类型的车辆不仅仅是尺寸不同，还涉及线间距标准、建筑限界和设备限界、站台高度、站台离线路中心线距离等一系列问题。

市郊线车辆的技术参数同干线铁路和市区地铁车辆不一样。其最高运行速度低于铁路干线客车，但高于地铁车辆；起动、制动时的加速度、减速度应高于干线动车组，但低于地铁列车；功率等级高于地铁列车，但小于干线动车组。在车辆定员选择及相应的舒适度方面，市郊线车辆定员一般不超过 3～4 人/平方米，车厢内一般采用横列式座椅，而不是像地铁那样纵向排列座位并以站位为主；地铁车辆侧门每侧有 4～5 个，市郊线车辆一般每侧为 2～3 个。例如，天津滨海线是滨海区的市郊轨道交通线，是滨海新区政府自己出资建设的线路，设置得比较合理。考虑到开发区内职工上下班距离长，为了改善乘车的舒适度，滨海线最高运行时速定为 100 千米，平均站间距约 4 千米，旅行时速接近 60 千米，车厢内座位为横列式。

5）市郊线牵引制式的选择

如前所述，市郊线应为地面线或高架线，其客运量、客流强度、车辆定员、乘坐舒适度要求、列车最高运营速度等均与市区轨道交通线不一样，列车的牵引模式也与市区地铁系统不同。

在牵引方式方面，市郊线以选择动力分散型电动车组为主。对起制动时的加减速度要求不高、站间距较大、运量不太大的线路也可采用动力集中型电力牵引方式，以降低车辆购置费用。欧洲还广泛采用内燃动车组。在运量不大时这种牵引方式投资最省。

国内轨道交通电力牵引有 3 种供电制式：DC750 V、DC1 500 V、AC25000 V。国外部分市郊线采用 AC25000 V 供电，与干线铁路一致。国内由各大城市建设市郊线，采用 AC25000 V 供电的可能性不大。DC750 V 和 DC1500 V 两种制式相比，显然以 DC1500 V 为宜，因为后者既可提高列车受流质量又可降低供电系统的投资。这与国际上市郊铁路广泛采用 DC1500 V 供电是一致的。

4 城市轨道交通市郊线技术参数选用实例

1）天津滨海线

滨海线从天津市中心（天津东站）至滨海新区，全线高架，第一期工程全长46千米，全程运营时间为45分钟；列车编组为2动2拖4辆编组，最高运行时速100千米，平均站间距约4千米，旅行时速60千米，供电制式为DC1 500 V。

2）大连3号线

从市中心（大连火车站）至旅游区金石滩，全线由地面线与高架线组成，全长49.15千米，中间停站11个；列车最高运行时速100千米，旅行时速56.7千米；列车编组为2动2拖4辆编组，供电制式为DC1 500 V。

上述两条线均开始了第二期工程，津滨线进一步延长至塘沽新港；大连3号线将建一条支线至金州开发区，使市中心居民可直达大连开发区。

参考文献

1 周翊民. 我国轨道交通网的结构与技术特征 [J]. 城市轨道交通研究，2005（6）：1.
2 北京中城捷工程咨询有限责任公司. 北京郊区线技术发展策略研究 [R]. 北京：北京中城捷工程咨询有限责任公司，2007.
3 丁建隆. 合理构建城市轨道交通网络体系∥两岸四地城市轨道交通／捷运发展论坛论文集[C]. 北京：中国交通运输协会城市轨道交通专业委员会，2006.

轨道交通网的层次结构

原载 2010 年第 6 期《科学》，与蒲琪、张勇合作

2010 年 7 月 1 日，沪宁城际高速铁路正式投入运营。沪宁城际高速铁路贯穿了我国城市群最密集、生产力最发达、经济增长最强劲、发展最具活力的长三角核心区域，在上海、南京间建成一条快速交通走廊，形成"同城效应"，它必将成为推动长三角一体化发展的强大引擎。

京津城际铁路（2008 年 8 月 1 日开通）和沪宁城际铁路先后投入运营，填补了我国经济区域内缺少城际铁路的空白，我国铁路网逐步呈现出国家干线铁路（如武广高铁、京沪高铁等）、地区城际铁路（如京津城际铁路、沪宁城际铁路等）和城市轨道交通三个层次。城市轨道交通又可细分为市郊铁路（如上海浦东铁路、北京 S2 线等）、地铁（如北京地铁、上海地铁等）和轻轨（如大连轻轨、长春轻轨等）。

层次是系统的等级秩序，在自然界和人类社会中普遍存在。同一系统的不同物质层次之间有着明显的差别，各有其特殊的规律。在不同层次之间，往往存在着"关节点"，在关节点处事物的性质就会发生质的变化。在上述轨道交通网中，站间距、运营速度、供电电压等参数即是其"关节点"。

1 国家干线铁路网

与其他交通工具相比,铁路具有节能、节地、环保、运量大、速度快、运价低、

全天候、安全好等明显优势，它既是我国国民经济的大动脉、大众化的交通工具，又是保障民生、改善民生的重要载体。截至2009年年底，我国铁路运营里程达到8.6万千米，居世界第二位（仅次于美国的22.8万千米）。中国以占世界6%的线路完成了全世界铁路运输总量的1/4。

国家干线铁路网主要为跨省区的旅客和货主提供中长距离（200千米以上）的客运和货运服务。我国疆域辽阔、人口众多、资源分布不均匀、经济发展不平衡，还拥有"世界屋脊"等特殊地形，众多的客观因素决定了我国干线铁路具有客运与货运并重的特点，不仅有客运专线、高速铁路，而且有货运专线，还要创新发展高原铁路。

我国干线铁路网按线路是否专用分为三种类型：客运专线、货运专线和客货兼运线路。当前，绝大多数仍是客货兼运线路。这是因为，首先在速度不高的情况下，客运列车与货运列车的最快运行速度差别不大，线路的曲线超高能兼顾到客运列车和货运列车；其次，货物列车的"扣除系数"较小（在以运行货物列车为主的区段上，其扣除系数是指铺画一列旅客列车相当于铺画多少列货物列车的比值），即对运能的充分利用比较有利；再次，客运列车与货运列车对线路构造的要求差别不大。但在高速铁路、重载列车诞生后，上述矛盾就凸显出来，于是出现了客运专线和货运专线。高速列车和重载列车分别在客运专线和货运专线上行驶。2004年1月，国务院批准了《中长期铁路网规划》，确定国家铁路干线网实施"客货分流"方针，并开始大规模建设高速铁路。

我国铁路干线网中运量最大的是"八纵八横"大通道。"八纵"铁路通道为：京哈通道、沿海通道、京沪通道、京九通道、京广通道、大湛通道、包柳通道、兰昆通道。"八横"铁路通道为：京兰通道、煤运北通道和南通道、太原至青岛通道、大陆桥通道、宁西通道、沿江通道、沪昆成通道、西南出海通道。其中最繁忙的5条干线是：京哈线、京广线、京沪线、陇海线和沪杭浙赣线。"四纵四横"高速铁路是我国未来高速铁路网的骨干网络。"四纵"线路分别为：北京—上海（全长1318千米）、北京—武汉—广州—深圳—香港（全长2350千米）、上海—杭州—宁波—福州—深圳（全长1650千米）、北京—沈阳—哈尔滨／大连（全长1612千米）。"四横"线路分别为：徐州—郑州—西安—兰州（全长1346千米）、上海—杭州—南昌—长沙—贵阳—昆明（全长2264千米）、青岛—石家庄—太原（全长906千米）、上海—南京—武汉—重庆—成都（全长1922千米）。"四纵四横"高速铁路网不仅大大缓解了"八纵八横"干线上的客运压力，而且能将环渤海京津冀地区、长江三角洲地区、珠江三角洲地区、海峡西岸经济区、东北老工业基地、中西部地区等紧密地联系起来。

至今，我国已成为世界上高速铁路运营里程最长（7055千米）、运行速度最高（时速350千米）、在建规模最大（1万千米以上）的国家。2009年铁路完成投资6000亿元，2010年铁路基建投资达7000亿元，车辆购置费为1000亿元，总计8000亿元，将创历史新高。按我国中长期铁路网规划，到2012年年底，我国铁路运营里程将达到11万千米，其中高速铁路将达到1.3万千米；到2020年，我国将建成总长12万千米的铁路网（其中高速铁路达1.6万千米以上），建设总投资约5万亿元。

在我国国家干线网上行驶的由电力机车牵引的列车或电动车组，其供电电压为交流250千伏。2007年4月3日，法国在其高速铁路东部线上试验最高运行速度时，为保证提供更大的功率，将供电电压提高到交流310千伏，创造了时速574.8千米的高速铁路运行试验最高速度。

2001年诺贝尔经济学奖得主美国经济学家斯蒂格列茨认为，中国的城市化和美国的高科技是影响21世纪人类发展进程的两大关键因素。其实这两大因素与我国的高速铁路发展战略都有联系，前者说的是需求，我国人口众多、幅员辽阔，城市间的快速通道需要发展高速铁路；后者说的是供给，高速铁路是美国相对落后的高科技领域，这就为中国的高铁技术走出国门预留下较大的发展空间。吴邦国委员长最近指出："铁路是我国基础设施建设的重点领域。目前高速铁路和城市轨道交通建设正处在快速发展时期，希望抓住历史机遇，坚持科技创新，用优质产品和先进技术占领更多的国际国内市场。"

自2004年1月国务院批复《中长期铁路网规划》、2005年3月批复《环渤海京津冀地区、长江三角洲地区、珠江三角洲地区城际轨道交通网规划（2005—2020年）》以来，关于城际轨道交通这一概念始终存在着争议。其主要原因是深入区域内的国家干线铁路与地区内城际铁路网不可避免会发生重叠交叉，因此难以绝对清晰地划分出独立的区域城际铁路专用网络。地区城际铁路网主要为经济区域内、省区内城际旅客提供快速通道，引导带动经济区域内、省内城镇化发展，为大中型企业向中小城市转移创造条件。我国区域内城际旅客运输需求的产生，源于改革开放30多年来城镇化进程的不断加快以及区域经济一体化发展的客观需要。地区城际客运需求的核心，一是区域内远距离出行的快速性，一般要求当日往返，单程出行时间要求不超过3小时；二是由于区域内大城市辐射范围不断扩大、列车速度不断提高以及不同地区房价差异等，人们上下班的通勤距离越来越远，一般认为单程通勤时间在1小时左右是可以接受的，这就要求大中小城市间的城际铁路还需具备通勤功能，并采取公交化运营。从上述两种功能出发，可见地区城际铁路是指在经济发达、人口稠密的经济区域内，在其主要中心城市之间或在某一大城市通勤圈范围内修建的便捷、快速、运力大的客运轨道交通系统。

根据上述的功能分析可知，地区城际铁路的站间距不宜过大，一般为10~15千米。由于站间距不大，列车最高运行速度一般定为时速160~200千米。到目前为止，我国还没有真正意义上的地区铁路。京津城际铁路、沪宁城际铁路为了配合举办2008年北京奥运会、2010年上海世博会，其最高运行时速都定为350千米，这是世界上目前最高的运营速度（日本新干线的最高时速为330千米、法国TGV和德国ICE的最高时速为320千米）。利用世界盛会展示我国的高速铁路技术已取得了一定的成效。迄今为止，已有美国、俄罗斯、英国、沙特阿拉伯、新加坡、马来西亚、泰国等国对中国的高铁技术感兴趣，有的国家已开始引进我国的高铁技术。

20世纪90年代，由于运输能力紧张，我国铁路曾先后封闭了几百个小站，放弃短途运输，保中长距离旅客和重要物资运输。有了地区城际铁路，许多小站的旅客也能共享现代轨道交通所带来的低碳、环保、便捷和舒适，生活品质得以不断提高。在京沪高铁建成通车后，沪宁城际铁路沿线大站的旅客可以便捷地转乘京沪高铁列车，沪宁城际铁路的功能全面显现。

环渤海地区、长三角地区、珠三角地区的城际轨道交通网于2004年1月纳入我国中长期铁路网规划。2008年11月，在《中长期铁路网规划（2008年调整）》中，城际轨道交通系统已由上述三个扩展到了长株潭、成渝、中原、关中、海峡西岸等城市群以及武汉城市圈等经济发达和人口稠密地区，覆盖沿线各中小城市和主要城镇。江西省九江至南昌的城际铁路已于 2010 年 9 月 20 日开通运营，沪杭城际高铁也在 2010 年 10 月投入运营。

地区城际铁路可采用动车组或电力机车牵引，采用 250 千伏交流供电（与干线铁路相同），运量小的地区城际铁路支线也可以采用内燃动车组，以利节约投资和灵活编组；支线的站间距为 7～10 千米，最高运营时速为 120 千米。

德国地区铁路列车运行的最高时速可达 160 千米，分为地区慢车（RB）和地区特快（RE）。法国的地区铁路统称为 TER（Train Express Regional），类似于德国的 RE，由法国各个行政大区的政府和当地的法国铁路局共同经营，其特点是不需要事先预订座位，采用公交化的运营方式。

2 城市轨道交通网

近几年来，随着我国城市轨道交通的加快发展，技术制式呈现出多样化的趋势，有市郊铁路、地铁、轻轨、单轨、自动导向系统、线性电机系统、有轨电车、中低速磁浮列车等。城市轨道交通网内部还有广义、狭义之分：狭义的城市轨道交通特指城市快速轨道交通，即郊区铁路、地铁和轻轨；广义的城市轨道交通系统还包括地面行驶的有轨电车。

我国主要根据线路运能大小对城市轨道交通进行分类。线路运能即交通容量，是线路输送客流的最大能力，其指标是单向每小时断面的最大乘客通过量。按照不同的线路运能，城市轨道交通可以分为高、大、中、小容量四种类型，分别以一种最主要的技术制式作代表加以命名，如高运能市郊铁路、大运能地铁、中运能轻轨、小运能有轨电车等。

高运能城市轨道交通一般指市郊铁路，单向小时断面最大流量可达 5 万～8 万人次，最高时速为 160 千米，车身宽度 3.2～3.4 米。如上海铁路南站至浦东临港新城开行的列车。大运能城市轨道交通一般称地铁，单向小时断面最大流量可达到 3 万～7 万人次，最高时度为 80 千米（市区）、100 千米（近郊区）和 120 千米（远郊区），采用车体较宽的 A 型车和 B 型车（车身宽度分别为 3.0 米和 2.8 米），如上海的轨道交通 1 号、2 号、3 号、4 号线（均采用 A 型车）。

中运能城市轨道交通以轻轨为代表，单向小时断面流量最大可达到 1 万～3 万人次，最高时速为 70 千米，采用车体较窄的 C 型车（车身宽度为 2.6 米），如上海的轨道交通 5 号线。有轨电车每小时单向运能只有几千人次，速度也较慢，因此它并不属于城市快速轨道交通系统。

根据不同的敷设方式，城市轨道交通系统又可分为地下（或水下）隧道、高架和地面三种形式。高运能市郊铁路、大运能地铁在交通较为繁忙的地区多采用地下和高架形式，在城市郊区也可采用全封闭的地面形式；中运能轻轨可兼有地下、高架、地面三种敷设形式，且通常不与道路机动车混行，但可以有部分平交道口；小运能有轨电车一般采用地面形式，可与道路机动车混行，大多是平交道口，运行效率较低。按敷设方式分类的方法往往被人们绝对化，例如普遍认为在地下行驶的列车就是地铁。这在绝大多数情况下是正确的，但反之则不然。在高架上行驶的列车未必一定是轻轨，如果其每小时运能在 3 万～5 万人次之间，就应归入地铁这一类别。上海轨道交通 3 号线列车主要在高架上行驶，但它的车厢大、运能大，所以是地铁并非轻轨。上海轨道交通 5 号线列车也在高架上行驶，但它的车厢较小、运能较小，所以是轻轨。随着城市规模的扩大，为了节省投资、降低造价，现在通行的做法是：市中心区线路建在地下，延伸到郊区时则建在地面或高架上。因此，敷设方式不再作为分类的主要依据。

市郊铁路的线路设施与干线铁路基本相同，但它只承担市内客运任务。市郊铁路将市中心与地处远郊的卫星城镇连接起来，距离可长达 40～50 千米，一般与干线铁路设有联络线，线路大多建在地面，运行特点接近干线铁路，只是服务对象不同。市郊铁路的运行速度远远大于其他城市交通工具，最高运营时速可达 160 千米，法国大巴黎区的 RER 就属于这种类型，远郊的乘客只用半小时就可以到达市中心，如此快捷的运输速度吸引了大量客流。虽然市郊铁路采用干线铁路的技术标准，但功能与干线铁路不同，导致两者在技术性能上也略有差别。市郊铁路运行速度比干线铁路低，但其起动、制动加速度需高于干线列车，略低于地铁列车，另外站间距离为 4～5 千米，甚至达到 6 千米。日本研究资料表明，市郊铁路的运营效率、能源消耗、投资费用以及土地利用等指标明显优于其他交通方式，市郊铁路的投资额大约是地铁的 1/10～

1/5，每人每千米的能源消耗仅为汽车的 1/7 左右，且运送能力每小时可达 5 万～8 万人次，是一种经济便捷的交通方式。在欧美、日本等轨道交通运输发达的国家,市郊铁路被广泛使用。因此,建设城市轨道交通并不限于地铁、轻轨、有轨电车等形式。

市郊铁路的投资和经营管理主体通常是国家铁路部门。铁路部门与地方政府合作,将干线铁路的一部分或支线在大城市市域范围内用于开行公交化的客运列车,为城市居民提供在市域范围内的出行服务。因此,市郊铁路按其功能应属于城市轨道交通的范畴。市郊铁路在城市客运交通体系中占有重要位置,大量住在大城市郊区的市民可以依靠市郊铁路快速进入市中心区。在我国大城市原先曾有过市郊铁路,后来因铁路运输能力限制等原因,逐渐停止了大城市郊区的客运业务。随着铁路的加快发展和运输能力的提高,北京 S2 线和上海浦东铁路开行客运列车,这是我国加快发展城市轨道交通的一种新思路和新体制。

2008 年 8 月 1 日,铁道部与北京市合作,利用京张铁路开行内燃动车组开通了一条北京市的市郊铁路线——S2 线。S2 线从北京铁路北站（西直门）到北京市西北郊延庆,全长 82 千米,全程运行时间约 80 分钟。内燃动车组从北京北站直达延庆只需要 74 分钟,比原来的铁路绿皮车节省了一半时间。这条市郊铁路的开通,不仅可以满足国内外游客游览八达岭长城（每年 1000 万人次）及北京西北部景区的需要,也为京西地区构建起一条连接首都中心城区的大能力快捷通道,从而促进城乡的统筹发展。S2 线计划全天开行列车 16 对,沿途交替停靠清华园、清河、昌平、南口、八达岭等车站。

2008 年 9 月 1 日,从上海铁路南站经浦东铁路至南汇芦潮港的客运列车投入运营。芦潮港地处上海市的东南端,是通往洋山港的东海大桥的起点站,附近建有卫星城临港新城和滴水湖。这是浦东铁路第一次通行市郊客运列车。上海南站至芦潮港的列车线路全长 93 千米,使用双层车体,8 节编组。运行最高时速可达 120 千米,全程运行时间 70 分钟。

我国铁路旅客运输已形成了高速铁路、地区城际铁路和市郊铁路三种具有不同功能定位的轨道交通层次,它们有着不同的技术经济特征和使用范围（表 1）,全面研究三种轨道交通之间的衔接、提高旅客出行效率是当前十分紧迫的任务。例如，地区城际铁路应与国家干线高速铁路车站相衔接，以便中、小城市居民通过地区城际铁路转乘干线高速铁路，也便于干线高速列车下到地区城际铁路网，直达重要的中小城市。

表1 不同功能定位的轨道交通技术特征和使用范围

	平均站间距（千米）	最高运营时速（千米）	供电电压（伏）
干线高速铁路	30～50	200～350	AC25000
地区城际铁路	10～15	160～200	AC25000
市郊铁路	46	120～160	AC25000
地铁（远郊区）	34	120	DC1500
（市区，近郊区）	1～2	80～100	DC750
轻轨（市区，郊区）	0.5～0.8	70	DC750/DC600

高速铁路车站应尽可能设在市中心，与地区城际铁路并站，并与多条城市轨道交通线衔接，尽量做到三网共一站，尽可能实现轨道交通长途旅客的"门到门"运输。要十分重视建设三种轨道交通衔接的客运枢纽，实现同站换乘。国外如巴黎的6个火车站、东京站以及柏林的中央火车站都是这样设计和运营的；我国高速铁路上海虹桥站以及上海站、上海南站、上海西站等也都是这样设计和考虑的。

作为重大基础设施的轨道交通建设是百年大计，一旦建设成型就很难改造。在轨道交通大发展高潮中，要高瞻远瞩，全面规划，充分研究不同层次线路的功能定位，加强三种不同层次轨道交通之间的衔接，合理选择不同的技术制式，从而为轨道交通的又好又快发展打下基础，使其早日成为我国运输系统中快捷、经济的骨干组成部分。

参考文献
1 朴爱华. 关于城际轨道交通的概念内涵及分类 [J]. 城市轨道交通研究，2009，12（4）：1.
2 周翔民. 不同功能定位的轨道交通线路及其相互衔接 [J]. 城市轨道交通研究，2009，12（6）：1.
3 孙章，蒲琪. 城市轨道交通概论 [M]. 北京：人民交通出版社，2010.

城市交通治堵纵横谈

原载 2011 年第 3 期《科学》

孔子曰:"过犹不及。"(《论语·先进》)如今世界上有两样东西已由稀缺变为极大丰富甚至过了头:一是信息,二是汽车。似乎不久以前,我们都还在为信息、交通工具的缺乏感到苦恼,如今却为信息爆炸和城市交通拥堵而犯愁。

汽车生产的相对无限性与道路建设的相对有限性之间产生了尖锐矛盾:汽车可以用流水线生产,马路却不能;汽车可以进口,马路却不能。以 2011 年 3 月 10 日公布的上海市第四次综合交通调查数据为例,上海中心城(外环线以内)道路面积较 2004 年增加了 25%(包括新建高架道路、越江桥隧以及地面道路拓宽或延伸),然而尽管有新增车牌的限制,汽车的注册量较 2004 年还是增长了近一倍。城市汽车数量剧增造成道路拥堵,已成为世界各国大城市都面临的难题,可以说至今还没有找到能立竿见影的良策或诀窍。

1 福田指数

交通拥堵的经济成本可以计算得出,英国每年因道路交通拥堵造成的经济损失就高达 200 亿英镑。

2010 年 1 月 6 日,我国零点研究咨询集团和北汽福田汽车公司联合发布了《2009 福田指数——中国居民生活机动性指数研究报告》。通过对我国多个省市的不同人群抽样调查，报告里用"拥堵经济成本"来描述不同城市居民上下班时因为道路拥堵而造成的经济损失。所谓"拥堵经济成本"是指居民利用机动工具出行时，由于拥堵而损失时间的货币表达。报告中罗列的数据以各地居民的平均月均收入为基准，并将由于拥堵而损失在路上的时间货币化。

报告显示，在所调查的城市中，北京市民上下班的拥堵经济成本最高，他们每天平均上下班在路上消耗的时间为 40 分钟，若遇拥堵，所耗费的时间会增加一半以上（约 62.3 分钟）。其拥堵经济成本较 2 年前的 375 元有所下降，这是因为在过去两年北京市采取了优化公交线路、增加轨道线路、开展尾号限行等多项措施，在一定程度上缓解了北京的道路交通压力。其次是广州，市民上下班拥堵经济成本为每月 265.9 元，也较两年前有所下降。上海排第三，2009 年的拥堵经济成本为每月 253.6 元，较 2007 年提高了 25.4 元。上海的增幅并不算高，拥堵经济成本增加最快的是西安市，该市 2 年前的拥堵经济成本不足 70 元，而 2009 年已达到 150.1 元，增幅超过 100%。

报告还显示，2009 年的福田指数即中国机动性指数为 61.89（满分 100）。机动性指数是一项揭示机动车辆和人们生活相关性的指数。世界发达国家大都把机动性指数看作衡量国民生活质量的重要指标，联合国教科文组织更是把它视为发展中国家社会经济成长水平的核心指标。这是主办方第三次发布福田指数（每两年发布一次），指数呈逐年提高的趋势，但增速明显放缓（2005 年为 58.33，2007 年为 61.42）。

2 我国汽车业的前景

一百多年来，城市主要客运交通工具是从有轨电车发展到汽车的。20 世纪初，有轨电车是城市公共交通的骨干。世界上第一个投入商业运营的有轨电车系统在美国弗吉尼亚州的里士满市，于 1888 年开通。到 20 世纪 20 年代，美国有轨电车线路总长达 25000 千米。1908 年我国第一条有轨电车线路在上海建成通车，1909 年大连市建成有轨电车线路，随后北京、天津、沈阳、哈尔滨、长春等城市相继有了有轨电车运营线路。

汽车具有门到门的灵活性，大受消费者的青睐。随着汽车工业的迅速发展，大量汽车涌上街头，城市道路明显不够用，因此从20世纪50年代开始，世界上各大城市都纷纷拆除有轨电车线路，这股浪潮同样波及中国。到50年代末，我国仅有大连、长春等个别城市未拆除有轨电车线路。

我国汽车工业的发展是一把双刃剑。一方面，汽车工业是我国的支柱产业之一，对经济增长、提供就业岗位等都作出了巨大的贡献。同时，它也是扩大内需的一大领域，2010年我国的汽车产量和销售量都已高居世界首位，超过1800万辆。另一方面，发展汽车工业及其消费都会对环境和资源造成影响，我国难以承载西方发达国家那样的汽车拥有率。有人做过计算，如果中国人均汽车拥有率与美国持平（每千人拥有700辆汽车），那么，全世界的石油全部供给中国的汽车使用还不够。在我国的石油消耗总量中，交通所占比例已达到50%。国家发改委的专家预测，我国2020年石油进口依存度将超过60%，每年将进口2.5亿吨原油。美国人口只占全世界的6%，但消耗的石油量占全球的26%（美国人均年消费25桶石油，中国人均年消费量不到1.5桶），这与美国采用"小汽车＋飞机"的交通方式有很大关系。美国奢侈型的客运方式是不可持续的，也是不可取的。

按照国外的经验，人均GDP达到5000美元左右时，家庭拥有汽车开始进入高峰期。2010年我国人均GDP已超过4000美元，汽车拥有率仅为65辆／千人，而世界平均汽车拥有率为128辆／千人，美国以外的发达国家每千人拥有300～500辆汽车。我国人口世界第一，对于汽车社会的到来一定要做到未雨绸缪。

3 治堵对策

20世纪下半叶以来，伴随着世界城市区域的不断扩大，城市经济日益发展，人口快速增长。由于流动人口及汽车猛增，城市交通量激增。汽车带来了交通堵塞、事故频繁、能源过度消耗、尾气与噪声污染等一系列社会问题。行车难、乘车难，不仅成为影响市民工作和生活的一个突出问题，而且制约着城市经济的发展。世界各国纷纷思考和探索如何走出困境。

反思的结果得出两条结论：一是开源，从城市规划抓起，并大力发展立体化的公共交通，特别是地铁与轻轨；二是节流，即限制汽车的购买或使用，甚至两者同时限制。

1）开源——城市规划

为了预防城市的交通拥堵，必须先从源头——城市规划抓起。首先，城市规划应确立"交通约束"这一制度，并切实执行。以我国香港地区为例，如果一个地区的所有交通方式最多只能容纳每天 10 万人次的流量，那么这一地区的所有房地产建设必须以这一流量为上限。其次，城市规划应遵循"市内交通需求最小化"原则，无论在中心城区还是在郊区新城，居住要与就业、教育、商业、教育、医疗、娱乐等设施就近，一般情况下不需要远距离出行。在中心城区与郊区新城之间建造的市郊铁路，不仅造价比地铁低得多，而且速度快、运量大，可以让郊区新城居民快速进入市中心，从而吸引大量市民到郊区居住，降低市中心区的人口密度、缓解交通压力。美国的郊区化是靠汽车交通作支撑的，随着油价的不断上涨，最近已呈现出向市中心回归的趋势；而以市郊铁路作支撑的郊区化将是可持续的。此外，一个大城市的中心区和四周应该有多个火车站，市民可以就近乘坐城际轨道交通和区际高速铁路，实现市内交通需求最小化。

在城市规划注重交通约束的基础上，为了预防城市的交通拥堵，必须大力发展公共交通，特别是建设覆盖全市的发达城市轨道交通网。以日本东京为例，其家庭的汽车拥有率接近欧美发达国家，但东京居民的通勤出行中，公共交通比例高达 91%。目前，其他发达国家大城市旅客的出行中，公交分担率在 60%左右，而中国大陆仅为 30%左右（其中北京为 38.9%、上海为 34%），中国台北为 47%，中国香港为 90%。只有提供便捷、舒适、准点的公共交通，才能把大量驾车者吸引到公共交通上来；而能满足民众对交通效率和舒适度要求的，首先是轨道交通。从发展方向看，在市区，公共汽车应作为轨道交通的补充，进行接驳和衔接。当然，在轨道交通还未通达的地区，主要还是依靠道路公交。以上海市第四次综合交通调查数据为例，上海市轨道交通已形成由 12 条线组成、总长 452.6 千米的基本网络。中心城内 42%的居民从家步行 10 分钟以内即可到达轨道交通站点，内环线以内这一比例高达 71%，较 2004 年的 16%和 28%有了显著提高。

在 2011 年 3 月 17 日公布的《中华人民共和国国民经济和社会发展第十二个五年规划纲要》中明文规定：建设北京、上海、广州、深圳等城市轨道交通网络化系统，建成天津、重庆、沈阳、长春、武汉、西安、杭州、福州、南昌、昆明等城市轨道交通主骨架，规划建设合肥、贵阳、石家庄、太原、济南、乌鲁木齐等城市轨道交通骨干线路。可见今后 5 年，我国将分三个层次全面推进城市轨道交通建设。

2）节流——限制购买

在大力提高公共交通吸引力的同时，为了预防城市的交通拥堵，还必须限制小汽车的购买或使用。新加坡、中国香港是限制购买小汽车的典型。

1990 年，新加坡率先实行拥车证（相当于购车证）制度。拥车证采取有偿制，必须经过公开投标获取，拥车证的价格通过市场来决定。在供应有限的情况下，拥车证标价反映的是需求的波动。目前，拥车证价格已突破 7 万新加坡元（约合人民币 35 万元），这一价格已经接近甚至超过了一辆汽车的售价，创下了最高纪录。尽管推行初期民众怨声载道，但经过一段时间，他们已渐渐理解和适应，20 年来抑制了相当一部分人的购车欲望。

香港运输署提供的数据显示，1999 年年底香港的私家车就已达到 321617 辆，而到 2009 年年底，这个数字是 393812 辆，10 年内仅增加了 22%。与内地相比，收入更高的香港人为什么对购买汽车不感兴趣？一是因为香港有四通八达的公交系统（其中轨道交通占 37%、道路公交占 33%），公共交通出行率已从 20 世纪 70 年代的 70% 提高到 90%；二是因为在香港购车要交重税，私家车首次登记税分成 4 个等级：15 万元（港币，下同）以内的小汽车课税 35%，15 万至 30 万元之间的课税 65%，30 万至 50 万元之间的课税 85%，50 万元以上的课税 115%。

上海学习新加坡的做法，采取车牌号拍卖，目前每块车牌号价值四五万元左右，这样做的确抑制了市内小汽车的过快增长。但是，上海仅是一座城市，与作为一个国家的新加坡相比有着特殊性，邻近的江苏、浙江等省并没有同步实行此类政策，导致倒卖外地车牌的黄牛产业十分红火，"产值"高达数亿元，外地牌照最贵的已卖到 1 万元左右。大量外地牌照的汽车长期在上海市区行驶，给上海市的汽车交通管理也带来了一定的困扰。因此如何限制小汽车的购买，国家层面应该作出决策。

备受关注的北京市交通治堵方案于2010年12月23日公布，北京市确定了小客车年度增加数量和配置比例，并按摇号方式无偿分配小客车购买指标。2011年度北京市小客车总量额度指标为24万辆，月均2万辆。在采取这一限制措施前，北京市小客车每天新增2000辆，全年约73万辆。这样做的优点是能抑制小客车过快增长，抑制中体现了公平并符合经济学原理（消费者买的是汽车，车牌中并没有凝聚劳动量）；缺点是通过抽签方式分配，幸运者得中，抽中者未必是急需购车者，真正需要用车者却不一定抽中。更糟糕的情况可能是，需要车的人通过各种黑市手段获取买车的配额，而抽中配额又非真正需要用车的幸运者，就会利用到手的配额赚钱，致使原本应归为公共财政、可以用来改善公共交通的钱流入炒作配额者的腰包。尽管北京市公布的有关规则对此已有所约束，但要防止出现买卖配额的黑市实非易事，政府有关部门的应变能力仍将面临考验。

3）节流——限制使用

另一种解决拥堵的做法是把重点放在限制小客车的使用上，英国伦敦市中心收取拥堵费就很典型。从2003年2月17日开始，在工作日白天，每辆进入伦敦市中心的汽车收取5英镑（相当于人民币50元）的拥堵费，不久后提高到8英镑。这一举措实施至今，已使约40万人放弃自驾车改乘公共交通，取得了良好的效果。伦敦市政府准备在2011年将拥堵费再提高到每辆车10英镑。德国也采取了类似限制小客车使用的举措，从2003年1月1日起对汽油增收"生态税"。日本东京则通过提高用车成本来抑制汽车的过度使用：中心城区很少有停车位，而在路边白框内停车每小时为300日元（相当于人民币24元），且限停一小时，超时会被贴票，罚款1.5万日元（相当于人民币1200元），其他自助式按时收费停车场每小时收费600～1500日元，乱停车等违章一次罚款1.5万日元。

汽车产业是国家的支柱产业之一，小汽车则是民众的消费热点之一（香港大学一研究结果表明人们购买小汽车有九大理由），笔者认为，政府长期宏观调控的重点不应放在限制小客车的拥有上，而是要把重点放在改善城市规划、发展公共交通（特别是轨道交通）以及限制小汽车的使用不当和过度使用上，将小汽车用作休闲（如购物、旅游等）的交通工具而非上下班的交通工具（北京的汽车拥有量是东京的一半，但路上的汽车数量竟是东京的三倍），并据此制定出相应的政策和细则。

4 提倡汽车共享

由于公共交通的运营服务具有集中性（路线不可改变），难以满足某些合理的门到门的出行需求，除私人拥有汽车之外，汽车共享可作为满足门到门出行的一种替代办法，同时它带有公交的属性，是公共拥有汽车的一种新模式。推行汽车共享可以在有效发挥汽车交通优势的同时减少其负面影响。

"汽车共享"有两种含义：一是拼车，即合乘同一辆汽车出行，指的是同一出行的共享；本文这里提倡的汽车共享是另外一种含义，特指汽车本身的使用权共享，类似于会员制的汽车租赁，但又与汽车租赁不同——汽车共享往往把服务网点布置在社区，供小区居民使用，体现了社区共享。

汽车共享最早出现在20世纪40年代的德国和瑞士。早期的汽车共享由家人、朋友、邻居组成，联合起来共同购买一辆汽车，用于上下班、接送孩子、购物或郊游等。由于当时没有多少人能独立承担起购车、养车费用，因此这种交通方式很受欢迎。半个世纪后，即到90年代，汽车共享在欧洲有了进一步发展。成立于1987年的瑞士移动汽车共享（Mobility Car-Sharing）组织，是源自居民小区和公共交通枢纽的民间自发组织，到2000年已扩展到瑞士150个地区，拥有6000多名会员，目前是欧洲最大的汽车共享组织。

参加汽车共享可省去购车成本，只需支付每月的会员费和以时间、距离计价的使用费。以德国不来梅的汽车共享组织为例，会员只需缴纳30欧元注册费以及每月10欧元的会员费（这部分费用与美国差不多）。

经过近20年的运作发展，汽车共享已由非盈利的自发组织转化为商业运作，运营范围不断扩大，资源逐渐向大规模的公司集中。最具代表性的成功案例是美国波士顿的Zipcar汽车租赁公司，它在美国、加拿大、欧洲各国兼并了地区性的企业，实现了覆盖全球的网络化运营。在2007年的经济危机中，公司实现了114%的利润增长，并因此和苹果等著名公司一同跻身十大"21

世纪最有潜力的公司"之列。

购车、养车（包括折旧、养护、保险等）的固定成本较高，而使用的边际成本较低，大量原可省去的低效出行会大幅增加。从汽车共享的实施效果看，不仅可以在一定程度上替代私家车的拥有，而且可以降低私家车的使用强度。

在我国，汽车共享有利于推广新能源汽车。这是因为汽车共享一般在固定地点取车，若采用电动汽车作为主力车型，则可以基本解决电池更换或充电难题；若结合使用混合动力车，还可满足周末远行者的需求，突破电动汽车的距离限制。

此外，实现汽车共享还可以大大节省汽车停车位所占用的土地。上海市第四次综合交通调查结果表明，小汽车的快速增长已经使得居住区夜间停车问题越来越突出。中心城居住区夜间停放车辆总量约为74.3万辆，但小区配建的停车位总数只有47.1万个，只能满足60%左右的车辆停放，即有四成汽车没有正规车位停放。

除了上述改善城市规划、坚持公交优先、限制使用汽车、推行汽车共享之外，同时采取强化交通法治、推广智能交通、提倡交通文明、动员全民自觉遵守交通规则等举措，城市交通的拥堵也许能大大缓解。

办刊 20 年述怀

原载 2018 年第 5 期《城市轨道交通研究》

今年是我国改革开放 40 周年。《城市轨道交通研究》杂志在汹涌澎湃的改革开放大潮中诞生、成长，迎来了创刊 20 周年。20 年对于人生而言，足以使婴儿长大为成人；对于出版界而言，足以使一种期刊成就一个品牌。

回想 1995 年 5 月 18 日，上海铁道学院与上海铁道医学院合并成立上海铁道大学，学校确定把"医工结合"和"城市轨道交通"作为学校"立足铁路、面向社会"的结合点。为了推动城市轨道交通的专业建设和学科建设，学校成立了全国第一个城市轨道交通学院；组织编写了全国第一套"城市轨道交通系列丛书"（共 9 本），由中国铁道出版社出版发行；1998 年，《城市轨道交通研究》杂志和"城市轨道交通研究"理事会也就在这样的背景下应运而生。

《城市轨道交通研究》的创办，得到了时任中宣部部长丁关根、教育部部长陈至立、铁道部部长傅志寰、上海市市长徐匡迪等领导同志的关心，他们或积极支持，或为创刊号题词，或撰写《发刊词》。因此，为不辜负上级领导的期望，原上海铁道大学作出一项规定，由一位校领导兼任杂志社名誉社长或理事长，以加强对刊物的监督指导。此举在同济大学、上海铁道大学合并后，也得到了新同济大学领导的理解和支持，从吴启迪校长到方守恩书记等校领导，都先后担任过杂志社的名誉社长或理事长。上级领导的支持关心，是笔者在回顾期刊 20 年成长历程时满怀感激之情的第一个缘由。

是广大读者、作者的陪伴，才能使本刊一路顺利走来。从创刊时的季刊直到当前的月刊,每期的篇幅由最初的 80 页发展到目前的 180 页;刊物的影响力不断提升,如今本刊已成为"中国科技论文统计源期刊""中文核心期刊""中国城市轨道交通协会指定专业期刊"。广大读者、作者的创新是本刊影响力不断提升的源头活水。无论是推进 CBTC(基于通信的列车控制)、提前修建上海地铁环线,还是填补我国城际铁路、市郊铁路空白,以及推进我国铁路实行"实名制"等,都出自本刊作者的创意。又如,2017 年第 6 期的《时评》专栏发表了杨国桢教授的《关于上海高铁到发站合理布局的建议》一文,引起中国铁路总公司的重视,目前已有部分京沪间、青(岛)沪间的高铁列车,改在位于市中心区的上海站到发,方便了不少乘客。有读者特意来信或发来信息为这篇"时评"点赞。

刊物的进步也离不开杂志社同仁的创造性劳动。张全福编审在阅读大量来稿后提出,"跨座式单轨"的习惯提法其实不妥,经不起推敲,应改为"跨坐式"才对。现在不仅本刊采用这一提法,已有其他刊物或教材也都认同了"跨坐式单轨"这一专业名词。

在回眸 20 年办刊历程之际,笔者深深缅怀我国出版界翘楚、《生活周刊》主编邹韬奋先生。1944 年 7 月 24 日,邹韬奋在上海逝世。延安《解放日报》发表毛泽东的题词:"热爱人民,真诚地为人民服务,鞠躬尽瘁,死而后已,这就是邹韬奋先生的精神,这就是他之所以感动人的地方。"一次,夏衍向周恩来汇报《救亡日报》的工作,周恩来指示说:"要好好学习邹韬奋办《生活周刊》的作风,通俗易懂,精辟动人,讲人民大众想讲的,这就是方针。"让我们响应习近平总书记的号召,不忘初心,牢记使命,继续前进。笔者愿与各位年长、年轻同仁一起再出发,总结经验,乘势而上,把《城市轨道交通研究》办得更好,为我国轨道交通的高质量发展提供优质服务,为共塑"上海文化"品牌作出贡献。

《城市轨道交通研究》杂志已成为我国轨道交通领域内享有较高声誉和颇具影响力的专业媒体。在实现中华民族伟大复兴的中国梦征程中,我们将不忘初心,砥砺前行,把《城市轨道交通研究》杂志越办越好,为我国轨道交通的"高质量发展"提供优质服务,也为打造"上海文化"品牌贡献一份力量。

大城市小汽车功能的再认识

原载 2020 年 3 月（总第 93 期）《海峡城市》

道路交通拥堵已成为"大城市病"的一大症状，很多上班族单次通勤时间都在 1 小时以上，"怨声载道"正在降低大城市居民的安全感、获得感、幸福感。道路拥堵也影响着一个城市的形象和对人才的吸引力。为了缓解大城市道路交通拥堵，首先要对大城市中私人小汽车的功能进行再认识。

1 中美交通模式的对比

城市道路是我国大城市的稀缺资源。汽车可以在流水线上实现自动化装配，道路则不行；汽车可以进口，道路则不行。交通拥堵反映了我们国家一个很矛盾的现状：人们收入增加了，想要享受现代文明成果，提高生活品质，要有房子、车子等，这是享受幸福生活的美好愿望。但现实情况是，我国人多地少，目前的汽车拥有率与其他国家相比虽然并不算高，但已经造成了道路交通拥堵。根据相关统计，美国百人平均拥有汽车 77 辆，日本百人平均拥有汽车 59 辆（人均汽车保有量在全球排名第 17 位），中国百人平均拥有汽车 14 辆。另据美国生态学者布朗的计算，如果中国的汽车拥有率与美国一样高，那全世界生产的石油全部供给中国开汽车还不够。当然，世界并没有给美国过度消耗能源的特权。根据美国的统计资料，美国人 80 千米以远的出行，小汽车占 56%、飞机占 41%，铁路客运量所占的份额不到 1%。美国的这种"小汽车加飞机"

客运方式，可以称之为"奢侈型"出行模式，是不可持续的，也是别国无法模仿的。美国3.16亿人口（占世界人口5%）消耗了世界能源的25%（按照美国的交通结构推广世界需要5个地球才能供需平衡）；中国13.6亿人口（占世界人口19%）消耗了世界能源的19.3%。

我认为，我们在追求美好生活的同时，还要和我国国情联系起来，作出适当调整。就市民来说，我们可以买私家车，但应尽量把它当成休闲工具，而不是通勤工具。德国对私家车设置生态税，而公共交通工具是不需要交税的。这一政策的导向就是人们可以购买小汽车，但尽量要少使用，倡导大家多利用公共交通工具。所以在国家层面，需要有一种顶层设计，把人多地少的国情和人们追求美好生活的愿望加以协调，制定出具有中国特色的城市交通政策。

2 "P+R"模式值得推广

有一种交通模式叫作"P+R"（P即英语parking，意指"停车"；R即英语riding，意指"搭乘"），是国外大城市上班族喜欢采用的一种交通模式。大意是指，爱车族把家安置在大城市郊区，在郊区开小汽车，但把汽车停放在

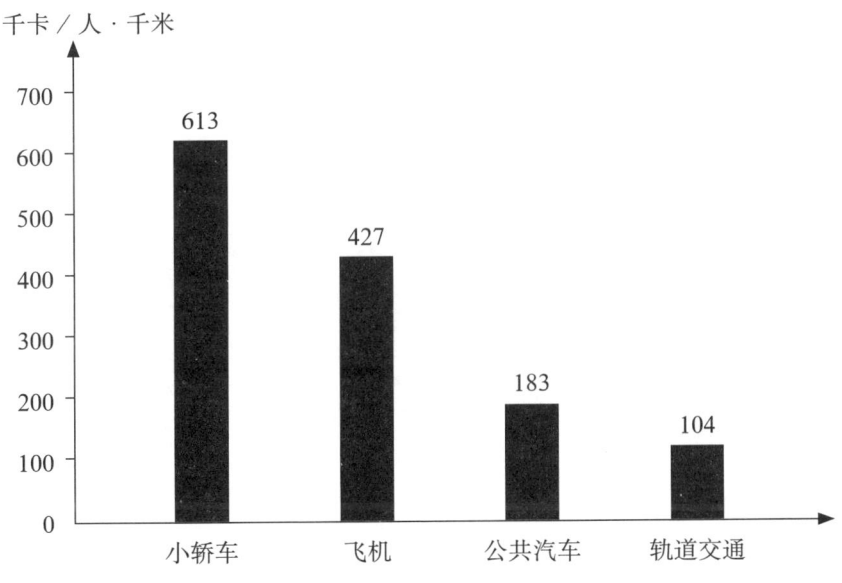

图1 各种交通工具的单位能耗比较图

城郊结合部的交通枢纽附近,再搭乘公共交通工具到市内。它促成了公共交通出行与小汽车出行方式的衔接。这是缓解中心城区交通压力的有效手段之一。

我去英国剑桥和牛津考察交通设施时,发现他们是最早提出"P+R"概念的,而且早在20世纪80年代就已经有了这个创意。人们在市郊停车场停下私家车,再搭乘公共交通工具进入中心城区;而且分布在市郊的停车场都是免费的。到20世纪90年代,"P+R"理念传到中国,杭州西湖景区首先推广了这种模式,限制私人小汽车开进西湖景区,只能停在外围。截至目前,上海在轨道交通沿线已经有了17个"P+R"停车场,运行效果还不错。我认为这种交通模式弘扬了现代交通文明。

在最近10年内,上海已陆续在轨道交通1号线的锦江乐园站、汶水路站、富锦路站,2号线的淞虹路站,3号线的江杨北路站,7号线的大场镇站、美兰湖站,8号线的沈杜公路站、芦恒路站,9号线的松江大学城站,11号线的南翔站、安亭站、嘉定西站,金山铁路的金山卫站等14处轨道交通站点附近推出了公共换乘("P+R")停车场(库)经营服务。从2019年2月15日起,上海在轨道交通11号线嘉定新城站,金山铁路(从远郊金山区通往中心城区的市郊铁路)亭林站、金山园区站附近新增3家"P+R"停车场,共计有778个停车换乘("P+R")泊位向社会车辆开放。至此,上海已有17家"P+R"停车场,拥有逾5100个停车换乘("P+R")泊位。

根据上海市物价部门核定,市民持公共交通卡在上述17家"P+R"停车场(库)按规定停车并换乘轨道交通时,可享受每天、每车次5~10元不等

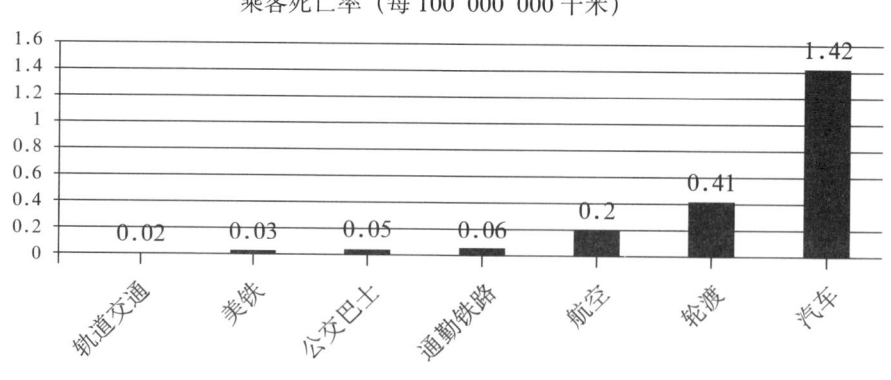

图2 美国统计的不同交通工具乘客死亡率

的停车换乘（"P+R"）优惠价。其中锦江乐园站、汶水路站、淞虹路站、大场镇站、沈杜公路站、南翔站、芦恒路站、嘉定新城站公共换乘（"P+R"）停车场（库）为每天每次收费10元；富锦路站、江杨北路站、美兰湖站、松江大学城站、安亭站、嘉定西站、金山卫站、亭林站、金山园区站公共换乘（"P+R"）停车场（库）为每天每次收费5元。为了与一般停车场的停车服务加以区分，交通主管部门规定最近的一次进出站记录不能为在本停车场（库）所衔接站点同站进出，否则就要按照该停车场（库）公示的计时收费标准，根据实际停放时间计时收费。

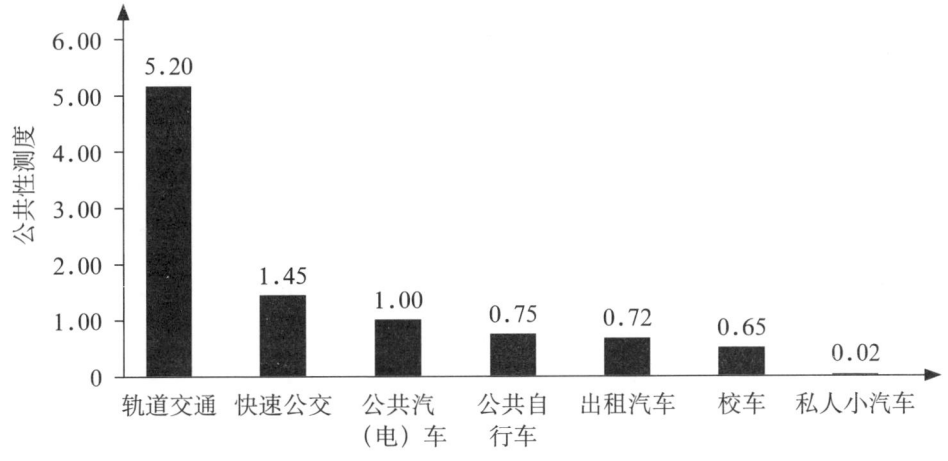

图3 各种交通工具的公共性测度
（考虑排他性与人均动态占有道路面积两个方面）

3 弘扬交通文明

轨道交通是大城市公共交通的骨干，因为它运量大、速度快、污染少、安全好。截至2018年年底，福建省福州市有1条地铁线路运营，即福州地铁1号线，里程总长为24.9千米，共设车站21座；厦门地铁也有1条运营线路，即厦门地铁1号线，里程总长为30.3千米，共设车站24座。2018年12月28日，福州市发展改革委在新闻发布会上介绍了福州市轨道交通第三轮线网规划情况，正在规划设计地铁线路13条共416.6千米，加上组团内中低运量线路9条共161.2千米，轨道交通总里程将达到577.8千米，形成"一环两联八射"

的网络结构，前景喜人。

从道路公共汽车、BRT（公交专用道）、现代有轨电车，到轻轨、地铁、市郊铁路（市域铁路），是个多层次的城市公共交通系统，每个层次各有其特定的功能。不同的站间距和最高运营速度这两个参数决定了不同层次的不同功能。例如，上海市金山铁路的平均站间距为7千米，最高运营速度可达每小时140~160千米，它的功能就是将居住在远郊区的市民快速送达市中心区，然后换乘地铁或公共汽车上下班；道路公交的站间距只有600米左右，虽然速度不高，但它的特点是解决"最后一千米"，提供门到门服务。这是因为路权独有的快速轨道交通（轻轨、地铁、市郊铁路）只是车的轨道，虽然速度快，可是并非人的"轨迹"，人的轨迹都在城市马路上，依赖的是宝贵的道路资源。

各层次的公共交通工具之间既要有分工，又要协调融合发展。城市轨道交通和地铁是两个不完全相同的概念，城市轨道交通包括市郊铁路、地铁、轻轨等制式。城市公共交通系统要优化结构，要有个合理的比例，使其融合协调发展。目前的问题是，地铁修得太多，现在城市轨道交通中地铁制式占了75%以上。人们常把地铁理解为城市轨道交通的唯一代表，这是片面的。在大城市远郊应该推广市郊铁路，市郊铁路修建在地面或高架上，不仅建设成本较低，更新改造也比较容易，可以随着运输需求的变化及时进行改扩建。

新时代要弘扬一种交通文化。年轻人要重视锻炼，如果离地铁站比较近，在半小时步行的范围内，就应该优先乘坐地铁加上步行上下班。德国由总理带头，推广步行上下班，还给推广成效显著的企业颁奖。

大家购买小汽车，是在享受现代文明、促进消费，但应该将私家车作为一种休闲工具，紧要时才用，平时把宝贵的道路资源礼让给更需要的人们。

从国家发展角度考虑，减少排放、减少交通拥堵，需要管理层从国家大局出发去调整和优化城市公共交通系统，从而吸引更多的人少用小汽车；作为交通行为主体也要树立为国家作贡献的意识，为了建设美丽国家和生态文明，心甘情愿地"从我做起"，约束自己的交通行为。

努力打造快速轨道上的上海"五大新城"

原载 2020 年 3 月 12 日《上海科技报》

作为上海市"十四五"期间的一大战略，规划建设嘉定、青浦、松江、奉贤、南汇"五大新城"的重大工程已正式启动。这"五大新城"不只是简单承接中心城的人口和功能疏解，更是要按照集聚百万人口规模、具有独立综合功能的要求来规划建设，打造成长三角城市群中的综合性节点城市。按此高规格的建设要求，这"五大新城"势必存在着巨大的优化重塑空间。其中，建设独立的对外交通枢纽和实现高频次的快速对外交通联系，是其能否成为长三角城市群中综合性节点城市的首要条件，而市郊铁路或城市轨道交通市域线又是其联系中心城区的首选方式。

回顾全球经济发达国家的城市化进程，不难发现，超大城市的远郊区、外围区，是新的人口增长极。以美国纽约和日本东京为例，20 世纪后半个世纪，这两个国家人口增长最快的区域就是在纽约和东京的远郊区。

与此相适应，纽约的中心城区地铁运营里程仅有 385 千米，而其郊区铁路（在美国称 commuter rail，即"通勤铁路"）就有 1715 千米；东京中心城区仅有地铁 327 千米，而东京圈的公交化铁路距离长达 2000 千米。综观经济发达国家超大城市的轨道交通可知，其市郊铁路长度都远大于市中心区的地铁长度。

"鹰击长空，鱼翔浅底"，事物皆有层次，轨道交通亦然。以客运为例，在目前的管理体制下，主要由国铁集团投资建设和管理的铁路有高速铁路、城际铁路、市郊铁路三个层次；主要由地方政府投资建设和管理的轨道交通有轨道交通市域线（市郊线）、地铁、轻轨（以上三种有独立路权），以及现代有轨电车（路权不独立）四个层次。不同层次的轨道交通具有不同的服务对象和功能，考察三个关键参数——最高运行速度、平均站间距及供电电压，就能确定某条线路究竟属于哪一轨道交通层次。

城市轨道交通中的快速市域线与地铁有三大区别：最高运行时速前者为160千米，后者为80千米；平均站间距前者为7～10千米，后者为1.0～1.5千米；供电电压前者为交流25千伏，后者为直流1500伏。

在快速轨道交通市域线（市郊线）领域，上海已有建设和管理的宝贵经验，这就是由上海市与原铁道部合资（股权各占50%）建设的上海铁路南站至金山区的金山铁路（又称"上海轨道交通22号线"）。该线全长56.4千米，共设9座车站，平均站间距为7.05千米，最高运营时速为160千米，全程最快30分钟可直达。市域线的服务功能是将居住在远郊区的市民快速送达市中心，再换乘其他公共交通工具上下班。

正在建设中的上海机场联络线全长68.6千米，自虹桥枢纽至上海东站，设站9座，平均站间距8.58千米。该线预留铁路上海南站至机场联络线的三林南站（暂用名）支线，故选用交流25千伏供电制式，设计时速为160千米。

按照综合性节点城市的要求，必须形成链接辐射长三角的战略支点。为此，"五大新城"将加快形成支撑"30、45、60"出行目标的综合交通体系，即30分钟实现内部通勤及联系周边中心镇，45分钟到达近沪城市、中心城和相邻新城，60分钟衔接国际级枢纽。打造"一城一枢纽"，确立新城区域交通枢纽地位，需要汇集高速铁路、城际铁路、市域（市郊）轨道交通快速线路、地铁轻轨、现代有轨电车等系统，实现"三网合一"，才能体现对外交通枢纽的节点功能。因此，优先建设实施与上海市中心城以及周边城市之间的快速交通通道，提升外向度和联通性，是先行建设的重点。而在"3个1000千米"轨道交通网络中，需重点增强新城与近沪城市之间、新城与新城之间，以及新城与重大交通节点间的联系，推动1000千米城际铁路、轨道交通市域线建设全面提速。

通过"十四五"期间的建设，到2025年，我国铁路营业里程将达到17万千米左右，其中高铁（含城际铁路中的高铁，因二者有交集，只要有需要，城际铁路也可以提高时速到300千米以上，只要增大平均站间距即可匹配）5万千米左右，铁路基本覆盖城区人口在20万以上的城市，高铁覆盖98%城区人口在50万以上的城市。因此，在未来的"五大新城"，城市交通、城际交通和跨区远程交通将高度融合。城市交通不仅依靠地铁、现代有轨电车、公交汽／电车等，更会高度依靠市郊铁路、城际铁路、高铁等多种运输方式。在高速铁路与城市轨道交通市域线之间，或采取列车共线运行，或实现旅客零换乘，从而使新城市民跨城市居住、工作、上学、购物等都十分便利。这都需要依托城市轨道交通市域线与高铁的互联互通。

轨道交通不仅具有强大的运输功能，而且具有强大的集聚和引导功能。因此，优化重塑空间布局，打造快速轨道上的上海"五大新城"，也是实现"交通引导发展"的明智之举。

智慧地铁：智慧城市的大动脉

原载 2021 年 3 月英文期刊 *New Metro*（《新地铁》）创刊号，以英文形式发表（附后）

2010 年 5 月 1 日，中国政府主办的第 41 届世界博览会在上海开幕。上海世博会的主题是"城市，让生活更美好"（Better City, Better Life），这是历史上首次以"城市"作为主题的世界博览会。

2020 年 11 月 18 日晚，2020 全球智慧城市大会（Smart City Expo World Congress，简称 SCEWC）正式发布世界智慧城市大奖获奖名单。在全球 350 个城市当中，上海脱颖而出，获得最高奖——世界智慧城市大奖（World Smart City Awards）。这是中国城市首次获得该奖项，代表上海的智慧城市建设成效显著，得到世界各国的关注和认可。

美国现代哲学家路易斯·芒福德说过："城市是一种特殊的构造，这种构造致密而紧凑，专门用来流传人类文明的成果。"上海从举办世博会到荣获"世界智慧城市大奖"，表明城市的规划建设已进入"城市，让生活更智慧"的新阶段。

世界智慧城市大奖是由全球智慧城市大会设立，被誉为智慧城市行业领域的奥斯卡。奖项旨在提高每个生活在城市中的人的生活质量。上海作为中国最大的经济中心城市，刻意追求高质量发展、高品质生活，十分重视数字化、网络化、智能化对城市建设和管理的引领作用，因而在创建智慧城市的建设中令世人瞩目。

地铁速度快、运量大、安全好、环境污染少、节约土地资源和能耗；地铁的规划建设还能引导城市布局从"摊大饼"式的浸润型发展，转变为组团式的"伸开的手掌"型发展。因此，地铁是大城市交通的主动脉，毫无疑问，智慧地铁是智慧城市建设的重要组成部分。

20 世纪八九十年代，上海的地铁建设者在被喻为"豆腐里打洞"的上海，艰苦探索、持续奋斗，至今已建成了中国规模最大的地铁网络。截至 2020 年年底，上海地铁运营里程已达 729 千米（含磁浮线 29 千米），运营车站 430 座；目前上海地铁日均客流量超过 1000 万乘次，公交客运分担率已超过 66%，地铁已成为上海市民和外地游客出行的首选。

在云计算、大数据、物联网、人工智能的技术土壤里，智慧地铁应运而生。智慧地铁大大提升了全息感知、实时分析、科学决策、精准执行的能力，从而使扫码乘车、生物识别、移动互联网、全自动驾驶等技术应用成为可能，不仅为市民带来全新的乘车体验，也提升了地铁运营管理的质量和效率。

智慧地铁涵盖地铁建设、运营、维保各阶段，因此，上海智慧地铁由智慧建设、智慧运营与智慧维保三大应用板块构成。近几年来，上海智慧地铁的技术平台建设大大加快：基于"建筑信息模型"（BIM）的建设管理平台、上海地铁网络运营调度指挥大楼、上海地铁行业数据中心等陆续建设与投入使用。

智慧地铁与市民的获得感、安全感、幸福感息息相关。以 2020 年 12 月 26 日开通运营的上海地铁 18 号线一期南段工程为例，列车实现了全自动无人驾驶，运行平稳，自动停车位置精准；由于没有了驾驶室，头车成为开放式，乘客可以全景式瞭望前方；无人驾驶技术还设计了很多应急场景，足以保证系统的运营安全；列车能自动唤醒、自检、出库、停车到站、开关门发车、洗车、回库，这些过程全程无需人工介入。乘客车厢内的亮度可自动调节，每节车厢里还配备了手机无线充电装置。

18 号线是上海地铁第一条以建设、运营单位为主导，全线应用智慧运维平台的线路。项目聚焦数字化，实现工程的全生命周期管理，运营维护保障单位利用 BIM 数据实现集成化应用和管理的创新模式，首次实现数字资产信息从建设期到运维期的无缝传递；首次在竣工交付时同步交付数字资产和BIM运维平台；首次将基于BIM的运维管理平台从单个车站推广到全线。

上海的地铁建设者经过多年的探索和实践，用中英文结合的"智慧五字经"——"SMART"（智慧）来概括上海智慧地铁的基本特征。

S—State perception，即状态感知；表示通过智能传感、视频分析等技术，实现对地铁全生命周期内的各类设施设备、环境、客流等工作对象主动感知与发现。

M—Data management，即数据管理；表示汇集地铁各类静态数据、实时数据、业务执行数据等，并对数据进行抽取、清洗、加载等处理，实现智慧地铁业务的全数字化。

A—Automatic analysis，即自动诊断；表示应用大数据分析与决策技术、多源异构数据融合、设备健康诊断等手段，对地铁运行数据进行深度分析挖掘，为地铁建设、运营、维保等提供科学决策依据。

R—Recursive business，即业务闭环；表示根据大数据智能分析的结果，能对作业管理流程进行的反馈调节（状态感知—实时分析—科学决策—精准执行—状态感知），实现协同自动化，从而保证系统运行的高可靠性。

T—Tenacious evolution，即持续演进；表示智慧地铁在早期利用专家系统等软件进行自动诊断的基础上，随着数据、案例的积累，可通过人工智能技术开展自学习、自进化，持续提高智慧地铁的智能化水平。[1]

从上述讨论可以看出，智慧地铁并不是一个全新的系统，而是通过研发，引入了云计算、大数据和人工智能等其他领域的新技术，结合地铁业务和地铁场景，对地铁业务进行智慧化改造。从"科学发现—技术发明—工程应用"的科技创新链看，数字化、智能化处于创新链的中游，而智慧化则处于创新链的下游，本质上是集成创新，其根本任务是把新技术成果转化为直接的社会生产力，创造经济价值和社会效益。在此，我们对"智能化"和"智慧化"进行了"同中求异"的分析，目的就是为了强调智慧地铁的持续演进，应不断提高地铁建设者和管理者吸取数字化、智能化技术成果的自觉性和敏感性。

任何科技进步最终都是为了造福人类。智慧地铁不仅技术先进，而且要让生活在大城市的人有更多的获得感。新型的智慧地铁不仅能提高地铁建设和运营的安全可靠度，提高地铁的服务水平，提高流通效率以及经济效益、社会效益和生态效益。

建设智慧新地铁，其中的一个关键点就是要以人为中心。人肯定是技术取舍的一个尺度，应尽量保证服务、效率、效益之间的平衡。因此，智慧地铁在运营体系之外，还需要有个评估体系。项目建设必须有评估，做长远考虑。上海地铁以"管理规范、推进有序、成本可控、资源共享"的理念为指导，从提高市民的获得感这个角度，激发各方主体的积极性，用共创的方式来建设智慧地铁。

智慧地铁代表了互联互通新时代地铁的发展方向，对推进高质量发展、高品质生活的智慧城市建设具有重要意义。上海智慧地铁虽然面临新兴技术集成创新难度大、建设标准滞后、建设周期长、投资成本高等难题的挑战，上海智慧地铁建设者将一如既往，遵循"国家倡导、政府引导、协会辅导、企业主导"的"四导原则"[2]，把智慧地铁建设继续推向前进，让智慧地铁真正成为智慧城市安全流畅的大动脉。

参考文献

1　刘纯洁. 上海智慧地铁的研究与实践[J]. 城市轨道交通研究，2019（6）：1.
2　刘纯洁，蔡佳妮. 智慧地铁建设路径及实施方法[J]. 城市轨道交通研究，2020（6）：1.

附：

Arteries of Smart Cities: Smart Metros
Sun Zhang

On May 1, 2010, the 41st World Expo hosted by the Chinese government opened in Shanghai. The theme of the Shanghai World Expo is "Better City, Better Life". This is the first World Expo in history to feature "City" as the theme.

On the evening of November 18, 2020, the 2020 Smart City Expo World Congress (hereinafter shortened as SCEWC) officially released the list of winners of the World Smart City Awards: among 350 cities in the world, Shanghai stood out and won the highest award - the World Smart City Awards. This is the first time that a Chinese city has won this award, which signifies the remarkable achievements of smart city construction in Shanghai that have gained attention and recognition from all over the world.

Louis Mumford, a modern American philosopher, once said, "A city is a special structure, dense and compact, which is specially designed to spread the fruits of human civilization." The successful holding of the World Expo and the winning of the "World Smart City Award" by Shanghai demonstrate that Shanghai's planning and construction have entered a new stage of "Smarter City, Smarter Life".

The World Smart City Award was established by the Global Smart City Conference, known as the "Oscar" in the smart city industry. This award is aimed to improve the quality of life of every person living in cities. As the largest economic central city in China, Shanghai deliberately pursues high-quality development and high-quality life, and attaches great importance to the leading role of digitalization, networking and intelligentization. As a result, Shanghai's achievements in smart city construction have attracted worldwide attention.

Metro features its fast speed, large ridership, good safety, less environment pollution, sparing use of land resources and sparing consumption of energy; the metro planning and construction can also guide the transition from the "sprawl-typed" infiltrative development trend of the urban layout to the "open-palm-typed" clustered development trend thereof. Therefore, metros are the main arteries of transportation in big cities, and undoubtedly, smart metros are very important parts of smart city construction.

In the 1980s and 1990s of the last century, the metro builders in Shanghai made painstaking exploration and continued struggles in the Shanghai metro construction, which was compared to "boring holes in tofu". Up to now, they have completed the construction for the largest metro network in China. By the end of 2020, the operating mileage of Shanghai Metro had reached 729 km (including 29 km of a maglev line), with 430 stations put into operation. At present, the average daily ridership of Shanghai Metro exceeds 10 million times, and the contribution rate thereof to the public transport ridership in Shanghai has exceeded 66%. Metro has already become the first trip choice for Shanghai citizens and foreign tourists.

In the technological environment of cloud computing, big data, Internet of Things, and artificial intelligence, smart metro emerges as the time requires. Smart metro greatly improves the ability of holographic perception, real-time analysis, scientific decision-making, and accurate execution, which makes it possible to apply technologies such as Scan and Pass the Gate, biometrics, Mobile Internet and fully-automatic driving. It not only brings new riding experience to citizens, but also improves the quality and efficiency of metro operation and management.

Smart metro covers all stages of metro construction, operation, and maintenance. Therefore, Shanghai Smart Metro is composed of three application sectors: smart construction, smart operation, and smart maintenance.

In recent years, the construction of the technological platform of Shanghai Smart Metro has been greatly accelerated: the construction management platform based on "Building Information Model"(BIM), Shanghai Metro Network Operation Coordination and Command Building and the data center of the Shanghai Metro industry have been established and put into operation.

Smart metros are closely related to the sense of gain, security, and happiness of citizens. Taking the southern section of Shanghai Rail Transit Line 18 of Phase I as an example, it was inaugurated on December 26, 2020, and the trains thereof are now operated under a fully-automatic and unmanned driving mode, stable operation and good accuracy in automatic stopping in place. With no driver's cab, there is an open space at the internal front of the first car, where passengers can have a panoramic view ahead. Many emergency-response scenarios are designed in the unmanned driving technology and are adequate to ensure the safe operation of the system. The trains can automatically wake up, perform self-check, leave the depot, stop at stations, open and close doors, depart, perform washing and return to the depot with no need to involve any single manual operation at all in the whole sequence of all the above-mentioned processes. The lighting intensity in the passenger compartment can be adjusted automatically, and each compartment is equipped with wireless charging devices for mobile phones.

Line 18 is the first line of its kind of Shanghai Metro that has applied smart operation and maintenance platforms throughout the whole line under the leadership of the construction and operation companies of itself. The project thereof focuses on digitization and implements the whole life cycle management of the project. By utilizing BIM data, the operation and maintenance companies thereof implement an innovative mode of integrated application and management, and achieve for the first time a seamless transition from the digital asset information for the construction period to the same information for the operation and maintenance period. It simultaneously delivers its digital assets and its BIM-based operation and maintenance platforms upon its completion platforms throughout the whole line under the leadership of the construction and operation for the first time. It also promotes its successful experience in establishing BIM-based operation and maintenance platforms for single stations to the whole line for the first time.

After years of exploration and practice, Shanghai metro builders have summarized the basic features of Shanghai Smart Metro by means of the following "smart five-first-leter scripture", with five subtitles and with the juxtaposition of the five capitalized first letters of the five respective subtitles being roughly the same as "SMART".

S-Status perception
Status perception refers to the active perception and discovery of various facilities, equipment, environments, ridership, and other objects of work in the whole life cycle of the metro system by means of intelligent sensing, video analysis and other technologies.

M-data Management

Data management refers to the collection of all kinds of static data, real-time data, business execution data, etc., as well as the extraction, cleaning, loading and other processing of the data, thereby accomplishing the full digitalization of smart metro business.

A-Automatic analysis

Automatic diagnosis refers to the in-depth analysis and mining of metro operation data so as to provide scientific decision-making bases regarding metro construction, operation and maintenance, etc. by applying big data analysis and the decision-making technologies, multi-source and heterogeneous data fusion, equipment health diagnosis and other means.

R-Recursive business

Recursive business refers to a closed loop of business, which can implement feedback adjustments for the operation management process based on intelligent analysis results of big data (status perception — real-time analysis — scientific decision-making — precision execution — status perception), and can achieve collaborative automation, thereby ensuring high reliability of system operation.

T-Tenacious evolution

Tenacious evolution refers continuous evolution, which means that smart metro can perform automatic diagnosis by utilizing expert systems and other software at early stages, and that based thereon, and with the accumulation of relevant data and cases, self-learning and self-evolution can be implemented by means of artificial intelligence technologies, thereby continuously raising the intelligent level of smart metro.[1]

It can be concluded from the above discussion that smart metro is not a new system. Rather, it is the intelligent transformation of metro business in connection with metro business and metro scenarios by means of research and development and by introducing new technologies from cloud computing, big data, artificial intelligence and other fields.

Viewing from the scientific and technological innovation chain of "scientific discoveries — technological inventions — engineering applications", digitization and intelligentization are in the midstream of the innovation chain, while smartening is in the downstream thereof. Smartening is integrated innovation in essence, and its fundamental task is to turn new technological achievements into direct social productivity thereby creating economic values and social benefits. Here, our analyses for "intelligentization" and "smartening" focus on the differences between the two while acknowledging the similarities therebetween, and our purpose is to stress on the continuous evolution of smart metro, and to emphasize that metro builders and managers ought to become more self-conscious about and sensitive to the necessity of absorbing achievements in digital and intelligent technologies.

The ultimate goal of any scientific and technological progress is to bring benefit to mankind. Smart metro not only has advanced technologies, but also makes big-city dwellers have more sense of gain. The new-typed smart metro can not only improve the safety and reliability of metro construction and operation, but also improve the level of service and the circulation efficiency, as well as the economic, social and ecological benefits.

One of the key points in the construction of smart new metro is "people-centered". People are definitely a measure for technical choice-making and a balance among service, efficiency, and benefits should be ensured as much as possible. Therefore, in addition to have an operation system, smart metro also needs to have an evaluation system. Evaluations must be implemented for project construction in terms of long-term considerations. Guided by the concept of "standardized management, orderly advancement, controllable costs and resource sharing", Shanghai Metro arouses the initiative of various main parties and builds smart metro through co-creation by focusing on the improvement of the sense of gain for residents.

Smart metro represents the development trend of metros in the new era of interoperability, which is of great significance to promoting the construction of smart cities with high-quality development and high-quality life. Shanghai Smart Metro is faced with great difficulties in the integration and innovation of newly-developing technologies, lagging in preparation of construction standards, long construction periods and high investment costs, etc. In spite of the above-mentioned challenges, the builders of Shanghai Smart Metro will, as always, abide by the "four guiding principles" of "advocacy by the state, guidance by the government, assistance by associations and dominance by enterprises"[2], and continue to promote the construction of smart metros, thereby enabling smart metros to really become the safe and smooth main arteries for smart cities.

References:
[1] LIU C J.Research and practice of Shanghai smart metro[J].Urban Mass Transit, 2019.(6)∶1.
[2] LIU C J.CAI J N.Construction path and implementation method of smart metro[J]. Urban Mass Transit,2020 (6)∶1.

附录

相关媒体报道

领导者创造性贡献具有最高价值

——访孙章副教授

原载 1989 年 9 月 7 日《社会科学报》，记者林路报道

  被日本厂商洋洋自得称之谓"领导世界钟表新潮流"的石英表，实际早在 20 世纪 50 年代就已为一瑞士工程师发明，但由于有关企业家为陈旧的定势价值观所绊，缺乏这一采用新技术的眼力，成为后来瑞士丧失世界手表市场近半的一个重要原因。

  最近在记者访问孙章副教授时，他举了这个事例，说明领导者具备创造思维是多么重要。他是苏州铁道师范学院的副院长、《科学学基础》作者之一。该书曾被台湾学者列为"台湾读者关注的大陆十本书"中的一本，目前孙章又正在与同志合写一本新书——《领导创造学》。

  孙章认为，人类文明的源泉是创造。创造发明并不局限于科学发现、技术发明和艺术创作。改革、开放，建设有中国特色的社会主义，是开创性的伟大事业。领导者的创造性贡献具有最高的社会意义和经济价值。领导者制定某一战略和政策，确定某一发展目标，所耗成本与火箭的价值相比，可能微不足道，但其效能甚至可挽救一个民族、振兴一个国家，而火箭却做不到这点。

他说，现代领导者的规划、决策、授权、传播、协调控制等职能的发挥，都离不开创造能力的培养。世界上任何战略目标的确定，却源于创造性思维：前期需要发散性思维，后期运用聚合式思维。可以毫不夸张地说，领导过程即创造过程。因此，要想成为一个成功的领导者，不仅要有高度的责任感、不畏险阻锐意进取的顽强意志和自信心；不仅要慧眼识才、善于激励支持广大被领导者的创造精神；更为重要的是要重视智力开发，刻苦学习并掌握必需的专博知识。必需善于开发自己的创造力，在工作中充满创造精神。

在论及如何培养创造行为时孙章说，要打破陈规旧章。这种创造，既要有新颖性，又要有实用性。充分发挥想象力，突破原有的知识圈，从一点向四面八方想开去，找出更多更新的设想方案（发散型）；或从不同方向、不同角度，将思维指向一个中心点（聚合型）。而发散思维与聚合思维的巧妙结合，可使某种新设想脱颖而出。

沿新亚欧大陆桥建立自由经济区

原载 1996 年 5 月 14 日《文汇报》，记者张自强报道

沿着新亚欧大陆桥，在其"人造深水港"——铁路编组站附近建立沿桥自由经济区系统，使大陆桥这条"金项链"上嵌一串"钻石"。这是上海铁道大学副校长孙章教授和该校施其洲、徐瑞华副教授、王普勇讲师在最近北京召开的"'96 新亚欧大陆桥区域经济发展国际研讨会"上提出的建议，得到了与会的海内外专家的重视和好评。

孙章等研究人员指出，新亚欧大陆桥（中国段）对于中国来说是"人造海岸线"，有利于缩小中国东部与中西部在经济发展上的差距。大陆桥经过（或邻近）的苏、鲁、皖、豫、晋、陕、甘、宁、青、新等十个省区，是我国最重要的资源经济走廊——能源和原材料基地，沿桥地区中心城市周围有素质较高、成本低廉的劳动力资源，并有明显的区位优势。

新亚欧大陆桥对于国际来说则是一条"人造跨国河流"，穿过亚欧很多国家的"人造莱茵河""人造多瑙河"，为亚洲与欧洲国家经济贸易提供了一条更为便捷的陆上通道，为中国开辟了又一条参与世界经济大循环之路。1994 年世界十大集装箱港口有六个分布在太平洋西岸地区，总吞吐量高达 3600 万标准箱，若其中 1/10 运量走新亚欧大陆桥去欧洲，则大陆桥过境运输量将十分可观。

孙章教授等研究人员说，新亚欧大陆桥建设是一项跨国的跨世纪系统工程。同时，中国在国内的管理和建设应尽快与国际接轨。我国要根据东部沿海地区建立经济特区和13个保税区的成功经验，将大陆桥运输和保税区两者的优势有机地结合起来，在沿桥大城市附近因时、因地，适度设置保税区，以点带面，点带结合，最终可望形成以新亚欧大陆桥为中轴、横贯中国大陆的新经济生长带，以逐步形成中国全方位的开放开发格局。

孙章等认为，建设沿桥自由经济区的政策要创新，体制也要创新。政策创新是指：首先，直接借鉴国外先进自由经济区发展的成功经验和规范模式设立沿桥自由经济区，运作方式和管理办法尽量与国际接轨。其次，在资源政策上作适当的调整。

体制创新可从以下几方面进行探索。建议国务院成立大陆桥管理委员会协调中央各有关部门开发大陆桥沿线自由经济区事宜，同时可考虑设立地方政府大陆桥管委会，建立大陆桥跨国公司共同经营与管理大陆桥的运输业务，成立大陆桥咨询公司为国际企业服务，成立大陆桥开发银行筹集国内外开发资金，并统筹开发资金。

孙章等研究人员还提出了沿桥建立自由经济区的策略，建议首先在大陆桥东桥头堡——连云港开始，与有关地区实行共建、共管、共用、共荣、促改革、促繁荣的"四共两促"方针，逐步实施由东向西推进的步骤，同时抓两头带中间，在连云港和乌鲁木齐两市首先建立保税区，带动沿桥中西部保税区的建立，在沿线大型编组站附近设立自由经济区。上海可以通过京沪高速铁路在徐州"上桥"联接新亚欧大陆桥铁路运输线和光纤通信线，并使上海成为华东、华南、华中地区与新亚欧大陆桥联结的"引桥"。

博士生导师孙章教授简介

原载 2001 年第 4 期《同济大学学报·自然科学版》

孙章，男，1939 年 11 月生，江苏太仓人，汉族。1962 年 7 月毕业于唐山铁道学院（现西南交通大学）应用力学专业。1992 年 6 月—1993 年 1 月作为高级访问学者在美国南伊利诺大学（SIUE）进修。出国前任苏州铁道师范学院副院长、副教授，回国后先后任上海铁道学院副院长、副教授，上海铁道大学副校长、副教授、教授，2000 年 5 月任同济大学教授、博士生导师。

孙章教授长期从事交通运输规划与管理学科的教学、科研工作。创办了《城市轨道交通研究》杂志，主持创办了全国第一个城市轨道交通学院，主编出版了"城市轨道交通系列丛书"（共 9 本）。孙章教授与他人共同提出的关于上海提前建设环线的建议已被采纳，这就是已完成一期工程的轨道交通 4 号线。他所主持的"沿新亚欧大陆桥（中国段）设置自由经济区的系统分析"的国家科委研究课题完成后，不仅在"1996 北京新亚欧大陆桥区域经济发展国际研讨会"上作了报告，《人民日报》《解放日报》对此发了内参，《人民日报》《文汇报》均作了公开报道。孙章教授在教学、科研之余积极参加国内外的学术交流活动。例如，1996 年 10 月在韩国汉城举行的环太平洋城市发展第 8 届学术年会上，作了学术报告，题为"上海的跨江靠海城市发展战略"；1998 年 7 月在国际公共交通东京会议上，向与会者报告了中国城市轨道交通的制式与选型；1998 年 10 月在香港举行的交通运输学术会议上，作了"中国铁路与中国发展"的学术报告；还应邀为香港"高级铁路工程与管理培训班"

讲课;2000年9月参加第8届海峡两岸都市交通学术研讨会,在台南成功大学会场作了题为"磁悬浮技术的交通功能定位"的学术报告,受到欢迎。

孙章教授作为长期分管科技工作的大学副校长,对科技管理以及管理学也有一些独到的见解。由他主笔的《科学学基础》在科学出版社出版后,被台湾读者评为"台湾读者注目的大陆十本书"之一;他的《领导创造论》在北京出版后,上海的《报刊文摘》《社会科学报》等都作过介绍。

尽快规划"长三角"城际轨道交通网

原载 2003 年 4 月 11 日《联合时报》，记者陈毅然报道

发展区域性的城际轨道交通，是现代城市化发展的必然趋势，也是世界发达国家城市群交通模式的成熟经验。近闻广东省《珠江三角洲城际快速轨道交通网规划》已经完成，那么长江三角洲的城际轨道交通规划为什么迟迟不闻怀胎之喜呢？为此，记者日前采访了轨道交通研究专家、上海同济大学孙章教授。

孙章告诉记者，城际交通主要是为大都市圈城市之间人们的通勤通学服务的，它的设站间距比干线短，但比城市轨道长，一般 3 至 5 千米一站；速度比不上高速干线，但比城市轨道列车快，时速一般在 150 千米左右。城际轨道可采用地面铺轨，车辆设备可国产，不必进口昂贵设备。

近些年来，沪苏浙都在加紧公路建设，"长三角"的高速路网已见雏形。按国际经验，大运量的客流还是需要轨道交通来承担。一条轨道线的客运能力相当于 5 条高速公路，一条高速公路的用地宽度相当于两条轨道复线。无论从轨道交通的优越性，还是从土地资源的稀有性考虑，建设城际轨道交通网是非常明智的选择。

城际轨道交通网优越性已被许多城市化发达国家的实践证实。东京、纽约、巴黎、汉城等大都市圈的城际轨道网都十分发达。如从东京周边小城市坐轨道交通，通勤一小时到东京上班已是司空见惯的现象。如果一旦建成"长三角"

城际轨道交通网,居住苏州、无锡、昆山、嘉兴、湖州等地,到上海朝发夕归上下班会盛行起来。

建成"长三角"城际轨道交通网,将给2010年上海世博会带来大量的客流。从长远看,城际轨道交通网对促进"长三角"区域的机场、港口、文化设施、人力等资源要素共享,共同参与国际市场竞争,联动中西部的发展有极其重要的战略意义。

据孙章介绍,广东省已经完成珠江三角洲城际轨道交通网的规划。该规划以广州、珠海、深圳三城为中心,以广深、广珠经济带为两轴,形成"A"字形结构,辐射肇庆、江门、惠州、中山、东莞等城市。整个规划分成近郊、城郊、城际、直快四个层次,基本构成了"半小时生活圈"。其中广州到佛山线已于去年底动工建设。

"长三角"涉及沪苏浙不同行政区划,如果不统一规划,各行其事,势必造成许多问题。为此,孙章呼吁,由铁道部与沪苏浙三省市一起,尽快制定"长三角"的城际轨道交通网规划,并与各省市的城市轨道、高速公路建设一并统筹,重点突出公交化的快速轨道功能。同时,对其投融资方式、管理体制及具体的技术方案形成共识,这样才能确保决策的科学性,避免投资与资源的浪费。

与官员谈学习型领导

原载 2003 年 7 月 25 日《人民日报》"学术动态"版,摘自孙章、丁宇澄著《与官员谈学习型领导》一书,广西人民出版社 2003 年出版

学习型社会由学习型政党、学习型机关、学习型组织、学习型企业、学习型社区等组成。学习型社会中的各级领导者必定是学习型领导。"工作—学习—创新"圆舞曲是学习型领导的主旋律。

1 领导工作:从管理中脱颖而出

管理,具有计划、组织、指挥、协调、控制等功能,主要解决效率问题。领导活动也是一种管理活动,主要解决方向问题。领导职能也包括在管理职能之中。但领导活动不是一般的管理活动,而是高层次的管理,领导者是高层次的管理者。

领导者不但应该正确使用"硬"权力,而且要努力提高自己的"软"权力,即非权力性影响力。一个领导者"软"权力的大小直接关系到"硬"权力的影响程度。越是高明的领导人,就应该越善于运用"软"权力。

领导者的观念是观念领域中的领导者。领导者提倡什么、反对什么,会影响到千万人的价值取向。领导者尤其要重视在组织中树立起正确的价值观。领导活动开始于确定最终目标。制定战略规划是现代领导者的首要职能,也是其他领导职能发挥作用的基础和前提。一个好的战略规划,应该是创造性与现实性的统一,它需要革命的浪漫主义与革命的现实主义相结合。

领导过程是领导者率领千军万马实现既定目标的过程。要驾驭全局,一方

面要求领导者在总体上对干部群众的实践活动进行跟踪，出现偏差能及时加以纠正；另一方面，领导者要就各方面工作，各地区、各阶层之间的关系作出总体安排。

2 改善领导者的学习

知识越多越好，然而知识是无限的，因此在学习过程中要讲究效益，以尽可能少的投入争取尽可能多的收获。提高学习效益的一条捷径就是建立优化的知识结构。当代人才应建立起"T"字型的知识结构。"T"字中的一横表示一个人要有较宽的知识面，一竖则表示有足够的知识深度，它意味着现代人以广博的知识为基础，集中精力、高度投入，有效地把能量聚焦到一个中心上。

罗马俱乐部最近发表的报告指出：学习可以分为维持性学习与创造性学习两种。维持性学习是学习应对现存问题的方法和规则，而创造性学习是另一种可以应对变革以及解决未来问题的学习方法。一般管理者大都善于进行维持性学习，但领导者还应该善于进行创造性学习。

学习型社会的新观念是：工作不仅光荣，而且快乐；学习不仅重要，而且快乐。学习型领导要建立起"工作学习都快乐"的新观念。

在学习型组织中，团体是学习的最佳单位。团体学习建立在共同目标的基础之上，是一个提高成员互相合作、实现共同目标的过程，它可以发挥团体智慧，使学习力转化为生产力。通过团体学习，领导者的学习成果可以推广扩散到成员中去。

3 领导者的创新

制度创新是领导创新的重要组成部分。制度可以分为三个层次：根本制度、体制和具体制度，其中具体制度属微观层次，如工作制度、学习制度等，它的创新与各级领导干部都有密切关系。

领导者的开拓创新集中体现在特色发展上。京剧界有句谚语："一招鲜，吃遍天。"意思是说，有了特色才能走遍天下。创造性地解决本单位、本部门难题的过程，就是发展特色的过程。创造特色既要考虑到本单位、本部门的优势，又要考虑到外部环境的需要。只有把两者统一起来，独辟蹊径，才能出奇制胜。

都市圈交通　轨道首选

原载 2004 年 6 月 17 日香港《大公报》

内地城市轨道交通权威、同济大学教授孙章今天表示，区域性城际交通快速轨道交通供给严重不足，已成为大珠三角、大长三角、环渤海大都市圈三个大都市圈发展的一大阻力。中国发展区域性城际交通，应弃高速公路，而首选城际快速轨道。

全球发达地区的区域性交通主要分为美国模式（以高速公路为主）、日本模式（以高速铁路和区域性城际轨道交通为主）和欧洲模式（高速公路结合高速铁路）。孙章在接受本报记者采访时指出，中国必须走日本的道路。从能源的角度来看，每单位运输量的能源消费量，轨道交通仅为公共汽车的 1/5，私人汽车的 1/6。有美国学者分析，如果中国家庭汽车拥有率达到美国的标准，那么每天将消耗 8000 万桶石油，而当前全球石油的日产量仅为 7600 万桶。

目前，内地交通存在着明显的结构性失衡。在长三角，2002 年内部发生客流 17 亿人次，其中公路运送达 16 亿人次，铁路仅 9400 万人次。从土地资源利用和客运能力来看，一条快速轨道线等于五条高速公路。完成同样的交通量，轨道交通占地仅为公路占地的 1/8。孙章指出，三大都市圈必须加快调整运输结构，建立节约型交通运输业，强调轨道交通在整个交通运输中的骨干地位。

此外，从人本的角度看，去年中国有 10.4 万人死于道路交通事故，居世界首位，是美国的 2.5 倍，尽管中国的汽车远少于美国。这从另一个侧面说明美国模式在中国之不可行。

孙章特别强调，发展区域性城际轨道交通的主要主导权并不在铁道部，而在地方政府，它不等于普通铁路或者高速铁路。区域性城际轨道交通具有公交的一些特点，发车频率快，票价也介于铁路和地铁之间。而中国铁路每年载客量为9亿人次，人均还不足一次，每次的平均距离为434千米，是一种长途出行的交通工具，并不适合区域内的往来。

在亚洲可持续发展研究中心最近公布的一份研究报告中，提出了全世界二十个大都市圈理论及其指标体系，中国的大珠三角（含港澳台）、大长三角、环渤海大都市圈分别名列第十、十二和十三位。这三大城市群的GDP占全国38%的份额。不过，与美国三大城市群（大纽约区、五大湖区、大洛杉矶区）相比，还是远远落后，后者贡献了全美67%的GDP。

十年著一书：与官员谈学习型领导

——访领导学专家、同济大学教授孙章

原载 2003 年第 8 期《现代领导》，记者曹嘉懿报道

科学管理的奠基人之一、法国管理学家亨利·法约尔曾著书写过这样一段话："管理的过程就是预想、计划、组织、指挥、协调、控制的过程。"他对管理所作的言简意赅的概括影响了整个 20 世纪。

相比其他学科，管理学是一门相对年轻的科学。过去对管理与领导的界定，一直是比较模糊的。随着时间的推移，领导职能已从管理职能中渐渐脱颖而出；与之相应，领导学也从管理学中分化出来，成为一门独立的学科，在社会学科中占了一席之地。

同济大学教授孙章和清华大学博士生丁宇澄用十年心血合著了《与官员谈学习型领导》一书。在借鉴国外"学习型组织"理论的基础上，该书融合中西、贯通古今，系统地阐述了管理职能与领导职能的差异，并对"学习型领导"作了专题的理论探索，是一部有关领导学的上乘之作。

1 管理者与领导者

在对孙章教授的专程采访中,记者了解到领导与管理的分工是一项复杂的分工。孙教授告诉记者,任何学科的分工都是横向容易、纵向难。领导与管理的分工恰好是纵向型的,二者之间既不能缺位,也不能错位或越位,关键是要正确的定位。

通常看书,总是按照顺序一页一页往下看,而领导这本书却反其道而行之,要从最后一页看起。领导活动开始于确定最终目标。中国的改革开放,也是由总设计师邓小平确定的最终目标开始,一步步走到今天。实践证明,制定战略规划是现代领导者的首要职能,也是非常规化决策、培养领导干部、驾驭全局等其他领导职能发挥作用的基础和前提。

孙教授认为,对于现代领导者来说,必须集中主要精力研究战略、制定战略和实施战略,这是带有根本性的领导活动。

从经济发达国家的经验看,企业界都十分重视发展战略研究,这也从另一个角度说明了战略的层次性。战略是企业成功的关键。

战略规划具有创造性。创造性,使规划与计划相区别。领导者考虑的是大政方针和全局性的问题,如某一项目要不要上,什么时候上。而管理者考虑的是怎样上马,怎样干好。管理代表过程,而领导代表方向。

谈到非常规化决策、风险应急决策,孙教授说,固定程序的决策应由管理层来做,领导者应作非程序化的决策。应急决策所面临的是意外的突发性事件,对突发性事件在短时间内作出快速处理的应急决策,是非常规决策的极端典型。中央领导对非典突发的应急决策就是一个最好的例证。如果说,领导科学是计算的话,领导艺术就是算计。领导艺术要解决处理的是模糊、概率的东西。

重视培养干部,把它作为现代领导者的重要职能之一,已成为中外成功领导者们的共识。在美国著名的桑法赫斯特皇家军事学院讲授领导艺术的约翰·阿代尔,在他的《领导、决策、交流》中写道:"改变追随者能力是优秀领导人最神秘、最激动人心的能力,没有这种能力,领导便失去了光彩和生命,也失去了领导的最重要的因素。一个伟大的领导人总是意识到可以唤醒并发挥人们身上潜在的力量。"

一个领导者不必也不可能样样才干都超过他的部下，但只要他在善于用人上超过别人，他就能创造出惊人的业绩。

2 维持学习与创造学习

采访中孙教授反复强调，一个合格的现代领导，必须是一个学习型的领导。作为领导者，学习的速度若赶不上变化的速度，就会成为落伍的领导、失败的领导。终身学习，已成了人类适应社会发展的必然趋势。学习型组织、学习型社会、学习型领导等，都是顺应这一历史发展趋势的产物。

1965年，在联合国教科文组织召开的巴黎会议上，兰格朗教授提出了一个"终身教育"的提案，他认为，科技进步日益加速，知识更新周期不断缩短，传统的"十八年"学制（即拿到硕士学位）应变为"八十年学制"，也就是说，人的一生都要学习。他的这一提案得到了广泛的支持。

1968年，美国学者赫钦斯出版了《学习型社会》一书，提出只有建立学习型社会，才能真正实现终身教育。20世纪70年代初，联合国教科文组织提出了"向学习化社会前进"目标。美国、日本等发达国家开始制订学习化社会的策略。1991年，美国政府提出的发展教育的战略之一，就是要"把美国变成人人学习之国""把社区变成大课堂"。21世纪，中国政府亦把"终身教育"和"学习型社会"写进了有关文件。

在这种大环境的冲击下，各行各业，各个阶层，特别是领导和管理层学习已成了竞争和生存的必要条件。

江泽民同志指出："形势逼人，不进则退。"当今世界，经济全球化、政治多元化、社会信息化不断发展。在国内，20多年的改革开放不仅使物质财富极大增长，也使我国经济成分、社会生活方式、社会组织形式、就业方式等发生了深刻的变化；我国加入了世界贸易组织后，有了更为广阔的世界经济舞台，所有这些新情况，都要求各级领导探索新思路、确立新观念、创立新理论、制定新策略。

略事停顿后，孙教授又说，罗马俱乐部最近发表的报告指出：学习可以分为维持型学习和创造型学习两种。

目前，我们所进行的学习多数是维持型学习，这样做是必要的，但是还不够。维持型学习只能以现在的状态和过去的状态作比较，却无法把现在的状态和未来或假设的情况作比较。通过维持型学习，可获得有关正确和错误的正确答案，但在增强思考力、追求新机会两方面，显得较为逊色，只将学习限制在维持现存系统的范围内。

一般管理者大都善于进行维持型学习，进行创造型学习应是领导者的任务。

创造型学习能预测未来环境的变化，它无法凭借过去的经验或教训来学，也没有现存的答案。领导者通过创造型学习，将会改变思维定势，视野更加开阔。驾驭了创造型学习的领导就能与时俱进，积极地预测未来，使自己的规划和目标更具前瞻性。

3 软权力与硬权力

现代领导不仅要确定目标方向，并且要指明通向目标的最佳途径。

善于学习的领导，就应该懂得如何用好手中的权力，使组织的凝聚力达到最高值。

权力是领导的自然属性之一。没有权力，就无法对相对独立的组织或团体进行控制、指挥，也就失去了驾驭能力。

要取得上乘的领导效果，光靠法定的权力是远远不够的。因为法定的权力是一种硬权力，是一种强制性的手段。在有些时候，有些问题上，硬权力往往不够用、不管用。

领导者还有一种无形的权力，是与人的品格、才能、知识、资历、风格、感情等因素有关，它即是软权力。软权力与领导者职位的高低基本无关。软权力不是法定的权力，主要取决于领导者个人的品质与水平。它是一种人格魅力所致的无形的影响力。

软权力可以使领导者的属下因钦佩而不计得失心甘情愿地付出，为自己所崇敬者义不容辞，甚至赴汤蹈火。

软权力在调动群众的主动性、积极性、创造性方面，具有强大的能动性，在特定的情况下它甚至可以起到决定性的作用。如果下属对领导的服从（表面的)仅仅是限于硬权力的威慑力(受某种利益的钳制),心里是很不舒畅,甚或是抵触的,这样的权力效应无疑是失败的。

一个高明的领导,必定是一个能驾驭创造性学习的领导,懂得怎样正确交替使用软、硬两种权力,使他所领导的组织在竞争中因强大的凝聚力、创造力、战斗力而立于不败之地。

孙教授认为,一位领导者要做好工作,必须善于学习,善于掌握领导艺术。表扬要当面,批评可以用电话;表扬要在众人面前,批评首先个别谈话。有修养、有作为的领导应是遇事不怒,善于听取下级真实的意见和想法。

沟通和互动是组织活力的源泉,是组织群体的粘合剂,是组织功能的润滑油,是组织机体的防腐剂,学习型领导应当自觉承担起传播沟通的重任。要经常与群众对话,及时掌握各种信息,适时的调节控制,使各地区、各部门、各组织、各团体始终处于稳定发展的状态。

领导要善于营造一种宽松的创意环境,使人们的潜能得到空前的发挥,同时营造一种催人奋进的氛围,使人们感到在这个环境里不学习、不创新就会落后、这就是所谓"适度的张力"。推动帆船前进的不是有形的帆,而是无形的风。士气就是这无形的风。领导者要不断学习,更新知识,用自身提高修养的魅力——软权力来激发士气,使无形的风大作,使有形的帆乘风破浪,驶向成功的彼岸。

京沪高铁将"高速"改写中国经济空间

原载 2008 年 4 月 19 日《新华每日电讯》，记者贾远琨报道

纵贯河北、山东、安徽、江苏四省，途经北京、天津和上海三个直辖市，连接环渤海和长三角两大经济圈的京沪高速铁路 18 日宣告全线开工。同济大学交通运输学院教授孙章说，作为交通"大动脉"，京沪高铁将以"高速"缩短地区之间的"经济距离"，加速地区之间经济要素的流动，推动区域经济联动发展。

1 将缩短城市"经济距离"

北京和上海是我国两大中心城市，而城市之间"经济距离"的缩短是通过运输时间的缩减来体现的。北京和上海两个城市之间一千多千米的距离，正在随着交通的不断便利而缩短。

目前，从北京到上海走高速公路需要 12 个多小时，乘火车需要 11 个小时至 13 个小时不等，北京至上海的动车组列车开行之后，则缩短至 10 个小时。

据了解，开建的京沪高铁全长 1318 千米，设计时速 350 千米，初期运营时速 300 千米。京沪高速铁路开通后，从北京到上海全程将缩短至 5 个小时。

孙章说："1957 年，从上海去北京至少需要两天的时间，50 年后，上海

至北京的动车组开行,全程只需 10 个小时,实现'夕发朝至'。尤其是上海与北京之间商务流、公务流居多,出行时间的大大缩短改变了经济、生活。"

北京飞往上海的航班全程需 1 小时 45 分钟左右,加上候机、登机时间,和从机场到市区的时间,总耗时为 5 个多小时,与乘高铁的时间相差不多。

京沪高铁沿途停靠北京南、新廊坊、新苏州、新昆山、上海虹桥等 21 个车站,沿线城市之间的"时间距离"也将相应缩短。

2 将加速经济要素流动

人员、资金、资源是经济发展的三大要素,之所以说"经济发展,交通先行",就是因为经济要素的流动需要依托交通的快捷、便利,实现"货畅其流、人便其行"。京沪高铁建成后,人、财、物便搭上快车道加快流动,将打破地域壁垒,活跃经济发展。

孙章说:"京沪高铁使长三角、环渤海及沿线地区的互动成本降低了,有利于优化资源配置,将产业链上、下游集聚在一起,减少中间环节和物流成本。"

"目前,京沪线既有铁路的利用率已处于超饱和状态,有 26% 的区段运力利用率达到 100%,73% 的区段运力利用率达到 90%,也就是说,只有 3/4 的区段还有 10% 的运输潜力。"孙章说。

他说:"京沪高速铁路建成之后,京沪之间的运输能力不仅能满足京沪线的客运需求,还能实现'客货分流',缓解货运压力。同时,还可以将铁路运输与航运结合起来,做到'无缝连接'。"

2007 年上海港货运吞吐量已达 5.6 亿吨,集装箱吞吐量完成 2615 万标准箱。2007 年上海两大机场旅客吞吐量首破 5000 万人次,前三季度上海浦东机场货邮吞吐量跃升全球第五。

孙章说,为将上海打造成国际航运中心,就要做到"集散结合"。京沪高铁建成后,可实现"海铁联运""空铁联运",货物到达上海港或机场之后,可以通过铁路分散,运往全国各地,使人员流动和货物运输畅通无阻。

3 将推动区域经济联动发展

京津冀地区也大规模集聚了内外资，同时 IT 产业、制造业也处于全国领先水平，但与长三角地区相比，其资源密集的特点相对突出。相比之下，长三角是我国经济发展最活跃的地区之一，在产业基础、科技实力、劳动力素质、消费需求和市场潜力等方面领先优势明显。京沪高铁有助于两大经济圈的优势互补。

作为经济中心、金融中心、贸易中心上海的经济腹地，长三角地区也成为国际跨国公司、内外资企业集团的云集之地，长江流域内外资的集散中心，培育了先进制造业、高科技和服务业等优势行业。

京沪高铁建成后，人员、资金、信息的流动可以进一步加强长三角地区的经济辐射作用，推动环渤海以及沿线地区的联动发展。

除沿线城市外，京沪高铁的作用还会辐射西北、东北地区。因为京沪高铁能与时速 200 千米的既有铁路兼容，即时速不小于 200 千米的列车也可以在京沪高速铁路上运行，从上海去往哈尔滨、沈阳、包头、兰州、西安、成都、乌鲁木齐和从北京去往华东的列车，均可缩短行车时间。

缓解"买票难" 信息先公开

——专家认为"实名制"可先试点

原载 2009 年 1 月 21 日《文汇报》，记者王星报道

每逢春节临近，铁路"买票难"的矛盾便会凸显出来，小小的返家火车票，牵动着亿万人的心。中央领导要求铁道部开动脑筋，研究采取若干便民措施，并公布于众，以化解矛盾，确保春运任务顺利完成。

一时间，不仅"铁老大"动起了脑筋，首先暂停宾馆、旅行社等合同票的销售，社会各界也是集思广益，纷纷给"铁老大"支招。记者昨天就此采访了同济大学铁道与城市轨道交通研究院教授孙章。孙教授认为，在运能难以快速提升的情况下，让售票信息和过程公开透明，以得到民众的认可是当务之急。

孙教授引用了一个调查数据："春运期间，通过正规窗口排队购买火车票的人只有 15.5%，'找关系、走后门'买票的比例占了 47.4%，而通过'黄牛'购买车票的比例是 37.1%。这说明我们现在售票的软环境极为恶劣，售票信息不公开、'关系票'泛滥、'黄牛党'猖獗是老百姓买不到票的根本原因。因为买不到票，所以很多人要买票首先想到了托关系、找'黄牛'。长此以往形成了恶性循环。"彻底公开票务信息是缓解"买票难"矛盾的重要环节，他说："最近在网上草根版的购票指南很受追捧，因为它很真实也很实用，如果这样真实的购票指南能换作由铁路部门通过官方渠道发布，那样老百姓即使没买上票，但心里清楚了情况，怨气可能也会少些。"

孙教授指出，每年春运，通过铁路发送的旅客量只有总量的8%左右，90%以上的客流还是通过公路来发送的，铁路运能如此紧张，完全可以通过相对宽裕的公路运能来帮忙，"南京火车站今年就把长途汽车流动售票站开进了南京火车站，很多没买到火车票的旅客直接可以在另一边买汽车票了。这个做法值得在很多城市推广。"

对于"实名制"，孙教授表示赞成："印度实行火车票实名制已经有100多年的历史了，他们的实践证明这是有效杜绝黄牛倒票的方法之一。我觉得可以从各个用人单位、机关团体先试点起来，发挥各单位工会的作用，让工会统计本单位回家员工的票务情况，随后带着单位证明和员工身份证明，到铁路部门统一办理。农民工如果都能通过用工单位直接订上票，那到火车站排队买票的人至少会减少一半以上。"

意蕴丰富的学习型人生

——访同济大学《城市轨道交通研究》杂志社社长孙章教授

原载 2010 年第 2 期《同济人》，记者王伯瑛报道

"与君一席话，胜读十年书。"

结束与孙章教授三个小时的访谈，我的思维中首先闪出的就是这句耳熟能详的名言。

从管理科学到领导艺术，从模糊数学到科普魅力，从高铁磁浮到交通文化，从评弹唱段到国粹传承，从科研心得到养老保健，孙章教授侃侃而谈，不时抛出独到见解。在表述某个观点时，他条分缕析，逻辑严密；在讲述一个故事时，他谈笑风生，幽默睿智。当获得了倾听者会心的呼应时，得意之色表露无遗，犹如童稚般天真烂漫；当倾听别人的表述时，又是聚精会神，步步跟进，适时提出自己的疑惑，其神情像极了一个求知欲旺盛的小学生。年过七十，他每天坚持一定的时间看书读报，浏览网络信息，作卡片摘要，办杂志作报告，笔耕不辍，时常亮相各种媒体，发表对热点问题的前瞻性观点和引导性建议。这样的学习型人生，使他的思维活跃而饱满，使他的心理年轻而稳健，使他的生活充实而多彩。

1 孙章教授主笔的《科学学基础》被台湾学者评为 1987 年"台湾读者注目的大陆十本书"之一；他撰写的《领导创造论》被国内诸多报刊转载；集 10 年心血写成的《与官员谈学习型领导》被称为是一部有关领导学的上乘之作

现在，与管理有关的词汇层出不穷，如项目管理、资源管理、管理人才、管理文化等，不胜枚举，并且只要稍有知识的人，对管理一词，无论内涵或是理解，也能说出个一二三四 ABCD，管理似乎已经沦落为下里巴人。但在 20 世纪六七十年代，管理一词在我国还绝对称得上是阳春白雪，管理学研究还是一片荒蛮，从事管理学研究的人，更是凤毛麟角，屈指可数。1983 年，原上海铁道学院成立管理科学研究所，冯之浚（曾任民盟中央副主席）、孙章分别担任首任正、副所长。在这一期间，孙章与同事合作撰写了《科学学基础》《模糊数学》《科学启示录》三部著作。《科学学基础》1987 年被台湾《中国时报》评为"台湾读者注目的大陆十本书"之一；《模糊数学》曾在莱比锡国际图书博览会上展出并获好评。

这时孙章开始担任"中国科协现代化管理知识讲师团"讲师，曾先后到中宣部、地质部、铁道部和青海、河南、安徽、云南、上海等省市为领导干部及后备干部讲授"领导学与管理学"，其讲课录像也正式出版发行，在讲稿基础上形成了专著《领导创造论》。

2003 年，孙章在任同济大学教授、博士生导师期间，与清华大学博士生丁宇澄合作撰写了《与官员谈学习型领导》一书。书中提出，任何学习型组织，其必要前提是该组织的领导者首先应该是学习型的。该书由时任同济大学校长吴启迪作序。该书出版后，《人民日报》"理论动态"栏目曾发表书评，指出本书填补了学习型组织理论的一项空白。

《与官员谈学习型领导》一书在管理学基础上作了深入的理论探索。其中，对管理职能与领导职能的差异性作了系统的比较研究，并提出了自己的见解。作者认为，领导与管理的分工是纵向分工，要比横向分工复杂。举例说，通常看书，总是按照顺序一页一页往下看，而领导这本"书"，却是反其道而行之，是从最后一页看起的。领导活动开始于确定最终目标。因此，对于现代领导者来说，必须集中主要精力确定战略目标、制定战略并充分授权以实施战略，这是带有根本性的领导活动。领导者考虑的是大政方针和全局性的问题，如某个项目要不要上、什么时候上；而管理者考虑的是怎样上、怎样干好。领导代表方向，管理代表效率。孙章教授还认为，有固定程序的决策应由管理层来作，领导者应作非程序化的决策，如风险决策、应急决策和追踪决策等。

孙章教授具有管理学、领导学的理论素养，更有着多年担任高校领导职务的实践经验。理论有实践作基础，更具色彩和活力；实践有理论作指导，更有支撑和效率。孙章教授提出，人类社会为什么需要管理学和管理者？说到底，就是因为管理具有两大社会功能：一是优化配置资源，实现绩效最大化；二是教育培养员工，促进人的发展。这两大目标是管理者永恒的追求。据此，他将20世纪管理学的百年发展创造性地划分为三个阶段：科学管理阶段、管理科学阶段、管理文化阶段。科学管理、管理科学可以用"硬管理"来概括，而管理文化则是"软管理"，其标志是以人为本、企业文化和软实力的提出以及"企业的社会责任"写进《公司法》。

孙章教授在上海交通大学任教"高级经理工商管理核心课程"的"管理学基础"课，从科学管理、管理科学到管理文化进行系统论述和讲解。理论框架高屋建瓴，讲课案例信手拈来，鲜活生动，理论与实践融为一体，天衣无缝，深得学员们的好评与赞赏。该课程被冠以品牌课程，当之无愧。

2 孙章教授凭借几十年从事铁路运输管理研究的深厚积累，对我国的高速铁路、城市轨道交通、磁浮交通等，从管理、运作和技术层面发表观点，倡导先进的交通文化

今年春运正式开始试行的火车票实名制，因涉及面广、影响范围大，引起了广泛的社会反响，也成为正在北京召开的"两会"的热点问题之一，对其试行效果，中国社科院正在进行调研评估。对火车票实名制这一议题，孙章教授早在前年接受《文汇报》记者采访时就提出，铁路应该就实名制进行试点。访谈录发表之后不久，《人民日报》发表了印度铁路部分采用实名制的长篇报道，引起了普遍关注。孙章教授认为，随着我国城市化进程的不断推进，春运不能

仅仅被看作是一个表面现象，而应把它作为一种春运文化来认识。我们不能再把春运仅仅当做一种客运交通的非常时期，认为这是中国社会发展到现阶段千千万万农民进城打工带来的特殊的交通狂潮，春运的任务是想方设法完成这种举世罕见的客运重负。春运真正所做的是把千千万万在外工作的人千里迢迢送回他们各自的家乡，去完成中国人数千年来的人间梦想：团圆。由此，他提出："实名制虽然不能增加运能，但能有效地遏制黄牛倒票，至少大大增加其倒票成本，从而体现社会公平和公正。"为了在铁路运能大幅提升之前使农民工春运期间走得更有尊严，他建议财政部拨出一笔春运专款，专门用来补贴农民工乘坐长途汽车返乡时汽车票与硬座火车票之间的差价。我国目前农民工约1.45亿人（上海为400万人），如果研究出一些细则，为每名回乡者补贴几十上百元，为了让广大农民工"欢欢喜喜过个年"，这个钱国家还是很值得花的。

改革开放以来，随着中国经济的快速发展，城市的发展更是突飞猛进，人口的增长，规模的扩大，引发了道路资源的匮乏，催生了城市轨道交通的快速和多元化发展。为了更高层面地研究城市轨道交通的发展，更系统地探讨理论与学术问题，更前瞻性地介绍最新动态，更快速地传播科技信息，孙章教授创意并牵头组织，于1998年策划并创刊了由同济大学主办、联合相关单位协办的《城市轨道交通研究》杂志。这是我国城市轨道交通领域首家公开发行的科技期刊，2000年起入选"中国科技论文统计源期刊""中国科技核心期刊"；2008年入编"中文核心期刊"。根据孙章教授的建议，每月1期的《特约时评》以及每月介绍国内外一个城市的轨道交通网络，形成了引领新潮流和借鉴国内外的鲜明特色。经过十几年的发展，《城市轨道交通研究》不负众望，获得了好评，立起了口碑。

孙章教授撰写的《城市轨道交通百年回眸》一文，刊登在2003年第1期《科学》杂志上，并被台湾《科学月刊》杂志全文转载。该文将城市交通的百年发展历程概括为"有轨电车—汽车—地铁轻轨"这一否定之否定过程，指出这是螺旋式上升、历史的必然。提出了城市轨道交通具有两大功能和两大优势：其基础性功能是克服城市道路交通拥堵，其先导性功能是引导城市布局结构的优化，变汽车导向的摊大饼式发展为轨道交通导向的伸开的手掌指状发展。其两大优势是节约土地、节约能源和无尾气排放、对环境友好。孙章教授在系统研究的基础上，进行深入浅出、通俗易懂的介绍，使广大读者对城市轨道交通的功能有了更深刻更全面的认识。文章中这样写道："城市规划与城市交通规划之间的关系，并不是一般意义上的包含与被包含的关系，而是互动关系。后者具有强大的反作用，城市交通，特别是城市轨道交通对城市规划具有导向作用。"

孙章教授积极倡导提倡和培育先进的交通文化，并撰写相关文章，在《科学》《文汇报》等报纸杂志上作宣传，多次应邀以主讲嘉宾的身份出席《新民晚报》举办的"新民科学咖啡馆"作宣讲。他认为："交通不仅是人类生活、生产的基本需求，也是一种文化。交通文化在物质层面，靠的是科技创新，要开发出节能、环保、高速、舒适的新型交通工具和发展智能交通系统；交通文化在制度层面，靠的是制度创新，要制定出保证公交优先和城市交通安全的一系列法律、法规并付诸实施；交通文化在思想层面，靠的是道德调节和理论创新，要倡导交通伦理，弘扬先进的交通文化。交通文化中的一个重要观点是要求人们为自己的交通消费行为负起社会责任，只要有可能，就要把有限的道路资源让给大多数人和急需的人使用。"他的观点立意高远，眼界开阔，让读者在阅读思考之后，不再混沌于车水马龙的拥堵，不再拘泥于人潮汹涌的喧嚣，而是仰起头来，放眼高处和远处，看到希望和未来，然后明了自己当下该承担的沉甸甸的责任。

3 孙章教授写作的科普文章，曾被选入上海中学语文课本；他认为自己做科普工作，既是兴趣，更是责任；他对人才培养模式和目标进行过充分研究，提出了当代大学生应该建立起图钉型知识结构的观点

在美国有一种诙谐的说法，教授的讲课类似牧师布道，有三种境界：一种境界是老师讲得清楚，学生听得明白，这样的听讲是一种享受；第二种境界是老师讲得辛苦，学生听不明白，这样的听讲如同落入迷宫，学生不懂，但学生能感觉到老师自己是懂的；第三种境界最糟糕，老师讲得满头大汗，学生听得一头雾水，这样的听讲是一种折磨，学生不懂，但学生的直觉告诉自己，老师本人也没有弄懂。孙章教授说，这个比喻虽带几分调侃，但告诉我们一个道理：要是自己真懂了，为什么不能创造出一种深入浅出、比喻生动的表达方法呢？

而科普就是运用这样的表达方法来普及那些高端的艰深的科研成果。胡锦涛总书记曾指出："科技工作包括创新科学技术和普及科学技术这两个相辅相成的重要方面。"并强调要"把科研和科普有机结合起来"。几十年来，孙章教授不仅把科普作为自己的一项爱好，更是作为承担的一项重要责任来做。

30年前，当时孙章教授任职的上海铁道学院招收了全国最早一批模糊数学专业方向的研究生，他就在教学科研的同时作科普报告、写科普文章，有一次应邀在上海科学会堂作关于模糊数学的演讲。为了给非本专业的人士讲明白模糊数学，他深入研究了模糊数学产生的历史必然性：精确数学研究的是必然现象，反映的是必然规律，主要应用在自然科学和工程技术领域；统计数学研究的是大量现象，反映的是统计规律，主要应用在人文社会科学和生命科学领域；模糊数学研究的是思维和语言中的模糊现象，反映的是人脑的模糊决策和模糊控制机制，主要应用在思维科学领域。后来又应约将该演讲写成介绍模糊数学的科普文章刊登在《文汇报》上，并在1981年、1983年两次编入华东师范大学出版社出版的初中《语文》课本第六册和第四册中。一门专业性极强的学科，通过科普，其材料被列入中学语文课本，成为可以让中学生阅读的文章，孙章教授十分欣慰。

在进行科普工作的过程中，孙章教授提出了当代大学生应该建立起图钉型的知识结构。所谓"图钉型"知识结构，是美国麻省理工学院教授提出的"T字型"知识结构的改良型。但"T字型"是平面模型，"图钉型"则是三维立体模型，而且具有力学机制：横向开拓的目的是为了纵向深入，解决本学科的难题；同时在纵向深入的指导下进行横向开拓。正如诺贝尔所说："各种学科内在之间是有互相联系的。为了解决某一学科的问题，应该借助于其他有关学科的知识。"孙章教授认为，这种复合型的知识结构，即"精通本专业，熟悉邻近专业，对距离比较远的相关学科的基础知识也有所了解"的知识结构，最具有创造力、竞争力。

他还呼吁广大科技工作者："科普工作不仅有利于提高全民科学素养，促进科技成果转化，同时能惠及科技工作者自身的科技创新。我们应同时成为科技创新的实践者、科学知识的传播者，发扬光大科普的魅力。"

我想还是用孙章教授概括自己经历的语言来结束这篇短文："干什么、学什么、吃喝什么；活到老，学到老，快乐到老。"

发展市郊铁路正当其时

原载 2011 年第 2 期《城市轨道交通研究·社长会客》，对话者孙章、徐行方

编者按：2011 年 1 月 5 日，上海市建设交通委组织召开"上海市市郊铁路客运系统发展战略研究"项目验收会。会上徐行方教授代表中铁上海设计院集团有限公司与同济大学交通运输工程学院项目组汇报了研究报告的主要内容，受到好评，也引起了孙章社长对市郊铁路再认识的极大兴趣。会后孙章社长与徐行方教授有过一次愉快的交谈。现将有关这一话题的见解整理成稿，在《社长会客》栏目中刊出。今后，《社长会客》将作为本刊与作者、读者互动的一个新平台，与《社长博客》轮流刊出，这也是本刊在 2011 年推出的创新举措之一。

孙章：在上一期本刊的《社长博客》栏目中，讨论了城市交通的治堵方略。其中第一条就是从源头——城市规划抓起，必须降低中心城区的功能密度。只有功能外移，交通需求量才有可能跟着外移。可见，发展市郊铁路可谓正当其时。请问发展市郊铁路有何优越性？

徐行方：市郊铁路是将市区与郊区，以及城市周围几十千米甚至更大范围的远郊地区（卫星城镇或城市圈）连接在一起的铁路或轨道交通。简言之，就是城区通往郊区的铁路。国外称之为"Suburban Railway"，也有称"地区铁路"（Regional Railway），当主要提供通勤服务时称之为"通勤铁路"（Commuter Line）。市郊铁路通常与干线铁路相连，或者就是干线铁路的

一部分。但它也不同于干线铁路，属于城市公共交通范畴，主要满足市域范围内的出行需求。市郊铁路也不同于地铁，与地铁相比具有站距长、旅速高、运能大，以及投资省、造价低等优点，列车编组多、车体大，大部分线路可铺设在地上（高架或地面方式），设站相对减少，车站结构较简单，建设费用较低；与干线铁路技术标准相兼容，可实现两者的功能衔接与设备共享。

孙章：郊区城市化（又称郊区化）是现代社会的一种普遍现象，即城市中心城区以外的郊区乡村区域开始变成城市。郊区城市化并不意味着大城市的衰落，只是城市由高密度向低密度转变。美国的郊区城市化开始于1920年，第二次世界大战之后加快了郊区城市化进程，其发展势头一直延续至今。从中心城区、郊区和非都市区人口变化的过程来看，美国人口的增量主要分布在郊区。从1950年到2000年半个世纪，美国人口增加了1300.9万人，其中约有77%住在郊区；相应的郊区人口的比重，由1950年的26.7%增加到2000年的49.8%。

我认为，我国也会迎来郊区城市化的高潮，但中国的郊区化与美国的郊区化会有很大不同：由于交通工具决定了郊区城镇的空间布局，因此，美国的郊区化以小汽车作为交通支撑，形成了摊大饼式的弥漫性扩张；而我国的郊区化今后以市郊铁路作为交通支撑，将形成郊区新城、卫星城镇的组团式发展。请问，市郊铁路主要有哪几种形式？

徐行方：市郊铁路主要有两种形式：一种是提供市郊客运服务的市郊客运专线，一般为新建线路，如可将上海市规划中的19号崇明线、20号青浦线修建为市郊铁路；第二种是利用其他既有线路开行市郊列车，如在沪宁城际铁路、京沪高铁通车后，利用沪宁既有铁路在上海—安亭段开行市郊列车；也可以将既有线改建为市郊铁路，将于今年建成的金山市郊铁路，就是利用上海铁路枢纽内原有的金山支线，改建为上海南站至金山客站全长58千米的市郊铁路。

孙章：2008年9月1日，从上海铁路南站经浦东铁路至南汇芦潮港的客运列车投入运营。芦潮港地处上海市的东南端，是通往洋山港的东海大桥的起点站，附近建有卫星城临港新城和滴水湖。这是浦东铁路第一次开行客运列车，也是上海市区到南郊金山的铁路客运停止后，上海市首次开通的市郊客运列车。然而浦东线的开行结果并不理想，关键在于没有形成环线，应如何改进？

徐行方：通过改建既有的南何支线，再利用沪杭外环线，加上目前正在修建的金山市郊铁路、浦东铁路二期（沪通铁路的组成部分），就可以形成铁路环线，从而为开行市郊列车提供了四通八达的网络基础。东京的山手线，原来是一条普通铁路环线，如今在东京的轨道交通中起到了举足轻重的作用。上海城市轨道交通中的 4 号线，发挥了非常重要的环线功能。此外，列车开行密度、沿线站点的分布、与其他交通方式的衔接换乘等也都至关重要。

孙章：由于郊区城市化有个较长的过程，因此市郊铁路客运需求也有个渐进过程。由于市郊铁路主要建在高架桥或地面上，因此比较容易更新改造或根据需要修建新的支线。相比较而言，地下铁道一旦建成，几乎是不可改造的。而现在有些决策者为了景观、降低噪声等原因，偏爱把线路建在地下，即使到了远郊区也仍然如此。这样做不仅加大了建设投资，也为今后的技术改造留下了难题。

徐行方：目前，我国市郊铁路的投资和经营管理主体主要是铁路部门，这样做的优点是便于与干线铁路的连接、互通。在条块分治的管理体制下，建议铁路部门与地方政府加强合作，改造铁路枢纽内部分运能有富裕的干支线路，开行一定密度要求的市郊列车；在有些线路条件具备的情况下，可以将其改建为市郊铁路（如在建的金山市郊铁路），为城市居民在市域范围内的出行服务。

孙章：实际上铁路部门已经这样做了。2008 年 8 月 1 日，铁道部与北京市合作，利用京张铁路开行内燃动车组，开通了一条北京市的市郊铁路 S2 线。该线从北京铁路北站（西直门）到北京市西北郊延庆，全长 82 千米，全程运行时间为 80 分钟左右；内燃动车组从北京北站直达延庆只需要 74 分钟，比原来的铁路绿皮车节省一半时间。

这条市郊铁路的开通，不仅可以满足国内外游客游览八达岭长城（每年 1000 万人次）及北京西北部景区的需要，也为京西地区构建起一条连接首都中心城区的大能力快捷通道，从而促进城乡的统筹发展。然而这条北京市首条市郊铁路 S2 线开行结果并不理想，瓶颈在于票价太高：全程票价一等座 23 元、二等座 19 元；而从北京北站至八达岭的公交车票价仅为 4.8 元。

为了走出这一困境，今后是否可采取部市共建、以市作为经营管理主体的体制，以使市郊铁路同样可以享受城市公交的票价优惠政策。上海轨道交通

3号线（曾名为"明珠线"）的部市合作模式就是一个成功的范例。[欲知详情可参阅陆东福同志（时任上海铁路局副局长，现任铁道部副部长）的文章《发挥产业优势盘活资产存量——上海铁路局参与城市轨道交通建设的实践与思考》（载1999年第1期《城市轨道交通研究》）。]

说来也巧，当时担任上海市建委副主任、"明珠线"建设总指挥的谭企坤同志，正好担任2011年1月5日上海市建设交通委组织召开的"上海市市郊铁路客运系统发展战略研究"项目验收会的评审委员会主任，会上在论及市郊铁路的建设管理体制时，他也回忆起了当年部市成功合作的往事，倍感欣慰。我们希望目前正在改建的金山市郊铁路在部市合作的体制创新上取得新进展。

"高铁是一笔优质资产"

原载 2011 年 2 月 10 日《外滩画报》，记者刘牧洋报道

中国高铁运营里程目前已超过 8000 千米，位居世界第一。但高昂的票价却让许多中低收入的春运返乡者望而却步，也造成部分线路上座率不高。春运期间高铁是否应该适当调整票价？高铁对于中国经济发展的意义何在？中国铁路研究专家、同济大学铁道与城市轨道交通研究院孙章教授接受了本报专访。

Q：新一轮春运高峰已经开始，火车票一票难求的状况依然存在，而高铁却因为票价过高让许多人无力承担，有人说高铁是富人专享的，您是否赞成这个观点？

A：决定车票的价格有两个因素，一个是成本，另一个是供求关系。高铁的成本是很高的，但如果高铁的车票卖不出去，我认为应该引进市场的机制，比如效仿航空公司进行机票打折，或者将一些昂贵的软卧改为软座，这样可以运载的人多了，单价乘以旅客的人数，其实运输总收入也没有减少。

Q：为什么不增开一些普通的列车，比如农民工能承担的绿皮车，让更多人有自由选择的余地？有人大代表提出，在春运期间降低票价，把高铁票改成普通票价。

A：对于价格敏感的群众，考虑到消费者需求的结构匹配，应该适当多增开一些普通列车。但另外一个问题也要看到，春运是一个世界级难题。我们作过统计分析，就客运量而言，去年春运道路交通（汽车）占 90%，乘火车的

占8%，民航1%，水运也是1%。当然，从平均运距来算，铁路是500多千米，道路交通是50多千米。所以，尽管铁路占客运量的份额是8%，但它作出的贡献是很大的。火车票紧张的原因在于火车票便宜，而且自1995年以来普通列车票价没有动过，经济学家吴敬琏曾提出火车票涨价，把涨价的20亿元发给农民工，让他去买火车票或汽车票，这样一来，火车票和长途汽车票票价基本持平，火车票就不会那么紧张了。大家开始轰炸他的涨价建议，但从经济学的角度是对的。我的想法是大家提的降低高铁票价，能否由政府来补贴，在春节期间让大家可以有尊严地回家。

Q：高铁和普通列车应当如何配合发挥最大效果？

A：今年凡是有高铁开通的地方，春运的火车票就相对不紧张。今年新增了8条高铁投入春运，加上去年已投运的9条高铁，共有17条高铁线路运送旅客，其运能占全部运力的1/5，在春运中发挥了重要作用。明年将有京沪高铁等更多的线路投运。高铁是新修的线路，如果和既有线路结合起来，比如法国的高速铁路可以走到低一级线路上去，可以扩大高速铁路的辐射面。今年春运期间，上海铁路局的沪宁高铁列车开到了合肥，在合宁段按D字头列车计算票价，让低一级铁路的能量也最大程度释放出来，很受欢迎。只要二者能很好地衔接起来，以后春运压力会逐渐缓解。

Q：您赞成那些2000多块钱一张的豪华火车票吗？

A：这个价格有点太高，火车和航空还是要有差异的。大家要在自己的优势运距范围里，研究自己的特长和特色，差异化发展。管理层要多研究一下，不要拿火车和飞机去比，毕竟有恐高症、不喜欢坐飞机的还是少数，要考虑绝大多数人的需求。

Q：中国的高铁发展速度很快，如今已经成为世界上运营里程最长、运行速度最高、在建规模最大的国家，而这仅用了6年时间。你是否认为这个脚步有点过快？

A：高铁对中国来讲确实是需要的，我们的铁路太少了，到现在只有91000千米。早在一百年前，孙中山在《建国方略》中就提出，中国要跻身世界发达国家之列，必须至少要修建10万英里（约16万千米）铁路，我们还差近一半呢。

Q：中国这几年大力发展高铁的最主要目的是什么？

A：金融危机加快了我们的修建速度，我们要靠基础设施来拉动，高铁是优质资产。我们国家幅员辽阔，资源分布不均衡，煤和能源都在北边，要南运，西气西电又要东输。资源的配置和经济发展不均衡，所以迫切需要增强运输的能力。从科学发展观来看，高铁是用电的，能节约资源和能耗，所占用的土地也比高速公路要省，再加上没有尾气，很环保。高铁的建设是基础设施，应当适度超前，我国为了抵抗金融危机，所以加快了高铁的发展。

Q：很多高铁平时都存在上座率不高的情况。中国的高铁是否产能过剩？是否过于超前？

A：高铁是不可能产能过剩的。美国的诺贝尔经济学奖得主斯蒂格列茨曾说过21世纪两大看点，一个是中国的城市化，一个是美国的高科技。中国有6亿人要进入城市，我们国家发展又不均衡，交通运输的需求是非常大的。而美国的高科技短板是什么？就是高铁不发达。奥巴马现在就要求发展高铁，让它变成一个可持续发展的资源。正好，我们的高铁技术打入美国了，所以铁路是一种很珍贵的优质资产，中国和美国这两个世界上最大的市场，都需要高铁！

Q：台湾地区高铁是一个很惨痛的例子，亏损十分严重，大陆怎样从台湾的经验中吸取教训？

A：台湾地区的高铁亏损得的确很厉害，但台湾地区高铁的问题和大陆不一样，因为他们原有的铁路是属于地方政府的，但高铁却是民营的，在很多设计上的衔接就脱节了，比如高雄的高铁站离既有车站就很远，还有一些车站都没有接通城市轨道交通，不方便乘客的换乘，导致高铁的乘坐人数只有预测人数的40%，上座率不高，造成了亏损。现在台湾地区正在弥补，修 BRT，修地铁、轻轨让高铁的线路和其他的交通线路结合在一起，更加方便，也在制定一些优惠的票价计划，吸引更多人乘坐。

Q：其他已建成高铁的国家有何经验我们可以借鉴？

A：中国高铁最理想的状态就像东京、巴黎和莫斯科一样，有一圈车站，就像现在地铁有一条环线，大城市铁路最好也能有一个环，把所有的火车站都连接起来。只有加强城市规划，才能实现市内交通需求最小化。我们的沪宁城际高铁已经四次优化，很多车站的换乘都十分便利。比如上海的这几个火车站，如果能够贯通起来,以后大家便不需要集中到一个站去坐火车,可以选择离自己比较近的火车站乘坐,这样也利于解决城市拥堵问题。

Q:你认为中国高铁需要多长时间可以收回成本?

A:高铁是一笔优质资产,如果管理水平高、经营得法的话,是可以实现盈利的。日本东京到大阪的新干线建成七八年左右就收回成本。韩国从首尔到釜山的高铁于2003年投运,刚刚开始扭亏为盈。高铁并不像公路,它需要8年乃至10年的时间,才能还本付息,这是一个长线的投资。

再论中国高铁走出去

——同济大学《城市轨道交通研究》杂志主编孙章接受凤凰卫视记者采访

原载 2016 年第 4 期《城市轨道交通研究》，张勇根据录像整理

2016 年 3 月 16 日，印度尼西亚交通部与中印尼雅万高铁合资公司在印度尼西亚雅加达签署特许经营协议。根据该协议，印度尼西亚交通部将雅万高铁的特许经营权给予了中国企业联合体与印尼国企联合体组建的雅万高铁合资公司。特许经营权将从 2019 年 5 月 31 日开始，为期 50 年。合资公司须在建设许可证颁发后 3 年内完成修建任务。雅万高铁全长 150 千米，连接印尼首都雅加达和第四大城市万隆，最高设计时速 350 千米，计划 3 年建成通车。中印双方去年 3 月开始就合建雅万高铁进行洽谈，去年 10 月签署协议成立雅万高铁项目合资公司，这是国际上首个由政府主导搭台、两国企业对企业进行合作建设和管理的高铁项目。

近几年，我国高铁"走出去"成绩斐然，海外项目硕果累累。除了雅万高铁外，我国的海外高铁项目在 2016 年还将在美国、俄罗斯、泰国、伊朗四国落地。据有关机构预测，海外高铁市场，未来 10 年将有 3 万亿元的市场规模，50 多个国家希望获得中国高铁技术。

我国高铁"走出去"既要走进发展中国家，也要走进发达国家。在全球

高铁市场竞争中，如何正确认识我国高铁技术的特点和优势，如何结合各个国家的不同国情采取具有竞争性的合作策略，以充分发挥我国高铁的综合竞争优势？为此，凤凰卫视专题采访了《城市轨道交通研究》杂志主编孙章教授。本文为采访实录。

凤凰卫视记者：请您分析一下在印度尼西亚的雅万高铁项目中我国政府所采取的竞争策略，以及双方的合作模式。

孙章：雅万高铁是从印度尼西亚的首都雅加达到万隆，线路全长150千米，我方建议雅万高铁的设计时速为350千米。雅万高铁今后还会再延长到泗水，线路全长将达到300多千米。雅万高铁沿线的气候条件与我国海南岛非常类似，海南岛的环岛高铁已开通运营，印尼方专程考察了海南岛的环岛高铁，特别感兴趣。我国具有在各种气候条件下建设和运营高铁的经验，这是我国获得海外高铁项目的竞争优势之一。

其二是政府推动。雅万高铁项目充分发挥了我国社会主义市场经济的特点，我国政府领导人、驻印尼大使和国家发展改革委通过不同的渠道多方沟通和推动。驻印尼大使谢锋给印度尼西亚民众留下了很深的印象，他在电视节目和展览会上谈论高铁，俨然就是行家，这样的大使能够与印度尼西亚的政府和民众进行有效的沟通。国家发展改革委主任徐绍史作为国家主席的特使也曾专程访问印度尼西亚，就中印尼合作兴建雅加达至万隆高速铁路项目呈交可研报告，并对媒体公布中方五点承诺。派国家元首特使为一项投资合作项目递交可研报告实属首创。再加上中国铁路总公司等企业的务实工作，双方最终达成共识。

其三是资金支持。目前印度尼西亚的经济正处于上升阶段，其基础建设的投资缺口非常大。按照印度尼西亚的建设计划，最近5年需要4000亿美元的基础设施投入，而其国家预算一年只有200亿美元，5年也就是1000亿美元，只能满足25%的需求。在雅万高铁项目中，印尼方提出不用政府预算、政府也不提供贷款、不提供政府担保、项目中标方需要带资金建设雅万高铁等需求。我国外汇储备比较充裕，也有经济实力，有条件满足印尼方需求。

其四是与项目国家成为命运共同体。中国铁路总公司在雅加达与印度尼西亚四家国有企业签署协议成立合资企业，形成命运共同体，双方企业共同承担项目建设、运营管理及项目可持续发展等方面的全部责任。印尼方企业控股60%，我方企业占40%股份。我国还承诺向印尼方转移高铁技术，进行设备本地化生产，开展人员培训，共同拓展第三方市场。中方希望通过共建雅万高铁帮助印度尼西亚增强装备制造能力，提升工业化水平，推动经济社会发展。雅万高铁为我国高铁"走出去"、为"一带一路"沿线国家树立了一个合作共赢的样板。两个国家通过高铁合作项目形成命运共同体，这对于"一带一路"沿线国家是具有示范意义的。目前，雅万高铁合资公司已经获得为期50年的特许经营权。

凤凰卫视记者：在雅万高铁的合作模式中，我方企业需要带资建设，风险较大，对这种合作模式中的风险您是如何分析的？

孙章：风险是存在的，关键是要有控制风险的意识和能力。我国京沪高铁在2014年实现了盈利，原来大家觉得高铁车票贵，现在我国高铁的年客运量达到9亿2千万人次，已经成为商务、旅游等出行的首选交通工具。高铁能否盈利，取决于两个重要影响因素，一是人均GDP（国民生产总值），二是客流饱满度。雅万高铁的长度与我国京津城际高铁相近，京津城际高铁建成6年后开始盈利，也就是票务收入超过了运营成本。2003年我国在修建京津城际高铁时，人均GDP是1000多美元，现在印度尼西亚的人均GDP是3530美元，是我国修建京津城际高铁时的三倍。印度尼西亚也是一个人口大国，爪哇岛的人口有1.2亿。人口、人均GDP与高铁规划具有正相关性，因为高铁建设是以经济实力为支撑的，印度尼西亚的这两方面都是符合的，因此我们是看好的。另外，根据万隆工学院所作的客流预测，他们对客流量也是比较乐观的。更何况，雅万高铁还将延伸到印尼的第二大城市泗水，就是说这条高铁将把印尼第一、第二、第四三大城市连成一线，其规模效应还会进一步突显出来。如果客流预测不准确，如果运营中客流不饱满，风险就很大，台湾地区就是一个教训。台北到高雄的这条高铁全长345千米，到目前为止，其年客流量只有当初预测客流的一半，亏损严重。所以建设高铁必须考虑人均GDP和客流饱满度。考虑到印度尼西亚的人均GDP和人口规模，我们对雅万高铁是比较乐观的。

凤凰卫视记者：我国高铁"走出去"既要走进发展中国家，也要走进发达国家，发达国家为什么会选用我国的高铁技术？请您分析一下我国高铁技术的竞争优势。

孙章：我国高铁"走出去"有两种基本模式。一种是走进发展中国家，进去时相对容易，但随着这些国家国内政局的变化，很可能会一波三折。对于这一点，我们深有体会，比如泰国的高铁项目、墨西哥的高铁项目，包括印度尼西亚的高铁也经历了多个回合。另一种就是走进发达国家，比如美国、俄罗斯、英国等国的高铁项目。发达国家的法制比较完善，进去时比较难，准备工作也比较复杂，但是一旦达成协议，就不太会改变。我国高铁之所以既能够走进发展中国家，也能够走进发达国家，是基于我国高铁的综合竞争优势。

其一是高铁技术的兼容性最好。我国引进了发达国家的四种技术，分别是德国西门子、法国阿尔斯通、加拿大庞巴迪和日本川崎重工的高铁技术，在引进的基础上，消化、吸收、再创新，形成了我国具有自主知识产权的高铁技术。所以我国高铁技术具有很好的兼容性，通过接口能与其他国家的高铁技术相兼容。我国帮助其他国家建设的高铁，目的不是为了垄断该国的高铁市场。这样，在"一带一路"建设中，有助于我国与相关国家形成命运共同体，通过一种双赢的合作模式，互惠互利，共同发展。

其二是高铁技术全面，环境适应性强。我国有适应热带气候的海南岛环岛高铁，印度尼西亚、泰国等东南亚国家很感兴趣；有适应严寒气候的京哈高铁、哈大高铁、哈齐高铁，对于高寒高铁，俄罗斯很感兴趣，美国、加拿大也很感兴趣；还有适应高原环境的高原铁路，青藏高铁是世界上海拔最高的铁路。我国的高铁技术能够满足不同国家的不同需求。

其三是高铁运营里程最长，建设和运营管理经验最丰富。到2015年年底，我国高铁线路长度已达到1.9万千米，占全世界高铁总长度的60%。一个国家的高铁就占世界高铁总量的60%，在运营管理上积累了丰富的经验，有助于项目国高铁的快速建设和安全运营。

其四是高铁的旅行速度最高，安全性非常好。2011年"7·23"甬温线事故以后，我们吸取教训，把"安全第一"放在了更加重要的地位。我国高铁设计最高运营时速为350千米，为加大安全储备，把实际最高运营时速调整为

310千米,为世界第二。世界上高铁最高运营时速是320千米,日本、法国、西班牙的高铁都有一段可以冲击时速320千米。但是,按照国际铁路联盟的精细化分析,根据各个国家高速铁路时刻表计算的旅行速度,全线旅行速度最快的高铁线路还是在我们中国,是武广高铁的衡阳到耒阳段。因此,我国高铁的最高运营速度是世界第二,但最高旅行速度是世界第一。这就为中国高铁赢得了信誉。在安全性方面,按照国际统计标准,我国高铁每10亿人千米的伤亡率为0.02,也就是说,一个人乘坐10亿千米高铁,发生伤亡的概率是2%。我国发生的高铁事故就是"7·23"甬温线事故,但分母即安全运行的里程很大。"7·23"事故后,我们采取降低最高运营速度、加大安全管理等一系列安全措施,这几年的安全成绩在世界上是有目共睹的。

凤凰卫视记者:在我国,各地政府都积极筹划建设高铁,希望通过高铁经济圈带动经济发展,有没有可能因高铁的过度建设而造成浪费?

孙章:这一点是需要引起我们注意的。首先,高铁有一个盈亏平衡点,不亏损是要有运量来保障的。我国大陆地区有13.5亿人口,这是我们发展高铁的基础性条件。京沪高铁的盈亏平衡点是8000万人次/年,因此,各地政府一定要在客流预测的基础上发展高铁。基础设施应该适度超前,但是不能过度超前。

其次,要坚持科学发展观,科学规划区域内不同层次的铁路(国家铁路总公司为投资主体和运营管理主体)和轨道交通(地方政府为投资主体和运营管理主体)。铁路和轨道交通的布局是有层次结构的,各个层次所对应的运输需求不同,按照客运来讲,可分为6个层次。铁路有3个层次,分别是干线高速铁路、城际铁路和市郊铁路(又称市域铁路),与地区经济发展相关的是城际铁路和市郊铁路。城际铁路是经济区、城市群内部的,以活跃经济区和城市群内部经济为主的铁路通道。最近京津冀一体化规划了27条城际铁路,运营时速为160~200千米。市郊铁路,例如上海的金山铁路,最高时速是140千米。轨道交通也分为3个层次,分别是地铁、轻轨和现代有轨电车。地铁的最高运营时速市区为80千米,近郊区为100~110千米;轻轨的最高运营时速为70千米;现代有轨电车的最高运营时速为40~50千米。6个层次的站间距是不断缩小的，干线高速铁路，比如京沪高速铁路平均站间距为 57 千米；城际铁路的平均站间距为 10～15 千米；市郊铁路，比如上海金山铁路的平均站间距为 7 千米；地铁的平均站间距 1 千米多一点；轻轨的平均站间距不到 1 千米；现代有轨电车的平均站间距为 500～600 米。平均站间距与最高运营速度是相匹配的，例如雅万高铁，全长 150 千米，设 8 个站是比较合理的，二者相匹配。铁路有一个运营指标是达速比，就是以最高运营速度运行的比例，比如雅万高铁，全线长 150 千米，如果列车能够以最高运营时速 350 千米运行的线路有 100 千米，那么达速比就是 67%。因此，不是速度越快越好，要与线路的功能、客运的需求相匹配。因而对于地方政府而言，不仅仅要发展高铁，要科学规划区域内不同层次的铁路和轨道交通，以实现最大的经济效益和运营效益，同时要符合高铁自身选线与设站的规律。

中国高铁崛起鲜为人知的必然逻辑

——访同济大学《城市轨道交通研究》主编、原上海铁道大学副校长孙章教授

原载 2017 年第 23 期《南风窗》，记者谭保罗报道

始于 20 世纪 90 年代的自主研发其实也并没有浪费，如果没有当年的自主研发实践，中国可能会出现高铁技术大方向的选择错误。

中国高铁是世界上运营里程最长的高铁，也是商业运营速度最快的高铁。在很多技术领域，已经超越了日、法、德等高铁技术原创国。中国高铁为什么这么"牛"？

从最初独立研制，到引进消化吸收国外先进技术，到最后实现完全自主的全面创新，不过 20 年时间。因此，高铁也被称为中国制造"弯道超车"的典型。

"弯道超车"只是人们看到的一种结果。在"弯道超车"的背后，中国的铁路技术通过建国之后半个多世纪的发展，其实已经完成了引进高铁先进技术所必需的技术储备和人才积累。这才是高铁奇迹的关键。

中国高铁崛起背后，有太多故事，既体现了中国人的智慧，也体现了中国独特的"大国优势"。为此，本刊记者日前采访了我国著名轨道交通专家孙

章教授。孙章曾担任上海铁道大学副校长，后执教于同济大学，是京沪高铁验收专家组、"7·23"甬温线特别重大铁路交通事故国务院调查组专家组成员，也是《城市轨道交通研究》杂志创办人。

1 "功课好，在于提前预习"

《南风窗》：中国高铁的发展路径中有个"引进吸收"过程，这个过程很成功，是"中国式创造"的一个重要环节。但任何事业的基础都是人才，您曾长期在铁路系统担任教育工作，请您谈谈，在引进外国先进技术之前，中国是不是已经有了很好的人才储备？

孙章：这是一个非常值得探讨的问题。很多中国人都惊叹于中国高铁通过引进消化吸收再创新，最后实现了"弯道超车"，但对人才的储备问题却很少关注。

现代高铁技术的原创国家主要是日本、法国和德国，而后来从这些原创国家引进高铁技术的国家和地区除了中国大陆之外，还有西班牙、意大利、韩国以及我国台湾地区，但最后超过"老师"的，只有中国大陆。为什么？因为中国在"学习"之前，和其他引进国家、地区相比，已经"预习"好了，最重要的"预习"就是技术和人才的储备。

中国的第一条高铁是京津城际铁路，2005年开工，2008年通车，引进的是西门子的技术，其原型车是德国高铁ICE-3的Veralo号。其实，在20世纪90年代，我国铁路部门已经决定要上高铁，并开始了自主研发，当时的国家科委和铁道部在全国立了250多项研发课题。通过这些课题，培养了近千名顶级的高铁骨干人才。

这些人才非常关键。他们组成了三个团队，时刻关注并跟踪日本、法国、德国的高铁技术进步和运营状况。后来，很多人都参与了与日本、法国、德国和加拿大公司的谈判和合作。一个简单的道理是：你必须有人懂行，才能学到技术，才能和别人讨价还价，从而获得你的最大利益。

《南风窗》：必须懂，才能不被忽悠，这一点的确很关键。

孙章：可以举两个例子。一个是在21世纪引进国外先进技术之前，中国自主研发的高铁其实已经取得了很大进展。比如，我所在的上海铁道大学就参与了"先锋号"的研制。"先锋号"由当时铁道部南京浦镇车辆厂总工程师王维胜担任总设计师，上海铁道大学庞乾麟、乌正康教授，铁道科学研究院黄强研究员，浦镇车辆厂李先全高工担任副总设计师。"先锋号"跟踪的是日本新干线300系技术，有过比较成功的试运行，2002年9月10日在秦沈客运专线上跑出了292.8千米的试验最高时速，但后来由于某些原因被限速、被搁置。

除了"先锋号"，还有刘友梅院士任总设计师的"中华之星"号。"中华之星"跟踪的是德国高铁ICE-1型车，2002年11月27日在秦沈客运专线上跑出了321.5千米的试验最高时速，也是在限速试运营之后，开进了北京铁道博物馆。

这些年，外界有一种观点是，"先锋号"和"中华之星"的技术不成熟，所以没有大规模推广，全靠引进国外先进技术，才有了今天的中国高铁。在我看来，这种说法不完全对。

曾经的铁道部有一段时期，对高铁的引进，的确是有效率的，也可以说是成功的。但是，不应该把技术引进和之前已有的"自主研发"对立起来，并将后者打入冷宫。完全自主的技术，它对产业的拉动会更快，而且有利于产业链的内生成长。

《南风窗》：正如您所说，始于20世纪90年代的自主研发其实也并没有浪费，对后来的高铁引进做了人才的储备，预习了功课，所以才考出了好成绩。

孙章：对的。现在回想，如果没有当年的自主研发实践，中国可能会出现高铁技术的选择错误。

日本、法国和德国，这三个国家的高铁原创技术可以分为两大类：一类是日本新干线的动力分散型，一类是法国TGV、德国ICE的动力集中型。这是什么意思呢？通俗地说，动力集中型就是"火车跑得快，全靠车头带"，只有火车头有动力；而动力分散型则是除了火车头之外，列车的其他车厢也可以带动力。带电动机的动车车厢加上不带电动机的拖车车厢共同组成动车组。动车组的火车头改称"头车"。

高铁脱胎于普通铁路，普通铁路都是动力集中型，德国和法国的高铁效法普通铁路，搞了动力集中型。只有日本高铁一开始就采用了动力分散型，这是一项重大创新。事实证明，时速300千米及以上的高铁，动力分散型比集中型有更好的效能。现在,世界上新修高铁的地方,大多采用动力分散型,这是一种趋势。

中国人真的很有智慧,在 20 世纪 90 年代铁道部就下定决心,重点发展动力分散型,但当时只有日本人有这个技术,德国人和法国人没有,所以这条技术路线是绝对保密的,不能让日本人知道,怕他们卖高价。中国为什么果断选择动力分散型,就在于我们的人才和技术储备很充裕,可以对技术的迭代和革新,做出最具有前瞻性的判断。事实证明,我们的判断是对的。

中国企业管理界的老前辈袁宝华（曾任中国人民大学校长）对中国特色管理学有个著名的概括:"以我为主,博采众长,融合提炼,自成一家。"中国高铁技术的创新历程为中国特色管理学提供了一个范例。中国发展高铁的"以我为主",就体现在 2004 年大规模招投标时,只引进动力分散型技术方案;中国发展高铁的"自成一家",其标志就是中国标准时速 350 千米的"复兴号"列车横空出世。

2 中国掌握了高铁的核心技术吗

《南风窗》:您曾是京沪高铁的 30 名验收专家之一,这条高铁也被认为是中国高铁技术成熟的重要标志。高铁的核心技术到底是什么?中国现在真的掌握了吗?

孙章:要说高铁的核心技术,主要是指系统集成技术。什么叫系统集成?简单来说,就是在综合技术指标（如最高商业运营时速 350 千米）确定之后,将能适应速度目标值的各子系统如线路工程技术（提供高铁列车的行驶轨道）、高铁动车组制造技术（提供运送旅客的载体）、牵引供电技术（为高铁列车源源不断充电）、列车控制技术（保证高铁列车安全行驶）等,成功地"组装"在一起。

同理,大型商用飞机制造商的核心技术也在于将各种高技术的硬件、软件组装起来,保证整个系统能性能优良地运转。这种核心技术来之不易,过去全球只有空客、波音两家飞机寡头掌握,现在有了中国的 C919,形成了三足鼎立之势。

《南风窗》：高铁的这个"大系统"到底是什么？高铁还有哪些核心技术，能否用相对通俗的语言把核心技术讲清楚？

孙章：从专业上讲，系统集成是高铁最大的核心技术，其他核心技术还包括线路工程技术、弓网供电技术、列车控制技术、牵引变流技术、安全维保技术以及轮轨关系技术等。这些技术，中国都掌握了，而且申请了各种专利，还在美国进行了知识产权的认证。

这些术语过于专业，我们可以这样来理解：从空间上，把高铁自上而下分为三个部分。上面是牵引供电系统。最快的"绿皮车"时速120千米，要保证不间断供电并不难；但高铁时速高达350千米，在这样的高速之下，如何保证接触网、受电弓之间"亲密接触"，无论加速减速、上坡下坡、前进后退都能不离不弃、稳定供电，就不是一件容易的事了。20世纪60年代，日本新干线最高运营时速长期徘徊在210千米，就是因为弓网技术过不了关。

依靠顶层弓网系统的不间断供电，处于自上而下中间层次的高速列车飞奔向前，从自主研发阶段的"先锋号"，到引进消化阶段的"和谐号"，直到自主创新阶段的"复兴号"，高速列车技术突飞猛进。以安全控制系统为例，"复兴号"高铁列车上的传感器多达2500个，一旦出现故障，智能化技术可以发出预警，根据"故障导向安全"规则，列车能够自动减速甚至停车。

2011年，我国发生了"7·23"甬温线特别重大铁路交通事故，我当时也是国务院调查组专家组的成员。这次事故的原因，已有了调查结论。事故是由"低级错误"（违反了"故障导向安全"规则）引起的，中国的高铁技术没问题。

下面讲轨道子系统。要处理好轮轨关系，以保证高速列车运行既快速又平稳。中国的无砟轨道在前期引进的基础上有了新的发展，CRTS Ⅲ型板式无砟轨道就是一大创新。实际上，我国高铁线路工程方面的专利数在整个高铁领域中占比最高。

《南风窗》：中国制造业一直在提倡"工匠精神"，而高铁是中国制造业的"名片"。那么，高铁领域是不是先于其他领域，已经有了"工匠"精神呢？

孙章：高铁，可以说是最能体现当代中国人"工匠精神"的领域之一。我举个例子。为了减少空气阻力（在时速350千米高速状态下运行的列车阻力90%来自空气），头车曲面造型复杂，由80多块蒙皮拼接而成，共有3000多条各种类型的焊缝,加起来长度超过600米,而且都需要曲面焊接。小小的焊接,已成为高铁的一项关键技术,关系到列车的牵引性能和节能降噪,因此对精度有极为严格的要求。

中国的焊接师傅做得并不比外国人差,而且还可能更好。在刚过去的十九大上,中车长春轨道客车公司的焊接师傅李万君作为十九大代表接受记者采访,十分令人鼓舞。

3 高铁不运货,是大问题吗

《南风窗》:中国是一个大国,西部也在修建高铁。有观点认为,这些地方可能客流不足,显得不经济。此外,高铁运客不运货,提高了客流效率,却没有提高物流效率。怎么看?

孙章:首先,中国是一个大国,必须促进各区域的均衡发展。比如,高铁的修建,可以帮助中西部一些经济落后地区发展旅游业,而沿海发达地区的居民也有这种旅游出行的需求。

另外,中国高铁的布局其实是相对经济的。在西部地区,考虑到建设成本和运营成本的问题,设计时速是相对低的,比如兰新高铁,其设计时速是250千米;海南岛环岛高铁也是这个速度,因为海南岛面积并不大,主要为旅游服务,这个速度下4小时能绕岛一圈,也是比较合适的。但作为连接我国两大经济区的京沪高铁,设计时速则是350千米。运营速度决定建设成本和运营成本,这种时速的不同安排,应该说是充分考虑了运输需求。

高铁运客不运货,这也是出于经济考虑。因为客运和货运的目标不一样,对线路的作用和要求也不同。客运追求快速,货运追求重载。在较低速度下,客车货车可以共线运营,而速度越高,线路的转弯半径越大,曲线处外轨的超高也越大,这就无法兼顾慢速列车和高速列车的运行安全,客货运分线运营就成为必要的了。建造货运高铁,目前来看,还缺乏足够的需求。

《南风窗》:如何看待中国高铁输出的前景?日本和我们的竞争很激烈。

孙章:好的技术,自然就会有足够大的市场。中国的技术好在哪里?我们不去谈那些专业的指标,只说容易被理解的三个方面。

第一，中国高铁的运营里程最长，占世界高铁总长的66%，运输客流最多。日本人一直自我标榜，它的高铁系统没有发生过重大事故，而根据世界铁路联盟的数据，截至2017年4月，日本已投入运营的新干线高速铁路里程为3041千米，而中国已投入运营的高速铁路里程是2.39万千米。

截至2016年年底，我国高铁运营总里程已突破2.2万千米，当年运送旅客约15亿人次，这些指标超过其他国家和地区高铁的总和。我们的"分母"很大，在这个意义上讲，我国高铁的安全性、可靠性指标已居世界前列。

第二，速度是高铁极为重要的综合集成指标。运营速度越快，技术含量就越高，这是一个简单的道理。目前，日本和法国高铁的最高时速是320千米，西班牙的是310千米，德国和意大利的是300千米，而中国京沪高铁的最高时速已经达到了350千米。

第三，中国高铁技术的适应性全球第一。为什么？因为中国的幅员辽阔，日本、德国和法国都不具备这样的"先天条件"。

在寒带比如东北地区，在亚热带比如海南，在喀斯特地貌的西南，在黄土高原，乃至沙漠，以及长三角这样的软土地区，中国都有成功的建设和运营高铁的经验和技术。所以，我们的高铁既可以进军东南亚，也可以北上俄罗斯。其他国家还不具备这个条件，也没有这方面的经验，这是中国"大国优势""区位优势"促进技术创新的一个生动案例。

拥有核心技术是关键

——我国高铁发展战略和发展历程回望

原载 2018 年 12 月 7 日《上海科技报》，记者陈怡报道

"中国高速铁路之所以能取得成功，在很大程度上是由于实施了全面自主创新战略，在关键领域、卡脖子环节上下功夫，突破关键核心技术；坚持自主创新与中外合作相结合，以我为主、博采众长、融合提炼、自成一家，实现赶上世界铁路先进水平、在部分领域领先的战略目标。"在近日于沪杏科技图书馆举办的上海市科委、科协系统老干部学习报告会上，同济大学老科学技术工作者协会会长、原上海铁道大学副校长孙章在题为《高铁发展战略》的报告中，回顾了改革开放以来中国高铁的发展战略和发展历程。

1978 年 10 月，时任中共中央副主席、国务院副总理的邓小平对日本进行访问时，乘坐新干线列车从东京前往京都，车厢内显示屏上表明列车时速为 210 千米，邓小平在回答同行记者的提问时说："快，像风一样快！有催人跑的意思，我们现在正合适坐这样的车。"说完他又补充道，"我们现在很需要跑！"

两个月后，中共十一届三中全会在北京举行，中国的改革开放拉开了序幕。邓小平在日本高铁列车上发出的这一声"起跑"令，不仅使中国高铁跑了起来，从"跟跑""并跑"到"领跑"，整个国家也从"站起来""富起来"跑到了"强起来"的新时代。

1990年，我国开始进行高铁技术攻关。1991年，国家《中长期科学技术发展纲要》发布，明确提出2020年修建客运专线，并设立国家"八五""九五"科技攻关课题，总计近300项，独立研发高速铁路关键技术。1994年，我国建成广深"准高速"铁路。1997年，三大铁路干线第一次提速。1998年，三大铁路干线第二次提速，时速达160千米。此后，我国结合"八五""九五"攻关成果，形成了时速200～250千米的高铁设计标准，指导秦沈客运专线设计。1999年，秦沈客运专线开工建设，设计时速250千米，同时自主研发"先锋号"和"中华之星"高速动车组。2002年，由我国自主研发的"中华之星"动车组创造了时速321.5千米的最高记录，国内首列动力分散型高速动车组"先锋号"最高试验速度达到时速292千米，时速250千米的高铁技术标准得到了验证。"先锋号"和"中华之星"的研制成功造就了大批技术骨干，客观上为高铁列车先进制造技术的引进、消化、吸收做好了技术准备和人才储备。2003年，秦沈客运专线开通运营。2004年，我国制定《中长期铁路网规划》，绘就了超过1.2万千米的"四纵四横"快速客运专线网。

2004年6月，为满足中国铁路第六次大提速所需，根据国务院确定的"引进先进技术，联合设计生产，打造中国品牌"方针，开启了高铁动车组的引进消化吸收再创新之门。这一阶段的技术成果就是"和谐号"。2008年，经过三年建设的京津城际高铁开通运营，同时京沪高铁开工建设。2010年12月3日，CRH380A在京沪高铁枣庄至蚌埠段创造了时速486.1千米的运营列车最高试验速度。2011年，京沪高铁开通运营。2012年，由中国铁路总公司（原铁道部）主导，集合国内有关企业、科研院所及高校，开展了时速350千米中国标准动车组的研制工作。2016年7月15日，两列中国标准动车组在郑（州）徐（州）高铁上分别以420千米的时速交会和重联运行，成功完成了世界最高速度的动车组交会试验，验证了"复兴号"整体技术性能十分可靠，中国首次实现了高速动车组牵引、制动、网络控制等关键技术的全面自主化。2017年，"复兴号"动车组上线运营。2017年9月，7对"复兴号"动车组列车在京沪高铁率先以350千米时速运营，京沪两地间运行时间压缩至4.5小时，中国已成为世界上高速铁路商业运营速度最高的国家。从乘客体验的角度看，"复兴号"列车的设计也更加人性化。

孙章认为，我国用五年时间研制成功"复兴号"，实现高速动车组从"中国制造"到"中国创造"的飞跃，其中"正向设计"和"中国标准"是最大亮点。所谓"正向"是对应"逆向"而言的。"逆向"设计是模仿进口产品的设计，而"正向"设计则不但摆脱了核心技术受制于人的局面，同时还实现了产品的简统化及其零部件的标准化，可大幅度降低运用和维修成本。从"先锋号"和"中华之星"，到"和谐号"，再到"复兴号"，中国高铁技术经过了"独立研发—中外合作—自主创新"三个阶段，把核心技术掌握在自己手中是关键。

"中国标准动车组"所采用的254项重要标准中，中国标准（包括中国国家标准、行业标准和中国铁路总公司企业标准）占到了84%，还有16%与国际标准兼容。此外，还意味着今后所有高铁列车，只要是相同速度等级的车辆，不管是哪个工厂的产品，都能连挂运营和相互替代；不同速度等级的列车也能相互救援。中国标准动车组的"中国"意味着我国的高铁已从当初的"联合设计生产"升华到从内到外的"纯中国研制"。

眼下，中国高铁正进入广泛应用云计算、大数据、物联网、移动互联、人工智能、北斗导航等新技术，实现高铁移动设备、基础设施，以及内外部环境间信息的全面感知、广泛互联、融合处理、主动学习和科学决策的智能高铁新阶段。

原上海铁道大学副校长孙章：

自主创新才是中国高铁的底气

原载 2019 年 9 月 27 日《每日经济新闻》，记者宋可嘉、李少婷报道

"从蒸汽机车一身煤灰，到内燃机车一身油污，再到电力机车碰上了冰雪灾害的束手无策，黎明前的黑暗我们都走过来了。现在我们有世界上运营时速最快的列车，不久的将来还会有首列智能高铁、600 千米时速的磁浮列车……"

熟稔中国轨道交通业发展的孙章，作为同济大学老科技工作者协会会长、原上海铁道大学副校长，他曾是京沪高铁验收专家组成员、《城市轨道交通研究》杂志创办人，自 1957 年从唐山铁道学院（西南交通大学前身）毕业，亲身经历了中国铁路 70 年的巨大变迁。而今耄耋之年，孙章仍在从事轨道交通相关的研究工作，《中国高铁发展战略》就是他和同事的近期工作成果。

"中国高铁是向外国老师学习的，但是我们现在超过了老师。新中国成立 70 载，我觉得中国铁路的变化实在是太大了。"近日，孙章接受《每日经济新闻》记者专访时以"大逆转"概括中国高铁近 20 年的发展——从独自摸索，到引进合作，再到全面自主创新，实现了螺旋式的上升；中国高铁如今已能出海披荆斩棘，成为一张闪闪发光的中国名片。

我们是在引进国外的先进技术后，货比三家，博采众长，然后自成一家，形成了"中国标准"的复兴号。

——孙章

1 超越老师：人才、技术、创新缺一不可

"这么多国家都引进了高铁技术，为什么最终只有我们这个学生超过了老师？"聊起中国高铁，孙章抛出了这个问题，而答案，除了那一场为人所熟知、始于2004年的中外合作之外，从20世纪90年代开始投入的独立研发是中国高铁走向成功道路上必不可少的一环。

"中国高铁发展的第一个阶段就是90年代，当时我们完全是靠自己摸索的。1994年，我参加了对四委一部完成的我国第一个高铁研究课题"京沪高速铁路重大技术经济问题前期研究报告"的鉴定。记得鉴定委员会主任是时任国务院发展研究中心名誉主任马洪同志。这项课题1993年4月开始、1994年6月完成，有47个单位、120多名专家参加，研究报告总计50万字。从此，我国技术人员搜索所有公开发表的高铁技术资料，同时去德国、法国、日本乘坐高铁、考察高铁，回来后依样画葫芦进行设计，并且不断去试、去改，这就是逆向设计。孙章回忆道。

当时孙章所在的上海铁道大学接到的任务是跟踪日本新干线的300系技术，它采用的是动力分散型技术——即除了火车头之外，列车的其他车厢也可以提供动力。相较于当时德、法采用的动力集中型技术——即"火车跑得快，全靠车头带"，动力分散型技术是一种重大创新，对于时速300千米以上的高铁，它比动力集中型有更好的效能。如今，世界上新修高铁的国家，也大多采用动力分散技术。

彼时，在没有任何技术转让的条件下，中方技术人员"蚂蚁啃骨头"，通过多次迭代和探索，独立研制成了"先锋号"高速动车组，这是国内首列动力分散型高速动车组。2002年9月10日，在我国自建的第一条客运专线——秦沈客运专线上，其最高试验速度达到了每小时292千米。

此外，当时跟踪德国高铁 ICE 技术的株洲电力机车厂等国内机构也研制出了动力集中型"中华之星"高速动车组，它于 2002 年 11 月 27 日在秦沈客运专线上跑出了时速 321.5 千米的最高试验速度。

"先锋号"和"中华之星"虽然都没有成为真正的明星，但这次研发过程培养出的人才队伍，为 2004 年开始的中外合作打下了重要基础。

始于 2004 年、在中国铁路第六次大提速前夕开启的中外合作，源于当时铁道部启动的时速 200 千米动车组招标，为中国高铁引进了加拿大庞巴迪、日本川崎重工、法国阿尔斯通和德国西门子，联合设计生产"和谐号"高速动车组。这次引进合作给了外界"中国高铁的成功全靠引进国外先进技术"的印象。实际上，当时我们合作引进了制造技术，但是它关键核心的技术转让很少，孙章表示。

中国之所以能在后来的学习过程中超越"老师"，靠的是此前的人才储备。"高铁独立研发阶段的最大意义就是我们在实践中培养了一大批高铁技术人才，有了这个内因，我们引进先进制造技术后如鱼得水，大大加快了我们的自主创新进程，因为我们已有过独立研发的经验，做足了功课。"孙章说道。

2 自主创新："复兴号"关键技术全面自主化

独立摸索和合作学习都不是目的，自主创新才是中国高铁的底气。在孙章看来，到了 2012 年，中国高铁开始步入自主创新阶段。当年，由中国国家铁路集团有限公司（原中国铁路总公司，原铁道部）主导，集合国内有关企业、科研院所及高校，开展了时速 350 千米中国标准动车组的研制工作。

5 年后，"复兴号"动车组上线运营。中国首次实现了高速动车组牵引、制动网络控制等关键技术的全面自主化。

"自主创新的关键是具备正向设计能力，即源代码和软件是我们自己的，产品要想怎么改，我们就能自己改。过去'和谐号'因为是联合设计的技术平台，关键部分的改动都必须通过外方，现在总体设计、集成创新都在我们自己手里。"孙章说，"所以我们是在引进国外的先进技术后，货比三家，博采众长，然后自成一家，形成了'中国标准'的复兴号。"

从跟跑到并跑，中国高铁的发展进程超出了世界预期，如今已具备"领跑"的能力。

中车株洲电机公司今年9月17日发布了时速400千米高速动车组用TQ-800永磁同步牵引电机，这标志着我国高铁动力首次搭建起时速400千米速度等级的永磁牵引电机产品技术平台，填补了国内技术空白，为我国轨道交通牵引传动技术升级换代奠定了坚实基础。

"我们还在研发600千米时速的磁悬浮高铁，我们要跟日本竞争，因为日本已经做了时速603千米的载人试验，时速500千米的超导磁悬浮中央新干线已于2011年5月开始建设，线路由东京出发，途经名古屋，抵达大阪，全长大约550千米，预计于2027年首先开通东京至名古屋段，然后再于2037年开通名古屋至大阪段。而我们现在600千米时速的磁浮样车已经下线了。"孙章指出，目前，高铁最高运营时速为350千米，飞机巡航时速为800~900千米。时速600千米的高速磁浮高铁恰好可以填补高铁和航空之间的这段速度空白。

这也意味着未来坐高铁可能比飞机还省时。今年在青岛下线的时速600千米的磁悬浮列车样车如果上线运营，北京到上海仅需两个多小时。

"孙中山先生在100年前考察了世界经济先行的国家以后，就说中国要跻身于发达国家行列一定要有10万英里的铁路，10万英里是多少？换算过来就是16万千米。到2018年年底，我国铁路总运营里程是13.1万千米，离孙中山先生100年前的规划还差3万千米。"孙章说道。

如今，3万千米的差距正被进一步缩短。今年初，中国铁路集团公司工作会议指出，2019年铁路工作的其中一个主要目标是：全国铁路固定资产投资保持强度规模，优质高效完成国家下达的任务目标，确保投产新线6800千米，其中高铁3200千米。

目前，中国建设的这个世界最大的高速铁路网正不断把经济最发达的长三角、珠三角、京津冀地区及其他城市密集地区紧紧相连。人便其行、货畅其流，高铁从被视为出行交通工具，已成为国民经济发展的助推器。

3 出征海外：中国能给世界提供最完备方案

"我在添乘实习的时候，看到蒸汽机车司机和司炉的脸上、身上都被煤灰抹黑了，煤屑也会随风吹进打开窗户的列车车厢。"孙章回忆道。斗转星移，现在明亮便捷的中国高铁正让出行成为一种享受。

超越老师的中国高铁正吸引着海外多个国家的目光。印度尼西亚、马来西亚、俄罗斯、泰国、澳大利亚、英国、美国纷纷表达出对中国高铁的兴趣。这背后源于中国高铁有着能适用于不同地区的完备方案。

"在复兴号所采用的 254 项重要标准中，中国准行业标准和中国国家铁路集团企业标准占到了 84%，16% 的高铁技术标准是跟欧标和日标兼容的。因为我们国家地形特别复杂，气候也变化多端，能给世界提供一个最完备的高铁方案。如印度尼西亚喜欢我们的海南岛环线，因为这是世界上第一条热带地区的高铁。俄罗斯喜欢我们的哈大高铁，因为哈大高铁是世界上第一条最寒冷地区的高铁，冬季平均气温 $-25℃$、最低气温 $-41.4℃$。冬季平均气温比已经建成通车的日本、德国、法国等国家寒冷地区高铁还要低 $20℃$。"孙章还以兰新高铁为例指出，中国幅员辽阔，地形及地质条件复杂，在这种环境下成长起来的中国高铁能为世界高速铁路发展提供多种多样的方案。而且，中国高铁的建造成本仅是外国的 40%。

实际上，在 2015 年 6 月完成合并后成立的中国中车股份有限公司，已经一跃成为全球规模最大、品种最全、技术领先的轨道交通装备供应商，连续多年轨道交通装备业务销售规模位居全球首位。今年 3 月，中国中车集团有限公司总经理孙永才曾对外称，目前中车已在全球 26 个国家和地区设立了 83 家境外子公司、15 家境外研发中心，形成了遍布全球的业务体系。境外资产从 2013 年的 30 亿元递增到 2018 年的 340 多亿元，海外市场订单额从 2013 年的 35 亿美元激增近一倍，到 2018 年的 63 亿美元。"走出去"的中国高铁在海外市场上开疆拓土，其创新技术实力的背后，折射出了整个国家的工业能力和国际影响力。

回首当初时速仅 60 千米的蒸汽机车时代，孙章不由慨叹变化之大、之快——当年是那个吹满煤屑、没有座位、车程长达几十小时的列车；而如今，网上购票、刷脸进站，4 小时可达全国多个主要城市的高铁，是中国列车带着令人惊奇的变化正驶向一个更加美好的未来。

"中国高铁丛书"主编孙章：

智能化列车有望保证行车安全

原载 2020 年 4 月 3 日《上海科技报》，记者陈怡报道

　　据广州铁路集团官方微博发布的消息，3 月 30 日 11 时 40 分，受连日降雨影响，京广线马田墟至栖凤渡站下行区间发生线路塌方。T179 次（济南至广州）列车运行至该区段时，火车司机在看到前方村民挥舞外套的警示后，立即采取紧急制动措施，但仍然为时已晚，列车最终还是撞上了塌方体，导致机车后第一节发电车起火，第二至六节车厢脱线倾覆。截至当日 17 时，事故导致 1 名铁路乘警不幸殉职、4 名旅客重伤、118 名旅客和 5 名铁路工作人员轻伤。同济大学老科技工作者协会会长、"中国高铁丛书"主编孙章教授在接受本报记者采访时对此事故作了分析。

火车已紧急制动，但仍来不及停车

　　据了解，T179 次火车为特快旅客列车，最高时速 140 千米，在绿皮车里属于比较高档的车型。孙章认为，这应该不是人为原因造成的灾难，估计是火车司机收到警示信息时，火车所在地点与最终导致撞车的塌方位置之间的距离已小于火车的紧急制动距离，无法及时停车所致。据孙章介绍，列车制

动在操纵上按用途可分为"常用制动"和"紧急制动"两种。正常情况下，为调节或控制列车速度（包括进站停车）所施行的制动，称为"常用制动"，它的特点是作用比较缓和，而且制动力可以调节。在紧急情况下为使列车尽快停住所施行的制动，称为"紧急制动"（也称为"非常制动"），它的特点是作用比较迅猛，而且要把列车的制动能力全部用上。从施行制动的瞬间起，到列车速度降为零的瞬间止，列车驶过的距离，称为制动距离。这是综合反映列车制动装置性能和效果的主要技术指标。列车质量越大，运行速度越快，就越不容易在短时间、短距离内停下来。

孙章教授分析，这列火车从济南到广州沿途经停15个车站，中间共14个停站区间，平均停站间距为143千米。事发时，列车所在的永兴县地处衡阳站和郴州站之间，大约是在全程500千米的2/3位置。这个时候，正常情况下火车不会减速，而且很可能跑到了最高运营速度，平均每分钟前行2千米多，而正常人眼能看到前方有人示警的最远距离大概仅五六百米。以紧急制动距离为近2000米（现在时速350千米的高铁紧急制动距离是6.4千米、时速380千米的CRH和谐号紧急制动距离为8.2千米）计算，这段距离内火车根本停不下来。

火车停不下来的后果自然是与阻碍物相撞。孙章教授回忆起自己曾经经历过的一件类似的往事，至今心有余悸。当年他因工作需要（检测司机的平稳操纵水平）在浙江的一列货车上添乘，司机是劳模，那列火车的紧急制动距离是800米。列车在一个大弯道拐弯后突然发现，火车前方出现了一个正在横穿轨道的孕妇，当时火车距离她大约只有两三百米。列车司机在紧急刹车的同时不停地拉汽笛发出警报，示意她赶紧离开，可是那个孕妇受到惊吓后不知所措，反而惊呆在轨道上一动也不动。尽管司机已紧急刹车，当火车最终停下时，孕妇已躺倒在了第十几节货车车厢底下。这个错误责任不在司机的悲剧给孙章留下了难以忘怀的印象。而他自己青年时代在唐山铁道学院刚入学时的一次危险经历，也让他提前认识了"紧急制动"这个日后在他的工作领域经常会遇到的问题。那一次，孙章仗着自己个子高，觉得腿随时可以够到地面没问题，骑了一辆刹车失灵的破自行车上街购买《团章》。没想到唐山马路的坡度大得不得了，下坡时虽然警察大声警告"慢行"，但他已"骑虎难下"，无法控制住车速了。眼看就要冲到马路底部的十字路口，孙章只好狠心把自己从车上摔了出去,才实现了另类的"紧急制动"。

孙章教授告诉记者,物理学里有一个公式:$fd = mv^2/2$,其中 f 表示制动力、d 表示制动距离、m 是列车的质量、v 表示制动时的列车速度。公式表示,制动力和制动距离的乘积等于在制动过程中所消耗的列车动能。可见,当制动力足够大的时候,可以相应地缩短紧急制动的距离,但这里存在着技术瓶颈;另外,如果在紧急刹车过程中,人或列车的减速度(速度变化率)过大,也会危及安全,导致人仰车翻。

智能化列车可避免类似风险

这次事故中,铁路职工尽职了,想尽办法报警的老百姓也尽职了,虽然损失已经减少,但还是没能避免灾难的发生。孙章相信,今后这类问题要靠智能化来从根本上解决。在智能铁路上,有北斗卫星导航系统与铁道线路和车站系统,以及行车指挥系统互联,智能化的传感器发现线路上的塌方异物后,会马上自动报警。整个铁路的指挥中心和运维系统都会接收到警报,并可通过智能调度系统实现在安全制动距离以外的紧急制动,从而避免发生同类事故。

中国在新疆建成世界上首条环绕沙漠的铁路

原载 2022 年 6 月 16 日《环球时报》英文版，记者褚大业报道

中国国家铁路集团 2022 年 6 月 15 日宣布，16 日将在中国西北部新疆维吾尔自治区开通一条新的铁路路段，长度为 825 千米。自此，中国将建成世界上第一条环绕沙漠的铁路环线，该环线环绕广阔的塔克拉玛干沙漠，全长 2712 千米。同济大学《城市轨道交通研究》杂志主编、轨道交通专家孙章教授日前接受《环球时报》采访时说，环线铁路对区域经济发展的提升作用并不是用加法来衡量，而是以乘法来评估的；环塔克拉玛干沙漠的铁路将极大地提振南疆的经济。环沙漠铁路相对较低的运行速度意味着它既可以运送旅客，也适合货物运输，这对资源丰富的地区来说也十分有利。

截至 2021 年年底，中国铁路总运营里程超过 15 万千米，其中高速铁路超过 4 万千米。

后 记

编完这本文集,我特别要感谢原铁道部部长傅志寰院士和同济大学铁道与城市轨道交通研究院名誉院长周翊民教授。

傅志寰院士同意为本书作序,对于我编选这本文集是极大的鼓励。他不仅担任过铁道部党组书记、部长、中纪委委员,同时是一位学者,对于我来说他更是一位友善的长者。自1986年(他时任铁道部科技司司长)以来,他对于我的工作和学习总是热情支持并给以指导和帮助。如他在1998年为《城市轨道交通研究》创刊号撰写"发刊词"、在2018年担任"中国高铁丛书"总顾问并作序,这两件事都充分说明了这一点。

周翊民教授级高工毕业于上海交通大学电力机车专业,先后担任过原铁道部的科技司司长,机车车辆总公司总经理、副总工程师,高速铁路办公室副主任、咨询组组长;退休后他又长期担任《城市轨道交通研究》杂志的高级顾问和编委会主任。他对铁路和城市轨道交通的全面认知和科学预见能力,令人折服。例如,他很早就呼吁,中国铁路要填补市郊铁路、城际铁路这两个空白,形成干线铁路(高速铁路)、城际铁路、市郊铁路、城市地铁四张网。可喜的是,这些远见卓识在"十三五""十四五"期间正在逐渐成为现实。本书收入了他作为第一作者的几篇重要论文,以表达对他的敬意。

衷心感谢本书责任编辑、同济大学出版社的张翠老师和协助编辑本书的原《同济人》杂志执行主编王伯瑛老师,她们的才华使本书增色,她们的勤奋工作使本书能提前付梓。

收集旧作是一件烦琐复杂的工作，感谢杂志社的柏雅琴老师和铁道与城市轨道交通研究院的研究生郭龙灿，他们高效率地工作，迅速完成了检索、复印，再把复印件转换成电子文档，为本书能在短期内完成编辑出版任务打下了基础。

最后要感谢亲爱的读者，感谢你们耐心地读到了本书的最后一页。由于本人学识和实践的局限，书中会有不当甚至谬误之处，恳请读者批评指正。笔者的电子邮箱是"sunzhang2102@163.com"。

谢谢大家！

孙章

2023 年 9 月 10 日（第 39 个教师节）于上海